U0934397

中山大学“985工程”研究成果

The Achievements of “985 Project” in Sun Yat-sen University

教育部哲学社会科学研究重大
课题攻关项目
（项目批准号：11JZD023）资助

Supported by the Key Project(11JZD023) *of Philosophy & Social Sciences Researches from Ministry of Education of P.R.C.*

中山大学服务经济与服务管理论丛

The Library on Service Economics and Service Management in Sun Yat-sen University

服务业信息化研究

The Study on Service Clusters

雷小清　著

经 济 科 学 出 版 社

图书在版编目（CIP）数据

服务业信息化研究/雷小清著. —北京：经济科学出版社，2014.3
（中山大学服务经济与服务管理论丛/李江帆主编）
ISBN 978 - 7 - 5141 - 4417 - 8

Ⅰ.①服… Ⅱ.①雷… Ⅲ.①服务业—信息化—研究
Ⅳ.①F719

中国版本图书馆 CIP 数据核字（2014）第 045522 号

责任编辑：范　莹　侯加恒
责任校对：王苗苗
技术编辑：李　鹏

服务业信息化研究
雷小清　著
经济科学出版社出版、发行　新华书店经销
社址：北京市海淀区阜成路甲 28 号　邮编：100142
总编部电话：010 - 88191217　发行部电话：010 - 88191522
网址：www. esp. com. cn
电子邮件：esp@ esp. com. cn
天猫网店：经济科学出版社旗舰店
网址：http://jjkxcbs. tmall. com
北京市京津彩印有限公司印装
710 × 1000　16 开　23 印张　350000 字
2014 年 3 月第 1 版　2014 年 3 月第 1 次印刷
ISBN 978 - 7 - 5141 - 4417 - 8　定价：56. 00 元
（图书出现印装问题，本社负责调换）

序

李江帆

《中山大学服务经济与服务管理论丛》是中山大学“985工程”① 服务经济与管理创新研究项目的研究成果，也是中山大学中国第三产业研究中心学术团队多年来对服务经济与服务管理研究的结晶。该成果出版工作的第一期已于2007年开始进行，现在呈现在大家面前的是成果出版工作第二期。

这套论丛是在第三产业崛起、服务经济和管理越来越为国人关注的背景下出版的。

20世纪中叶以来，随着经济发展和社会进步，世界第三产业呈现迅速发展、后来居上的态势。经济越发达，居民越富裕，第三产业比重就越高；随着经济发展和社会进步，各国第三产业比重都在增大。第三产业的兴旺已成为全球性的发展趋势。据统计，经济合作与发展组织16个成员国第三产业的平均就业比重在1870年仅为23.7%，到1976年已提高到55.6%②。从1960~1982年，第三产业在GDP中的比重，市场经济工业国由54%增加到61%；中等收入国家由46%增加到47%；低收

① “985工程”是中国教育部在实施“面向21世纪教育振兴行动计划”中重点支持部分高等学校创建世界一流大学和高水平大学的计划，因1998年5月提出而命名。列入“985工程”的高校共有38所。

② Irving Leveson and J. W. Wheeler: Western Economics in Transition: Structural Change and Adjustment Policies in Industrial Countries, P. 46, Hudson Institute, U. S., 1980.

入国家由25%增加到31%。第三产业在就业结构中的比重，市场经济工业国由44%增加到56%，中等收入国家由23%增加到34%，低收入国家由14%增加到15%[①]。2001年，第三产业占GDP的比重，世界平均为67.7%，高收入国家为70.7%；2003年，中高收入国家为61.1%，中等收入国家为51.5%，低收入国家为50.2%[②]；2006年，世界平均为69.0%，发达国家为72.4%，发展中国家为54.6%[③]。

第三产业迅速增长是由生产率、消费结构和生产结构诸因素的发展引起的。工农业生产率的提高为劳动力由工农业转移到服务业提供了基础。收入和闲暇时间的增长使消费结构中服务消费比重上升，引起生活服务业的发展。生产的社会化、信息化、市场化和国际化使生产结构中的生产性服务增长，带动生产服务业的发展。收入水平提高使人们用货币交换时间和便利的需求增大，推动提供相关服务的新行业出现。

第三产业的崛起使第三产业在国民经济中的战略地位日趋提高。第三产业生产的服务型生产资料充当现代生产系统中不可替代的重要生产要素的功能，使第三产业成为提高国民经济效率的策源地。第三产业提供的服务消费品具有满足居民日趋丰富的生活需要的功能，使第三产业成为提高现代社会中居民生活质量的关键部门。第三产业对GDP增长的贡献率随国民经济发展水平的提高而增大，使第三产业在发展中国家超越第一产业成为国民经济增长的第二推动力，在发达国家超越第二产业成为GDP增长的第一推动力。第三产业对就业增长的贡献随着工农业劳动生产率的提高和收入水平增长日趋增大，使第三产业成为国民经济中就业增长最快、吸纳劳动力最多的部门。第三产业就业比重和产值比重随着人均GDP增大日趋提高，使第三产业终将超过工农业，成为国民经济中吸纳劳动力和提供社会财富最多的第一大产业。在自然资源日渐枯

① 世界银行：《1984年世界发展报告》，中国财政经济出版社1984年版。

② World Development Indicators，http：//www.worldbank.org/data/countrydata/countrydata.html.

③ “中国主要经济社会指标的国际比较（2006年）”，载于《国际统计年鉴——2008》，中国统计出版社2008年版。注：世界和发达国家数据是2004年的。

竭而人力资源不断开发的环境下，对自然资源依赖程度较弱、对人力资源依赖程度较强的第三产业在推动国民经济发展中有更广阔的发展空间，对自然资源依赖程度较强的第一、第二产业的发展将受到越来越多的限制。因此，在现代社会中，第三产业已脱离在农业经济时代和工业经济时代相对于第一产业和第二产业的次要地位，取得越来越重要的战略地位。

中国第三产业在改革开放前长期发展缓慢，比重偏低。从横向看，第三产业就业比重在1980年仅为13%，在世界银行统计的126个国家和地区中排第106位；增加值比重在1982年为22%，在93个国家和地区中排倒数第2位。从纵向看，1952～1980年中国第三产业就业比重仅增加4个百分点；增加值比重由27.9%下降到21.4%。中国第三产业发展缓慢主要受三个因素的影响。一是经济理论偏差。把服务部门看成不创造社会财富的“非生产部门”，把其比重增大看作帝国主义腐朽性和寄生性的突出表现，导致在实践中对“非生产部门”的歧视，使第三产业资源投入受阻，发展被遏制。二是发展战略偏差。在工农业已有较大发展的时候，没有及时把第三产业的发展列入国家经济发展战略。“四个现代化”把第一、第二产业的现代化列入议事日程，但忽略了整体第三产业的现代化及其发展。三是政策失误。长期实行服务低价制，损害了服务业的利益，不少服务活动被当作资本主义因素来批判，挫伤了服务业发展的积极性。

改革开放以来，特别是中央于1984年提出大力发展第三产业，1992年做出加快发展第三产业的重大战略决策以来，中国第三产业得到全面快速的发展，在国民经济中的地位越来越重要。但是，目前第三产业的发展与中国经济发展阶段和经济发展水平的要求相比，还有较大差距，还存在着总量不足、比重偏低、结构性失衡、服务领域狭小、服务质量不高等问题。究其原因主要有五个方面：一是体制问题。在体制转轨中，不少服务行业执法不严，或无法可依，行业管理松弛，使服务市场混乱。二是供给问题。在短缺经济基本结束的形势下，服务业对服务需求的变动缺乏预见性，开拓新产品的创新能力弱。三是垄断问题。垄断严重的服务行业，价格高、质量次、效率低。四是投入问题。资本、管理、技术、信息要素对第三产业的投入不足。五是认识问题。对发展第三产业的认识不足，经验也不足。

时至今日，各级政府不少决策者对第三产业的战略地位认识不足的旧观念还未完全消除。一些地区的决策者对中国在短缺经济结束、经济全球化和国际分工日趋发展的环境中，已不存在工农业产品供给不足制约第三产业发展的“瓶颈”问题认识不足，以为按照三次产业排序，应先发展第一、第二产业，后发展第三产业，第三产业应在工业化实现后才能重点发展。一些城市的管理者囿于计划经济时代国民经济主要由工农业推动的传统经验，认为工业发展了，第三产业自然就会上去，无须花大力气抓第三产业发展。一些经济发达的城市，认为第三产业对国民经济增长的推动力随经济发展水平的提高而增大，将在发达地区和城市率先超越第二产业，成为GDP增长的第一推动力的必然性缺乏预见性，在第三产业日趋增长，已成为推动经济增长的重要动力的工业化中后期阶段，还把“工业立市”当作经济发展的唯一战略，把第三产业的发展抛于经济发展战略之外。一些地方政府把走新型工业化道路理解成大上工业项目，片面强调工业而忽视第三产业，不顾需要与可能，把大上快上制造业特别是重化工业当作工业化的“政绩”。一些学者对第一、第二产业比重下降，第三产业比重上升的产业高级化趋势心存疑虑，对近年中国第三产业迅猛发展的现象忧心忡忡，斥之为“产业空心化”。一些人不了解第三产业不仅提供服务消费品，而且生产服务型生产资料，把发展第三产业理解成只是搞商贸、旅游。一些人不尊重第三产业特性及其特殊发展规律，热衷于以跟风头、赶浪潮、靠克隆、搞运动的方式发展第三产业，大搞服务项目的低水平重复建设，引起了第三产业的结构性失衡。凡此种种，反映了对中国第三产业发展理论研究和宣传普及工作的不足，也向经济理论工作者的研究分析能力提出了挑战。

中国现正处在全面建设惠及十几亿人口的更高水平的小康社会的重

要历史时期。根据发达国家现代化历程和产业结构演变规律可以预料，中国全面建设小康社会的过程，将是国民经济软化的过程。这一过程在消费结构上将表现为实物消费比重下降、服务消费比重上升；在产业结构上将表现为第一产业比重下降、第二产业比重先升后降、第三产业比重持续上升。

为了揭示第三产业发展规律，纠正中国第三产业发展中出现的偏差、解决现实问题，化解深层矛盾，引导和推进第三产业在健康发展轨道上发展，很有必要对服务经济与服务管理的前沿问题作研究探索。

从经济学的角度看，中国学者应加强对服务经济三方面问题的研究：

一是三次产业结构演变与第三产业发展包括：三次产业结构演变趋势；产业结构转换与第三产业发展；第三产业内部结构演变趋势。

二是产业结构高级化与国民经济的互动关系包括：三次产业与服务经济的关联波及；产业结构演变的结构奖赏与结构负担；第三产业对经济增长速度的影响。

三是与服务经济崛起相关的新现象包括：第三产业的产业融合；第三产业化与制造业服务化；服务生产率的衡量及促进机制；生产服务业发展与服务外包趋势、服务产业聚集与城市化发展；信息产业对服务经济的刷新；非营利组织市场化运作模式；服务业“成本病”、服务业信息化、服务业集群、相对生产率等。

从管理科学的角度看，中国学者应该推进服务管理的研究。应该看到，在世界第三产业迅速发展、比重已超过第二产业，全球正由工业社会向后工业社会或服务社会过渡的背景下，以工业为模式建立的传统管理理论因忽视服务管理，已不适应第三产业占世界经济总量近七成的当代服务经济时代的发展要求，亟须加以发展。

早在20世纪60年代，美国学者就认为美国已进入“服务革命”时期，提出管理人员应该更多地关注服务领域。在西方，服务管理从服务营销理论的研究中逐渐发展起来。最初对服务管理的研究成果主要面向服务业区别于制造业的关键方面。后来随着研究范围和深度的不断扩展，逐步延伸到生产作业管理、组织理论和人力资源管理、质量管理等学科领域。近年来，越来越多研究服务管理的学者进入测量、统计、决策支持模型的研究领域。服务管理理论虽经历了长达30多年的研究过程，但至今尚未形成完整的学科体系，只是被视为一种新的管理视角或观念。服务管理的关键层面就在于将顾客感知服务质量作为企业经营第一驱动力（Albrecht，1988）。格罗鲁斯（Groonros）在《服务管理与营销》中，基于顾客关系的管理策略角度，详尽分析了企业如何在服务竞争中管理企业与顾客的关系。菲茨西蒙斯则探讨了服务运作、战略和信息技术支持。

国际学术界对服务管理研究的演进的主要特点就是在分析物品与服务的特性和共性的基础上，将管理理论的适用范围由工业拓展到服务业。其大致经历了四个发展阶段：（1）用生产管理（production management），专指制造业的生产过程，忽略甚至否认服务业存在生产活动和生产管理。（2）把生产管理扩展到服务行业，认为服务的提供也是一种生产运作活动，以生产管理概念分析制造业的生产管理，以运作管理（operation management）概念分析服务业的生产管理。如Richard B. Chase等（1998）就以“制造与服务”为副标题表明其论著的适用范围为制造业和服务业。不过，服务业的运作在其分析中处于次要地位。（3）用运作管理的框架涵盖制造业生产管理和服务业运作管理的分析。如Roger G. Schroeder（1993）指出：服务业的运作和制造业的运作具有同样的重要性，将平等地对待服务业的运作和制造业的运作，使用共同的运作概念框架来讨论制造业和服务业。但从其论著的章节和篇幅看，对服务业的运作管理仍只占小部分。（4）将服务管理独立作为一门学科单独分析，主要分析服务概念、管理、战略、营销、传递、质量、容量、人力、国际化等问题（Sasser，1978；Fitzsimmons，1982－1998；Collier，1987；Schmenner，1995）。

中国学者从20世纪80年代起关注服务管理，在引进国外服务管理理论方面取得明显进展。在国内服务管理相关文献中，服务质量曾是研究的核心。一些学者从不同的角度，探讨了不同行业的服务质量要素体系，也有少量文献涉及服务设计、服务修复的理论性研究。但是，从总体上看，相当多研究仍属对外国服务管理理论的“本土化研究”，停留在以中国数据验证外国理论在中国的适用性的层面，自主创新能力弱。不少研究仍处于“无思考化再生产”的状态，构建模型虽然形式好看，但缺乏新思想，实际上只是耗费资源“证明”几乎是众所周知的常识，高水平的原创性研究成果还不多。因此，中国学者对服务管理的研究也很有必要“升级”。

我认为，根据中国所处的经济发展阶段，有必要重点研究服务管理的如下四个重要问题。

第一，第三产业崛起形成的影响服务管理的动态服务环境，包括：国民经济软化；政府对垄断性服务行业管制形态的变化；公营服务业和非营利组织的民营化；信息与计算机技术的进步和在服务业的广泛应用；服务连锁店和网络的成长；租借业务的扩展使制造业与服务业形成结合点；制造业成为服务提供者；经济全球化。

第二，服务管理演变的过程与服务管理理论框架的构建。在借鉴国外对服务管理研究成果的基础上，以服务产品在服务领域的创造过程中的运动为研究主线，面向世界第三产业崛起的背景，结合中国服务领域运作的实际，进行管理运作理论创新，探索服务管理实践和理论的演进问题。服务管理以服务产品在服务领域的创造过程中的运动为研究主线构建理论框架。

第三，第三产业崛起引发的服务管理演进的趋势和特点。根据对第三产业崛起形成的影响服务管理的动态服务环境的分析，研究服务管理演进的趋势和特点，包括：服务管理将演变为管理实践和理论的重点与主要任务；服务业规制改革引起自然垄断性服务业管理效率提高；公营和非营利组织管理的市场战略和福利目标的碰撞与磨合；服务运作方式的智能化、网络化、虚拟化；制造业生产运作管理与服务业运作管理的关联、波及与混生；服务运作与服务营销的混生；经济全球化引起生产者服务管理业务全球化。

第四，服务管理创新与中国第三产业的优化升级。面向世界第三产业崛起的背景，结合中国服务领域运作的实际，进行管理运作理论创新，探索服务管理实践和理论的演进问题，以指导中国以管理创新推进产业结构升级优化，促进第三产业与国民经济和社会发展。

服务经济与管理是我二十多年来致力研究的科研课题。我在主持第三产业课题的同时，以科研带动教学，培养第三产业研究方向研究生。2004年，中山大学决定将以我领导的中山大学中国第三产业研究中心为主要平台的服务经济与服务管理研究确定为中山大学“985工程”（第二期）重点研究项目。其研究内容是：面对世界第三产业崛起的形势，结合中国服务领域运作实际，在借鉴国外服务管理研究成果的基础上，充分发挥中山大学在第三产业经济与服务管理学科领域的研究优势，以服务产品在服务领域的创造过程中的运动为研究主线，从第三产业宏观经济分析和特选服务行业微观管理两个层面切入，进行管理运作理论创新，探索服务管理实践和理论的演进，以指导我国以管理创新推进产业结构升级优化，促进第三产业、国民经济和社会发展的实践。其建设目标是：在汇聚人才、创新体制、突出优势的基础上，完善服务经济与管理研究平台的建设和提升平台的攻关水平，利用中山大学在第三产业和服务管理研究中的良好基础，突出发展服务管理学科，带动相关学科，在全国服务管理领域中创立先发优势，从建设服务管理学科入手进行理论创新，培育管理学的新生长点。围绕国家发展现代服务业的目标、服务业升级换代的重大需求，组织项目研究，取得具有重大社会和经济意义的理论与应用成果。在第三产业经济与服务管理研究层面和在特选服务行业微观层面取得重大理论与应用成果。

这些成果按科研进度、成果状况和经费强度，分期分批出版。第一批10本专著在2007年开始与读者见面，在学术界产生了良好影响。现在献给读者的是《中山大学服务经济与服务管理论丛》（以下简称《论丛》）的第二批10本专著。

浏览《论丛》，可以看到这些专著有如下4个共同点。

一是博士概念。这些专著都是我指导的博士生或博士后以其博士和博士后论文为基础扩写而成的。博士们为取得这些研究成果从事了4~8年的第三产业专业研究，其中4个博士从硕士研究生阶段起在我的指导下从事了6~8年第三产业研究。他们长期坚持不懈的努力，终于使他们取得了可喜的成绩。在这批生气勃发的专著面前，我作为导师，也在学生们的成就中分享"授人以鱼"和"授人以渔"的喜悦。多年来，我在指导博士生完成开题、论文撰写、修改、定稿的过程中，利用文字处理软件的审阅和标记修订功能，对博士生的文稿作详细批注、点评，对一些重要段落还逐字逐句地进行直接修改。如今，这些凝聚着我和我的学生们科研心血的文稿电子版已成了刻录在光盘中的难忘"历史文物"了。

二是时代感强。这些专著都以当代第三产业崛起引起的一系列服务经济与服务管理的新现象为专著题目，如服务生产率、城市服务业发展差异、休闲服务、服务产业融合、服务外包、生产服务业、制造业服务化、服务业内部结构高级化、服务业经济"稳定器"作用问题，以及第二产业生产服务、第三产业生产服务、服务业信息化、服务业集群、相对生产率、服务业结构性增长、健康管理服务业、职业体育服务业、租赁服务业、教育服务产品等问题，选题新颖，中国学者过去很少关注和研究，现在以"集群"形式问世，给人以耳目一新的感觉。

三是洋为中用。这些专著都在广泛收集、系统整理和归纳国际学术界服务经济和管理前沿研究最新成果的基础上写成的。作者们对国内外研究动态掌握比较全面，评述比较准确，对要解决的科学问题的目的和意义比较清晰，通过中外比较研究，有针对性地研究第三产业崛起对中国服务经济和管理的影响，分析中国第三产业发展战略面临的新形势、新问题、新机遇、新挑战及应对措施。

四是创新性强。这些专著大都处于服务经济与服务管理某一研究领域的全国领先水平，或填补了我国服务经济与管理研究某一领域的空白，或刷新了某一研究领域的纪录，对服务经济和服务管理学科建设和中国第三产业发展具有促进作用，对政府决策和企业管理有较强的现实意义。

在《论丛》第二批作品出版之际，我衷心感谢中山大学“985工程”对服务经济与服务管理研究项目的研究资助和出版资助。中山大学、中山大学社科处、中山大学管理学院为服务经济与服务管理研究提供了良好的平台；经济科学出版社及责任编辑范莹女士对《论丛》的出版给予大力支持和帮助；中山大学中国第三产业研究中心师生和特约研究员积极参加了本项目的研究；很多朋友长期以来关心、支持我从事服务经济与管理研究；在《论丛》研究和撰写过程中，不少研究者的相关文献资料在观点、方法或论据上给课题组以有益的启迪，被《论丛》参考、借鉴或引用。对此，也一并表示诚挚的感谢。

2009年5月22日

前言

信息化已成为当今世界社会经济发展的主要方向和趋势，信息技术正在加速向社会经济各个领域渗透，信息资源成为十分重要的战略资源，信息产业成为全球经济的新增长点。信息化水平是衡量一个国家（地区）现代化水平和综合国力的主要标志，世界各国充分意识到，信息化是社会经济发展的必由之路，把推进信息化建设作为提升综合国力、抢占全球经济科技竞争的制高点。

信息化既是社会经济发展的一种新环境，也是一种新动力。信息化给人类社会和经济发展带来了一场空前的革命性变化，它不仅改变了生产要素的投入结构、组织方式和运行模式，而且变革了传统经济增长的方式。信息化既是一种挑战，也是一种机遇。一方面，信息化要求传统的经济发展模式、组织形式、生产方式和管理方式进行相应的调整，产业链条裂变重组步伐加快；另一方面，信息化为经济发展提供了一种新的动力源泉，构筑了一个新的技术经济发展平台，大大拓展了市场空间。信息化是经济社会演进变化的高级阶段，发达国家和发展中国家由于处在不同的经济发展阶段，信息化所面临的环境存在很大差异。发达国家是在完成工业化以后，进入后工业化阶段开始信息化，服务业是信息化的主体，而我国是在工业化尚未完成的情况下推进信息化，工业成为信息化的主要领域。但是，信息化和工业化之间在时间上并不存在简单的先后顺序关系，推进服务业信息化不需要坐等工业信息化完成。如果忽视了服务业信息化，那很可能在推进工业信息化的同时也拉大了与发达国家服务业信息化的差距，形成新的“数字鸿沟”。发达国家的历史经验告诉我们，信息化与服务业之间存在着天然的联系，信息化从根本上改变了服务业的发展范式。总结和借鉴发达国家服务业信息化的经验，探求信息化条件下服务业发展的新特点和新规律，通过推进信息化缩小与发达国家服务业的差距，利用后发优势实现服务业跨越式发展是发展中国家服务业面临的一个新课题。

服务业信息化实际上是以物资、能源为主导地位的服务业向着以信息为主导地位的服务业转变和发展的过程。服务业信息化包括投入信息化和产出信息化两个方面。投入信息化是指信息及其信息技术在服务业中投入比重不断增大的过程，产出信息化是指服务产品中的信息含量不断提高的过程。由于本书的主要目的是探讨信息化与服务业增长之间的关系，所以仅从服务业投入信息化的角度研究信息化对服务业增长的影响。

尽管服务业信息化的内容很多，涵盖面广泛，其至少包括两个方面，一是利用现代信息技术改造服务业，提高服务业的整体素质和水平；二是通过信息资源的开发和利用，发展信息服务业。但是，对服务业发展影响最深的、最为关键的内容，莫过于信息技术在服务业中的运用。至于服务业信息资源的开发和利用、服务业人才的培养等诸多方面都源于信息技术的应用，服务业信息能力的高低、服务产品的信息含量是信息技术应用的结果。因此，本书所指的服务业信息化，不同于社会形态视角下的信息化，也不同于产业结构演进视角下的信息化。而是服务业的“电子信息化”，突出信息技术在服务业发展的技术基础地位，以及信息技术对服务业增长的推动作用，着重探讨信息技术对服务业的影响。

本书采用实证分析与规范研究相结合、定性分析与定量分析相结合、横向比较分析与纵向序列分析相结合的方法，选取部分 OECD 国家作为主要研究对象，探讨其服务业发展中的信息化效应，分析信息化对中国服务业和服务全球化的影响。

全书共分为九章，各章内容安排如下：

第一章　导论。简要说明本书的研究背景、研究意义、研究思路和方法、结构安排和创新点。

第二章　文献综述。围绕信息通信技术（Information and Communication Technology，ICT）对服务业的影响效果这一主题进行文献综述。回顾学者们在研究ICT对经济绩效的影响时，把关注点从ICT生产部门转移到ICT使用部门的原因和观点。总结归纳服务业ICT强度与生产率关系、服务创新对ICT的辅助作用方面的研究观点。在本章第二部分，回顾ICT对服务业就业总量的作用机制，阐述ICT影响服务业就业技能的理论观点并进行评价。

第三章　服务业信息化的机理和范式。该章阐述ICT的概念及其通用目的性，探讨信息化对服务业的作用机制和作用模式，讨论服务业的经济—技术新范式。

第四章　发达国家服务业信息化。该章采用投入产出方法分析美国、加拿大、英国、法国、日本和澳大利亚等六国在三次产业上的信息化差别，并从产品特性、产业结构、产品差别化程度和创新程度、产业的信息密集程度、使用信息技术的目的、制造业信息业务外包等方面进行解释。本章也对服务业内部各行业可能导致信息化差异的原因进行说明。

第五章　信息化对服务业产出和生产率的贡献。该章运用增长核算方法，从服务业与制造业、服务业内部各行业的横向比较上，测算出包括ICT资本在内的各生产要素和全要素生产率对美国、加拿大、英国、法国、德国、荷兰和澳大利亚等国产出的贡献率，以及ICT对劳动生产率的贡献率，说明ICT在服务业增长和生产率中的地位，并分析服务业与制造业、服务业内部各行业与服务业在生产率上的差距及其ICT在其中的作用。

第六章　信息化对服务业的就业效应。该章探讨信息化对服务业劳动的替代机制和补偿机制，建立超越对数成本函数，对七国ICT服务业、制造业和服务业内部各行业的就业数量影响进行实证分析，并讨论ICT对服务业职业结构变迁的影响。

第七章　信息化与中国第三产业增长。该章讨论信息化对中国第三产业的影响效应，分析信息化对第三产业产值、劳动生产率和就业的影响，探讨中国第三产业增加值比重、增加值增长与信息化程度之间的关系，劳动生产率及其增长与信息化程度之间的关系，第三产业比较劳动生产率与信息化程度之间的关系，并给出中国第三产业信息化的一些对策建议。

第八章　信息化与服务全球化。本章讨论服务的可贸易革命，信息化条件下的服务分解与分散，实证分析信息化对服务全球化的推动作用。

第九章　总结与展望。对全书进行总结，并指出本研究的不足之处和今后研究的方向。

本书研究得到教育部哲学社会科学研究重大课题攻关项目“加快发展我国生产性服务业研究”（11JZD023）的资助。

作　者

2013 年 8 月

目　录

第一章

导 论

信息化的飞速发展，在全球范围内掀起了一场技术革命和产业革命，深刻地改变了服务业的发展模式，极大地冲击着人们对服务业的传统认识。本章阐述全书研究的社会、经济和技术背景，对拟解决的几个基本问题进行简要描述，指出研究的理论价值和实践意义，对全书的结构安排进行说明，并阐明创新点。

第一节 研究背景和问题的提出

一、研究背景

（一）世界各国服务业发展迅速并成为国民经济发展的主要推动力

随着经济的发展和人均收入水平的提高，就业人口由农业向工业和服务业转移，与此同时，各产业产值比重也在发生变化，农业比重不断下降，工业比重由快速上升逐步转为下降，服务业则经历上升、徘徊、再上升的发展过程，直至最终成为国民经济的最大部门。早在 1968 年，富克斯（V. Fuchs）在其《服务经济》一书中宣称，美国是“二战”结束以后，世界上第一个迈入“服务经济”的国家。这标志着产业结构发生了根本性变化，经济发展进入一个不同于工业经济的发展阶段，服务业对国民经济发挥主导性作用。2004 年，高收入国家、中等收入国家、低收入国家第三产业增加值占 GDP 比重分别为 72.4%、52.7%、49.8%，高收入国家服务业产值比重超过 2/3，即使在低收入国家，服务业产出也几乎达到国民经济的一半。从国家来看，1968 年，美国、英国、法国、德国和日本的第三产业增加值占 GDP（按可比价计算）的比重分别为 60.6%、59.4%、50.4%、41.0% 和 42.7%，中国为 26.7%；到了 2004 年，美国、英国、法国、德国和日本的第三产业增加值比重分别为 76.7%、72.7%、75.8%、69.8% 和 68.1%，中国为 40.7%。1968 年，美国、英国、法国、德国和日本的第三产业就业比重分别为 59.4%、51.3%、45.8%、43.0% 和 45.7%，至 2005 年，这一比重分别达到 77.8%、76.3%、71.0%（2004 年）、67.8% 和 66.4%，中国第三产业就业比重也从 1978 年的 12.2% 上升到 2005 年的 31.4%。因此，服务业在国民经济中的地位不断提高，已成为各国经济发展的一种普遍趋势，也是经济发达程度的一个重要体现。

（二）信息化成为社会和经济发展的新趋势

在 20 世纪 90 年代以前，信息化主要是经济学家和未来学家对当时社会结构变化趋势的分析和对未来社会的预测，90 年代以后，随着国家信息基础（NII）概念的提出和信息化实践的深入，信息化已成为全球性浪潮，成为世界各国政府、组织以及产业界的实际行动。

在《后工业社会的来临》一书中，丹尼尔·贝尔（Daniel Bell）把人类社会发展分为三个不同阶段：前工业社会、工业社会和后工业社会。前工业社会依靠原始的劳动力并从自然界提取初级资源；工业社会是围绕生产和机器这个轴心并为了制造商品而组织起来的；后工业社会是围绕知识组织起来的，其目的是进行社会管理和指导革新。贝尔认为，后工业社会是工业社会的新发展，是工业社会和未来社会之间的过渡社会，贝尔在描述后工业社会的特征时虽然没有直接使用“信息社会”，但实际上指的就是“信息社会”。在他看来，信息处于后工业社会的中心地位，人们必须吸收大量的信息以满足关注和参与不断扩大的社会经济活动的需要。

约翰·奈斯比特（John Naisbitt）认为，人们误解了贝尔的后工业社会，认为后工业社会只是服务经济，不是生产物质货物的经济。实际上，这种理解是不恰当的，因为服务业中绝大多数的劳动者是从事创造、处理和分配信息的工作。

奈斯比特认为，信息社会的一个主要标志是从事信息活动的人数超过从事物质生产活动的人数。依据这一标志，美国从 1956 年开始就进入信息社会。这一年，美国历史上第一次出现从事技术、管理和事务工作的白领工人人数超过蓝领工人的人数。美国的大多数人已经从事信息生产活动，而不是生产物质生产活动。在美国，只有 13% 的劳动力从事制造业活动，而 60% 以上的劳动者集中在信息产业，从事信息活动。与 1950 年信息产业只有 17% 的劳动力的情况相比，信息产业显然是发展最快的一个部门①。

阿尔温·托夫勒（Alin Toffler）在 1980 出版的《第三次浪潮》一书中指出，当今世界正在经历一场新技术革命，以电子计算机、全球通信、生物技术、宇航技术、海洋技术、新能源、新材料等一系列新兴技术为标志的革命，正在使发达国家的工业、商业、学校、政府、科学、艺术、家庭生活等各方面乃至整个社会发生着巨大的变化。托夫勒把人类文明分为农业社会文明、工业社会文明和超工业社会文明三个阶段。迄今为止，人类已经经历过两次浪潮文明。第一次浪潮是农业革命，人类从原始的渔猎时代进入了以农业为基础的社会，这是农业变革的浪潮。第二次浪潮是从工业文明的崛起到工业化社会，这是一个工业革命的浪潮。第三次浪潮是当今社会正进入的新时代，是依靠全新技术和开发全新材料冲击旧的生产方式和社会传统的信息革命浪潮。人类社会正在经历着一次深刻的社会重大变革，整个社会政治、经济、文化力量的结构都会发生巨大变化，从而人类将由工业社会走向信息社会。

美国是率先发展信息经济和信息产业的国家，其信息化进程一直处于世界领先地位。20 世纪 90 年代初，美国在互联网体制改革和技术突破两个方面开始尝试。1991 年，Internet 开始了商业化和私有化进程，互联网技术也取得了许多突破。1993 年，美国政府出台了《国家信息基础设施：行动计划》（NII），并提出了鼓励民间投资、促进和保护竞争等建设信息高速公路的政策。为促进市场竞争，1996 年美国修改了国内电信法。在美国的带动下，其他国家也纷纷投入到信息化行列中，制定本国信息

---

① ［美］约翰·奈斯比特著，梅艳译：《大趋势——改变我们生活的十个新方向》，中国社会科学出版社 1984 年版，第 11 页。

化计划，在全球范围内掀起一股信息化新浪潮。

（三）信息技术革命为实现信息化提供了技术条件

信息技术是指完成信息搜集、储存、加工、发布、传输和利用等技术的总和。它既是信息化的重要基础和推动力，也是信息化的重要标志。以微电子技术、软件技术、通信技术为核心而引发的数字化、网络化、综合化信息技术革命，不仅深刻影响全球的科技、经济、社会和军事的发展，也改变了人们的思维方式、生活方式、消费习惯，引导着人类社会向信息社会迈进。

微电子技术已经走过了大规模、超大规模、特大规模集成时代，于1995年进入吉规模（GSI）集成时代。集成电路产品的发展趋势是芯片面积越来越大，集成程度越来越高，特征尺寸越来越小，片上系数日益完善。微电子技术的加速发展导致芯片的运算能力及性能价格比按摩尔定律持续增长，从而带动软件、通信等信息技术的应用达到前所未有的发展水平。存储介质的存储容量和质量有很大提高，光存储技术发展迅速，使得大容量信息的存储和访问成为可能。数字化技术的诞生，革新了传统模拟领域的实物产品和服务，提升了信息的处理质量和规模，使信息资源共享成为可能，出现了“数字电视”“可视电话”，大大拓展了人们的信息空间。计算机软件技术的发展，推动了操作系统和网络操作系统、开发平台软件及工具软件、数据库管理系统及大型数据库的研制。计算机技术与网络技术的结合，构造了信息处理与信息通信融为一体的信息网络。计算机网络技术的发展，不是某一种技术的延伸，而是多种网络技术的综合应用。“三网合一”，即计算机网、电信网、广播电视网合为一个网，会给计算机网络的应用和资源利用提供更广阔的平台，节省网络投资，充分利用已有资源，为信息社会提供更好的服务。

（四）信息技术应用高度集中于服务业

经济学家在研究了美国服务业的生产率之后发现，“在美国，信息技术革命是一个服务业的故事”①。将信息技术革命看作是一个“服务业的故事”，其主要理由是：第一，信息和通信技术产业的兴起，主要得益于现代经济中服务业的崛起。以信息通信技术（Information and Communication Technology，ICT）革命的策源地硅谷为例，早期的政府采购、大学、风险投资、股票市场和期权市场、律师和会计师事务所在其中扮演了十分重要的角色，这些机构都属于服务部门。第二，从ICT生产部门来看，美国直接从事ICT制造活动逐渐减少，通过外包和直接投资在国外制造，本国的ICT部门中服务比例越来越高。美国在信息技术商品上的贸易赤字不断扩大，从1990年的115亿美元上升到1999年的659亿美元②，而在信息技术服务贸易上表现为盈余，且呈继续扩大之势，这也是世界ICT产业发展的总体格局。根据《欧洲信息技术观察2004》记载，2003年世界电子信息产品制造业的比重仅为25%，而软件、IT服务和电信服务业所占比重高大达71%。这也符合发达国家和发展中国家之间的一般分工规律，在集成电路、电子元器件等工业品制造技术成熟以后，发达国家将其采用外包或直接投资形式转移到发展中国家，而自身则从事高附加值的设计、研发和市场开发等服务活动。第三，从ICT使用来看，服务部门的IT投资最为密集。根据美国经济分析局（BEA）在20世纪90年代中期的计算，服务部门使用了近80%的计算机投资。1996年的数据显示，信息设备占总投资比重最高的前15个行业全部是服务行业，这些服务行业的其他设备投资额不大，而对数据的管理普遍需求较高，这些行业投资信息技术较多的一个重要原因是业务性质使然③。

另外，ICT的应用带来了新的就业机会，对劳动技能提出了新要求，随着ICT的扩散，掌握ICT技能的人越来越多，而且不少分布于ICT部门之外。因此，一个行业的ICT人员就业强度可以大体反映ICT在该行业

---

① Jack E. Triplett and Barry P. Bosworth，Productivity in the U. S. Services Sector：New Sources of Economic Growth，Washington，DC：Brookings Institution Press，2004，p. 2. 转引自：吴敬琏：《中国经济增长模式抉择》，上海远东出版社2006年版，第96页。

② 胡延平：《第二次现代化——信息技术与美国经济新秩序》，中国社会科学出版社2002年版，第73~74页。

③ 周洛华：《信息时代的创新及其发展效应》，复旦大学出版社2001年版，第108~109页。

的应用程度。从这一点来看，服务业 ICT 人员就业强度普遍较高[①]。这说明服务业 ICT 应用程度较其他部门要高。

二、问题的提出

（一）未来服务业具有什么样的特征

一方面，随着经济水平的提高，服务业在国民经济中的比重不断提高，最终发展成为最大的经济部门；另一方面，未来学家和社会学家预言，未来社会是一个信息化时代，信息产业高度发达，信息产业在国民经济中的份额也越来越大。国民经济服务化和信息化都指向未来的时间点，必然出现交汇。按照多数经济学家的观点，在后工业时代，服务化只是一种表面现象，其实质是信息化。因为，在后工业时期，信息产业迅速崛起，发展成为国民经济的主导部门，各行各业都通过运用信息技术来提高生产率。这意味着，未来的服务业不是现有服务业在数量上的简单叠加，其内容已经发生很大变化。是一种新型的服务业业态，这种新型服务业最大的特征就是信息化程度较高，服务产品内容信息含量高，服务生产过程高度使用信息技术，服务生产要素中信息和信息技术的投入比例高。服务生产模式也不同于传统的服务提供模式，这种服务模式建立在 ICT 基础之上，ICT 成为服务业中应用最为广泛、最具一般性的技术。那么，我们是否有足够的理由相信，未来的服务业是一个信息特征显著的服务业？或者是基于信息的服务业？

（二）为什么 ICT 应用高度集中在服务业？服务业内部各行业的信息化程度为何相差悬殊

在传统观点看来，服务业效率低，难以实现规模化经营，资本密集程度很低，很少使用技术，创新程度也很低，在使用新技术上，也是一

---

① 国务院发展研究中心技术经济研究部译校：《经济合作与发展组织信息技术展望》（2004），中国财政经济出版社 2006 年版，第 220～230 页。

个被动使用者。但是，ICT 在服务业中的使用，使得服务业领域发生了一系列深刻变化，从服务产品特性、服务手段到服务组织和服务模式，使得 ICT 成为服务业创新的重要源泉。ICT 在服务业中的应用比制造业更为普遍，有人可能认为，服务业与制造业相比，是一个处在扩张中的部门，对 ICT 的需求自然会增加。这种解释到底有多大的说服力？是不是还有其他更重要的原因呢？都是一个有待回答的问题。如果是服务产品与实物产品之间的本质差别造成了服务业与制造业在 ICT 应用程度上的不同，那么面对服务业内部信息化也存在巨大差异时，又作何解释呢？

（三）服务业信息化是否治愈了"成本病"

服务业信息化改变了鲍莫尔（Baumol）在推导"成本病"模型时设定的两个假定条件。当时，他的一个假定是劳动是唯一投入。事实上，信息化使得服务内部分化严重，一些服务业如个人服务、生活服务等继续保持劳动高度密集这一特性，劳动几乎是唯一的投入，但是有些服务行业如金融保险行业信息化程度很高，信息技术资本密集度不断提高，甚至超过了制造业，要素投入结构发生了根本性变化，在这些行业劳动投入不是主要的。另一个假定是服务部门被视为"停滞部门"，生产率停滞不前，或者是提高缓慢。事实上，从一些学者的研究结果来看，在信息化的作用下，一些服务行业的劳动生产率提高迅速，几乎与制造业相当，那么这个假定条件就不符合实际情况。因此，服务业信息化给"成本病"模型带来严重挑战，其结论在新的条件下是否依然成立？如果有影响，那么信息化在其中又发挥了多大作用？这成为人们十分关心的一个问题。

（四）服务业信息化到底是减少还是增加了就业

一般来看，服务业是三大产业中对就业吸纳能力最强的一个部门，这也是发展服务业经常强调的一个理由。但是，服务业内部差异性很大，既有劳动密集型的服务行业，也有资本技术密集型的服务行业，它们对就业的吸纳能力差别也很大。服务业在其发展过程中，内部结构变化很大，今天的服务业不同于几十年前的服务业，将来的服务业肯定也不同于现在的服务业。以前的服务业，消费服务业比重较高，劳动密集程度也大，这类服务业的增长一般会带来就业的增长。但是，随着服务业资本加深特别是ICT资本加深，像金融、商务服务业一类的生产服务业在服务业中所占比重越来越高，它们以提供中间服务为主，标准化程度较高，知识密集度也高，这样会抬高就业门槛，可能减少就业，也可能利用ICT进行服务创新增加就业。在总体效果上，信息化对服务业就业表现为破坏作用还是补偿作用？这也自然成为一个研究课题。

第二节 研究意义

一、理论价值

服务业信息化是服务业发展到一定阶段的必然趋势。以计算机和通信技术为代表的信息技术在服务业中的运用远超过制造业，其影响的力度之深、范围之广，是前所未有的。过去建立在工业化时代基础上的许多经济理论的概念、原理也受到了极大的冲击，对本来还不太成熟的服务经济理论形成了严峻的挑战。虽然一些国外学者对由信息技术给服务业带来的某些问题如就业、生产率和区域布局等问题进行了开创性的探索，但是信息化的历史较短，样本资料有限，研究方法和对象各异，导致许多研究结论是零散的、没有普遍性，甚至是互相冲突的。因此，迫切需要建立和完善相应的理论框架，寻找服务业信息化的规律，对由信息技术而引发的一系列服务业经济层面的问题，做出科学、合理的解释。

信息化不仅是一场技术变革，更为重要的是它引发了一场经济革命，尤其是服务业领域的深刻变革。但是，就目前情况来看，绝大部分文献把研究的重点放在ICT对整个国民经济增长的贡献上，即使有极少的文献论及ICT与服务业的关系，也是只言片语，往往只触及一些表层问题，没有形成公认的结论，更没有对服务业内部进行分行业深入研究信息化的效果。服务业信息化引起了资本加深，改变了服务业的投入结构，信息化是否提高了服务业生产率，是理论界十分关注的问题。有人认为ICT

确实提高了服务业生产率，并带有一定的普遍性，于是得出结论：ICT 治愈了服务业“成本病”。也有人并不认同，认为“成本病”依旧。信息化对服务业生产率到底起到了多大的促进作用？现有的文献没有给出一个令人信服的结论。信息化对服务业就业的影响也是人们担心的一个问题。制造业信息化引起就业减少，产生替代效应。关于服务业信息化的就业效应，比较普遍的看法是，信息化增加了就业，即信息化产生补偿效应。个别学者发现某些服务行业存在替代效应，但是没有从理论上加以充分论证。

本书就信息化对服务业增长效应展开研究，是服务经济学和信息经济学的前沿问题之一，具有一定的挑战性。由于许多服务行业在产出统计方面的局限性，使得分析信息技术对行业生产率的影响很复杂，“在方法改进之前，信息技术对服务行业的总体效应仍然属于未知之列”①。本书着重探索信息化条件下服务业的发展规律，分析 ICT 对服务业的影响，对服务经济领域中的成说提出不同看法，这必将进一步丰富服务经济学的内容，拓展和深化信息经济学的研究内容。

二、实践意义

以美国为代表的部分西方发达国家已进入服务经济时代，不仅服务业在国民经济当中的比重相当高，而且服务业的强大国际竞争力成为这些国家经济实力的一种主要体现。其中一个主要原因就是这些国家的服务业信息化程度较高，ICT 在服务业中的作用十分突出，ICT 逐渐成为新的服务经济发展的核心。像美国这样的国家，近几年来虽然货物贸易出现逆差，但服务贸易连续顺差，这应主要得益于高度信息化的知识型服务的大量输出。

改革开放以来，我国的服务业发展也取得了一定进展，但进入 20 世纪 90 年代以后，发展速度相对缓慢，服务业占国民经济的比重还不高，服务业内部结构升级迟缓，传统服务业所占比重仍然偏高。服务业发展

① 胡延平：《第二次现代化——信息技术与美国经济新秩序》，中国社会科学出版社 2002 年版，第 61 页。

将面临国民经济服务化和服务业信息化的双重挑战，在努力提高服务业在国民经济中的比例不断扩大服务业规模的同时，不仅要通过信息化提升传统服务业水平，还要以信息技术为平台发展现代新型服务业。然而，现实情况是，许多决策部门只单纯强调工业信息化的重要性，忽视了服务业的信息化。若没有服务业的信息化，那么提高服务业结构水平、提升其国际竞争力、缩小与发达国家服务业的差距，可能只是美好的愿望而已。服务业内部各行业差异很大，信息化程度大小不一，信息化的潜在空间和规模存在较大差别。对西方国家服务业信息化进行比较分析，掌握服务业信息化的行业差别，摸清信息化对服务业增长、生产率和就业的作用情况，可以为制定我国服务业信息化政策、服务业就业政策提供借鉴和参考依据。

第三节 相关概念的界定

一、信息产业

虽然“信息产业”这一术语已被社会普遍接受，但是信息产业毕竟是一个新兴产业，其发展的历史较短，它的内涵和外延仍在不断地变动。由于人们的研究角度不同，各国的产业结构不同，对信息产业的理解也必然存在差异，要准确定义信息产业存在一定困难。所以，在对信息产业进行定义时，有必要了解一下信息产业研究的历史。

信息产业的概念，是在知识产业研究的基础上产生和发展起来的。1962 年，美国经济学家马克卢普在他的《美国知识的生产和分配》一书中，首次提出了“知识产业”的概念，明确指出：“知识产业是一类为他人或者自己所拥有而生产知识，从事信息服务或生产信息产品的机构——厂商、单位、组织或部门或其中的班组，有时是个人和家庭。”① 并

① Machlup F. The production and distribution of knowledge in United States. Princeton university press. New Jersey，1962.

将知识产业划分为通信媒介、信息设备、信息服务、教育、研究与开发五大类。虽然他定义的是“知识产业”，但是从定义的内容来看，与今天所说的信息产业范畴大体相当。所以，可以说这是世界上最早对信息产业所下的定义。

波拉特在 1977 年出版的《信息经济》一书中，以马克卢普的理论为基础，吸收了丹尼尔·贝尔的“后工业社会论”思想，将克拉克的三次产业分类法发展为四次产业分类法，创造性地以全社会所有信息活动为对象，把隐含在第一产业、第二产业和第三产业中的信息和信息活动分离出来，单独组成所谓的“第四产业”。波拉特的四次产业划分方法，突出了信息活动在经济发展中的重要作用，引导人们对信息产业和国民经济结构的再认识。

尽管马克卢普和波拉特在信息经济研究方面做了大量开拓性研究，但是在他们的著作中都没有使用“信息产业”这一术语，“信息产业”一词最先是由日本学者提出来的。

长期以来，各种机构、学术界对信息产业范畴的认识并不统一。

由美国商务部资助的“美同信息经济研究”中对信息产业的定义是，信息产业是信息产品和信息服务的生产、处理、流通并为其提供一切资源的活动。

美国信息产业协会（AIIA）认为，信息产业是依靠新的信息技术和信息处理的创新手段，制造和提供信息产品和信息服务的生产活动的组合。

欧洲信息提供者协会（EURIPA）认为，信息产业是提供信息产品和信息服务的电子信息产业。

信息学家泽可斯基（P. G. Zurkowki）认为，信息产业不是简单的服务业，它是既包括传播信息内容，又包括信息的传输过程和传输手段的信息服务业，它拥有支持信息生产、传播、发行的设施、技术、市场以及某些属于非市场活动性质的流通环节。

英国信息经济学家马丁（W. J. Matin）在 1987 年所写的《信息社会》一书中给信息产业的定义是，信息产业是信息物品和服务的综合生产活动体。信息产业包括与信息相关的技术、生产结构、生产者、创造发明者和用户，其活动的目的主要是受经济利益所驱动的，但不是百分之百地面向盈利的。马丁所给定义的一个重要特点是，通过引入信息产业用户的概念，明确了产业与用户的关系，从更深层次上揭示了信息产业的内涵。

日本科学技术与经济协作在《信息产业的前景》（1983）中提出，信息产业由信息技术产业和信息商品化产业组成，前者包括信息机械制造、软件和通信产业等，后者包括数据库、咨询和教育等产业。日本野村综合研究所（1984）指出，信息产业就是通过电子手段进行信息生产、加工、积累、流通和销售等一系列活动，并生产这些活动所必需的装置的一种新型产业。

我国信息经济学家乌家培认为，由于人们对信息认识的早晚不同，信息产业的定义有两层含义，即广义和狭义。狭义的信息产业是指直接或间接地与电子计算机有关的生产部门，而广义的信息产业是指一切与收集、存储、检索、组织加工、传递信息有关的生产部门。

二、信息和通信技术（产业）

在很长一段时期里，人们对信息技术的认识主要限于计算机技术，以及与计算机技术高度相关的微电子技术和软件技术，而较计算机出现更早的电话、广播和电视技术则被认为是一种传统技术，并非属于信息技术。信息技术与通信机技术原来是两种不同的技术，遵循各自的轨迹发展。信息技术侧重于信息的加工和处理，通信技术侧重于信息的传递与交流。随着技术进步的发展，信息技术“通信化”，通信技术“数字化”的趋势日益明显，二者逐步走向融合。构成通信技术核心和计算机技术核心的基本设计参数已经变得越来越相似，不仅从物理性质来看如此，而且从其所包含的制造过程来看也是如此。于是，信息技术的范畴不断扩大。20 世纪 80 年代以后，通信技术和广播电视技术也逐渐被纳入信息技术当中。自 90 年代开始，随着互联网的飞速发展，信息通信技术向传统产业的渗透日益加深，基于信息技术的新技术、新产品和新服务不断涌现。这不仅拓展了信息通信技术的内涵，而且导致了信息通信技术产业边界的变化。

由于信息通信技术的快速发展及其内涵的复杂性，各种研究机构和政府部门对信息通信技术的界定存在较大的差异。为了对各成员国信息通信技术产业的发展状况进行统计，便于比较，1997 年 6 月经济合作与发展组织（OECD）成立了一个信息、计算机和通信政策的统计专家小组，专门研究信息通信技术产业的定义与测度问题。后来这个统计小组定名为“信息社会指标工作组”（Working Party on Indicators for the Information Society，WPIIS）。1998 年，该小组对信息通信技术（ICT）给出了一个被各成员国普遍接受的一般性定义，即信息通信技术产业由以电子化方式获取、交换和处理数据与信息的制造业和服务业组成。同时，为了使上述定义更加具体，该小组首先对信息通信技术产品和服务进行界定。

OECD 对 ICT 产品和服务的界定主要遵循以下原则：对于 ICT 制造业来讲，其产品必须实现信息处理和通信（包括传输和演示）的功能，或者必须使用电子方法来探测、测度或记录物理现象，或控制物理过程。对于服务业来讲，其产出必须是通过电子手段实现信息处理和传输的功能。

根据这些原则，OECD 制定了基于 ISIC 第 3 版关于 ICT 产业的分类（见表 1－1）。这个分类在 2002 年经过一次较小的修正，把 ISIC 第 3.1 版中引入的 5150 类一分为二，即分为 5151 类“计算机、计算机外围设备及软件的批发”和 5152 类“电子和电信部件及设备的批发”。这一定义的一个重要特征是它从概念上打破了传统 ISIC 中制造业和服务业之间的二分法。

表 1－1　　OECD 对 ICT 的界定（对应 ISIC/Rev. 3）

制造业	服务业
3000　办公、会计和计算器具的制造 3130　绝缘线和电缆的制造 3210　电子阀门和电子管及其他电子组件的制造 3220　用于有线电话和有线传输的电视、无线电发射机和设备的制造 3230　电视和无线电接收机，音像录制或复制设备及其相关产品的制造 3312　测量、检验、测试、导航和其他用途仪器仪器仪表的制造，但工业流程检测设备除外 3313　工业流程设备检测的制造	5151　计算机、计算机外围设备和软件的批发 5152　电子和电信部件及设备的批发 6420　电讯业 7123　办公器具和设备的租赁（包括计算机） 72　计算机及相关活动

2002年联合国统计委员会参考了《北美产业分类体系》（NAICS）的“信息业”和OECD的“信息和通讯技术（ICT）”，制定出ISIC/Rev. 3.1中的“信息业”和“信息和通讯技术”两个相关分类。

我国并没有对ICT做过专门的统计，但习惯上把信息相关产业作为ICT。国家统计局曾经下发《统计上划分信息相关产业暂行规定》的通知，通知中包括附件1《统计上划分信息相关产业暂行规定》编制说明，附件2《联合国“信息业”与我国“信息相关产业分类”对照表》，附件3《联合国“信息和通讯技术”与我国“信息相关产业分类”对照表》。通过附件3《联合国“信息和通讯技术”与我国“信息相关产业分类”对照表》（见表1－2），我们发现两者存在的差别很小。

表1－2　联合国“信息和通讯技术”与我国“信息相关产业分类”对照表

<table>
<tr><th>信息和通讯技术</th><th colspan="2">信息相关产分类业</th></tr>
<tr><td colspan="3">办公、会计和计算器具的制造</td></tr>
<tr><td rowspan="3">3000　办公、会计和计算器具的制造</td><td>电子计算机整机制造</td><td>4041</td></tr>
<tr><td>电子计算机外部设备制造</td><td>4043</td></tr>
<tr><td>计算器及货币专用设备制造</td><td>4155</td></tr>
<tr><td colspan="3">电力机床和器械的制造 n. e. c. a</td></tr>
<tr><td rowspan="2">3130　绝缘线和电缆的制造</td><td>电线电缆制造</td><td>3931</td></tr>
<tr><td>光纤、光缆制造</td><td>3932</td></tr>
<tr><td colspan="3">收音机、电视和通讯设备和器材的制造</td></tr>
<tr><td rowspan="5">3210　电子阀门和电子管及其他电子组件的制造</td><td>电子真空器件制造</td><td>4051</td></tr>
<tr><td>半导体分立器件制造</td><td>4052</td></tr>
<tr><td>集成电路制造</td><td>4053</td></tr>
<tr><td>光电子器件及其他电子器件制造</td><td>4059</td></tr>
<tr><td>电子元件及组件制造</td><td>4061</td></tr>
</table>

续表

信息和通讯技术	信息相关产分类业	
3220　用于有线电话和有线传输的电视和无线电发射机和设备的制造	印制电路板制造	4062
	通信传输设备制造	4011
	通信交换设备制造	4012
	通信终端设备制造	4013
	移动通信及终端设备制造	4014
	其他通信设备制造	4019
	广播电视节目制作及发射设备制造	4031
3230　电视和无线电接收机、音、像录制或复制设备及其相关产品的制造	计算机网络设备制造	4042
	移动通信及终端设备制造	4014
	广播电视接收设备及器材制造	4032
	应用电视设备及其他广播电视设备制造	4039
	家用影视设备制造	4071
	家用音响设备制造	4072
医疗设备和仪器及度量、检验、测试、导航和其他用途器具的制造，光学仪器除外		
3312　度量、检验、测试、导航和其他用途仪器仪表的制造，工业流程检测设备除外	雷达及配套设备制造	4020
	电工仪器仪表制造	4112
	实验分析仪器制造	4114
	供应用仪表及其他通用仪器制造	4119
	环境监测专用仪器仪表制造	4121
	导航、气象及海洋专用仪器制造	4123
	农林牧渔专用仪器仪表制造	4124
	地质勘探和地震专用仪器制造	4125
	核子及核辐射测量仪器制造	4127

续表

信息和通讯技术	信息相关产分类业	
	电子测量仪器制造	4128
	其他专用仪器制造	4129
3313　工艺流程检测设备的制造	工业自动控制系统装置制造	4111
批发贸易和经纪贸易，机动车辆和摩托车除外		
5151　计算机、计算机周边设备和软件的批发贸易	计算机、软件及辅助设备批发	6375
5152　电子部件和设备的批发贸易	通讯及广播电视设备批发	6376
	计算机、软件及辅助设备零售	6572
	通信设备零售	6573
	其他电子产品零售	6579
邮政和电信		
6420　电讯	固定电信服务	6011
	移动电信服务	6012
	其他电信服务	6019
	有线广播电视传输服务	6031
	无线广播电视传输服务	6032
	卫星传输服务	6040
无接线员机器和设备及个人和家庭用品的租赁		
7123　办公器具和设备的租赁（包括计算机）	计算机及通讯设备租赁	7314
计算机和有关活动		
7210　硬件咨询	计算机系统服务	6110
7221　软件出版	基础软件服务	6211
	应用软件服务	6212

续表

信息和通讯技术	信息相关产分类业	
7229　其他软件咨询和供应	其他软件服务	6290
7230　数据处理	数据处理	6120
7240　数据库活动	互联网信息服务	6020
7250　办公、会计和计算器具的保养和维修	计算机维修	6130
7290　其他与计算机有关的活动	其他计算机服务	6190

注：联合国的“信息和通讯技术”不包括我国“信息相关产业分类”中的“其他信息相关服务”。

资料来源：国家统计局网站（http：//www. stats. gov. cn）。

三、信息化

信息化的概念起源于日本，是基于对人类社会从低级向高级的形态发展，即从有形的物质产品创造价值的社会向无形的信息创造价值的社会转变的认识。1963 年，日本学者梅田忠夫在日本 Hoso Asahi 杂志上发表了题为“论信息产业”的论文，从信息产业的角度提出了日本未来社会的发展方向就是“信息产业时代”。1967 年，日本政府的一个科学、技术与经济高级咨询小组参照工业化的概念正式提出并开始应用“Johoka”一词，其意思是“信息化”。1970 年，马苏达（Masuda）首次将日本学者使用的“Joho Shakai”翻译成英文“Information Society”。尽管在 20 世纪 60 年代末和 70 年代初日本出版了不少信息化方面的著作，但是由于日文在世界范围内的应用并不普遍，这些著作并没有在世界范围内产生很深的影响。1977 年，法国的西蒙·诺拉和阿兰·敏克在为法国政府撰写的经济发展报告《社会的信息化》中，使用了法文单词“Informatisation”，它对应的英文单词是“Informatization”，随后，这一译法被广泛接受并沿用至今。

由于各国经济发展水平存在一定差异，社会环境制度不同，观察角度不同，人们对“信息化”概念的理解也存在较大差别。

"信息化"概念在日本的产生经历了"情报产业（信息产业）——信息社会——信息化"的发展过程。小松崎清介等日本学者在最初解释"信息化"时，曾说过这样一段话，"在那个时期，信息社会有固定的含义，是用来描述信息产业有极大的并且取得支配地位的社会，日本科学、技术和经济研究团队描述这一社会变革过程是向着'社会的信息化'阶段过渡，这些专家指出，如果在不远的将来信息产业成为支柱产业，政府应该实施加速社会变革过程的政策"。① 日本金冈幸二（1982）认为，信息化社会又可以理解为后工业社会。东京大学竹内启（1987）认为，信息化是第三次产业革命。由此可见，信息化的概念从一开始就是从社会产业结构演进的角度提出的，也可以说是一种关于社会发展阶段的新学说，在日本学者看来，信息化就是指从物质生产占主导地位的社会向信息产业占主导地位的社会发展的过程。

法国 J. 薛尔凡－施赖贝尔（1980 年）认为，工业社会信息化犹如农业社会的工业化那样，不仅根本改变生产方式和消费方式，而且根本改变经济社会中各种生活方式和组织方式②。

苏联 A. И. 拉基托夫（1989 年）认为，信息化的核心问题是建立生产知识的信息工艺③。

我国学者从 20 世纪 80 年代初开始研究信息化，20 世纪 90 年代，对信息化的认识更加深入和广泛。1993 年 11 月在北京召开了"信息化与经济发展国际研讨会"，信息化的界定成了此次会议的主要议题之一。会后，大会秘书处对信息化的含义进行了归纳，形成五种具有代表性的观点④。

（1）信息化是指通讯现代化、计算机化和行为合理化的总称。行为合理化是指人类活动按公认的合理准则与规范进行；通讯现代化是指社会活动中的信息交流基于现代通信技术基础上进行的过程；计算机化是社会组织和组织间信息的产生、存储、处理（或控制）、传递等广泛采用

① 吴刚、施利：《经济增长的引擎——信息化》，冶金工业出版社 2002 年版，第 16 页。

② J·薛尔凡－施赖贝尔：《世界性的挑战》，转引自 П. 费多谢耶夫：《科学技术革命的社会意义》，载于《国外社会科学》1984 年第 10 期。

③ A. И. 拉基托夫：《我们走向信息社会的途径》，载于《国外社会科学》1990 年第 2 期。

④ 汪向东：《信息化：中国 21 世纪的选择》，社会科学文献出版社 1998 年版，第 5 ~ 6 页。

先进计算机技术和设备管理的过程，而现代通信技术是在计算机控制与管理下实现的。因此，社会计算机化的程度是衡量社会是否进入信息化的一个重要标志。

（2）信息化不仅要求计算机化，而且要求通信现代化和网络技术的现代化，即涉及三个“C”（Computer，Communication，Control）。所以，信息化的概念不能仅仅局限于计算机化，如果没有通信技术和网络服务的现代化，就无法实现信息化。

（3）电子信息技术在通信、网络管理和计算机运用中出现了“交汇（Convergence）”的趋势。信息技术的交汇在计算机、电信和网络工业中的发展，即交换与传输的数字化、计算机通信和网络管理技术的发展、网络智能的分散化以及以计算机为基础的具有高附加值的电信和信息服务，是当今信息化社会的主要内容和进入信息现代化的主要标志之一。

（4）信息化从内涵的角度考察，包括多个层次。一方面指信息技术的利用非常广泛，信息观念深入人心；另一方面指信息技术产业的高度发展，信息咨询服务业的高度发达和完善。从外延的角度考察，它指一个国家或地区的信息环境，只有建立在先进的信息技术产业、发达的信息服务业和完善的信息咨询服务体系基础上的信息环境，才能称为信息化环境。

（5）信息社会是信息产业高度发达且在产业结构中占据优势的社会，而信息化是向信息社会前进的动态过程，它反映了从有形物质产品起主导作用向以无形的信息产品起主导作用的根本性转变。

在后来的研究中，又出现了三种具有代表性的观点①。

（1）信息化是指信息技术和信息产业在经济与社会发展中的作用日益加强，并发挥主导作用的过程。信息化有三个相互联系的主要方面：一是信息技术本身的发展及其产业化；二是基于信息技术的信息产业（包括信息设备制造业、信息传输业和信息服务业）的发展；三是信息技术手段在经济和社会领域中的广泛应用。

（2）信息化就是利用现代电子信息技术，实现信息资源高度共享，发挥社会智能潜力，推动经济和社会发展。

---

① 汪向东：《信息化：中国21世纪的选择》，社会科学文献出版社1998年版，第6～7页。

（3）信息化的内涵包括两个方面：一是利用信息技术改造国民经济各个领域，加快农业的工业化和工业的信息化，信息技术和信息产业不仅是国民经济的一个产业支柱，而且是一个“发动机”，可以推动其他产业部门的更新换代和现代化；二是利用信息技术提高国民经济活动中信息采集、传输和利用的能力，提高整个国民经济系统运行的生产率和效率。

1997 年，国务院信息化办公室的专家给出一种定义，即信息化是指培养、发展计算机为主的智能化工具为代表的新生产力，并使之造福于社会的历史过程。这里的智能化工具又称信息化的生产工具，它一般必须具备信息获取、信息传递、信息处理、信息再生、信息利用的功能。与智能化工具相适应的生产力，称为信息化生产力。

2002 年 10 月 22 日，国家信息化领导小组批准颁布了《国民经济和社会发展第十个五年计划信息化重点专项规划》，它界定了信息化的内涵，指出“信息化是以信息技术广泛应用为主导，信息资源为核心，信息网络为基础，信息产业为支撑，信息人才为依托，法规、政策、标准为保障的综合体系”。从而准确、清晰地表述了当前和未来一段时期我国信息化建设的主要内容，以及应用、资源、网络、产业、人才、法规政策标准在信息化体系中的位置以及相互之间的关系。

信息化不仅是一个技术问题，而且也是一个经济问题和社会问题。信息化的过程就是信息技术推广应用、信息资源开发利用、信息产业发展壮大、信息服务广泛开展和不断提高的过程，同时是加速社会生产，不断提高工作效率、管理水平、人员素质和经济、社会效益的过程，也是各国综合国力、各地经济实力和人才开发竞争的过程。信息化是一个动态变化的过程，是社会形态发生重大转变的过程，这一过程不仅表现为经济结构和经济增长，而且是社会结构的全面变革。

从信息化所涉及的社会层面来说，信息化可分为企业信息化、产业信息化和社会信息化三个不同的层次①。

（1）企业信息化。企业信息化是实现国民经济信息化的基础。企业是市场经济的微观基础，其信息化在国民经济信息化中的基础作用十分

① 游五洋、陶青：《信息化与未来中国》，中国社会科学出版社 2003 年版，第 54 ~ 55 页。

突出。企业信息化不仅是信息技术的延伸，更为重要的是企业管理与组织管理的延伸，它已成为现代企业的重要特征和衡量企业综合实力的重要标志。企业信息化就是将信息技术应用于企业的产品设计、生产、经营、管理等多个环节，不断提高信息资源开发效率，大力培养信息人才，获取信息经济效益的过程。由于信息技术的大量采用，不但改进和强化了企业物流、资金流、人员流及信息流的集成管理，而且对企业经营思想和管理模式带来根本性的变革。信息技术与企业管理的发展与融合，使企业发展战略和管理不断创新，企业竞争力不断提高。

（2）产业信息化。产业信息化是指在产业部门内，通过广泛采用信息技术和充分开发利用信息资源，构造以信息化带动其他要素流动的产业关联，对资源优化配置、整合，对过程优化重组，进而提高劳动生产率和产业效益和过程。产业信息化不但促进了传统产业的升级换代，使传统产业部门的组织结构、管理体制、经营模式都发生彻底的变革，而且反过来又使社会信息需求得以极大地扩展，带动了信息技术的创新和信息产业的发展壮大。产业信息化的结果是整个国民经济的信息化。

（3）社会信息化。社会信息化是信息化的高级阶段，它是指在人类工作、消费、教育、医疗、家庭生活、文化娱乐等一切社会活动领域里实现全面的信息化。社会信息化是以信息产业化和产业信息化为基础，以经济信息化为核心向人类社会活动的各个领域逐步扩展的过程，其最终结果是人类社会生活的全面信息化。主要表现为：信息成为社会活动的战略资源和重要财富，信息技术成为推动社会进步的主导技术，信息人员成为领导社会变革的中坚力量。

企业信息化、产业信息化和社会信息化三者之间存在密切的关系：企业信息化是信息化建设的基础和前提；产业信息化则包含了企业信息化的内容；社会信息化不仅包括企业信息化和产业信息化两方面内容，而且还涵盖了政府信息化、社区信息化和生活信息化等更大范围的信息化内容，因此社会信息化涵盖面最广、层次最高。

四、服务业信息化

服务业信息化，就是将信息技术广泛运用于服务产品的生产、销售、消费等一系列环节的过程，它是通过信息的采集、传输、加工，对服务业信息资源进行深度开发与广泛应用，建立服务信息资源共享网络，实现服务的规范化和标准化生产，提高服务运作效率，提升服务业竞争力的过程。其主要目的是最大限度地实现服务产品的数字化生产、销售、消费和控制以及对服务业的数字化管理。

服务业信息化具有两个方面的含义：一方面是利用信息技术改造传统服务业，发展新兴服务业，通过信息技术的渗透作用和支持作用，推进服务业内部结构的高级化，推动服务业的现代化，使信息技术成为服务业的“发动机”；另一方面是利用信息技术提高服务生产、消费活动中的信息搜集、加工、传输和使用能力，通过信息技术手段优化配置服务资源，增加服务信息资源的共享程度，提高服务系统的运作和管理效率，增强服务业的国际竞争力。

随着信息技术在服务业中的应用规模的不断扩大，信息技术越来越成为服务业尤其是现代服务业发展的重要技术基础。信息技术的发展使得服务产品的生产、销售、消费等手段发生了根本性变化，基于信息技术的新兴服务的提供成为可能，信息技术在一定程度上“定义”了新兴服务，规定了服务的生产模式和消费方式。譬如，计算机和软件服务、互联网信息服务、电信服务等就是因信息技术产生而产生，因信息技术发展而迅速崛起，发展成为现代服务业的重要组成部分。信息化也给传统服务的提供方式带来了革命性的变化，信息技术及其基础设施的完善，为现代服务业的供给提供了强有力的技术手段，突破了服务生产和消费的时空约束，改变了服务的原有特性，实现了服务的规模化生产和经营，提高了分工和协作效率，有效整合服务资源，扩大了现有服务范围，增加了服务的个性化，提高了服务质量，重塑了现有服务，给传统服务业注入了新的活力。当今世界，服务业已经成为国际经济贸易竞争的主要领域，而服务业信息化又是各国抢占服务业竞争的制高点，信息技术在服务业各部门的运用越来越普遍，信息技术密集型服务业的地位和作用日益突出，现代服务业国际竞争的信息比较优势逐步显现，传统比较优势可能逐渐弱化，信息比较优势将成为服务业国际竞争力的重要构成要素。一个国家或地区如果在服务业信息化方面处于优势，即在服务信息的搜集、加工、传输和利用能力上比别国要强，掌握的服务信息数量、质量要高于竞争对手，那么它在国际服务业竞争中就容易赢得主动权。总而言之，服务业与信息化密不可分，信息已经成为现代服务业的重要生产要素和战略资源，越来越多的服务需要通过信息技术来提供，信息化将成为服务业发展的方向和引擎。

第四节　研究视角、内容框架和创新之处

一、研究视角

服务业信息化涉及面广，内容层次较多，研究视角和切入点较多，本书仅从投入角度考察信息化对服务业增长的影响。

服务业信息化实际上是以物资、能源为主导地位的服务业向着以信息为主导地位的服务业转变和发展的过程。服务业信息化包括投入信息化和产出信息化两个方面，投入信息化是指信息及其信息技术在服务业中投入比重不断增大的过程，产出信息化是指服务产品中的信息含量不断提高的过程。由于本书的主要目的是探讨信息化与服务业增长之间的关系，所以仅从服务业投入信息化的角度研究信息化对服务业增长的贡献程度。

尽管服务业信息化的内容很多，涵盖面广泛，但是对服务业发展影响最深的、最为关键的内容，莫过于信息技术在服务业中的运用。至于服务业信息资源的开发和利用、服务业人才的培养等诸多方面都源于信息技术的应用，服务业信息能力的高低、服务产品的信息含量是信息技术应用的结果。有学者根据信息化提出的背景和“信息与信息技术对社会经济具有正面的影响”的价值判断，认为当初日本提出的信息化概念，就是“有目的地推进与使用信息与信息技术”①。因此，本书所讲的服务业信息化，不同于社会形态视角下的信息化，也不同于产业结构演进视角下的信息化，而是服务业的“电子信息化”，突出信息技术在服务业发

---

① 宋振辉、邓超：信息化的四大视角，载于《电子商务》2004年第8期。

展的技术基础地位，以及信息技术对服务业增长的推动作用。

二、内容框架

本书以信息化对服务业的作用效果为主线，将服务业与制造业比较、服务业内部各行业进行对比，分析各国服务业信息化，信息化对服务业增长、生产率和就业的影响效果。全书分为六章。

第一章，从服务化和信息化的角度介绍信息技术使用高度集中于服务业这一发展背景，进而提出未来服务业应该具有什么特征、信息技术偏爱服务业的根源、如何解释源于ICT使用而引起的“成本病”争论和服务业就业效应的问题；明确本书研究课题的理论意义和现实意义；简要说明本书的研究思路、方法、结构安排和创新点。

第二章，围绕信息化对服务业的影响效果这一主题进行文献综述。回顾学者们在研究ICT对经济绩效的影响时，把关注点从ICT生产部门转移到ICT使用部门的原因和观点；总结归纳服务业ICT强度与生产率关系、服务创新对ICT的辅助作用方面的研究观点；介绍Solow悖论及其几种代表性的理论解释；着重回顾Jack E. Triplett和Barry P. Bosworth对美国服务业的研究过程、研究方法和结论，介绍Jochen Hartwig对Jack E. Triplett和Barry P. Bosworth关于“‘成本病’已经治愈”结论的质疑理由并作系统的评价。在本章第二部分，回顾ICT对服务业就业总量的作用机制，ICT影响服务业就业技能的理论观点并进行评价。

第三章，阐述ICT的概念及其通用目的性，分别从生产率、产业形态、服务质量与成本、专业化水平、服务贸易等方面探讨信息化对服务业的作用机制，阐述信息化对服务业生产方式、组织方式、管理模式等方面的作用模式，讨论服务业的经济—技术新范式及其特征。

第四章，采用投入产出方法计算美国、加拿大、英国、法国、日本和澳大利亚等国的ICT中间需求率，比较ICT在生产领域和消费领域的应用情况。分别计算这六国服务业、制造业和农业对ICT的直接消耗系数和完全消耗系数，说明三大产业的信息化差别，并从产品特性、产业结构、产品差别化程度和创新程度、产业的信息密集程度、使用信息技术的目的、制造业信息业务外包等方面进行解释，指出三大产业在信息化路径和方式方面的差别性。本章也对服务业内部各行业可能导致信息化差异的原因进行说明。

第五章，采用格罗宁根增长与发展研究中心（GGDC）的数据，运用增长核算方法，将ICT资本单独分离出来，从服务业与制造业、服务业内部各行业的横向比较上，测算包括ICT资本在内的各生产要素和全要素生产率对美国、加拿大、英国、法国、德国、荷兰和澳大利亚等国产出的贡献率，也测算ICT对劳动生产率的贡献率，以说明信息化在服务业增长和生产率中的地位。在此基础上，进一步分析服务业与制造业、服务业内部各行业与服务业在生产率上的差距，探寻信息化在其中的作用，阐明信息化不能终结只能缓解“成本病”的原因。

第六章，首先利用技术创新理论和就业理论分析信息化对服务业劳动的替代机制和补偿机制，然后建立超越对数成本函数对七国ICT服务业、制造业和服务业内部各行业的就业数量影响进行实证分析，最后探讨ICT对服务业的职业结构变迁。

第七章，讨论信息化对中国服务业的效应。测算中国服务业信息化，分析信息化对服务业产值、劳动生产率和就业的影响，探讨中国服务业增加值比重、增加值增长与信息化之间的关系，劳动生产率及其增长与信息化之间的关系，服务业比较劳动生产率与信息化之间的关系；分析信息化对中国服务业就业数量和职业结构的影响。在此基础上，给出中国服务业信息化的一些对策建议。

第八章，讨论服务的可贸易革命，对服务活动进行分解，建立服务分解模型，探讨信息化条件下的服务全球化分解与分散，以OECD国家为例实证分析信息化对服务全球化的推动作用。

第九章，对全文进行总结并指出本研究的不足之处和今后研究的方向。

三、预期的创新之处

（一）研究方法独特

国内外绝大多数文献在研究信息化对经济增长的影响时，将国家作为一个整体考察对象，即研究ICT对国民经济增长的影响。而服务业是ICT应用的一个主战场，服务业的ICT资本加深日益突出，从而可能改变服务业的发展范式，引发服务业领域的一场深刻革命。系统、深入地探讨信息化对服务业增长的影响不仅十分必要，而且相当迫切。现有文献大多采用计量经济方法研究ICT投资与服务业生产率之间的关系，一旦模型不能通过显著性检验，就无法进一步分析。本书把通常用于国家或地区层面研究的增长核算方法用于产业层面的研究，可以规避统计显著性检验的问题，将ICT作为服务业的一种投入要素，考察其对服务业产出和生产率的促进作用。

（二）信息化指标更具可操作性

通常情况下，采用信息化指数衡量信息化水平，但是信息化指数涵盖信息资源、信息装备、信息技术普及、信息主体、信息社会支撑等诸多方面，不适合用来测算产业信息化水平。20世纪80年代中期日本提出了一种新的信息化指数，可以反映产业信息化水平，这种指数采用硬件装备率、软件装备率、通信能力装备率三个指标。但也存在一个缺陷，这三个指标的分母都是相应产业的就业人数，不同国家和组织对信息化就业人员的界定不同，从而降低了可比性；而且，该指标的计算需要细分行业的职业数据，绝大部分国家没有建立相应的数据库，即使有些组织和国家有类似的数据库，在时间上也不连续。因而，难以进行动态分析。本书提出采用投入产出消耗系数作为衡量信息化的指标，可以克服以上缺陷。无须“另起炉灶”，可以与现有的国民经济核算体系相衔接，利用投入产出表就可以计算出各行业的信息化。本书从产品特性、产业结构、产品差别化程度和创新程度、产业的信息密集程度、使用信息技术的目的、制造业信息业务外包等角度对三大产业之间在信息化上的差别进行理论解释，还从企业规模、信息的可编码程度、网络外部经济效应、范围经济效应、规模经济效应和节约成本等角度说明造成服务业内部各行业的信息化差别的原因。

（三）重新审视“成本病”

本书将以较为充分的证据和可靠的实证结果回答信息化是否治愈

“成本病”这个令理论界困惑的问题。将用于时序分析的增长核算方法应用于行业之间的生产率差距（横向比较）的影响因素分析，比较 ICT 与其他因素在生产率差距尤其是服务业与制造业之间差距中的作用，以考证国外学者提出“‘成本病’已经治愈”观点的合理性和正确性。本书认为，信息化在一定程度上可以延缓服务业“成本病”，但不能完全消除。

（四）指出了信息化对服务业就业的补偿机制和替代机制

服务业就业一直受到多种因素的影响，要单独考察信息化对服务业就业的影响比较困难。本书采用相对替代（或补偿）的概念来反映信息化对就业的替代（或补偿）关系，即劳动力与 ICT 价格的相对比价变化引起劳动力数量与 ICT 服务投入数量之间的比例下降（或上升），从整体上证明了信息化对服务业就业的影响与制造业一样，都是呈替代效应。

（五）将服务创新理论与信息化就业效应结合起来

从信息化对职业技能的间接作用，即通过组织创新等渠道对就业技能产生影响的角度，解释了服务业职业技能的变化。本书认为，传统的“两极分化”论不完全适用于信息化对服务业就业的影响情形，高技能职业也可能减少。

第二章

文献综述

实质上，服务业信息化就是信息技术在服务业中的推广和应用过程，关于服务信息化效应的研究大多集中在信息通信技术对服务业的效应。下面对信息通信技术的服务业效应研究文献进行回顾和评价。

第一节　信息化对服务业的产出效应

一、ICT 使用对经济绩效的影响

20 世纪 90 年代，美国与其他 OECD 国家之间在经济增长上不平衡，美国生产率增长强劲，而欧洲的生产率几乎停滞，这引起人们对 OECD 经济增长源泉的极大关注，关注的焦点集中在 ICT 对经济增长的影响上。Colecchia 和 Schreyer（2001）、Jorgenson（2001）、Van Ark 等（2002）认为 ICT 对经济增长的作用主要体现在两个方面：一是主要通过增加投资从而资本加深产生作用；二是通过提高 MFP 发挥作用。按照 OECD 对 ICT 生产部门的界定和研究报告①，ICT 生产部门在国民经济中所占份额很小，不过由于其发展速度相当迅速，技术进步很快，MFP 增长率较高，它对经济增长和生产率的贡献也相对较大。然而，在一些 ICT 部门很小的国家如澳大利亚，MFP 增长率也较高，这意味着，MFP 增长的主要来源可能不是 ICT 部门本身或 ICT 生产部门。于是，人们在考察 ICT 与经济

① OECD, *The Economic Impact of ICT: Measurement, Evidence and Implications*, Paris, 2004, p. 86.

增长之间的关系时，纷纷把目光转向与 ICT 相关的其他部门，即 ICT 使用部门。尽管美国 ICT 生产部门发达，但是，Baily、Triplett 和 Bosworth（2002）将美国 MFP 增长的很大一部分归功于 ICT 使用部门。Colecchia 和 Schreyer（2002）对美国和其他 OECD 国家的研究认为，密集使用 ICT 的行业对国民经济总体劳动生产率增长的贡献比 ICT 生产行业更大。对于澳大利亚在 20 世纪 90 年代比美国还高的生产率增速，不少学者将其原因归结为澳大利亚是一个高度使用 ICT 的国家，ICT 使用导致澳大利亚生产率加速（Cardarelli，2001；Parham，Roberts and Sun，2001；Simon and Wardrop，2002；OECD，2003）。ICT 使用部门对提高生产率发挥着与 ICT 生产部门不一样的作用。ICT 使用提高了企业传递、搜集和管理大量信息的能力，从而导致与企业内部信息搜集和利用相关活动的成本的下降（Carbonara，2005；Buiter，2005；Steenkamp and van der Walt，2004）。ICT 的使用和扩散有助于建立网络，让更多的顾客或企业建立网络联结，产生溢出效益。ICT 使用可以降低交易成本，提高供需之间的匹配效率，催生新型市场。ICT 使用也可能导致知识创造效率的提高（Bartelsman and Hinloopen，2002）。

McGuckin 和 Stiroh（2001）认为，ICT 使用高度集中在服务业，制造业较少。Van Ark 和 Pilat 等（2002）从企业和从产业层面研究了 OECD 国家 ICT 对经济增长的影响后得出结论：ICT 投资在各产业之间分布不均匀，服务业如批发贸易、金融服务是典型的 ICT 密集使用部门。这意味着，ICT 对经济绩效的影响在服务部门比其他部门更为明显。于是，要研究 ICT 使用对 MFP 的作用，服务业就成为重点考察对象。例如，美国、加拿大、荷兰和英国等国服务业中的运输、批发、金融、保险和商务服务业是 ICT 设备的最大投资者。1990～1995 年美国每人增加值劳动生产率年均增长 0.97%，1995～2000 年年均增长为 1.74%，是七国集团中唯一一个在 20 世纪 90 年代劳动生产率明显提高的国家。其中，虽然 ICT 生产行业和 ICT 使用行业都发挥了作用，但是 ICT 使用部门的作用更大。在 20 世纪 90 年代后半期，ICT 使用行业对劳动生产率增长的贡献高达 1.29%，占了生产率增长的一大半。ICT 使用行业对生产率增长的贡献又主要归功于零售业，像沃尔玛之类的企业采用 ICT 进行创新，扩大了市场份额（McKinsey，2001），迫使竞争对手提高绩效，进而提高了全行业平均生产率。另外，证券业的ICT使用也解释了20世纪90年代美国生产率增长的很大一部分，其良好的表现，主要得益于巨大的金融市场与ICT有效使用、激烈竞争的结合（McKinsey，2001；Baily，2002）。

二、ICT使用密度与服务业生产率

Stiroh（2001）考察了20世纪90年代美国61个行业的劳动生产率增长情况，把61个行业分为三大类：2个ICT生产行业，26个ICT使用产业和33个对ICT依赖程度较低的其他行业。他发现生产率增长高度集中于与ICT相关产业，在宏观层面上，ICT相关产业对于促进美国生产率增长起着非常重要的作用。密集生产或使用ICT的行业是美国生产率增长的源泉，而其他行业对生产率增长的作用很小。

Parham（2001）、Simon和Wardrop（2001）对澳大利亚的研究表明，20世纪90年代后半期澳大利亚生产率增幅的绝大部分来源于使用ICT较多的批发业、零售业、金融业。澳大利亚的一份研究报告①按照Stiroh（2001）的分类，根据每工作小时的ICT投资大小将16个行业分为重度使用ICT的行业和轻度使用ICT的行业两大类，以评估ICT和生产率增长之间的关系。重度使用ICT的行业包括通信、电力、天然气、自来水、金融保险、批发、航空铁路水路运输、文化娱乐服务，轻度使用ICT的行业包括建筑、旅店餐馆、零售、公路运输。对比1984~1985年与2001~2002年两个时间段，结果是，重度使用ICT行业的劳动生产率年平均增长率超过了轻度使用ICT行业的6倍，ICT密度与生产率增长紧密相关。该研究报告通过50个回归方程分析，得到这样一个结论：在1984~1985年至2004~2005年澳大利亚服务业的MFP增长中，技术因素的贡献超过一半。

① The Department of Communications, Information Technology and the Arts（DCITA），Australian Government，Productivity growth in service industries，Occasional Economic Paper，April 2005，Australia，pp. 56-57.

不过，Dirk Pilat，Frank Lee 和 Bart van Ark（2002）[①] 认为在产业层面上，美国和澳大利亚几乎是 OECD 国家中 ICT 使用能够提高劳动生产率和 MFP 增长的仅有的国家。对于其他多数 OECD 国家，很少有证据表明 ICT 使用行业能够提高劳动生产率，或者是提高 MFP。

以上学者将 ICT 部门划分为 ICT 生产部门和 ICT 使用部门，这两大部门又进一步分为 ICT 生产制造行业、ICT 生产服务行业、ICT 使用制造行业和 ICT 使用服务行业。这种划分虽然兼顾了与现有产业体系分类标准的衔接，方便了数据的搜集，但是“生产”和“使用”的区分比较困难。一些行业如通信业既是 ICT 生产行业，同时又是 ICT 服务行业，如果一个行业同时兼具“生产”和“使用”特性，那么很难判定其中哪一个特性占主要地位。如果不对其切割，那么会造成同一个行业同属两个部门达不到分类的目的，如果要切割，那么采用什么标准、如何切割就成了问题。随着 ICT 使用领域的不断扩大，ICT 使用部门很可能不是一成不变的。事实上正因为这样，不同的学者划分不同，尤其是 ICT 使用行业所包括的范围不同，从而降低了研究结果的可比性。

三、服务创新对 ICT 的辅助作用

按照熊彼特的理论，创新是经济增长的主要动力，许多学者（如 Gershuny and Miles，1983；Barras，1990；Evangelista，2000；Miles，2005）证实了创新和服务业增长之间的紧密关系。尽管还有其他影响服务业增长的因素存在，但是诸如 ICT 之类的技术创新和非技术创新已经成为服务业增长的主要动力。

ICT 与传统资本不同，它往往伴随其他投入，ICT 的有效使用需要与企业的补充性创新相配合。Thomas Hempell（2002）[②] 指出，ICT 远远不

---

① Dirk Pilat，Frank Lee and Bart van Ark. “Production and Use of ICT：a Sectoral Perspective on Productivity Growth in the OECD Area”，OECD Economic Studies No. 35，2002，OECD，Paris，pp. 65 – 66.

② Thomas Hempell，“Does Experience Matter? Innovations and the Productivity of ICT in German Services”，*Discussion Paper* No. 02 – 43，July 2002，Centre for European Economic Research（ZEW），Mannheim，p. 1.

是一种推动经济增长和结束经济周期的“万能药”；相反，决定ICT能否成功使用的因素是企业所处的特定经济和策略环境。这个观点得到许多学者的支持，如Bresnahan和Trajtenberg（1995）、Brynjolfsson和Hitt（2000）所强调的，ICT主要是充当“使能技术”的角色，需要相应的补充创新才能充分挖掘这种技术的生产率潜能。各种实证研究进一步证实了这一观点。在一项关于9个经合组织国家的研究中，Colecchia和Schreyer（2001）证实，ICT的迅速推广对ICT制造部门的依赖性不强，但是对产品和劳动力市场以及商业环境的柔性依赖程度很强。在企业层面，Brynjolfsson和Hitt（2000）强调，组织变革是有效利用ICT的先决条件。Brynjolfsson和Yang（1999）指出对ICT使用起补充作用的是无形资产。Bresnahanetal（2002）也证实ICT与企业重组、新服务之间存在着协同作用。这些研究有一个重要共同点：要评估ICT的影响，必须搞清楚企业应用ICT的特定环境条件。

ICT投资大多集中于服务业，动态性很强（见OECD，2000）。在早期关于创新的研究中，服务业被认为仅仅是制造业技术发明的应用者（如Pavitt，1984）。然而，后来Sirilli和Evangelista（1998）的研究证实，服务部门在Barras所提出的技术创新过程中扮演着积极角色。因此，像制造业一样，服务企业在技术机会、适用条件、创新能力积累上的差别可能导致创新路径不同。Cohen和Levinthal（1990）指出，“一家企业对外部新信息价值的识别能力、吸收能力和商业应用能力”（P128）是创新能力的关键所在。他们认为这种“吸收能力”在很大程度上受前期相关知识水平的影响，一个时期内的吸收能力会影响到企业在下一个时期内的累计效应，有经验的企业能够在一个不确定条件下可以更好地预测技术进步的特性和商业潜力。因此，吸收能力的两个方面——积累能力和预期——“预示着技术创新局限于特殊领域，是路径或历史依赖的”（P136）。Mansfield（1968）和Stoneman（1983）的研究指出，一家成功创新的企业增加了技术机会，使得它进一步成功更有可能，经历过创新的企业在以后时期创新的机会更大。具体原因大致有以下几点：首先，管理人员可以从过去创新失败中吸取教训，更好地评估企业创新的潜力和限制，能够清楚认识企业员工的各种可能反应，从而降低创新失败的风险。其次，有创新经历的企业在再次创新时期望效率更高，其员工习惯于适应新规则和机构重组，他们对新任务和新工作的积极性也容易激发出来。再次，有创新经历的企业，经常使用 ICT 的员工比例更高，因为企业在招聘时，优先考虑有过创新经历的员工。最后，创新型企业可以获得一定程度的“创新声誉”，或者在新商业领域树立自己的形象，这反过来又提高了顾客利用基于 ICT 销售渠道（B2B，B2C），或者推出基于 ICT 新服务的吸引力。

Thomas Hempell（2002）采用企业数据分析了德国的商业服务业和分配服务业使用 ICT 对生产率的影响。结果发现，有创新经历的企业 ICT 使用很成功，这些企业的 ICT 产出弹性高达 15％左右，显著高于没有创新经历的企业（3％）。

四、Solow 悖论

随着服务业信息技术投资比重的大幅增长，研究人员和公司管理人员越来越关注信息技术投资对产出和公司绩效的影响。许多学者开始围绕信息技术投资收益问题展开广泛的研究，这些研究主要集中在美国。1985 年，Strassmann 研究了美国服务业的部分公司，发现 IT 投资和高绩效之间没有显著的关系。1987 年，摩根士丹利的经济学家 Roach 运用美国商务部的数据，研究了从 20 世纪 50 年代至 80 年代美国服务业的计算机应用和生产率增长情况，发现 IT 投资对服务部门生产率的促进作用微乎其微。1987 年，美国著名经济学家、诺贝尔经济学奖得主 Robert Solow 总结道：“除了在生产率统计数据方面，我们到处都可以看到计算机时代的来临”。于是，理论界把 IT 投资和生产率提高或公司绩效改善之间缺乏显著联系的现象称为“生产率悖论”。

针对“生产率悖论”问题，许多学者从不同的角度给出了自己的解释。归纳起来，大致有以下几种。

1. 生产率的测度不全面

传统的生产率是在工业社会和农业社会的大背景下建立起来的，它的输入和输出都是有形的，能用货币或实物数量进行计量，可以比较准确地测度实际劳动生产率。信息技术资本输入，绝大多数在服务业；而服务业的产出是一种无形产品，其固有的特性，使得人们难以像对待实物产品那样准确地用货币或实物计量单位进行衡量。信息技术对服务业的影响轨迹也不同于制造业（Barras），信息技术不仅会提高服务效率，而且会提高服务质量，引发信息服务的投入和员工技能的改变。Brynjolfsson 和 Hitt（2000）指出，传统的产出计量只关注产出的有形方面，如价格和数量，而忽视了质量提高、顾客服务和速度。同样地，在投入方面，也主要关注有形方面，如计算机硬件的价格和数量，忽视了许多在开发配套服务和员工技能等方面的无形投入。E. Griliches 在美国经济学学会年会的主席演讲中也指出，引起判断失误的传统生产率测度方法仍然受到偏爱，因此测定信息技术价值的准确性很低。

2. 信息技术投资收益的时滞

信息技术的投资收益主要体现在长期收益上而不是短期收益，它的收益期滞后，投资期的时间比一般投资品的滞后时间要长，因为信息技术的使用导致组织变革，组织必须进行适应性调整，员工要进行长时间的学习，才能获得信息技术的长期收益。Jason Hedricket 等指出，信息技术时滞使得可靠的统计资料很少，用来评测生产率的样本较小，这种小样本数据也造成了生产率悖论。与此同时，E. Bryjolfsson，L Hitt 和 K. Y. Tam 从企业组织的微观层面分析了信息技术的生产率贡献。他们认为，1991 年之后，由于大多数企业已经超过了投资回收的时滞期，因此样本不仅可靠，而且数量足够多。结果发现，信息技术对输出量贡献的统计显著正相关。E. Brynjolfsson 甚至认为，1991 年之后的统计结果，已经使信息技术生产率悖论现象消失了。

3. 信息技术投资收益的转移

从微观层面，信息技术投资可能对某些厂商有利，利用 IT 可以优先取得竞争优势，从而扩大市场份额，而对有些企业则因此而丧失了部分市场。从宏观层面上表现的结果是，信息技术并没有使整体经济规模扩大，而是收益在不同组织之间实现了重新分配，因此宏观生产率也没有提高。这种解释只能部分说明信息技术投资和产业绩效的关系，不能解释企业层面信息技术投资生产率低下的原因。

4. 信息技术的替代效应

美国经济学家 Jorgenson 和 Stiroh（1999）提出了用信息技术替代效应理论对信息技术生产率悖论进行解释。他们认为，信息技术的迅速普及是计算机及其相关设备价格急剧下降的直接结果，这导致了信息技术设备对其他形式资本和劳动产生了大规模、持续的替代。在企业提高信息技术的作用、进行信息技术投资、重建经济活动的过程中，这种替代给它们带来了丰厚的利润，但这种替代并不是经济学上所指的“技术变革”。经济学上所指的“替代”是指要素之间的选择在给定的生产函数曲线（等产量线）上的“移动”，它没有引起生产函数曲线的移动（即经济意义上的“技术变革”），因而并没有引起生产率的增长。信息技术的先进性和其价格的迅猛下降，使IT成为普通资本和劳动，产生人均IT资本增加和人均非IT资本减少的抵销效应，从而引起经济总体上的生产率水平缓慢提高甚至下降效应。

5. 对信息技术管理的失误

Roach通过研究发现，美国服务业中“信息技术生产率悖论”问题最为明显，这些部门IT投入最多，而生产率增长率却很低，甚至为负。Roach认为，与制造业不同，20世纪80年代的美国服务业既受到规章制度的保护，也缺乏国外竞争，在这样的环境中，服务企业的高层管理人员出于攀比心理，对IT投资经常做出不明智的决策，没有发挥IT应有的作用，造成IT投资效率低下。

可以看出，许多研究者采用不同的假设、数据、研究范围和研究方法对信息技术投资生产率悖论开展了广泛的研究。虽然有越来越多的研究显示信息技术对行业和企业生产率和绩效产生重要的影响，但是迄今为止还没有得出一致、明确和普遍适用的结论。

五、ICT是否治愈了“成本病”

鲍莫尔（Baumol）于1967年提出了著名的“成本病”模型，在该模型中，经济部门被划分为性质不同的两个部门，即“进步部门”和“停滞部门”。前者主要是指制造业，后者主要是指服务业，它们之间的主要区别在于劳动动力的作用。在“进步部门”，劳动力是最终产品生产的主要投入；在“停滞部门”，劳动本身就是一种结果。为强调这一点，Baumol（1967）假定，劳动是生产的唯一投入，而且劳动总供应保持不变。同时假定，两部门的工资与经济收入水平平行变化，与进步部门每人小时产出同步增长。结果是，“停滞部门”成本（如工资成本）稳步上升，而进步部门成本不变。与制造业相比，服务业生产率增长滞后。Baumol对此给出了两个解释理由：首先是这些服务业需要服务提供者的直接参与，通过节约劳动力提高生产率几乎不可能；其次是这些服务业无法标准化，难以实现规模经济效应。后来，Baumol运用1947～1976年投入产出表数据对经济部门进行了分类，将农业、工业和服务业中的交通通信、商务和房地产业归入“进步部门”，将一般服务业（包括餐饮旅馆业、个人服务业、修理业、专业服务业、娱乐业、医疗教育和其他非营利机构）、金融保险业和政府部门归入“停滞部门”。结果发现，“停滞部门”在全部资本存量中的比重下降了5个百分点，说明“进步部门”的资本投入快于“停滞部门”；“进步部门”越来越资本密集，而“停滞部门”越来越劳动密集。黄少军（2000）对此的判断是，“进步部门”的技术进步主要是资本对劳动的替代率上升较快，“停滞部门”的劳动被资本替代的过程缓慢①。

正如Baumol本人所意识到的，并非所有服务业都属于“停滞部门”，一些国家如美国、澳大利亚从20世纪80年代尤其是90年代开始与ICT相关的行业生产率出现强劲增长，这对Baumol理论提出了挑战。一些使用ICT的服务行业的生产率表现出高增长，甚至维持很长一段时期，一个可能的原因是这些服务业由于使用ICT出现规模报酬递增趋势。Baily和Gordon（1988）认为，在一些提供最终服务的服务业如社会和健康服务业、教育和零售贸易业，考察其生产率时，应当考虑方便性的作用。技术在这些服务行业中的主要作用不是提高生产率，而是增加顾客的方便性。Baily和Gordon（1988）把“方便性”称为“以一天或一周内的低价值时间代替高价值时间”的技术进步。例如，在零售业，24小时便利店，虽然增加单位顾客的雇员或者扩大服务范围引起成本增加，但可以带来很大方便。Baily和Gordon（1988）也给出方便性的一个反例：刚性营业商店，随着营业时间的缩短，一定的商品和服务可能在短时间内由少数几个人生产和提供，小时生产率虽然提高了，但这种价值或福利大为降低，因为有价值的时间已经在等待或交通阻塞中浪费掉了。

① 黄少军：《服务业与经济增长》，经济科学出版社2000年版，第227～228页。

Oulton (1999)[①] 认为，Baumol 关于服务业拖累经济增长的结论并不适用于所有服务业，尤其是中间服务业，虽然各种资源流向相对停滞的服务部门，但是生产服务业如金融服务业、商务服务业仍不断扩大，生产率没有出现下降，甚至上升。生产率下降只发生在那些生产最终产品的服务业，并没有发生在生产中间产品的部门。提供间接需求的服务业可能在 Baumol 不平衡增长模型中起着相反作用，至少减缓总生产率下降的速度。

Jack E. Triplett 和 Barry P. Bosworth (2002)[②] 利用美国劳工部（BLS）和美国商务部经济分析局（BEA）的数据估算了美国 27 个两位码服务行业劳动生产率。1995 年以后 27 个服务行业劳动生产率年增长速度的简单平均数为 2. 5%，与整体经济的劳动生产率的 2. 6% 增长速度很接近。不管采用总产值、增加值还是就业人数作为权数，对这 27 个行业的劳动生产率增长速度进行加权，所得到的平均值只略高于简单平均值，也就是基本与总体经济劳动生产率相等或略高一些。1995 年之后，服务业劳动生产率增长速度很快，意味着服务业与整体经济没有什么区别。

Jack E. Triplett 和 Barry P. Bosworth (2002) 认为并不是所有服务行业在劳动生产率上表现出和整个服务部门完全的一致性，它们之间存在差异，同时服务部门平均数并不是一两个大服务行业拉平的作用结果，劳动生产率的提高在服务部门具有一定的广泛性。他们抽取 27 个服务行业中的 22 个行业（这 22 个行业可以获得 1987 年之前的总产值数据），有 15 个行业的生产率在 1995 年之后出现加速（与 1977 ~ 1995 年相比），加速较大（高于 3 个百分点）的有证券和商品经济、保险代埋、管道运输、法律服务等行业，有 1 个行业（本地和城市运输）的生产率一直为负数，但是在 1995 年之后这一状况大为改观（生产率的负值变得较小），因此也可以把它作为加速的行业。相反，有 7 个行业在 1995 年之后经历了劳动生产率的滑坡。其中，最为严重的是铁路运输（ - 4. 9 个百分点）、货

① Nicholas Oulton, "Must the growth rate decline? Baumol' s unbalanced growth revisited", Working papers, Bank of England, London, 1999. http: //www. bankofengland. co. uk/wplist. htm.

② Bosworth, B. P. and J. E. Triplett, "Baumol' s Disease Has Been Cured: IT and Multifactor Productivity in U. S. Services Industries", forthcoming in Dennis W. Jansenm ed. , *The New Economy. How New? How Resilient?* University of Chicago Press, Chicago, 2002.

运（-2.1个百分点）、保险承保、教育、娱乐、电影等行业的劳动生产率出现-1.4%到-1.7%不等的下降。

他们将劳动生产率的变化分解为IT资本加深、非IT资本加深、中间物料和服务使用增加（即中间投入加深）、MFP增长四部分。增长核算分析的结果是，与1987~1995年或1977~1995年相比，证券商品经纪、电话电报、批发、运输、零售、管道运输（天然气除外）、保险代理和经纪、商务服务、银行、各种修理服务等10个行业的劳动生产率在1995年之后加速最大。在这10个行业中，ICOT（信息设备、通讯设备、其他信息技术）对批发、运输、银行的劳动生产率贡献很大，对管道运输和商务服务的贡献稍低一些。在管道运输业，非IT资本在提高劳动生产率方面比ICOT的贡献还大，但在其他行业，非IT资本对生产率加速的作用一般不如IT资本。在经纪、批发、零售、管道运输等行业，MFP解释了其劳动生产率增长的一半左右。虽然运输和商务服务业的劳动生产率增长较快，但是MFP在这些行业的作用并不重要，修理服务业的MFP表现为负数。

IT在1995年之后的劳动生产率加速中并没有发挥很大作用，原因是IT对服务业劳动生产率的作用在1995年之前已经很突出。IT投资并不是新鲜事，一直以来服务业的IT投资很多（Griliches，1992；Triplett and Bosworth，2001）。麦肯锡全球研究机构（McKinsey Global Institute，2001）对部分服务行业的研究结果是：与生产率增长相关的常常并不是新的IT或IT新投资，相反IT的长期存在是生产率增长的主要因素。因此，Jack E. Triplett和Barry P. Bosworth相信：IT资本是1995年之后服务业劳动生产率增长的主要贡献者，不过其效果以前也是显而易见的。

Jack E. Triplett和Barry P. Bosworth的研究表明，1995~2000年美国服务业劳动生产率与其他行业的增长速度一样快，这并不是一两个服务行业推动的结果，而是具有一定的普遍性，其主要原因是全要素生产率（MFP）史无前例地加速，IT资本加深虽然发挥着重要作用，但是其作用大小在1995年前后并无明显变化。因此，Jack E. Triplett和Barry P. Bosworth断言：Baumol“成本病”已经治愈。

许多经济学家一直在探寻美欧之间在生产率上差距的原因。由于Oiner和Sichel（2000）、Jorgenson（2001）、Stiroh（2002）和其他人的研究工作，经济学家已将美国生产率加速增长的原因归结为始于1995年左右的信息和通讯技术（ICT）投资浪潮。虽然欧洲在过去十几年ICT投资也出现加速，但是有几项代表性研究发现，欧洲生产率落后于美国的主要原因是ICT投资水平（Collecchia and Schrey，2002；Van Ark et al.，2002；Vijselaar and Albers，2002）。McGuckin和Van Aak（2001）认为，欧洲ICT没有取得更大的成功是由于欧洲劳动力市场和产品市场的过度管制所致，如在商店营业时间的限制、限制雇工和解雇就是例证。

Van Ark等（2003）认为有两个服务行业是造成欧美生产率增长差别的主要原因，即金融业、批发零售业，并导致Jack E. Triplett和Barry P. Bosworth作出断言：Baumol“成本病”已经治愈。Jochen Hartwig（2006）对Jack E. Triplett和Barry P. Bosworth的观点提出了质疑：美国服务业生产率呈加速增长态势，但欧洲的情况并非和美国一样，仅仅依据美国在某一段时期（1995～2000年）的表现就宣称“‘成本病’已经治愈”的结论过于片面、草率。通过欧洲与美国的对比研究，他们提出了四点质疑的理由。第一，Baumol所说的“停滞部门”要比Triplett和Bosworth所指的服务部门范围大，经过对Triplett和Bosworth的数据进行适当调整后，所得到的结果不支持他们的主张。第二，金融部门的生产率增长只是一种暂时的“新经济泡沫”现象。Triplett和Bosworth的考察期在2000年以前，这一时期，美国金融保险业生产率年平均增长速度超过3个百分点，证券和商品经纪行业的每人产出保持10%以上的强劲增长势头。金融保险业劳动生产率的增长主要原因是金融保险业是ICT的重要用户，这一时期ICT投资激增，证券市场过度繁荣，泡沫成分较多，致使金融保险行业的生产率虚高，高增长是一种假象。在2001年以后，美国“新经济泡沫”破灭，2001～2004年，金融保险业的平均增长速度为负数，Triplett和Bosworth的研究恰好没有覆盖这一时段。第三，Jochen Hartwig认为，应该将所谓的“服务”限定在人类劳动的范围之内。对于一些行业，认为人类劳动参与服务的生产是很不切实际的，如住宅服务、电讯服务，这类活动资本密集程度高，可以作为国民经济的“第四部门”。若把这一部分排除在外，服务业只包括一些劳动密集型服务行业，经过重新界定的服务业生产率增长依然停留在一个很低的水平。总之，Baumol“‘成本病’已经治愈”的证据不足。第四，是计量问题，美国生产率超过欧洲是由于两者的统计方法如不同的缩减方法不同造成的，但这个比例似乎很小，大概只占服务部门年增长的 0.15%。这样一来，人们不禁要问，到底是什么造成美国生产率领先欧洲？金融部门在 2001 年退出高增长的行列，唯一的解释就是美国零售业的劳动生产率快于欧洲。Jochen Hartwig 认为，美国的批发零售业之所以保持生产率持续增长，并长期领先于欧洲，主要是由于像沃尔玛大型超市（Wal - Mart - type "big box"）经营模式的推广，这在欧洲是不可能的，欧洲人口密度比美国高，政府颁布严格的分区规划，以保护历史城市遗留下来的非商业化空间和商业生命力。Inklaar 等（2005）和 Mcguckin 等（2005）倾向认为，分区规划限制了沃尔玛的大规模蔓延，这是欧洲生产率低于美国的一个最重要的原因。Jochen Hartwig 认为，既然这种沃尔玛效应很可能迟早消失，那么与其说"成本病"已经治愈还不如说 Baumol"成本病"已经延迟更加贴切。

依笔者看，Jack E. Triplett 和 Barry P. Bosworth 的结论有一定的局限性：一是他们所关注的是服务业生产率增长速度，忽视了背后隐藏的服务业与制造业之间的生产率的绝对差异。二是选择的观察时期不是很合适，虽然时间跨度不算太短，但是在 20 世纪 90 年代以前，ICT 的普及率一直较低，而且 2000 年以后特别是新经济神话的破灭，某些行业如金融业的生产率刚好与 2000 年之前的情况相反。三是只看到美国服务业的局部，对于 ICT 应用广泛的欧洲以及一些新兴工业化国家没有提供相应的证据。四是在生产率增速最大的 10 个服务业上，既有 ICT 的贡献，也有 MFP 的贡献，这些学者没有肯定哪个因素占绝对优势，因为不同行业差异较大。至于在其他服务业上，这些学者的态度更是暧昧。Jochen Hartwig 对 Jack E. Triplett 和 Barry P. Bosworth 的观点持有异议，主要是从统计计量、体制方面提出质疑，并没有从信息技术角度进行解释。

第二节 信息化对服务业的就业效应

一、ICT 对服务业就业总量的影响

Nicola Matteucci 和 Alessandro Sterlacchini（2005）① 利用意大利三位码行业数据进行回归分析，结果表明，1997~2000 年，在第二产业和服务业，产出（或需求）变化对就业增长产生正面影响，然而劳动成本变化对就业增长起着负面影响。在控制以上效应后，在服务业内部，ICT 投资密度与就业增长呈显著正向关系，但在第二产业这种关系是负向的。制造业使用 ICT 提高了生产率，而服务业利用 ICT 则增加了就业机会。从总体上看，ICT 并没有替代劳动。Roach（1991）的研究也表明，在 20 世纪 80 年代和 90 年代早期，美国服务业生产率平稳增长，尽管 ICT 在制造业有效替代劳动，但是在服务业特别是金融业，ICT 与白领人员的增加是联系在一起的。

技术进步（包括 ICT 技术进步）对就业的影响效果是正向还是负向？要解释清楚离不开技术进步对就业的破坏机制和补偿机制。在各种实证结果难以达成一致的情况下，不少学者认为，服务业的就业补偿机制比制造业更明显（Petit and Soete，2001；Spiezia and Vivarelli，2002；Pini，1995，1996）。这也解释了为什么在企业层面和服务业整体层面上 ICT 对就业产生积极作用（OECD，2000b）。当然，技术进步对服务业就业产生正面影响是建立在以下几个基本假设基础之上的：第一，服务业劳动产出弹性要比制造业高。这是由服务业的劳动密集型固有特性所决定的，这样减少了通过采用技术节约劳动的机会，技术的使用往往是为了提高服务质量（Wolff，2002）。第二，一些服务业分支，尤其是那些涉及信息的生产和传播的服务行业，已经不同于传统意义上的低生产率、低技术

---

① Nicola Matteucci and Alessandro Sterlacchini，“ICT and employment growth in Italian industries”，2003.

性能的服务业，如 ICT 相关服务、电信、高附加值商务服务，也就是所谓的知识密集型服务（KIBS），高技术特征明显（Miles et al.，1995；Antonelli，1999；Andersen et al.，2000；Miles and Tomlison，2000）。这类服务业极有可能以 ICT 的形式产生追加需求，实现补偿机制。第三，采用 ICT 削减成本，使服务生产和交付过程合理化。然而，这些效果会局限于服务业少数部门，或者通过降价被补偿机制所抵消。第四，大多数服务业对技术的需求不如制造部门紧迫。第五，通过降价和收入增加运行的补偿机制效果可能会集中于服务业而不是制造业。事实上，按照恩格尔定律，增加的购买力和在第三部门以外产生利润的大部分花费是在服务业上。

服务业就业增长的机制大致有两种。第一种机制与传统的“成本病”观点有关，服务业与制造业长期存在生产率差距。如果这种差距很大，而且呈不断扩大的趋势（Baumol，1967，2002；Baumol et al.，1989；Wolff，2002；Pilat，2001；Pilat and Lee，2001），那么就会发生制造业就业向服务业转移。从这个角度看，服务业就业增长不是一件好事，因为它背后可能反映出服务业与制造业之间持续存在着生产率差距；相反，服务业低就业增长可能是服务业生产率提高的结果①。第二种服务业就业增长机制与经济结构变化有关（Antonelli，1999；Petit，2001，2002）。随着服务业在经济总量中比重的提高，新的服务产品持续增加，服务市场需求扩大，这为服务业创造了许多新的就业机会。

Rinaldo Evangelista 和 Maria Savona 采用 1993～1995 年意大利创新调查（CISⅡ）的数据，研究了服务创新对就业的影响。结果显示，ICT 对服务业就业的影响在服务业内部各部门之间存在较大的差异性，在所考察的服务业中存在一个共同规律，那就是高技能工作替代低技能工作。小企业的就业净效果常常是正向的，而大企业的就业净效果是负向的。在大多数创新型和资本密集型行业表现为正效果，而在与金融有关的部门、典型的资本密集型服务行业（如与运输有关的行业）和一些传统行

① Rinaldo Evangelista. Maria Savona，“Innovation，Employment and Skills in Services：Firm and sectoral evidence”，Paper presented to the ECIS Conference，Eindhoven Center for Innovation Studies，The Netherlands，September 2001，pp. 20－23.

业（如贸易和废物处理）则表现为负效果。他们将服务业分为三大类型，ICT对这三种类型的服务业的影响不同。第一类是以科技为基础的服务行业，包括研发、技术咨询、计算机和软件服务、工程服务，ICT对这类服务业的作用表现为正向效果（工程服务除外），其就业增长主要是通过ICT所带来的需求拉动实现的。第二类是ICT使用行业，具体包括广告、银行、金融服务、保险、邮政通信等行业，在这类服务业中，ICT的应用为它们所带来的就业影响比其他行业要大得多。至少在意大利，ICT的应用对就业产生了消极的影响，特别是在银行业、保险业、广告业、邮政与电信业，通过ICT使用节约劳动的效果十分明显。尽管在这些行业中，新服务的出现创造了一些需要高技能人才的就业岗位，但这并不足以抵消由ICT技术进步所引起的对低技能岗位的需求削减。第三类是技术使用行业，创新对这些行业的总体影响是消极的，不过具体到各个行业情况有所不同。其中，技术对劳动的替代效应在运输类行业十分强烈，因为运输业是新型运输方式和以ICT为基础的设备的重要应用者。这些技术的应用往往与企业机构重组相联系，最终导致人员冗余。相反，在一些缺乏创新的行业，比如保安、清洁、批发行业和酒店餐饮业，技术进步和组织结构变化不大，这些行业大多是劳动密集型行业，利用ICT来提高生产率的机会并不是特别大。实际上，这些行业中的大多数在传统上都受到所谓的“成本病”的影响。这说明这些行业的就业变化主要受服务市场需求的影响，而科技进步在影响就业方面所扮演的角色就不大重要了，ICT的直接或间接使用虽然在一定程度上对这类服务行业的就业造成冲击，但不如第二类服务业大。

ICT对服务业就业既有补偿作用，也有破坏作用，两种机制交织在一起，很难分离。哪一种机制发挥主导作用，因不同的行业而有所差异，即使是同一行业，在不同时期也可能不同。服务业就业增长是一个多因素的综合作用结果，但从以上文献看，大多数学者忽视了服务需求对就业的影响，这一影响很可能又是一个十分重要的因素，因为服务业生产率水平本来不高，就业的增长主要来自富克斯所强调的需求因素。学者们也特别强调ICT对就业的补偿机制，但令人担心的是，很容易将服务需求拉动的就业效应全部归属于ICT补偿机制。

二、ICT对服务业职业技能的影响

经济学家在研究技术对劳动力市场的影响时，特别强调技术偏向型技术变化的作用（skill - biased technical change，SBTC）①，意思是技术变化有利于技能型劳动，不利于非技能型劳动。最初，SBTC的思想主要是用来解释不断上升的工资差别（Katz and Autor，1999），后来，Autor、Levy和Murnane（ALM，2003）就技术对劳动力市场的影响进行了更细致的研究。他们认为，技术可以替代常规性的人类劳动，但不能替代非常规性的人类劳动。从表面上看，ALM的推断似是而非，他们也给出一些证据，说明在常规技能性的行业计算机应用很多，进而降低了对常规技能的需求。这两种解释都是合理的，SBTC假定表示技能型岗位的需求相对非技能型岗位是上升的，而ALM假定的意思是，技术对劳动技能的需求存在更细致的影响。技术可以替代劳动的常规劳动包括像体力、簿记之类的劳动，这些劳动从来不是技能型的，而技术对非常规劳动包括技能型专业和管理岗位起补充作用。这两种假定的综合结果是：高报酬的技能型工作（以非常规认知技能为代表）和低报酬的低技能型岗位（以非常规体力技能为代表）的需求相对上升，而以常规体力和认知技能为特点的“中间”岗位的需求相对下降，这就是就业的两极分化。

ICT作为一种应用十分广泛的技术，也被普遍认为是一种技能偏向性的技术（Berman et al.，1994；Autor et al.，1998）②。工业产品和服务生产过程中ICT使用的增加会引起对技能型劳动与非技能型劳动之间的相对变化，并影响到它们之间的相对价格。生产过程中使用ICT经常要求高度专业化的ICT员工，他们可以安装硬件、软件和建立网路，对ICT的商业应用进行开发，技能型劳动的增加大大促进了ICT的进一步发展，提高了技能型员工的报酬。另一方面，ICT可以替代某些由人工完成的工

① Maarten Goos and Alan Manning，“Lousy and Lovely Jobs：the Rising Polarization of Work in Britain”，2003.

② Bart van Ark，Ewout Frankema and Hedwig Duteweerd，“Productivity and Employment Growth：An Empirical Review of Long and Medium Run Evidence”，Groningen Growth and Development Centre，May 2004.

作，减少了对非技能型劳动的需求，降低了非技能型劳动的报酬。因此，ICT 的应用扩大了技能型劳动和非技能型劳动之间的价格差距。

20 世纪 70 年代以来，一些工业化国家收入不平等扩大，一些学者将部分原因部分归结于 ICT 的应用（Levy and Murnane，1992；Borghans and ter Weel，2003）。但是，DiNardo 和 Pishke（1997）对此表示怀疑，他们指出，计算机使用人员的高报酬恰好真实反映了对计算机技能的回报，或者反映出高工资员工使用更多计算机这一事实。在 Spenner（1983，1979）看来，这是一种 ICT 对职业内容的影响，与 SBTC 所指的技能变化完全不同，它不会改变现有的各种职业技能人员构成比例关系，也就是说 ICT 对职业构成不会产生影响。如果把这种 ICT 对职业技能内容的影响关系进行延伸，那么可以看到，ICT 作为一种典型的通用技术，可以应用于不同领域，各种技能的人员包括非技能型员工也可以使用，关键取决于 ICT 的性能和价格因素。因此，ICT 不仅可以向技能型劳动配置直接提高效率，而且还广泛运用于采用大量、廉价非技能型或半技能型劳动的工业和服务行业。

Bresnahan 和 Greenstein（2000）指出，ICT 回报比其他固定资产投资回报要高，这主要是由于 ICT 投资伴随其他支出，这些支出包括技能和组织变革上的支出，它们并不看作投资。大量实证研究也证明了这一点，ICT 影响主要是发生在技能已经提高，组织已经发生变革的企业。大量时序研究表明，技术与人力资本之间存在相互作用，它们联合起来发挥对生产率的影响（Bartelsman and Doms，2000）。由于缺乏技能或职业方面的数据，有些研究就用工资表示人力资本，研究结论是：工资与职业人员技能呈正相关。例如，在美国，Krueger（1993）使用部门数据研究发现，使用计算机职员的报酬比没有使用的员工报酬高。Dunne 和 Schmitz（1995）也发现，企业中使用先进技术的员工报酬较高。Doms（1997）的研究发现，虽然技术使用与工资之间没有关系，然而技术先进的企业在采用新技术前后报酬都较高。对于法国，可以获得包含职业人员详细特征的数据，分析更为细致。Entorf 和 Kramarz（1998）利用法国统计局（INSEE）官方数据研究了计算机使用和工资的相互作用，他们发现，通常是高技能职员使用计算机技术，这些职员在使用计算机方面获得的经验更多，生产能力更强。新技术的使用也导致企业内部工资差别的轻微上升。Caroli 和 Van Reenen（1999）发现，引入组织变革的法国企业对非熟练员工的需求比起没有组织变革的企业来说，大为减少了，技能型员工出现短缺，因此降低了组织变革的可能性。Greenan 等（2001）也发现计算机使用中的技能偏向的证据，在 20 世纪 80 年代后期至 20 世纪 90 年代早期，计算机化、研发、生产率、平均工资与管理人员比例之间都呈正相关关系，而与蓝领人员比例之间存在负相关。在英国，Haskel 和 Heden（1999）采用年度问卷数据库和计算机化方面的数据进行研究，结果发现计算机使用减少了对体力劳动者的需求。Caroli 和 Van Reenen（1999）发现英国的人力资本、技术和组织变革之间具有互补性，组织变革减少了对非技能型员工的需求。对加拿大的研究也指出，技术和技能之间存在互补性，例如 Baldwin 等（1995b）发现，先进技术的使用是与高水平技能要求联系在一起的，在加拿大，采用先进技术的企业经常有许多培训，支付给使用这些技术的高技能员工报酬也高。

上述文献对于 ICT 对就业人员技能、报酬的直接影响研究颇多，但是 ICT 引发一系列间接影响，最终会传递到就业人员的职业技能上。譬如：ICT 对服务业和服务企业影响最大的，很可能是组织变革，经营模式创新，进而影响到就业人员数量、职业构成和工资报酬，这些文献对此几乎没有关注。

第三章

服务业信息化的机理和范式

服务业信息化的核心是信息通信技术的应用，信息通信技术不仅是一种新技术，而且是一种全新的商业模式。本章将对信息通信技术的演进轨迹进行刻画，重点剖析信息通信技术的通用目的性特征，探讨信息通信技术对服务业的作用机制和模式，总结归纳出服务业发展的新范式——信息技术范式。

第一节　信息通信技术的概念

信息通信技术是指信息技术及通信技术的合称。起初，信息技术和通信技术是两个不同的技术范畴。信息技术着重于信息的编码或解码，以及通信载体上的传输方式；通信技术则着重于信息传播的传送技术。随着技术的发展，这两种技术渐渐融合成为一个范畴，变得密不可分。20 世纪 80 年代以前，人们对信息通信技术的理解主要限于计算机技术，以及与计算机技术高度相关的微电子技术和软件技术；进入 20 世纪 80 年代后，随着通信技术与计算机技术的融合，以及广播电视技术与计算机和通信技术的融合，通信技术和广播电视技术也逐渐被纳入到信息通信技术的内涵中；从 20 世纪 90 年代开始，互联网的飞速发展和商业化带动了信息通信技术向传统产业的加速渗透，推动了各种新技术、新产品和新服务类型的出现，从而极大地扩展了信息通信技术的内涵。

ICT 的概念首次是由斯蒂文森（Stevenson）在其 1997 年的联邦政府工作报告中提出的。目前，信息通信技术在学术上的界定并不是很清楚。宏观意义上，信息通信技术一般指信息和通信技术（Information and Communication Technologies，ICTs）；修辞意义上，信息和通信均修饰技术，相当于信息技术和通信技术的并集，所以 Technology 经常使用复数。由于通信技术也以微处理器为基础，美国人直接称为 IT（参见美国商务部和美国劳动统计局的文献）。而在 OECD 的官方出版物中，一般以更为准确的 ICT 进行称谓。但二者涵盖的范围是统一的，都包括基于微处理器的核心技术和外围技术，从产业角度看，传统上一般涵盖电子信息产业和电信产业①。

在微观层面，ICT 的内涵与宏观意义上的 ICT 存在一些差别。最近十多年来，在面临转型的大背景条件下，电信服务商开始频频使用 ICT 来概括电信业务的新边界。最先使用 ICT 的电信公司是英国电信。在英国电信网站上有一段描述性的解释："ICT – Information Communication Technology，The 'C' now added to the traditional 'IT' reflects the worldwide convergence of computing and telecommunications. ICT has made possible instant exchange of information，regardless of distance."大意是"C"加入到"IT"中反映全世界计算和电信的融合，ICT 促成了超越空间的快速信息交换②。从字面意义上看，反映的是 IT 服务和电信服务之间边界消失过程中扩张和衍生的产物，信息业务与电信业务出现融合之势。

电信是通信的一种特殊形式，是现代意义上的实时交互通信。对电信的认识中，遇到的最大问题是如何与广播电视划清界限。目前，对电信的界定大致可以分为两种：一种是国际电信联盟的定义，它将任何通过光电、电磁系统传输信息的活动都称之为电信，其侧重点放在信息传递的技术方法上。这种定义显然涵盖了广播电视，为区别起见，一些国家和组织使用的"电信"概念专指"公共电信"，不包括广播电视。另一种定义是美国《1996 年联邦通信法》给出的，电信被定义为"两点相互或分别传输，传输点由用户指定，内容由用户选择，信息的形式和内容从发出到接受不得改变的通信方式。"其侧重点放在电信的传播特点上。显然，电信和广播电视在信息传递的技术方法上是一致的，但传输

① 丁振寰：《ICT 服务意味着新的商业模式？从内涵界定及当前应用谈起》，载于《通信企业管理》2006 年第 5 期。

② 丁振寰：《ICT 服务意味着新的商业模式？从内涵界定及当前应用谈起》，载于《通信企业管理》2006 年第 5 期。

特点不同。

信息通信技术是信息技术（Information Technology，IT）与通信技术（Communication Technology，CT）相融合而形成的一个新的概念和新的技术领域，是两种技术发展到一定阶段的必然结果和产物。

首先，从通信技术的发展来看，100 年前贝尔发明了电话，从此在人类历史上开启了以电话为主的通信时代。后来马可尼发明了无线电报打开了人类无线电通信的大门。100 年来通信技术和通信产业发展迅速，成为经济发展的重要推动力，深刻地改变了人们的工作和生活方式。现在的光纤通信技术发展使信息传输速率从 G 级提高到 T 级，DWDM 技术的发展和应用使一根光纤可同时容纳 10 万左右的人对通电话，而宽带技术的发展使人们可在家中、办公室享受 xDSL 等各种廉价的宽带服务，无线移动通信事业发展又成为通信事业中的新亮点。移动电话已从第二代 GSM/CDMA 1x 进入到了第三代移动通信（WCDMA，CDMA2000 ××××，TD－SCDMA），人们可以在移动中享受语音、数据、图像的各种服务，在移动中看电视、看实时体育比赛、玩游戏、移动办公已成为现实。而以 IEEE802. ××系列标准形成产业联盟 WIFI，WiMAX，让人们方便获得宽带无线接入的各种新业务和应用。随着 IEEE802. 16 和 802. 20 等系列标准的不断推进，相对成熟的 3G 传输速率更快。目前已把 802. 11 作为无线接入技术而被广泛应用。而随着无线移动终端的宽带化、多功能化，移动通信（语音、数据、图像）变得越来越受人们欢迎。而互联网与固定电信网和无线移动通信网的三网融合使通信事业向前跨进了一大步。通信不再局限于打电话、发传真或传输数据，新的通信方式可以让人们随时随地享受到电视广播网与前面三个网的融合（基于 IP 技术），那么能享受到更加丰富多彩的通信和信息服务。

其次，从信息技术的发展来看，人们常把 1776 年瓦特发明蒸汽机说成全球工业化的开始，而 1946 年人类发明了第一台电子计算机被认为是信息化的开始。20 世纪 70 年代微机革命、90 年代网络革命，其发展速度和对人类文化、生活的深远影响都完全超过了工业革命。信息技术从一诞生就与通信技术紧密联系在一起。现代的通信技术如果不采用 IT 技术是不可想象的，也不会成为现代技术。从理论上讲原本的通信系统是不包含管理监测、校正等功能的。通过多年实践人们认识到没有一个功能强大的网络管理系统，一个通信网是不可能很好地工作的，更谈不上网络优化和质量保证了。一个大的通信网没有一个好的计费系统就不能保证用户、运营商及产业链上各个部分的合法权益和利益的合法分配。没有安全系统就没有通信的安全和保障。信息技术的发展与通信技术发展是分不开的，它的信息的产生和传输、处理、加工等所采用的理论直接来自通信，而全球的信息技术系统之间的通信联系、信息传输是有通信系统完成的。可以说通信技术进步也促进了信息技术发展，而信息技术也在整体上将通信从语音的传递嬗变为信息的交换，通信业务因为信息技术的使用而得以扩展，信息技术发展使通信的服务质量更好、速度更快、成本更低。从理论、技术和应用三个层面上都可以说信息技术和通信技术已经融为一体了①。

信息通信技术是信息技术和通信技术的交集，它实质是网络（语音或者 IP）通信技术往信息技术领域的延伸和融合，或者信息技术向网络技术扩展融合的结果。体现出的是综合化、网络化和一体化的信息技术，这种技术主要用于通信功能。信息通信技术应理解为通信技术和信息技术融合而产生的以网络信息通信为核心的技术。

综上所述，ICT 是一个 IT 和 CT 技术结合的概念，狭义的 ICT 应定义为通信技术和信息技术融合而产生的以网络信息通信为核心的技术。狭义的 ICT 指信息通信技术，主要是以信息技术为基础的计算机互联网，以通信技术为核心的电信网以及有线电视网路，三网技术的融合，即三网融合。中义的 ICT 指信息和通信技术，是基于三网融合及三网各自相关技术的技术范畴。概念的外延不仅包括 IT 和 CT 两大技术，而且包括 IT 和 CT 的融合技术；ICT 的相关技术不仅包括硬件，而且包括软件和内容。而广义的 ICT 则不仅包括 IT 和 CT 技术的融合，即狭义的 ICT 概念，而且包括基于 ICT 技术创新和技术扩散导致的狭义的 ICT 和传统工业技术的融合。因此，广义的 ICT 是信息技术、通信技术以及信息和通信技术融合技术的统称，主要涉及信息的获取、存储、处理、传递、显示及应用技术，核心是计算机、软件和通信技术，发展重点为微电子和光电

① 宋俊德：《从信息技术（IT）、通信技术（CT）到信息通信技术（ICT）》，载于《当代通信》2005 年第 2 期。

子技术、高端计算机技术、计算机网络技术、光纤通信技术、人工智能技术、信息安全技术、卫星遥感技术、磁盘及光盘存储技术、液晶和等离子体技术等。相对于其他技术，ICT 有其独特之处，表现在五个方面：(1) 更广泛的适用性和更强的渗透性；(2) 高度知识密集，经济和社会效益显著；(3) 发展速度更快，更新周期更短；(4) 投资大，风险高；(5) 增值性。

第二节　作为通用目的技术的信息通信技术

一、通用目的技术（GPT）的概念

Brezis、Krugman 和 Tsiddon（1993）认为现实中的技术变革一般会采取两种形式：一种是根本性的、颠覆性的技术变革；另一种是源自生产经验和边干边学的技术改良。后来的经济学家将这一思想进一步明确，将技术主要分两个层次：第一层是一般用途技术（General Purpose Technologies，GPTs）。GPTs 是指重大的、革命性的技术，例如蒸汽机、电力技术、信息技术等。这类技术能够广泛地应用于经济中的各个部门，能够对经济产生革命性的影响（Bresnahan and Trajtenberg，1995；Lipsey，Bekar and Carlaw，1998；Jovanovic and Rousseau，2003）。第二层是与 GPTs 相匹配的配套技术（components），这些技术虽然并不是革命性的重大技术，但是有了这些配套技术，GPTs 才可能在经济中发挥自己的作用。没有足够的配套技术，经济将无法转向新的 GPT，从而引进的重大技术将无法对本国经济产生推动作用。蒸汽机的发明标志着第一次工业革命的开端，它对人类社会的意义毋庸累述。蒸汽机是很典型的 GPT 技术，西方社会围绕着蒸汽机出现了一系列配套技术以及一整套制度安排。

GPT 源于 1995 年布雷斯纳汉和特拉滕博格（Timothy F. Bresnahan and Manuel Trajtenberg）发表的经典论文——《通用目的技术：经济增长的引擎》，在该文中，首次给出了通用目的技术（General Purpose Technologies，GPTs）的定义和模型。他们认为，“在任何时点上，‘通用目的技术’的核心是以在许许多多部门具有广泛且普遍深入使用的潜力（potential for pervasive use）和技术活力（technological dynamism）为特征的。GPTs 的演化和发展，会带来全面的生产率收益，进而 GPTs 扩散到整个经济体。”

1998 年，利普西、伯克和卡劳（Richard G. Lipsey，Clifford T. Bekar and Kenneth I. Carlaw）扩展了对通用目的技术的定义。他们认为，通用目的技术有广阔的提高空间，与其他技术之间存在着强烈的互补性；存在着多样化的应用，在绝大部分经济活动中可以应用。

正如蒸汽机技术、电力技术那样，信息通信技术也是一种渗透力和融合力很强的通用目的技术。早在 20 世纪 70 年代之前，信息通信技术（无论是集成电路、计算机还是通信技术等）仅仅是一种服务于特定目的的技术，经过数十年的不断改进，迅速扩散到整个经济社会的各个领域，不仅改进了信息通信技术自身的性能，而且扩散到整个经济生活所需要的各种新产品、新的生产流程和组织形式以及政治和社会关系之中，并在 20 世纪末期形成了独特的“新经济”现象。尽管在世纪之交，信息通信技术经受了纳斯达克泡沫破灭的挫折，但是信息通信技术仍然处于激进的创新和演变进程中，而且加速渗透到不同的产品、生产流程和组织形态以及政治和社会应用中。信息通信技术作为一个特定类别的 GPTs，其对产品生产、生产流程和服务的影响是交叠的，且对服务的影响远远胜于对产品的影响，进而深刻地影响了组织形态。

二、通用目的技术的特征

GPT 具有三大特性：普遍性、技术改进的潜在性和创新互补性。

（一）普遍性

普遍性意味着 GPT 可以广泛运用于国民经济各个部门，Lipsey 等（1998b）认为 GPT 的这种特性不仅是指应用领域的广泛性，而且包括用途的多样化。大多数 GPT 在刚开始的时候用途并不多，但是随着应用领域不断扩展，会进一步发现更多的用途。作为 GPT，必须同时符合这两点要求。GPT 的广泛性与多样化有所不同，比如电灯应用很广泛，但其用途只有一个，那就是发光；同样，螺丝钉的应用也很广，但是用途很有限，这也就是灯泡和螺钉不能成为 GPT 的理由。

ICTs 满足了 GPT 普遍性的两点要求。一是 ICTs 应用范围广泛，它几乎遍及国民经济所有部门。目前，家庭个人电脑的普及率很高，在一些国家如瑞典、丹麦和德国的家庭电脑普及率早已超过 2/3；同时，互联网在企业中的作用越来越重要，互联网成为企业与其供应商和客户沟通的主要手段，企业的生产经营活动越来越离不开互联网。二是 ICTs 的用途多样化，无论是对于企业还是家庭使用者，ICT 除了发挥计算功能以外，还具有通信、计量和控制等方面作用。

（二）技术改进的潜在性

这是指 GPT 进一步进行技术改进的空间巨大，GPT 在应用中持续改进，并且本身的成本不断下降。Lispey 等（1998b）强调，GPT 必须经历一个技术演变的过程，“随着时间的推移，技术性能不断改进，操作使用成本出现下降，其价值因为相应的配套支持技术的诞生而得到提升，不仅技术的使用范围拓宽了，而且其用途也增加了”。

ICT 持续改进的潜力很大。最初，微处理器的运用范围相当窄，但是在过去几十年里，微处理器的计算能力得到大幅度提高，加上储存设备的完善，最终导致大型计算机、个人计算机以及相应的衍生产品如笔记本、掌上电脑的诞生。这只是 ICT 技术改进潜在性的一个缩影。

（三）创新互补性

Bresnahan 和 Trajtenberg（1995）指出，“大多数 GPTs 扮演着‘使能技术’（enabling technologies）的角色，它并非为特定问题提供最终的完全解决方案，而是开辟了新的机会”。这些新机会包括下游部门为提高生产率而进行的研发之类的补充创新。GPT 与补充创新之间关系的一个重要方面是，GPT 生产部门内外的创新过程相互之间不断得到强化：下游部门对 GPT 需求的增加刺激了 GPT 生产部门的进一步创新，而 GPT 的技术进步反过来加快了下游部门的创新。

不过，互补创新的概念已经超越了狭义上的研发活动，企业进行创新时经常采取研发的形式，但也包括研发之外的方方面面。这些补充性创新不仅包括硬件，也包括方法和组织方面的变革；影响 GPT 创新的因素很多，仅从经济方面看，既包括人力资本、管理等企业组织方面的因素，也包括法律、法规等公共政策。显然，ICT 与诸如此类的补充创新紧密相关，不仅在 ICT 部门内部有很多补充创新（互联网可能是计算机的最为重要的补充创新），而且 ICTs 被广泛运用于流程再造和生产过程协调。在实践中，ICTs 也常常作为探索新领域的工具，例如如果没有 ICT 所提供的巨大计算能力和存储容量，那么生物检测技术的发展几乎是不可能的。

三、GPT 的目的通用性

技术体系好比是一个层级分明的树状结构，位于顶部的极少数技术是“基本”技术，位于底部的绝大多数技术是基本技术的具体应用形式。这样，处于顶部的基本技术就是通用目的技术，它发挥着一般性功能，这种功能对于衍生功能起着非常重要的作用。例如，蒸汽机最初发挥着“持续转动”的最为一般的功能，后来电机也具有这种一般性功能；现在的通用目的技术——电子技术，其一般功能就是“二进制逻辑”。

（一）蒸汽机和电力的通用性

第一次和第二次产业革命的通用目的技术的一般特征易于把握，那就是能量转换，从人力、畜力、化石、电能、核能转化为热能、动能、光能等。在这种持续转动中，GPT 也可能生产大量产品。这正好是蒸汽机和电动机作为通用目的技术的功能。然而，并没有迹象表明持续旋转运动会成为一种通用功能，先前人们没有料到许多人力工作（如纺纱、打磨、切割等）可以由机械运动所替代，况且这种替代并没有经济意义。只有到了蒸汽机和电机出现以后，以前梦寐以求的功能才得以发挥，而且技术不断改进，性价比也在提高。于是，就出现了与 GPT 相关的大量发明创造，扩大了 GPT 的应用领域，当然这需要补充创新活动的支持。

（二）ICT 的通用性

目前主流的通用目的技术当属半导体技术，其核心功能是二进制逻辑（计算），但是二进制逻辑的普遍性并没有引起人们的重视，计算机本身之外的二进制逻辑的普遍运用得到广泛认同的时间并不长。这并不是计算机的推广和应用深化方面的原因，在集成电路发明的时候，一些经济活动如会计在概念上早已被认为是一种“计算”，银行采用计算机自动处理数据就是一个例子。

集成电路作为通用目的技术，意味着什么？任何现实系统尤其是电子机械系统，都可以看做是将既定投入转化为期望产出的一系列步骤程序。这样看来，传统的钟表就是将弹簧能量转化为反映时间的模拟信号；洗衣机就是将电力持续驱动的机械能量转化为一系列阀门开关的动作等。不管它们的形式如何多种多样，这些步骤原则上可以抽象为二进制，集成电路由一系列二进制元器件组成。这种非常明显的技术特征具有深远的经济含义。尽管从表面上看产品、原料和工艺千差万别，但是背后隐藏着惊人一致的基本技术原理；在经济意义上，这些原理反过来又增添了重塑技术工作流程的动力①。

与人们的普遍感受不同，在很多情况下，二进制逻辑即集成电路板替代机械器件是没有效率的，但是随着集成电路元器件的价格和体积的大幅下降，可靠性也在提高，最终的情况是，使用集成电路呈成本效率型的规律，而不是使用原来的电子机械部件。这样，反过来，集成电路的大规模、标准化生产导致成本巨幅下降，可靠性也在提高。

四、GPT 扩散的长期性

戴维（1990）指出，重大技术的扩散，相当于为社会建立了虚拟的网络，而各种社会群体和生产个体是这个网络上运行的单位。从一个技术平台向另外一个技术平台的过渡，涉及浩大的转型和全面的变迁，过渡的时间是漫长的，而方向是毋庸置疑的。

在蒸汽机和发电机发明的时候，不少杰出的工程师已经意识到其重要性。但是，大规模的商业化应用却姗姗来迟。蒸汽机的大规模运用是 1850 年以后的事了，这距离瓦特发明蒸汽机已经有 80 多年。爱迪生早在

① T. Bresnahan and M. Trajtenberg：“General Purpose Technologies：Engines of Growth?”，*Journal of Econometrics* Vol. 65，1995，pp. 83 ~108.

1897 年就发明了电灯，1881 年在纽约和伦敦建造了中心供电系统，但是并没有马上迎来电气化时代。1899 年美国也只有 3% 的家庭用户使用电灯，电动机占工厂机械动力的份额还不到 5%。大约在 20 年以后，电力技术的扩散才达到 50% 的水平（David，1989），在此期间电气化并没有对生产率产生显著的影响。直到 20 世纪 20 年代初期开始的所谓“二次产业革命”，电气化对生产率发挥显著的作用，这时距离第一座商用中心发电系统投入使用已经过去 40 多年的时间。

戴维认为，ICT 也将经历类似电力技术的扩散过程。从英特尔（Inter）公司 1969 年引入 1043 比特的内存芯片以及 1970 年引入微处理器开始到 1990 年，尽管计算机的扩散速度要快于电动机在 1899 ~ 1919 年的扩散速度（两个时间跨度恰好都是 20 年左右），但是看不到计算机所带来的生产率也是正常的，因为计算机和电力一样都是通用目的技术，在前期，扩张速度较低应该是在情理之中。

五、GPT 的外部性

Bresnahan 和 Trajtenberg（2005）指出，GPT 具有垄断性，会产生两种外部性：一种是纵向外部性，这是一种 GPT 与其相应的应用部门之间的一种外部性，即 GPT 提高了下游部门的创新效率。但是，因为制度障碍，通用目的技术发明者无法获得其发明成果的全部收益，GPT 部门不能获取这部分间接收益；另一种是横向外部性，这种外部性跨越许多应用部门，这种外部效应来自下游使用部门，由于下游应用部门之间的协调能力较差，每个企业都是根据可用的通用目的技术进行决策。如果企业之间能够相互协调，就会提高通用目的技术的盈利性，而盈利性的提高会进一步激励这些企业更好地相互协调；下游部门的需求增加刺激了 GPT 供给部门的创新，这种创新反过来又会使所有的下游部门受益，几乎所有应用部门都可以共享 GPT 带来的利益。

GPT 的外部性严重抑制了初始阶段通用目的技术的扩散和作用的发挥。由 GPT 引起的激进创新，在产业之间以 S 曲线形状扩散，提高整体经济的生产率，成为增长的“引擎”。Adlion 和 Howitt（1998b）认为，GPT 创新成功之后，并不会立即转化为现实生产力，而是需要特定的配套技术（ST），即由 GPT 的急剧创新诱导的一系列次级中间品的渐进创新。这一过程中，通用目的技术由于技术的广泛传播而影响整个经济，形成蜂聚创新（lumpy innovation），并引起与通用目的技术相关的特定技术的补充创新（complementary innovation）浪潮。在新的 GPT 实现创新，补充创新还未来得及完成下，GPT 并不能在最终产品部门立即使用，而以渐进创新体现为某种新的中间资本品形式。以前 GPT 所对应的特定配套技术不适合一种新的 GPT，必须等到这些关键的中间品开发完成，厂商才会转向新 GPT。在这一过程中，资源被用于开发新中间品的 R&D 活动，国民收入将下降。从长期来看，GPT 形成广泛的技术溢出，厂商通过社会学习机制采纳新 GPT，补充创新越来越频繁，该 GPT 成为新的支配性的技术范式，它被越来越多的产业者使用，国民收入将上升。①

ICT 作为一种使能技术要成功运用需要下游部门进行一些例无形资产投资，如：在组织结构、工艺流程、员工技能等方面投资，形成与 ICT 应用相适应的配套组织和环境，以有效利用新技术。起初，新技术常常起着与原有技术一样的作用，但是随着技术资本的积累，产生“创造性破坏”，这拖延了对生产率的影响。首先，ICT 投资和补充投资取得实际回报需要一定时间，是因为组织结构、工艺流程和员工技能的调整适应只能缓慢进行，正如电力作为一个动力系统替代原来分散的机械传动装置一样，ICT 投资所需要的内部组织和工作任务的重建需要一个渐进的过程（Autor et al.，2003；Spitz，2003），还需要与外部企业之间进行密切交流合作。其次，无形的补充投资要耗费资金和资源。但是，这些投资很难计量，尤其是在组织结构或“组织资本”信息化程度较高的企业中起着非常重要的作用。与实物资本不同，企业进行了组织调整或者流程再造，但其价值并不体现在资产负债表中，它被当作消费而非企业资产。也不像普通的人力资本那么容易测算，组织资本没有市场交易价值，也无法测算其账面价值。假如无形资产投资仅仅是作为消费而非投资，那么最初，当开始投资无形资产时，所计算出来的 ICT 投资生产率被低估了，而一旦形成无形资产的时候，生产率又被高估了（Gordon，2003）。

ICT 应用所必需的无形投资作用很大，又难以计量，因此要从溢出效

① 任力：《内生增长理论研究最新进展》，载于《经济学动态》2006 年第 5 期。

应中分离 ICT 对生产率的直接效应，显得十分困难。假如调整成本能合理解释无形资产投资，那么从长期看，ICT 使用和新流程的引入需要时间，最终会导致生产率上升。因为这两类投资互补，在生产率效应中，到底哪一部分是 ICT 资本加深带来的？哪一部分是补充创新（溢出）带来的？还存在争议。

六、ICT 对生产率的作用机制

ICT 通过三种途径作用于劳动生产率，即 ICT 资本加深、ICT 部门的 MFP 增长、其他部门的 MFP 增长。

（一）资本加深

在过去几十年里，ICT 的质量和性能得到大幅度提升，而大多数 ICTs 的名义价格不断下降，综合两方面的趋势来看，其真实价格（以质量价格调整指数表示）呈明显下降趋势。例如，1970 年 1 兆赫的处理能力的成本大约为 7600 美元，1 兆的储存量的成本在 5200 美元以上，到了 20 世纪 90 年代末，两者的价格下降到只有 0.17 美元（Woodall，2000）①。

受 ICT 价格的巨幅下滑，下游部门增加了资本，其结果是导致劳动生产率的提高。Jorgenson（2003）计算出 ICT 资本加深对劳动生产率增长影响 0.41 个百分点，1995～2000 年，德国这一数字大约为 1.81%，在美国，ICT 资本加深对劳动生产率的贡献约为 0.97 个百分点或者是一半。②

由 ICT 部门生产率提高带来的收益转移到下游部门，Griliches（1992）将其称为“经济外部性”：ICT 生产部门的竞争压力越大，生产部门通过劳动生产率获得的收益越小，ICT 使用部门得到的收益就越大。

① Thomas Hempell，Zentrum für Europäische Wirtschaftsforschung. “Impacts of ICT as a general purpose technology”. Computers and productivity：how firms make a general purpose technology. Springer Science & Business，2006，p. 18.

② Thomas Hempell，Zentrum für Europäische Wirtschaftsforschung. “Impacts of ICT as a general purpose technology”. Computers and productivity：how firms make a general purpose technology. Springer Science & Business，2006，p. 19.

我们从中得到的一个重要启示是，ICT 价格及其资本加深的结果都可能有助于提高劳动生产率，但是无助于提高 MFP（Jorgenson and Stiroh，2000；Stiroh，2002a）。

（二）ICT 部门的技术进步

过去几十年，无论是在 ICT 制造部门还是在 ICT 服务部门，技术进步非常迅速，尤其是 ICT 产品和服务的质量显著提高了。以质量调整价格计算的 ICT 产出增长很快，而劳动和资本投入增长缓慢，导致 ICT 部门生产率出现实质性增长。Jorgenson（2003）发现，七大工业国的 ICT 部门生产率对 GDP 产生实质性作用，在 20 世纪 90 年代后半期，德国 ICT 部门生产率对年平均劳动生产率 1.83% 的影响为 0.57 个百分点，这表明这一时期的劳动生产率增长的 1/3 可以直接归结为 ICT 部门的 MFP 增长。在美国，ICT 部门对经济增长的重要性要稍微小一些，同一时期劳动生产率年均增长 2.11%，ICT 部门的因素只占 0.44 个百分点[①]。

（三）溢出效应

除了通过提高 ICT 部门的生产率和资本加深对生产率产生直接作用以外，ICT 还可能通过对其他部门产生非经济溢出效果作用于经济增长。ICT 可用于其他部门的组织创新、过程创新和产品创新，这些合作创新对这些部门的 MFP 产生积极影响。除了经济外溢导致资本加深以外，补充创新也可以提高下游部门的 MFP。

第三节　信息化对服务业的作用机制

随着信息通信技术在服务业中的广泛应用，服务业的业态、业务模式、竞争要素对信息通信技术的依赖不断深化，服务业对信息通信技术

① Thomas Hempell，Zentrum für Europäische Wirtschaftsforschung. "Impacts of ICT as a general purpose technology". Computers and productivity: how firms make a general purpose technology. Springer Science & Business，2006，p. 20.

的依赖程度越来越高，两者呈现日趋融合发展的趋势。信息化对服务业的发展产生了深刻的影响，其作用机制可以从五个方面来看。

一、信息化提高了与信息相关的服务业的劳动生产率

信息化可以节约交易成本，促进产品创新，整体提高了服务业的运营效率。特别是现代服务业，信息密集程度较高，采用信息通信技术提高生产率是一种必然选择。以金融业为例，作为一个知识、技术密集程度较高的行业，金融业通过信息化手段，进行金融产品创新，为客户提供更为便利的服务，从而进一步提高了自身的经营效率和市场占有率。有资料显示，目前世界上有95%的金融产品创新极度依赖信息通信技术①。

信息化为现代服务业贸易边界的扩展和经营手段的变革提供了广阔空间。通过先进的通信工具、电子计算机网络，现代服务业的供应者和消费者之间建立起密切的网络联系，网络化不仅能够更有效、更方便地提供服务，而且也使规模较小、边远地区的服务商克服了地域的局限，极大地扩展了自身的服务市场。同时，信息化使现代服务业功能更加丰富。以网上购物为例，网络使商品配送业获得了前所未有的发展机会，网上商店脱离了传统的实体商店形式而独立存在。这些变化都使商品的买卖服务变得更为周到，更为人性化、个性化，也更能适应城市生活快节奏的需要。所有这些都表明信息化极大地提高了现代服务业的劳动生产率。

二、信息化促进了服务业与制造业以及服务业内部的融合渗透，创造了新需求，催生了新兴服务业

信息化使得企业传统的组织模式和管理模式发生了深刻的变革，企业分工越来越细化，生产越来越柔性化，大量的被固化在企业内部的服

① 张荫芬、史运涛、秦丽娇：《信息技术和网络技术促进现代服务业发展的机理及作用模式研究》，载于《标准科学》2009年第10期，第60页。

务职能从附属地位中摆脱出来，逐渐成为一种占主导性和支配性的力量。借助信息化，新型设计、客户定制、集成制造系统、产品开发、市场营销、物流、供应链管理、质量管理、测试和认证、金融服务等方面的服务活动成为制造业增长的源泉。制造业正变得越来越像服务业，IBM 和西门子 50% 的营业额来自销售服务，越来越多的企业通过将服务包和产品有机结合，为顾客提供更加完整的解决方案，这种趋势加速了产业中外购和外部化的速度。对欧洲工业演变的研究表明，外部化是计算机和软件产业演进及成长的重要过程。越来越多原来在工业内部进行的活动通过合同的方式转移到了外部；原先大型工业集团的计算机服务部门不断被拆分出来，成立计算机服务公司。外包促成了新服务部门的增长，改进了服务质量，降低了服务价格①。

制造业信息化的结果是出现上面所描述的“制造业服务化”，制造业中服务投入越来越多，与此同时越来越多的技术在服务业中发挥越来越大的作用，自助服务在许多服务部门正变得越来越普及，信息化的发展改变了某些服务业的传统经营方式，特别是银行、健康服务、电信服务以及零售服务，越来越具有了制造业的某些特征。服务标准化的加强，提高了服务质量，降低了成本。通过模块化，将各种标准化的服务产品要素以及生产和交付组织打包，并一起提供给用户，客户可以有更多的选择。信息化加强了服务业以客户需求导向的创新，服务业从规模经济中获得收益。同时，在服务业内部，信息化促进了电气通信、邮政、广播、报纸等媒介行业的融合，由于数据通信和互联网的广泛应用，在上述媒介行业以外，出版、电影、音乐、广告、教育等也卷入其中，信息通信服务业成为一个庞大的高技术含量产业群。

随着信息产业发展的主流从硬件转到软件，目前正向服务发展，许多信息企业将自己的定位从软件商转变为一个服务供应商。传统的中介服务如批发商、经纪人，正向资源专家、渠道控制者的方向发展，这些都在不同程度上促进了信息服务业的增长。

---

① 张荫芬、史运涛、秦丽娇：《信息技术和网络技术促进现代服务业发展的机理及作用模式研究》，载于《标准科学》2009 年第 10 期，第 60 页。

三、信息化提高了服务质量，降低了服务价格和交易成本，通过网络效应实现了收益递增

信息化改善了服务提供的质量，降低了服务价格。信息化带来了消费和交易成本的节约，使得服务供给更为及时，差错更少；信息通信技术承载的信息量大、针对性强，增加了服务市场交易机会，减少了交易的不确定性，减少了投资、研发的决策失误。

网络效应使网络系统价值和消费者之间形成正反馈。通过正反馈机制不断扩大了市场规模，降低了产品成本，实现了服务业的收益递增。另一方面，范围经济促进了服务和基础设施的垂直集成，规模经济促进了服务基础设施横向的集成。在网络设施分支机构和服务设施分支机构之间总是存在一种强烈的范围经济。网络集成化系统的建立，可以迅速反馈顾客的需求信息，提高企业响应市场的速度，大幅度降低交流沟通成本，顾客支持成本及库存占用费用①。

四、信息化扩大了服务业的国际转移规模和专业化分工水平

随着互联网采用开放式通信标准，电信宽带充分供应和通信成本的急剧下降，大型跨国公司越来越通过服务平台和技术平台在全球配置资源，从而进行有针对性的生产。信息化提升了服务的可贸易性，即一些服务特别是企业服务可以在一些生产要素如办公场所等更为便宜的地区或者远距离提供服务，从而促进了全球范围内远程服务外包的兴起。IBM从全球最大的电子硬件设备供应商转变为全球最大的信息技术服务提供商。许多 IT 服务业务把大量白领工作向低工资国家转移，“业务流程外包”（BPO）和信息技术外包（ITO）组成的外包服务快速兴起。2006年，全球服务外包市场规模达到 8600 亿美元。由于计算机网络没有时空限制，BPO 比制造业外包更容易打破地理限制，跨国企业可以在更大范

① 张荫芬、史运涛、秦丽娇：《信息技术和网络技术促进现代服务业发展的机理及作用模式研究》，载于《标准科学》2009 年第 10 期，第 61 页。

畴内利用全球的廉价智力资源。近些年，服务业跨国转移过程中又出现了研发外包。研发外包其实就是电子产品设计，是 IT 服务业外包的升级，原始设计制造厂商（ODM）集产品设计与制造于一身。这种新的研发外包扩大了服务跨国转移的规模和市场容量，促进了服务业的国际化分工。

五、信息化促进了服务贸易的快速发展

信息化使服务难以储存和运输的传统特性发生了改变，从而许多原本需要生产和消费同时进行的服务现在都可以实现生产与消费的分离，许多需要买卖双方实体接触的服务现在都可以采用远程信息传递的方式实现交易，极大地提高了服务的可贸易性。可以说，信息化推动了跨境服务贸易的发展。同时，由于信息化特别是信息网络基础设施的建立，使服务业跨国公司的经营管理更具范围经济和规模经济效益，在技术上保证了其国际化战略的顺利实施。服务跨国公司是服务贸易的助推器。信息化间接推动了服务业 FDI 的增长，而服务业 FDI 的增长则直接促进了商业存在的服务贸易的快速发展。从上面的分析看出，总体上，信息化促进了现代经济增长中分工的高度深化，增强了服务活动由内部向外部转移的过程，提高了服务质量，降低了成本，提高了服务业的劳动效率，实现了规模收益递增。综上所述，虽然服务业中部分技术含量不高的、人性化、基础性服务不会消失，但是服务业现代化是一个必然的过程，相关计量研究表明，信息化是服务业发展的高级阶段。

第四节　信息化对服务业的作用模式

信息化就是一个创新过程，由于服务业不同于制造业，创新的路径存在很大差别，信息化对服务业的作用模式也不同于制造业。制造业创新遵循普遍认同的“A－U”模型，该模型将系列创新过程划分为三个阶段：不稳定阶段、过渡阶段和稳定阶段。其中不稳定阶段以产品创新为主，后两个阶段以过程创新为主。20 世纪 80 年代，美国学者 Barras（1984）在对一系列覆盖银行业、保险业、会计和公共管理部门的经验研

究基础上，总结出在这些部门中由于技术波流入而引起的创新遵循的一般演变规律，即与制造业的产品周期完全相反的“逆产品周期”。“逆产品周期”理论认为服务业创新的研究规律是从效率增强型的渐进性过程创新开始，经过质量改善的根本性过程创新，直至出现新服务的产品创新。由此看来，服务业信息化大体遵循这样的轨迹：起初，信息化主要是搭建信息服务平台，利用信息技术系统改进现有服务生产流程和服务模式，然后对核心业务等服务资源进行优化和系统集成，促成组织创新和管理创新，最终推出新型服务产品。

信息化作用于服务业，对服务业产生革命性的变化，不仅提高了服务效率，提高了服务质量，推动了传统服务模式的转变，而且催生了一批新兴服务业，使信息化成为现代服务业的直接驱动力和重要支撑。信息化对服务业的作用方式和途径多种多样，但是它对服务生产方式、服务组织和服务管理的影响是最根本的。

一、信息化改变了服务生产方式

生产方式是指人类在社会生产过程中，形成的人与人之间，以及人与自然界之间的关系，反映了人们改造世界的能力。这里所说的服务生产方式主要是指服务提供的主要形式，换言之就是采用什么样的技术和设备提供服务。一般认为，人类生产方式的演变，经历了人工、机器、信息技术等阶段，每一次生产方式阶段的演进，都是技术发展推动的结果。服务生产方式的演进同样是与技术的变革紧密联系在一起的。首先，技术的发展实现了机器对人力的替代，像蒸汽机、电力等技术的突破，直接促使机器的出现，引发交通运输服务业等领域生产方式的巨大变革，对自然力形成替代，突破了自古以来服务生产对自然条件的依赖，大大提高了服务效率。其次，信息通信技术明显改变了服务生产过程，而且在一些服务行业也引起交付过程的变化。例如，电子邮件是对传统邮政服务的一次颠覆；银行现在更多的是通过 ATMs 和家用电脑等为客户提供自助式服务。服务业信息化不仅缩短了信息交流的时间，而且节约了信息交换的成本，是服务质量的一次飞跃。

信息化对服务生产方式的最大影响莫过于对服务业生产力水平的提

升。首先，从劳动者来看，从事与信息相关的劳动者越来越多。在服务生产活动中劳动者既要支出体力，也要支出智力。在不同时代，因为科技和生产力的发展水平不同，人们体力和智力支出的比例是不同的。科技发展水平决定了生产力对服务劳动者的素质要求，在漫长的农业社会里，服务劳动主要是体力型的，人们的服务劳动支出以体力为主；工业社会科学技术水平明显提高，人们先后发明了蒸汽机、内燃机、电动机等动力机械，生产力所要求的服务劳动者素质是脑体并用型的；随着信息通信技术的在服务业中的推广应用，信息资源的开发和利用大大加强，信息服务业在服务业中的地位日益突出，需要有大量的劳动者从事与信息有关的工作，服务业就业结构将作出适应性调整，劳动力逐渐向以脑力和信息型为主转变。其次，从生产资料来看，信息和网络技术成为服务生产的重要工具。人类使用的服务劳动资料，已经经历了简单工具和机器体系为标志的两个阶段。其中，简单工具在工业革命以后被机器所代替，例如：汽车、轮船、火车、飞机等现代交通工具替代了马车；随着信息通信技术在服务业中的普及，信息通信技术将逐渐取代传统的简单生产工具和机器系统，进而占据主导地位。信息技术系统构成现代服务业的基本生产工具系统，它不仅扩展了人们的体力，而且也扩展了人们的部分脑力，使服务劳动者更轻松、更准确地完成工作。再次，从劳动对象来看，信息成为现代服务业的主要劳动对象之一。在传统社会里，土地、自然资源一直是主要的服务劳动对象；在信息社会，这些有形的资源的地位相对下降，而无形的信息资源上升为服务生产的战略资源和主要劳动对象。

信息生产方式是现代服务业特别是信息密集服务业的主要生产方式和特征，其生产与服务的主要内容都和信息有直接关系，信息只是一种经过加工过后的数据，信息技术的变革，对于信息的载体形式、编码形式、传输形式、处理方式和加工方式都产生重要的影响。因此，信息化对于现代服务业的生产方式有重大影响。以前，虽然一些服务行业如运输业的技术变革也提高了生产效率，对服务生产方式产生了很大影响，但是没有哪一种技术像信息通信技术这样，对服务业的影响领域有如此之广泛，对服务生产方式是如此之深远。信息化不仅使信息的表现和存储更为便捷，而且对信息的传输速度和利用效率大大提高，网络化、虚拟化、信息化成为现代服务业生产方式的重要特征；与此同时，外部环境的变化，也促使经济、社会对于信息的需求日益增加，信息服务成为经济生活中重要的组成部分，伴随而来的是新的服务生产方式。

二、信息化改变了服务组织方式

组织是按一定规则组织起来的、完成特定任务、实现特定目标的群体（科斯，1991），技术创新与组织创新总是在互动中向前发展，随着技术的进步，也要求企业组织不断发生变革，从而适应技术的发展变化。企业组织在发展变化中形成有效、稳定的组织构架和制度安排，能够推动生产的发展、效率的提高。信息化在提高服务业生产效率、改进服务质量的同时，也改变了生产的组织方式。

信息化改变了企业组织的内外部环境。信息通信技术具有广泛的适用性和强大的渗透性，在企业管理和生产中得到了普遍应用，改变了企业层层传递信息的规则。企业内部的信息交流实现了直接化：企业的基层员工借助内联网直接与高层管理人员互通信息，组织中的信息沟通传递更加畅通。信息传递规则的改变提高了企业快速反应的能力，引起了企业内部流程的重组，为企业内部组织模式的重构提供了可能。信息技术在畅通企业内部信息传递的同时，借助因特网已改变了企业外部信息传递、处理和存取的方式，形成了分布式信息流通环境，增强企业外部环境的动态变化，加剧了市场的竞争。激烈的市场竞争要求企业反应灵敏、快速，但传统的组织形式已明显成为企业发展的障碍，因此企业不断地创新其管理组织模式，力求打破传统的金字塔式的管理组织形式。企业信息传递方式的变化是企业组织结构也将发生变化的根本原因。

信息化深刻地影响着现代服务业的生产组织方式，现代服务业的行业性质和行业特征决定了其组织方式更加要适应信息化。尽管现代服务业的生产内容没有太大的改变，但是生产方式已经有了很大的不同，这也使现代服务企业在制度安排和组织模式上适应生产方式的变化，从而建立新的组织方式。与其他企业和行业相比，这种组织上的变化更加迅速，横向组织将取代纵向层级组织，动态化、虚拟化组织将成为服务企业主体。

三、信息化改变了服务管理模式

管理模式是一个具有广泛意义的概念，一般来讲管理模式是企业为实现其经营目标，在生产活动中实现自身资源合理配置所采取的基本框架和方式。管理模式就是为了获取最大化利益所采取的方式，它不仅涉及企业的经营目标、经营战略、资金与成本、技术与开发、人力资源、生产与控制等企业管理内容，而且还涉及企业文化、制度条件、社会氛围等外部环境因素。

管理模式多种多样，目标不同、内容不同和行业特点不同，企业管理模式存在较大差异。如果是从信息流动的方向和控制权的大小变化看，管理模式可以分为集权式管理模式和分权式管理模式。集权式管理模式强调信息的单向流动，对企业的控制在权力的顶端；分权式管理模式则是双向或多向的信息流动，权力分散到不同的组织层级。

在现代服务企业管理模式中，信息是管理的核心，获取信息的方式是决定服务组织形式的重要因素之一。信息化使得任何人在任何时间、任何地点获取所需要的信息成为可能。服务企业管理离不开信息技术的支持，信息化正在影响着甚至改变了传统的服务企业管理模式。一方面，企业内部采取信息化战略会影响企业内部信息流动的方向，也会使得信息能够共享，从而实施一致的战略；另一方面，企业的生产运行过程中采取新的技术，可以改变服务流程和组织模式，导致服务管理模式进行相应的调整，以适应信息化带来的变化。

信息化对于服务管理模式的影响，主要体现在信息流动和信息共享机制，信息化不仅使得信息在企业的流动更为通畅，而且使得信息在更广的范围内实现共享，这对于服务企业的决策者来说颇有价值，要采取与信息环境变化的管理模式，改变控制过于集中的局面，从而实现分权式的管理模式。在分权管理模式下，企业被划分为若干个业务单元，既保持着单元的独立性，又具有整体的协调性，能够发挥最大的资源配置效率，提高企业的竞争能力。

信息化对服务业产生的影响，通过生产方式、组织模式和管理方式三个方面发生作用，促使服务业在信息化的冲击下不断升级。然而，这三者之间并非完全独立发挥作用，它们对服务业的作用经常交织在一起。一般情况下，信息化首先带来的是服务生产方式变化，进而推动服务组织结构和管理模式调整。

第五节　服务业的技术—经济新范式

范式（paradigm）的概念最早是由著名科学学专家托马斯·库恩在其代表作《科学革命的结构》一书中提出来的，这里是指科学理论研究的内在规律及其演进方式。1982 年，技术创新经济学家 G. 多西将这个概念引入技术创新研究之中，提出了技术范式的概念，并将其定义为“选择技术问题的一种模型或模式”，而根据这种技术范式解决问题的“常规”活动模式就是技术轨道，它是由技术范式中所隐含的对技术变化方向作出明确取舍的规定所决定的。此后，C. 佩雷兹（C. Perez）在 1983 年发表于《未来》的论文《社会经济系统中的结构变迁与新技术吸收》中又提出了“技术—经济范式”这一概念，从而将技术范式与经济增长直接联系了起来。1988 年，另一位著名技术创新经济学家弗里曼与佩雷斯又在合作发表的《结构调整危机：经济周期与投资行为》一文中进一步丰富和发展了“技术—经济范式”这一概念。认为其重要特征是“具有在整个经济中的渗透效应，即它不仅导致产品、服务、系统和产业依据自己的权利产生新的范围；它也直接或间接地影响经济的几乎每个其他领域，即它是一个‘亚模式’。……所研究的变革就特殊产品或工艺技术而论超出了技术轨迹，并且影响全系统的投入成本结构、生产条件和分布。”①

由此可见，技术—经济范式是一个比创新群或技术系统更为宽泛的概念，实际上意味着“相互关联的产品和工艺、技术创新、组织创新和管理创新的结合，包括全部或大部分经济潜在生产率的数量跃迁和创造

---

① G. 多西等：《技术进步与经济理论》，经济科学出版社 1992 年版。转引自王春法：《新经济：一种新的技术洲经济范式》，载于《世界经济与政治》2001 年第 3 期。

非同寻常的投资和盈利机会。”[①] 从这个意义上来说，技术—经济范式（tech - economic paradigm）可以定义为一定社会发展阶段的主导技术结构以及由此决定的经济生产的范围、规模和水平。它主要包括三个方面的内容：其一，以相互关联的各种技术所组成的一个或者几个主导技术群构成了不同时代经济增长的技术基础；其二，一定时期内经济增长的方式、轨道和规模主要就是由这些主导技术群所决定的；其三，随着科学技术的发展，主导技术群也会发生变化，经济发展的技术基础也会因之改变，经济发展的方式、轨道和规模也随着发生变化，从而导致一国乃至世界技术—经济增长范式的更迭。不同的技术结构可以而且只能支持一定的经济生产与生活结构。社会的主导技术发生了变化，则经济生产的规模、水平以及生产可能性边界也会发生相应的变化，从而导致社会生产的根本变化，而这种主导技术更迭在大多数情况下是由于重大技术创新的引入引起的。因此，技术—经济范式就是常规范式，而技术—经济范式变迁的过程就是打破常规和建立新范式的过程，而技术创新是技术—经济范式发生变化的主要原因。[②]

C. 弗里曼认为，每一个技术—经济范式之所以在一定时期内具有相对的稳定性，主要是因为在每一个技术—经济范式中都存在着一个可以称为“关键因素”（key factor）的一个或一组特定投入。它具有以下三个重要特征：其一，成本较低并且相对成本迅速下降；其二，在长期内具有几乎无限的供应能力；其三，在整个经济系统中具有广泛的应用前景。

在第二次世界大战结束后的相当长一段时间里，石油和钢铁一直被认为是主导经济增长的关键要素，战后一度的经济繁荣是建立在廉价石油的基础上的。但是 1973 年的石油危机彻底改变了这一状况，石油不再是廉价能源，从长期看面临枯竭的威胁。钢铁也面对塑料制品替代的巨大冲击。在服务经济时代，石油和钢铁的作用已经相对下降，取而代之的是信息技术，作为信息处理技术核心的计算机芯片具有决定性的意义，计算机芯片成为这个时代的关键要素。它具有关键要素的特征，摩尔定

① 弗里曼、佩雷斯：《结构调整危机：经济周期与投资行为》。选自 G. 多西等：《技术进步与经济理论》（钟学义，沈利生，陈平等译），经济科学出版社 1992 年版，第 58 ~ 74 页。

② 王春法：《新经济：一种新的技术洲经济范式》，载于《世界经济与政治》2001 年第 3 期，第 37 页。

律充分说明其生产成本迅速下降，在长期内具有无限的供应能力，而且在整个经济系统中具有广泛的应用前景。有资料表明，仅在20世纪90年代，个人计算机用微处理器的运算速度就提高了16倍以上，而其标准存储能力和传输速度更提高了200倍以上。即使在进行了适当的质量调整以后，IT设备的年均价格下降率也在10%以上[①]。正如有学者所说，“当今，我们正处于一个向新的技术—经济范式——信息技术范式转换的时代，相对应的理想生产组织是设计、管理、生产和销售联结在一起的整合系统。关键的生产要素是芯片，领先的部门是电子和信息部门，对劳动力的技术要求高。新的公司能够生产柔性的、快速转换的产品和服务。”[②] 这正是一种新的技术—经济范式的基本特征。

弗里曼和佩雷斯（1992）在探讨经济增长和技术经济范式的关系时率先将这一新范式描述为“信息技术范式”。但由于当时信息技术革命方显端倪，弗里曼等人未能够对信息技术范式做更深人的研究。后来，Castells（1996）对信息技术范式进行了深刻诠释。他指出，信息技术范式“构成了网络社会的物质基础”，作为一种新的技术经济范式，它表现出如下特征：（1）信息成为最重要的经济要素；（2）信息技术具有强烈的渗透性和网络化特征；（3）信息技术对经济和社会具有“重塑”（Restructuring）功能；（4）信息技术对相关技术具有强大的整合性。[③] 这一系列特征在率先实现技术经济范式转型的美国得以证实。显然，对于技术经济范式在20世纪80年代以后的欧美各国的急速变革，Castells有着比多西、弗里曼和佩雷斯更丰富的感性认识。多西和弗里曼等学者对20世纪80年代悄然发生变革的技术经济范式做出了科学的预见，而Castells则是研究这一变革的经济及社会历史意义之集大成者。

信息技术范式是信息技术革命的产物。以处理数字化信息为主要内容的现代信息技术革命发生在20世纪70年代初到90年代初的美国，它

---

① Jergen Elmeskov and Stefano Scarpetta, “New Sources Of Eco - nomic Growth In Europe?”, Presented at sterreichische Nationalbank, 28th Economics Conference 2000 (The New Millennium - Time For A-New Economic Paradigm?) Vienna, 15 ~ 16 June 2000.

② 柳卸林：《技术创新经济学》，中国经济出版社1993年版，第114页。

③ 鄢显俊：《从技术经济范式到信息技术范式——论科技—产业革命在技术经济范式形成及转型中的作用》，载于《数量经济技术经济研究》2004年第12期，第144页。

以英特尔公司发明微处理器为标志，围绕电子计算机在信息处理和远程通信领域的运用，表现为一系列有关信息处理与输送技术的重大创新与发明。因为此前人类社会已经发生了三次科技—产业革命，因此信息技术革命又被称为第四次科技—产业革命。互联网的诞生是这场革命最伟大的结晶，它使人类拥有了迄今最强大的信息整合平台，进而变革了传统的、物质能量型的技术经济范式并使之进化为信息术范式①。

20 世纪 90 年代以来，随着互联网的迅速发展和渗透，信息技术—经济范式初具雏形。早在60 年代，互联网就已经出现，它之所以在90 年代才得到迅速发展，从技术角度看，主要得益于网络技术、光纤技术和计算机技术的发展和普遍应用。网络技术的发展为网络的普及和交互式、互动式的信息交流奠定了基础；光纤技术的运用成千上万倍地提高了网络传递数据的能力。而计算机技术的发展，一方面促使 PC 机运用迅速得到普及，并逐步进入家庭，从而使网络的触角能够延伸到社会的各个角落；另一方面，数字化技术把越来越多的信息、越来越多的事物都纳入计算机能够处理的范畴，从而使计算机的能力越来越强大，作用范围越来越广泛。互联网在迅速膨胀的同时，功能也日益扩展。在电子邮件、远程登录、文件传输这三大基本功能的基础上衍生出来的各种信息服务推动了互联网的繁荣②。

互联网的真正意义在于它为新的商业模式提供了一个通用的平台。基于互联网的电子商务是信息技术—经济范式的具体表现形式。狭义的电子商务是指以电子方式在网络上完成的商品交易；广义的电子商务是指电子商业，即以网络为基础将网络技术应用到企业的所有业务流程而形成新的业务架构和交易模式。电子商务基于互联网这种虚拟的而非实物的环境，它完全依赖信息技术作为支撑，与传统的实物经济相比存在本质上的区别。电子商务将逐步成为未来商业领域的主流形式，经济环境包括服务业的发展环境也将发生根本变化，服务业的发展离不开网络环境的支持。

---

① 鄢显俊：《从技术经济范式到信息技术范式——论科技—产业革命在技术经济范式形成及转型中的作用》，载于《数量经济技术经济研究》2004 年第 12 期，第 144 页。

② 刘小军：《信息技术的“生产率之谜”与新技术—经济范式》，载于《天津商学院学报》2001 年 9 月，第 5 期，第 4 页。

总而言之，信息技术范式是传统技术经济范式的质变，它是因信息技术革命引起的技术创新对宏观和微观经济结构和运行模式产生重大变革后所形成的全新经济格局。该范式的主导技术群落是计算机和互联网为代表的现代信息技术，其“关键生产要素”是芯片。与传统的技术经济范式相比，信息技术范式为人类提供了前所未有的技术手段来解决社会生产和交往中的信息沟通问题。它与传统技术经济范式有着本质的区别，传统技术—经济范式解决的主要问题是通过机械化、电气化和自动化解决物质产品的生产方法问题；而信息技术范式是要解决经济活动中的信息搜集、处理、传输、存储等问题。通过表 3－1 可以进一步揭示这两种技术—经济范式的差别。

表 3－1　信息技术范式与传统技术经济范式的比较

	传统技术经济范式	信息技术范式
科技—产业革命	蒸汽革命：18 世纪中叶到 19 世纪中叶	信息技术革命：20 世纪 70～90 年代初期。信息技术革命与电子革命在发生时间上有重合之处，这体现了电子革命的过渡性，它是承前启后的科技—产业革命，它孕育了信息技术革命
	电气革命：19 世纪下半叶到 20 世纪 30～40 年代	
	电子革命：20 世纪 40 年代到 80 年代	
所解决经济或生产难题	机械化、电气化和自动化解决的是物质产品的生产方法问题，与之相对应的能源手段是蒸汽能和电能。有线、无线通讯技术的运用和计算机的发明在一定程度上解决了信息沟通和处理的难题	信息技术革命的结果是社会经济的信息化。信息化解决的是经济活动中，围绕产、供、销各环节产生的各类信息的收集、处理、传输、存储等问题，它极大地提高了物质生产和能源利用的效率
关键生产要素	棉花、生铁、煤炭和蒸汽动力的海陆运输网；钢铁、电力、运输，电报电话；石油为主的廉价能源和计算机为主的电子设备	芯片

续表

	传统技术经济范式	信息技术范式
宏观经济：产业结构	逐渐形成三次产业划分的宏观经济结构，加工制造业成为最重要的经济部门，第三产业作用日趋重要	由农业、工业、服务业和信息产业构成的四大产业形成（波拉特，1987）。农业比重继续下降，传统制造业被施以信息化改造，服务业比重持续上升，横跨众多部门的信息产业成为国民经济最重要的部门
微观经济：厂商行为	规模化生产，跨国经营，复杂的组织结构，垄断竞争	组织结构扁平化、网络化、虚拟化；活跃在信息产业等高科技行业的中小企业获得充足的发展空间；厂商的竞争更趋激烈，出现了新型的垄断——“信息垄断”，其具体表现是 IT 垄断

资料来源：鄢显俊：《从技术经济范式到信息技术范式——论科技—产业革命在技术经济范式形成及转型中的作用》，载于《数量经济技术经济研究》2004 年第 12 期，第 145 页。

克里斯托弗·弗里曼（Christopher Freeman）指出：技术—经济范式乃是一群彼此相关的技术、组织与管理之创新，其优越之处不仅在于拥有新的产品与系统领域，还大部分来自生产过程里所有可能投入之相对成本结构的动态。在每个新范式里，都有一个或一组特定投入，能够称为该范式里的“关键因素”，而此因素的特征为相对成本的下降，以及普遍的可及性。当前的范式变迁或可视为从主要以廉价之能源投入为基础的技术，转移到主要以廉价的信息投入为基础的技术，而这些信息源自于微电子与电信技术的进步。①

曼纽尔·卡斯特认为信息技术范式具有五个重要特征：第一，信息便是其原料，这些是处理信息的技术，而不仅是处理技术的信息，后者

① C. Freeman，“Preface to Part Π”。转引自曼纽尔·卡斯特著，夏铸九、王志弘等译：《网络社会的崛起》，社会科学文献出版社 2003 年版，第 82 页。

是先前技术革命的状况。第二，新技术效果无处不在。因为信息是所有人类活动的一部分，我们个人与集体存在的所有过程都直接受到新技术媒介的“塑造”（但当然不是“决定”）。第三个特性则只设了任何使用这些新技术的系统或关系的网络化逻辑（networking logic）。网络的形态似乎能够良好适应日趋复杂的互动，以及源自这种互动的创造性力量的不可预料发展。第四个特征与网络化有关，但称得上是个独立的特性：信息技术范式以弹性为基础。经过重新排列其组成，不仅所有的过程都可以逆转，组织与制度也可以修正，甚至是彻底改变。新技术范式构造的独特之处便在于其重新构造的能力，这在已不断变化与组织流动为特征的社会里是一种决定性的特性。目前已经有可能翻转规则，却不破坏组织，因为组织的物质基础可以重新设定与调整。第五项特征是特定的技术逐渐聚合为高度整合的系统，在此系统中，原本有所分别的旧技术轨迹，已经完全无法区别。例如，微电子学、电信、光电子学与电脑，现在全都整合进入信息系统了。晶片制造与软体设计之间，目前还有企业上的区分，而且会持续一阵子。但即使是这种区分也日渐模糊，因为商业公司在策略联盟与合作计划方面日益整合，而且软件程式也逐渐直接植入晶片硬件。再者，从技术体系的角度来说，若无其他元素，则每个元素皆无法想象：微电脑机器部分是由晶片能力决定的，而微处理器的设计与平行处理，都有赖于电脑的架构。电信现在不过是信息处理的一种形式；传输和连接的技术既变得更多样化，又整合入同一个网络，由电脑操作。①

信息技术范式不仅对传统经济产生重大影响，变革了传统经济的生产方式和组织，提高了生产效率，更为重要的是它加速了以物资生产为代表的传统经济发展模式的终结。与此同时，这种新范式蕴含一种新兴经济的发展模式，那就是现代服务业的发展范式。如果说传统的技术—经济范式是工农业发展的最佳模式，那么信息技术范式与现代服务业之间无疑是一种良好的契合。发达国家在完成工业化之后，已经进入服务化与信息化重叠交织的阶段，这一事实表明，信息技术范式是服务业发展的新范式。

① 曼纽尔·卡斯特著，夏铸九、王志弘等译：《网络社会的崛起》，社会科学文献出版社 2003 年版，第 82 ~ 86 页。

第四章

发达国家服务业信息化

信息化在国民经济各行业中的渗透日益加深，但是不同行业的应用存在很大差别，因此有必要从产业层面对信息化程度进行衡量。本章采用投入产出方法对美国、日本、加拿大、法国、英国、澳大利亚等国的ICT中间需求率，农业、工业、服务业以及服务业内部各部门的信息化进行测算，并分析造成行业之间的信息化差别的原因。

第一节　生产领域和消费领域的信息化

本章采用投入产出消耗系数作为衡量行业信息化的指标，它在一定程度上可以反映一个行业或社会再生产环节的信息化程度高低。

投入产出模型中的中间需求率是指各产业对某产业品的中间需求之和，与整个国民经济对该产业部门产品的总需求之比。其计算公式为：

$$G_i = \frac{\sum_{j=1}^{n} x_{ij}}{\sum_{j=1}^{n} x_{ij} + Y_i} (i = 1,2,\cdots,n)$$

式中：G_i表示第i产业部门的中间需求率；$\sum_{j=1}^{n} x_{ij}$表示各产业部门对第i产业部门的中间需求之和；$\sum_{j=1}^{n} x_{ij} + Y_i$表示第$i$产业部门的产品总产出；$Y_i$表示第$i$产业部门产品中的需求部分。

中间需求率反映各产业部门的总产品中中间产品所占的比重，一个产业中间需求率越高，意味着该产业部门越带有中间产品（生产资料）

性质；反之，就越带有最终产品（消费资料）性质。通过计算和分析ICT产业的中间需求率，可以反映出一个国家或地区国民经济生产领域和消费领域对信息化需求的比例关系，从而可以判断信息化的重点领域和演变趋势。

ICT产品既有生产资料型的投资品，也有消费资料型的生活用品。投资类ICT的产品主要包括：办公和数据处理器具，精密仪器，光学仪器和照相设备，电讯设备和测量设备，电子设备、无线广播和电视、唱片的录制，以及软件。家庭消费类的ICT实物产品和服务主要包括：电话机和传真设备，电话和传真服务，声音图像接收、录制和复制设备，电影和照相设备及光学仪器，信息处理设备，已录制媒介，未录制媒介，视听、照相和信息处理设备的维修等①。

从表4-1可以看出，除日本之外其他各国的ICT中间需求率总体上呈上升趋势，在大部分年份，英国、加拿大、法国和澳大利亚中间需求率大于0.5；从横向上看，澳大利亚的中间需求率最高，而日本的中间需求率最低。这表明，越来越多的ICT实物产品和服务投入到生产过程中，作为最终消费性的ICT实物产品和服务相对地逐渐减少。美国、英国、加拿大、法国和澳大利亚等国对ICT的生产性需求已经超过消费性需求，说明这些国家的生产领域的信息化程度要高于消费领域。从生产信息化程度的角度看，澳大利亚最高，日本最低。

在进行投入产出分析时，人们习惯上把“资本形成”与“居民消费”、“政府消费”和“出口”一起，看作“最终使用”的组成部分。从短期看，“资本形成”是一种产出，没有投入到当年的生产中去；但是从长期看，“资本形成”是一种延迟的“中间投入”，它将投入下一轮生产过程。因此，将“资本形成”视作一种中间投入，更能客观地反映中间需求变化的动态规律。

将“资本形成”作为投入产出系统的中间投入，重新计算ICT中间需求率，结果如表4-2所示。从中可以看出，各国在所考察年份的中间需求率都高于0.5，比没有考虑“资本形成”因素时的中间需求率高出

① OECD, *Measuring the Information Economy* 2002, p. 12. www. oecd. org/sti/measuring－infoeconomy.

大约20个百分点；从横向比较看，澳大利亚的中间需求率仍然最高，美国的需求率降为最低；从动态上看，各国的中间需求率大体上仍旧保持上升态势。

表4－1　　　　　　　　ICT中间需求率

年份	中间需求率	年份	中间需求率	年份	中间需求率
美国		日本		英国	
1972	0.4275	1970	0.4484	1968	0.4487
1977	0.4495	1975	0.4537	1979	0.5417
1982	0.4561	1980	0.4372	1984	0.5670
1985	0.4465	1985	0.4181	1990	0.5650
1990	0.5056	1990	0.4251	—	—
平均数	0.4644	平均数	0.4335	平均数	0.5306
加拿大		法国		澳大利亚	
1971	0.5191	1972	0.4967	1968	0.6150
1976	0.5051	1977	0.4910	1974	0.6970
1981	0.5638	1980	0.5073	1986	0.8168
1986	0.6050	1985	0.5019	1989	0.7617
1990	0.6235	1990	0.5502	—	—
平均数	0.5744	平均数	0.5126	平均数	0.7226

注：（1）德国、丹麦、荷兰等国的投入产出表中的部分ICT包含在电器或非电器机械部门，难以分离单独计算中间需求率。意大利只有1985年的投入产出表，缺乏可比性，也没有计算中间需求率。（2）限于投入产出表的部门分类（按ISIC Rev. 2分类），ICT只包括办公、计算器具，收音机、电视和通信设备，电信。除美国之外，ICT中的通信部门包括邮政服务。

资料来源：根据经济合作与发展组织网站（http：//www. oecd. org）所提供的1995年版（按ISIC修订版第2版分类）投入产出表（当年价）计算。以下除非特别说明，所涉及的投入产出表都是按当年价计算。

表 4－2　　包含私人固定资本形成的 ICT 中间需求率

年份	中间需求率	年份	中间需求率	年份	中间需求率
美国		日本		英国	
1972	0.5750	1970	0.6780	1968	0.7091
1977	0.6222	1975	0.7040	1979	0.7696
1982	0.6603	1980	0.6613	1984	0.7853
1985	0.6452	1985	0.6219	1990	0.7671
1990	0.7074	1990	0.6823	—	—
平均数	0.6588	平均数	0.6674	平均数	0.7578
加拿大		法国		澳大利亚	
1971	0.7319	1972	0.7462	1968	0.8405
1976	0.7391	1977	0.7319	1974	0.7793
1981	0.8199	1980	0.7349	1986	1.0297*
1986	0.8267	1985	0.7551	1989	0.9744
1990	0.8563	1990	0.8327	—	—
平均数	0.8105	平均数	0.7637	平均数	0.9060

注：*该数值大于 1 是由于当年 ICT 贸易逆差过大造成的。

资料来源：同表 4－1

ICT 的中间需求率高于最终需求率，意味着 ICT 的大部分是投入到生产中去，只有少部分用于消费。这与一般信息产品的特征是相吻合的，Jonscher 对美国的信息产业研究表明，美国信息产业信息部门的产出主要用于生产而不是直接被消费者使用。1972 年美国生产部门的信息服务达到 5050 亿美元，相比之下，信息项目的消费只有 840 亿美元[①]。

发达国家生产领域信息化水平较高，并呈上升趋势，大致可以归结为以下几个方面的原因：第一，人们对实物商品和服务的消费，已经不是单纯体现在数量上的追求，多功能化、个性化、智能化、便捷化正成为快速发展的新型消费趋势。实物产品和服务中的传统物资资源的消耗

① Orio Giarini, *The Emerging Service Economy*, Pergamon Press, 1987, p. 132.

不断减少，而其中附带的智能卡和软件包越来越多，信息含量与日俱增。据有关资料显示，美国现在生产的一辆价值 2 万美元的小汽车，其信息的价值已占成本的 50% 左右[①]。第二，生产自动化和信息化水平日益提高，制造方式发生根本性的改变，信息以及信息技术在制造过程中发挥巨大作用。例如，我们习惯上把通用电器公司和 IBM 公司当作制造企业，从而把将其雇员也看作制造业员工。而实际上，通用电器公司中直接从事实物生产的员工还不到 35%，随着 CAD/CAM 的应用，预计这个比例还会下降[②]。信息技术在制造业中的作用，主要体现在像计算机辅助制造（CAM）之类的制造技术和制造装备上。生产过程自动化起源于 20 世纪 60 年代的数控机床，其主要目的是在机械化的基础上综合利用微电子技术、计算机技术和自动控制技术实现对生产过程的监督和控制，以提高产品质量和生产效率。生产自动化和信息化不仅是产品本身复杂化和多样化的客观要求，也是应对生产过程复杂化、多品种、小批量的需要。产品的生产不但是零部件的加工和装配，也是信息的输入。在制造过程中，需要包括参数、规范、标准及技术等越来越多的信息输入。因此，可以认为产品的制造也是信息的物化与集成过程。生产过程自动化和信息化包括产品设计和开发、生产工艺流程、物料管理、品质检验等各环节。在产品研发阶段，主要是应用计算机辅助设计（CAD）技术、模拟技术和网络技术等，以缩短新产品设计开发周期，节约开发成本。在制造环节，主要是利用数控设备、机器人、计算机辅助制造（CAM）、计算机辅助生产设备（DCS）、计算机集成制造系统（CIMS）等技术实现生产过程的自动化[③]。在物料管理环节，主要是利用物料需求计划（MARP）、制造资源计划（MARPⅡ）和企业资源计划（ERP）等技术系统，强化企业对市场的反应速度，实现高度柔性化管理，降低风险成本。第三，企业管理信息化不断加深。自从 20 世纪 60 年代末至 70 年代初，管理信息系统（MIS）开始出现，它就在管理领域迅速扩散，几乎渗透到企业管理的所有角落，并产生了各式各样的信息系统。如制造企业中的

---

① 刘丽文、张尔正：《工业信息化》，京华出版社 1998 年版，第 6 页。

② Gerald Faulhaber, ELI NOAM, Roberta Tasley, Services in Transition, The Impact of information Technology on the Service Sector, Ballinger Publishing Company, 1986, p. 2.

③ 汪莹：《企业信息化的效应理论与评价方法研究》，中国经济出版社 2006 年版，第 26 页。

计算机辅助管理系统（CAMS）、会计信息系统（AIS）等，商业企业中的销售时点系统（POS）、商业信息系统（BIS）、条形码、电子订货系统（EOS）、电子商务等。第四，办公自动化的兴起。20 世纪 80 年代初，由于以微处理芯片为基础的微型计算机和微机数字局域网络的出现，使得计算机和网络等硬件设备的性价比大幅度提高，越来越多的日常办公事务由计算机、网络和各种电子设备来完成，不仅降低了成本，也大大提高了效率。

表 4 – 1 和表 4 – 2 都显示，日本的 ICT 中间需求率相对较低，并且停滞不前，其主要原因是在 ICT 产品中，日本的音频和视频类消费电子产品所占比重较大，具有明显优势。消费电子产品一般直接进入消费领域，很少作为投资品。长期以来，日本的消费类电子产品一直著称于世，从磁带录音机、晶体管收音机到立体声音响、彩电、录像机等各个不同产品时代视听产品总是以“日本造”雄霸世界市场。日本的消费电子产业凭借其卓越的质量，精巧的外形和先进的技术成为全球消费电子产业第一大强国，成为日本信息产业整体回升的“发动机”。进入 21 世纪，日本消费电子产品如照相机、摄像机和电视机的数字化步伐进一步加快，消费电子产品的比重明显扩大，这一点可以从日本半导体制品市场份额变化中得到印证（如图 4 – 1 所示）。1996 ~ 2002 年，日本半导体制品中的消费电子类的比重由 31% 上升到 42%，提高了 11 个百分点，通信类上升了 5%，汽车类仅上升了 2%，工业类保持不变，计算机类大幅下降了 18%。

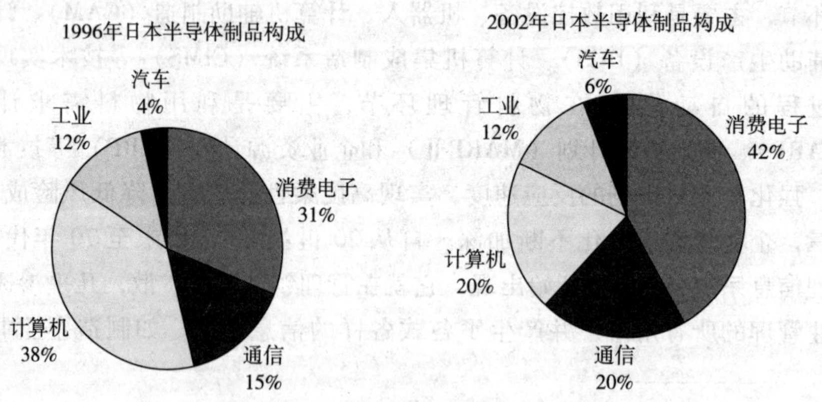

图 4 – 1　日本半导体制品市场构成变化

资料来源：孙彦昕：《日本半导体工业现状和展望》，载于《家电科技》2004 年第 7 期，http：//www. sthea. com.

从表4－1和表4－2也可看出，美国ICT中间需求率不高。美国既是全球最大的信息产品制造国，又是全球最大的信息产品消费市场。美国ICT产品的普及程度尤其是在家庭中的普及程度一直很高。譬如，1990年，美国电视机、有线电视用户、个人计算机和国际互联网用户普及率分别达到772.2、219.5、216.8和8.04（每千人），远高于同期高收入国家569.4、114.1、115.1和2.66（每千人）[①]的水平。虽然个人电脑几乎在所有国家中普及相当缓慢，但是个人电脑在美国和日本的普及速度要快得多。美国和日本家庭中个人电脑普及率达到40%用了大约13年时间，而在同样的时间法国的普及率仅达到20%[②]。相比之下，彩色电视、录像机、互联网的普及速度则要快一些。

从全球范围来看，ICT投资类产品比重上升。经过几十年的发展，世界ICT产品的结构发生了较大变化，投资类信息产品的生产规模逐步扩大，消费类电子产品的生产规模逐渐减小，元器件生产保持稳定的比例。1996年世界电子产品的市场结构是，投资类占62.7%，消费类占9.1%，元器件类占28.2%；2000年投资类比例上升到63.9%，消费类则下降为7.9%，元器件类仍占28.2%[③]。

第二节　三大产业的信息化比较

各产业ICT投入占该产业总投入的比率可以代表相应产业的总投入ICT强度，反映该产业的总投入信息化程度。从表4－3可以观察到，美国三大产业的总投入ICT强度在时间序列上没有表现出明显的规律性。但三大产业之间的总投入信息化具有显著的差别，工业的总投入信息化水平最高，服务业其次，农业最低。日本的农业总投入信息化没有显著趋势，工业和服务业的总投入信息化在1975年之后都出现逐步上升的趋势，三大产业之间的差别也是明显的，即工业总投入信息化高于服务业，

① 数据来源于中华人民共和国国家统计局，http：//www. stats. gov. cn.

② 《经济合作与发展组织信息技术展望》（2004），中国财政经济出版社2006年版，第138页。

③ 《中国信息产业发展研究报告》，http：//www. apcity. org/cn/images/links/china_ cn. doc.

服务业又高于农业。加拿大农业总投入信息化在时序上找不出发展规律，工业和服务业在1976年之后表现为稳步上升趋势，在各个年份，服务业的总投入信息化水平最高，工业其次，农业最低。法国农业和服务业总投入信息化水平比较稳定，农业总投入信息化水平在0.00015到0.00018之间窄幅波动，服务业总投入信息化水平在0.01382与0.1594之间变化，工业总投入信息化水平稳步提升，工业总投入信息化水平最高，服务业其次，农业最低。英国农业和工业总投入信息化水平不断攀升，服务业总投入信息化水平大体上也处于上升态势，只不过在1990年出现轻微下降。三大产业之间的总投入信息化水平差别较大，服务业最高，工业其次，农业最低。澳大利亚的农业总投入信息化水平呈快速提高趋势，工业和服务业总投入信息化水平在时间上并没有显著趋势，但三次产业之间的总投入信息化水平差别巨大，服务业最高，工业其次，农业最低。总而言之，各产业的总投入信息化水平在时序上并没有表现出一致性的规律，在横向比较上，各国农业的总投入信息化水平总是非常的低，服务业和工业的总投入信息化水平远高于农业，它们虽然在各国之间存在差异，但不是太大。美国、日本和法国的工业总投入信息化水平高于服务业，而加拿大、英国和澳大利亚的服务业总投入信息化水平要高于工业。这主要是由于美国、日本和法国三国在ICT的生产上尤其是ICT制造上占有绝对优势，在全球ICT市场中所占份额较大，而加拿大、英国和澳大利亚更倾向于成为ICT的进口国和使用国。

表4-3　　农业、工业、服务业总投入中的ICT投入比率

年份	农业	工业	服务业	年份	农业	工业	服务业
美国				日本			
1972	0.00321	0.01600	0.01540	1970	0.00050	0.01878	0.01188
1977	0.00285	0.01607	0.01609	1975	0.00078	0.01432	0.00984
1982	0.00258	0.02167	0.01798	1980	0.00231	0.01728	0.01239
1985	0.00367	0.02527	0.01568	1985	0.00075	0.02864	0.01322
1990	0.00291	0.02240	0.01566	1990	0.00082	0.03042	0.01413

续表

年份	农业	工业	服务业	年份	农业	工业	服务业
加拿大				法国			
1971	0.00560	0.01111	0.01590	1972	0.00015	0.01226	0.01594
1976	0.00430	0.00923	0.01522	1977	0.00017	0.01421	0.01382
1981	0.00350	0.01064	0.01950	1980	0.00017	0.01643	0.01394
1986	0.00419	0.01516	0.02056	1985	0.00018	0.02118	0.01584
1990	0.00461	0.01916	0.02072	1990	0.00016	0.02195	0.01512
英国				澳大利亚			
1968	0.00239	0.01115	0.01830	1968	0.00002	0.00277	0.02560
1979	0.00302	0.01677	0.02371	1974	0.00015	0.00665	0.02039
1984	0.00506	0.02274	0.02552	1986	0.00440	0.01260	0.02442
1990	0.00914	0.02370	0.02473	1989	0.00509	0.01246	0.02380

资料来源：根据经济合作与发展组织网站（http://www.oecd.org）所提供的1995年版（按ISIC修订版第2版分类）投入产出表（当年价）计算。

如果以三大产业中间投入中ICT所占比重代表相应产业的中间投入ICT强度，那么它可以反映该产业中间投入的信息化程度。三大产业的中间投入信息化水平的差别在各国之间保持高度的一致性。从表4－4可以看出，英国和澳大利亚的农业中间投入信息化水平显示出逐步上升趋势，所考察的这几个国家的工业中间投入信息化水平大体上保持上升趋势，各国服务业的中间投入信息化水平变化趋势不明显。对于三大产业之间的中间投入信息化水平，除了日本在1985年和1990年两个年份外，其余国家在所有年份都显示出很强的规律性，即服务业中间投入信息化水平高于工业，而工业中间投入信息化水平又高于农业。这与服务业的资本有机构成提高有关。在所考察的国家当中，虽然服务业的中间投入率要低于工业和农业，但是除了日本和澳大利亚的服务业中间投入率没有明显变化趋势或者出现轻微下降之外，其他国家的服务业中间投入率呈现稳步上升态势（见表4－12）。说明这些国家的服务业资本有机构成不断提高，出现资本深化趋势，服务业不再是劳动密集型产业的代名词，在服务业的许多领域，技术和资本密集程度越来越高。服务业的资本密集程度的提高主要体现在ICT作为一种典型的投资品，广泛应用于服务业中的各个领域。这可以从ICT资本形成比例中得到印证。在表4－5中所列国家中，服务业ICT资本形成比例都高于工业和农业的ICT资本形成比例，而且，除英国之外，其余国家的服务业ICT资本形成比重大体上都呈上升之势，美国的服务业ICT资本形成比例在1990年更高达30%，比同期最低的法国要高出3倍多。这说明在这些国家，服务业的ICT资本强度都要高于工业和农业，并且处在继续上升的轨道之中，美国服务业的ICT投资力度高于其他国家。

表4－4　　农业、工业、服务业中间投入中的ICT投入比率

年份	农业	工业	服务业	年份	农业	工业	服务业
	美国				日本		
1972	0.00518	0.02718	0.05705	1970	0.00136	0.02785	0.03434
1977	0.00458	0.02616	0.05613	1975	0.00200	0.02099	0.02566
1982	0.00407	0.03542	0.05927	1980	0.00498	0.02496	0.03120
1985	0.00594	0.04231	0.05109	1985	0.00165	0.04275	0.03686
1990	0.00472	0.03810	0.05030	1990	0.00191	0.04738	0.04209
	加拿大				法国		
1971	0.01264	0.01912	0.04086	1972	0.00036	0.02033	0.05563
1976	0.00978	0.01554	0.04050	1977	0.00032	0.02309	0.05997
1981	0.00631	0.01752	0.04954	1980	0.00032	0.02584	0.05817
1986	0.00729	0.02555	0.05242	1985	0.00033	0.03317	0.06457
1990	0.00763	0.03272	0.05182	1990	0.00030	0.03499	0.05133
	英国				澳大利亚		
1968	0.00381	0.01864	0.09162	1968	0.00005	0.00460	0.06520
1979	0.00462	0.02685	0.09132	1974	0.00045	0.01116	0.05492
1984	0.00781	0.03781	0.09454	1986	0.01029	0.02098	0.07626
1990	0.01673	0.03811	0.06369	1989	0.01251	0.02171	0.07265

资料来源：同表4－3。

ICT横跨工业和服务业两大部门，在以上的分析过程中，并没有将其与工业和服务业并列起来，也就是说，工业当中包括了ICT制造部门，服务业当中包括了ICT服务部门，同时，也没有将ICT的生产和使用分离开来，ICT强度所反映的信息化既包括ICT本身的生产投入信息化，也包括非ICT生产部门对ICT使用的信息化。这是信息化的两个不同方面，不同国家的资源禀赋和技术优势不同，在实现信息化过程中，可以根据实际情况有所侧重，有些国家像日本主要是通过发展ICT本身实现信息化，但更多的国家是通过对ICT的应用来实现信息化。ICT技术同传统的机器大工业制造技术有着根本的区别。传统大工业生产严重依赖机器设备、原材料、燃料动力等有形要素的投入，物质和能源是经济结构的重心。ICT技术则依赖知识、信息、技术及以此为基础的创新，知识、信息和技术是经济结构的重心，摆脱了对传统的物质资源依赖。传统产业的信息化主要利用信息技术的高度创新性、高度渗透性和高度倍增性，全面地、立体地、深入地对传统产业的产品开发、研制、生产、销售等所有的环节进行改造升级，使各种资源得到充分有效的利用，降低生产成本。因此，信息化不仅体现为ICT部门的本身发展壮大，即ICT的供应，更主要的是反映在国民经济各行业对ICT的吸收应用方面。下面将侧重讨论三大产业在对ICT应用程度上的差别。

表4-5　　农业、工业、服务业的ICT资本形成比例

年份	农业	工业	服务业	年份	农业	工业	服务业
美国				日本			
1972	0.00491	0.05490	0.21517	1970	0.01282	0.04180	0.10862
1977	0.00739	0.05992	0.24082	1975	0.01313	0.02761	0.11276
1982	0.01673	0.11828	0.30168	1980	0.00705	0.02048	0.13106
1985	0.01931	0.14413	0.30615	1985	0.00803	0.07138	0.13290
1990	0.02264	0.13253	0.30137	1990	0.01472	0.08101	0.12383
加拿大				法国			
1971	0.00236	0.02129	0.13913	1972	0.00000	0.02000	0.05047
1976	0.00130	0.01425	0.15071	1977	0.00000	0.02511	0.06080

续表

年份	农业	工业	服务业	年份	农业	工业	服务业
加拿大				法国			
1981	0.00131	0.02449	0.14127	1980	0.00000	0.03203	0.06431
1986	0.00140	0.03844	0.13843	1985	0.00000	0.06188	0.09990
1990	0.00168	0.03062	0.15407	1990	0.00000	0.04802	0.09170
英国				澳大利亚			
1968	0.00000	0.02938	0.15406	—	—	—	—
1979	0.00000	0.05815	0.14325	—	—	—	—
1984	0.00708	0.06552	0.16358	—	—	—	—
1990	0.00244	0.05428	0.13496	—	—	—	—

注：澳大利亚ICT中的办公和计算器具、电器、收音机、电视和通信设备包括在金属制品部门内，无法计算其ICT资本形成。英国ICT的收音机、电视和通信设备部门包括了电器消费品和音乐唱片。法国ICT部门把电器计算在内。日本把办公和计算器具分别计算在非电器机械部门和电器器械部门。

资料来源：同表4－3。

各产业对ICT的消耗系数可以反映相应产业应用ICT的程度或者信息化程度高低，消耗系数越高，意味着该产业对ICT的应用程度或信息化水平越高，反之就越低。从表4－6中可以看出，美国农业对ICT的消耗系数存在一定的波动，工业对ICT的直接消耗系数和服务业对ICT的直接消耗系数分别在1972～1985年、1972～1982年呈现轻微的上升趋势，之后基本稳定，说明美国农业对ICT的中间消耗有所反复，而工业、服务业对ICT的中间消耗缓慢上升。从三大产业对比看，服务业对ICT的直接消耗系数高于工业对ICT直接消耗系数，工业ICT直接消耗系数又高于农业ICT直接消耗系数，农业ICT直接消耗系数很低，大约只有工业或服务业ICT直接消耗系数的1/5～1/2。日本的农业ICT直接消耗系数在1980年出现一个峰值，其他年份变化不大，工业和服务业ICT直接消耗系数在1975年之后稳步上升。从横向上看，服务业ICT直接消耗系数几乎是工业的两倍，而农业ICT直接消耗系数极低，除了1980年，其他年份还不到服务业的1/10。加拿大的农业直接消耗系数在经历1971～1976年的下滑之后，出现上升趋势，工业直接消耗系数呈波浪式上升态势，服务业从1976年开始呈明显的上升趋势。从三大产业对比看，虽然服务业的ICT直接消耗系数高于工业，工业ICT直接消耗系数高于农业，但是农业ICT直接消耗系数与工业之间的差距不算太大，服务业ICT直接消耗系数大体为工业的3倍左右。从纵向上看，法国农业的ICT直接消耗系数比较稳定，在0.00015到0.00018之间波动，工业对ICT的直接消耗系数呈稳步、快速上升趋势，在不到30年的时间里，翻了1倍，服务业的ICT直接消耗系数呈小幅波动上升。从横向上看，服务业ICT直接消耗系数与工业的距离随时间的推移不断收窄，甚至在1990年工业ICT直接消耗系数稍微超出服务业，但是农业ICT直接消耗系数相当低，差不多只有服务业的1/90。对于英国，三大产业对ICT的直接消耗系数在时序上的规律比较明显，呈现稳步上升态势。在三大产业之间的对比上，服务业ICT直接消耗系数比工业高出1倍左右，农业ICT消耗系数最低。澳大利亚的农业ICT直接消耗系数基数低，但上升很快，工业ICT直接消耗系数有所反复，服务业ICT直接消耗系数比较稳定。从横向上对比看，服务业ICT直接消耗系数大体高于工业1倍，农业的消耗水平最低。从表中所列的六个国家看，英国和澳大利亚的服务业对ICT的直接消耗系数较高，日本则较低；法国和美国的工业ICT直接消耗系数较高，日本较低；英国的农业ICT直接消耗系数较高，而法国的农业ICT直接消耗系数在几个国家中是最低的。总体上，除了法国在1990年之外，其他各国农业、工业和服务业对ICT的直接消耗系数在所有年份都呈现这样一个规律，即服务业直接消耗系数大于工业直接消耗系数，工业直接消耗系数又大于农业直接消耗系数。这说明，农业、工业和服务业之间的信息化存在不平衡，ICT与三大产业联系的程度也存在很大差别，与服务业的直接经济技术联系最强，工业其次，农业最弱。

表4-6　农业、工业、服务业对ICT的直接消耗系数

年份	农业	工业	服务业	年份	农业	工业	服务业
美国				日本			
1972	0.00321	0.00842	0.01477	1970	0.00050	0.00627	0.01156
1977	0.00285	0.00930	0.01514	1975	0.00078	0.00527	0.00865
1982	0.00258	0.01134	0.01673	1980	0.00231	0.00566	0.01097
1985	0.00367	0.01148	0.01484	1985	0.00075	0.00681	0.01106
1990	0.00291	0.01111	0.01501	1990	0.00082	0.00690	0.01301
加拿大				法国			
1971	0.00560	0.00660	0.01540	1972	0.00015	0.00752	0.01445
1976	0.00430	0.00544	0.01447	1977	0.00017	0.00869	0.01248
1981	0.00350	0.00614	0.01852	1980	0.00017	0.01071	0.01311
1986	0.00419	0.00861	0.01932	1985	0.00018	0.01379	0.01505
1990	0.00461	0.00718	0.02003	1990	0.00016	0.01470	0.01445
英国				澳大利亚			
1968	0.00239	0.00672	0.01694	1968	0.00002	0.00075	0.02217
1979	0.00302	0.00995	0.02065	1974	0.00015	0.00560	0.02065
1984	0.00506	0.01067	0.02258	1986	0.00440	0.01148	0.02094
1990	0.00914	0.01195	0.02228	1989	0.00509	0.00931	0.02017

注：农业包括农、林、渔业；工业包括采矿采石业、制造业、水电气和建筑业。工业和服务业不包括ICT部门。

资料来源：同表4-3。

我们还可以从三大产业对ICT的依赖度角度进一步对这种现象进行分析。依赖度可以反映一个产业部门对某项投入的依赖程度，或者某项投入对于一个产业的重要程度。表4-7反映的是三大产业对ICT的依赖度。从表中可以看出，美国的农业对ICT的依赖度基本上没有明显规律，工业对ICT的依赖度在1972~1985年呈上升趋势，1990年出现轻微下降，服务业对ICT的依赖度在1982年之后出现一定程度的下滑；在三大产业之间，农业对ICT的依赖度最小，都不到工业ICT依赖度的1/3，服

务业对ICT的依赖度最大，都在工业的2倍以上。日本农业对ICT的依赖度波动较大，最小值出现在1970年为0.00142，最大是1980年的0.00530，工业对ICT的依赖度在1975年之后呈上升态势，服务业的情况也差不多，只不过在1985年出现轻微下降；三大产业对ICT的依赖度从大至小依次为：服务业、工业和农业。加拿大的农业和工业对ICT的依赖度变化趋势不明显，但服务业对ICT的依赖度呈显著上升趋势；农业对ICT的依赖度最小，工业其次，服务业最大。法国农业对ICT的依赖度比较稳定，介于0.00030～0.00036，基本上呈下降趋势，工业对ICT的依赖度稳步提高，服务业对ICT的依赖度没有规律；三大产业对ICT的依赖度从小至大依次为：农业、工业和服务业。英国的农业对ICT的依赖呈快速上升趋势，工业对ICT的依赖度稳步提升，服务业对ICT的依赖度变化趋势不明显；三大产业对ICT的依赖度差别明显，服务业最大，工业其次，农业最小。澳大利亚农业对ICT的依赖度提高较快，工业和服务业对ICT的依赖度无明显规律可循；三大产业对ICT的依赖度从大至小依次为：服务业、工业和农业。从各国三大产业来看，在农业方面，法国农业对ICT的依赖度最低，美国最高；在工业方面，法国较高，日本较低；在服务业方面，英国最高，日本最低。所有国家在全部考察年份，无一例外的是，服务业对ICT的依赖度最高，工业其次，农业最低。这又一次说明，ICT在服务业生产中的地位远比其在工业和农业中的地位要重要，服务业对ICT的依赖程度要高于其他两大产业。

表4－7　　农业、工业、服务业对ICT的依赖度

年份	农业	工业	服务业	年份	农业	工业	服务业
美国				日本			
1972	0.00518	0.01425	0.05397	1970	0.00142	0.00967	0.04201
1977	0.00458	0.01507	0.05218	1975	0.00209	0.00812	0.03400
1982	0.00407	0.01848	0.05446	1980	0.00530	0.00851	0.03959
1985	0.00594	0.01944	0.04819	1985	0.00176	0.01059	0.03911
1990	0.00472	0.01885	0.04773	1990	0.00193	0.01100	0.04149

续表

年份	农业	工业	服务业	年份	农业	工业	服务业
加拿大				法国			
1971	0.01264	0.01134	0.03868	1972	0.00036	0.01252	0.05241
1976	0.00978	0.00915	0.03768	1977	0.00032	0.01418	0.05612
1981	0.00631	0.01010	0.04601	1980	0.00032	0.01682	0.05433
1986	0.00729	0.01449	0.04823	1985	0.00033	0.02151	0.06082
1990	0.00763	0.01229	0.04914	1990	0.00030	0.02342	0.04854
英国				澳大利亚			
1968	0.00381	0.01121	0.08514	1968	0.00005	0.00125	0.05630
1979	0.00462	0.01587	0.07964	1974	0.00046	0.00941	0.05505
1984	0.00781	0.01768	0.08345	1986	0.01036	0.01929	0.06602
1990	0.01673	0.01925	0.05699	1989	0.01261	0.01639	0.06237

资料来源：同表4-3。

以上现象需要从ICT本身和三大产业的特点来分析和解释。

ICT具有两大基本特性：一是信息处理功能，也就是信息转换功能。蒸汽机的基本特性是能量转换，制造技术的基本特点是物质资源转换，蒸汽机、电动机等都是人类肢体的延伸和体力扩张。而ICT技术是一次"脑力革命"，大大解放了人类的智力。正如加利福尼亚大学经济学家布莱德·蒂隆指出："就像工业革命解放与扩张了人们的体力一样，信息技术与因特网解放并扩展了人们的脑力。"[①] ICT可以与其他技术结合起来，按照人们的意志设计程序，自动控制和调节机器的运转，不仅革新了机器体系，也改变了人们的劳动方式，大大减轻了体力劳动和脑力劳动的强度，提高了生产效率。蒸汽机和电气技术影响的范围只是局部领域，蒸汽机影响较大的部门主要是纺织业，电气技术的影响主要局限于少数重工业部门。但是，ICT的影响面相当广泛，它几乎波及工业、农业、服

① 王雪苓：《当代技术创新的经济分析——基于信息及其技术视角的宏观分析》，西南财经大学出版社2005年版，第88页。

务业中的所有部门。凡是涉及信息加工、信息咨询的领域，都有ICT的用武之地。二是自我扩张性。一个ICT用户的效用不是绝对固定的，而是与ICT的用户数量密切相关，当某种ICT产品拥有的用户基数较大时，同时与该产品相配套的辅助产品种类也会越多，潜在的用户就会预期未来该产品的辅助产品的种类进一步增多，用户也会相应增加，从而用户所获得的效用会更大。正是基于这样的预期，大批外部的潜在用户成为ICT的现实用户。这样ICT产品用户规模的发展进入了一种由网络外部性所引起的正反馈循环，呈现出自发性扩张趋势①。

三大产业对ICT的吸收上，之所以呈现明显的差别，大致有以下几个方面的因素。

(1) 产品特性。工业产品是实物产品，实物是产品的主要组成部分，也是功能和效用的载体，一般情况下实物产品的信息含量十分有限。实物产品的生产、加工过程对自然资源或有形资源的依赖程度较高，对信息资源的依赖不是十分突出，生产环节和消费环节可以在时间和空间上分离，生产与消费环节的信息联系可以是间歇性的、非即时性的，产品由生产环节送达消费环节的渠道是物理网络而非信息网络。相比之下，服务业生产的服务产品具有无形性，生产和消费需要同时甚至同地进行，它的功能和效用一般通过生产资料和人的劳动结合直接传递给消费者，服务的生产过程经常是生产者与消费者的互动、沟通，也就是信息交流过程。如果要提供异地服务，就需要借助信息网络手段。不少服务产品可以以信息为载体传递给消费者，服务质量的高低往往取决于信息加工的程度和传递速度。在很多情况下，信息的提供过程就是服务产品的生产过程。因此，信息既是一种战略性资源，也是一种重要的服务产品，或者是许多服务产品使用价值的承担者。“信息和知识是后工业社会的最重要的使用价值”。②

(2) 产业结构。美国企业家保罗·霍肯在《未来经济》一书中指出，每件产品、每次劳动，都包含物质和信息两种成分。在传统的“物质经济”中，总体而言物质成分大于信息成分的产品占主导地位，而在

① 张小蒂、倪云虎：《网络经济概论》，浙江大学出版社2002年版，第53页。

② 李江帆：《第三产业经济学》，广东人民出版社1990年版，第182页。

"信息经济"中出现了相反的情况，即信息成分大于物质成分的实物产品和服务将占据主导地位[①]。发达国家已进入服务经济和信息经济时代，服务业是国民经济的最大部门，人们对工业产品、农业产品的需求趋于饱和，而来自服务业需求旺盛，这为ICT的应用提供了广阔空间。工农业历经多次技术革命，大部分领域尤其是传统产业中的技术潜力已经释放，降低成本和提高效率的空间相对有限，而服务业技术和资本密集度较低，该领域过往一直被人们所忽视，是技术创新的荒漠或灰色地带。服务业中技术应用特别是通用型技术的应用比工业部门少得多，而且服务业常常被人们指责为患有"成本病"的停滞部门，生产成本高效率低。在现代信息技术没有在服务业得到普及之前，经济学家普遍认为服务业是一个劳动密集型的低效率部门，它一般不可贸易和难以形成像工业部门那样的标准化和流水线。然而，信息技术在服务业中的应用，完全改变了这种观点[②]。因此，通过在服务业中大力推行ICT，降低服务成本，提高服务业效率和服务质量，提高服务业的技术和资本密集程度，实现产业结构升级，成为政府和企业的普遍预期。此外，由于发达国家服务业的规模比工业、农业的规模大，相应地服务业信息量规模也分别高于工业和农业领域中的信息量规模。庞大的信息量规模和市场成长速度带来服务业信息加工处理的分工更加细致，效率更高，使得服务业中的企业比工业企业更有条件利用ICT的外部规模经济性来降低企业内部成本和提高服务质量。服务业领域利用ICT的比较优势反过来又进一步刺激对ICT的需求，从而ICT在服务业中得到更为普遍的应用。

（3）产品差别化程度和创新程度。有学者认为信息技术在不同行业的扩散与产业产品的差别化程度和产品创新所处的周期阶段有关[③]。产业技术基础成熟、产品差别化程度低的产业，信息技术的扩散主要停留于硬件层次；产业生产技术成熟或进入衰退期而产品差别化程度高的产业，信息技术的作用最大；处于创新初期的产业，信息技术的扩散形式主要是通用软件和通用硬件的结合；处于创新中期的产业是专用软件和专用

① 游五洋、陶青：《信息化与未来中国》，中国社会科学出版社2003年版，第38页。

② 黄顺基：《走向知识经济时代》，中国人民大学出版社1998年版，第264页。

③ 陈向东：《信息技术在产业领域中的扩散》，载于《中国工业经济》1998年第9期。

硬件的高水平结合。不同产业自身固有的特点决定了产业对信息技术的敏感程度大小不一，直接影响信息技术在产业中的扩散深度，反过来又促使各产业对信息技术进行选择性吸收，形成产业对信息技术的不同需求层次[①]。一般来讲，服务产品的差异化程度和个性化程度要比实物产品高，其生产的柔性化水平也要比实物产品生产高，因而对信息技术的需求也较高。服务产品与实物产品通过创新所实现的功能、扩展的市场和增加的效益也有差别。实物产品的可塑性不大，多样化的代价高昂，创新的主要目的是通过集中化生产、专业化分工和产品标准化实现规模经济。相反，服务产品的可塑性强，多样化可以带来额外的效益，创新的目的主要是通过分散的网络化生产，强化组织柔性，提高对市场的响应能力，满足市场的多样化需求，实现范围经济。传统上，人们习惯于把创新局限于制造业，服务创新往往被看做是制造业创新活动的被动反映者，甚至是消极跟随者，服务创新总是被认为是滞后于制造业的创新行为（Miles，1993）[②]。这主要是由于长期以来人们把注意力集中在对制造业中实物型技术创新活动的关注，这类创新活动经常以 R&D 的形式反映，但是，随着服务业的发展，服务创新活动越来越频繁，也越来越重要，服务创新通常不包含或很少包含像制造业里正式的 R&D 部门，因此服务创新被严重低估。即使采用 R&D 指标来衡量，有关统计数据也表明，大多数经合组织国家的服务业研发强度快速提高，研发投入不断增长。1990～2001 年，经合组织成员国的服务部门研发年均增长率达到 12%，相比之下，制造业约为 3%。此外，服务业中的研发比附加值增长更快，这反映出其重要性日益提高[③]。在经合组织国家中，除了德国和日本外，大多数国家在服务上的研发投入占研发支出的比重在 10% 以上，加拿大、挪威和丹麦等国的服务业研发指出占总支出的比例更高达 1/3（见表 4－8）。另外，从企业对服务研发重要性的认识角度看，德国服务性公司的创新支出 1997～1998 年增加了 15%。Tether 和 Hipp 利用第二创

---

① 齐佳音、刘二军、韩新民、李怀祖：《产业信息技术需求层次判断探索及实证》，载于《软科学》2001 年第 2 期。

② 魏江、Mark Borden 等：《知识密集型服务业与创新》，科学出版社 2004 年版，第 46 页。

③ 蔡荣海、罗晖：《服务业创新是未来经济增长的希望所在——对经合组织〈提高服务部门的绩效〉报告的述评》，载于《中国软科学》2006 年第 8 期。

新调查团体的数据进行的一项研究表明，1993～1995 年，有 76.5% 的德国服务性公司要求引入创新，而且知识密集型公司比知识密集度相对低的公司要求有更多的创新。丹麦大约 76.1% 的服务公司认为服务创新对于维持它们的竞争地位具有重要作用①。所以，从创新角度上讲，服务业对 ICT 的消耗高于工农业也是合理的。

表 4－8 商业研发支出中的服务所占的份额 单位:%

国 家	商业研发支出中服务所占的份额	国 家	商业研发支出中服务所占的份额
加拿大	37	西班牙	16
挪威	32	爱尔兰	13
丹麦	32	芬兰	13
澳大利亚	28	瑞典	12
美国	19	法国	11
英国	19	德国	4
荷兰	19	日本	4
意大利	18	经合组织平均	15

资料来源：魏江、Mark Borden 等著：《知识密集型服务业与创新》，科学出版社 2004 年版，第 47 页。

（4）产业的信息密集程度。从增加值上看，第一、第二、第三产业的信息含量高低不一，按照波拉特的信息产业标准计算，1967 年美国三大产业的信息含量差异较大，服务业信息含量最高；工业其次，比服务业要低 10 个百分点；农业最低，差不多只有服务业的 1/30（见表 4－9）。从就业人数上看，国民经济各部门中的信息劳动力比重差别也很大（见表 4－10），服务中与信息相关的劳动力比重最高，工业其次，农业最低。英国服务业中信息劳动力比重在 6 个发达国家中是最高的，高达 26.8%（1971 年），是工业信息劳动力比重的 3 倍多；即使服务业中信息劳动力比重几乎是最低的日本，1970 年也有 11.2%，差不多是工业信息

① 魏江、Mark Borden 等：《知识密集型服务业与创新》，科学出版社 2004 年版，第 47 页。

劳动力比重的两倍。农业的信息劳动力比重最低；最高的是芬兰，仅为0.8%（1970年），不足1个百分点；大部分国家的农业信息劳动力比重介于0.1%～0.4%。信息含量的高低代表着一个行业信息流量的大小、信息处理和传输规模的大小，也代表该行业对信息技术的需求多少。“产业的信息集约化越发展，信息技术的潜在影响就越大”。①

（5）使用信息技术的目的不同。一般来讲，使用信息技术的原因有三个：一是作为制定决策的有效工具；二是用来对运营状态控制，为实际和计划提供比较；三是为各种操作提供快速处理方法。但具体来说，不同行业差别较大。制造业倾向于使用生产技术，对生产过程进行控制和进行决策；而服务业更注重采用基于知识的技术②，加快对数据业务的处理。服务业信息技术使用者对工作结果十分重视，服务业从业人员中从事办公室文秘之类工作的比例较高，这些从业人员比制造业从业人员更倾向于使用信息技术。人们可以看到，计算机辅助设计和计算机辅助制造在制造业应用比较普遍，而传递图纸和数据库在服务业应用比较普遍。

表4－9　1967年美国三大产业增加值及信息增加值所占比重

产　业	产业增加值（百万美元）	信息增加值（包括第一、第二信息部门）（百万美元）	信息增加值的比重（%）
农业	26733	467	1.75
工业	273717	113853	41.60
服务业	489623	253261	51.73
合计或平均	790073	367581	46.53

注：农业包括农林水产业；工业包括矿业、建筑业和制造业；服务业包括运输业、通信业、公用事业、批发零售业、金融保险业和房地产业、政府及政服企业。

资料来源：根据《信息经济》（马克·尤里·波拉特著，中国展望出版社1987年版）第65页表4－8和第190页表9－3计算。

---

① 马克·尤里·波拉特：《信息经济》，中国展望出版社1987年版，第254页。

② Oya Culpan, “Attitudes of end－users towards information technology in manufacturing and service industries”, *Information & Management*28（1995），167－176.

表4-10　6个发达国家信息劳动力占国民经济部门就业人数的比重　单位:%

	芬兰		法国		西德			日本		瑞典		英国	
	1970	1980	1954	1975	1950	1976	1982	1960	1970	1960	1980	1951	1971
农业	0.8	0.5	0.3	0.2	0.2	0.1	0.1	0.1	0.1	0.6	0.4	0.4	0.2
工业	5.1	7.9	5.1	9.1	5.1	10.0	10.3	6.5	9.5	16.8	10.2	5.9	8.6
服务业	16.5	21.7	14.9	22.8	13.0	22.7	24.4	11.2	15.8	14.6	25.5	20.4	26.8
总计	22.4	30.1	20.3	32.1	18.3	32.8	34.8	17.8	25.4	26.0	36.1	26.7	35.6

资料来源：《电子学和电讯技术对就业、增长和贸易的影响》，国际经济合作与发展组织（ICCP）系列丛书第1卷第6册，巴黎，1981年版。转引自金建著：《信息产业经济学论纲》，北京出版社1993年版，第282页。

（6）制造业的信息业务外包。制造业虽然对信息技术的需求日趋强烈，但是信息技术的应用、维护和开发不是制造企业的专长。IT规划、管理、实施、维护是一项技术复杂、成本高昂、变化频繁、人员素质要求高的系统工程，企业自己操作固然可靠，但存在不少弊端。比如信息技术的广泛性、复杂性决定了企业不可能配备技术很全面的专业人员从事企业自身的IT工作；企业自身网络的狭隘性难以留住一流的IT技术人才，造成实际运行和维护人员专业化程度不够，有可能影响企业IT工作的科学性、系统性、经济性；企业对自身IT工作人员的专业工作管理很难做到像专业IT服务公司那样对其技术工程师的严格、系统的管理程度[①]。美国制造业在IT应用上有着深刻的教训，一旦遇到外部环境恶化，许多制造企业难以负担高成本的IT雇员。有些企业在IT方面巨大的投资并没有产生预期的收益，IT系统更新和维护成本不堪重负，使得他们不得不重新思考IT对企业的意义。这些制造企业发现，将软件设计、IT系统和服务等外包给专业公司，不但可以大幅度降低运营成本，而且使企业整体效率大为提高。1989年柯达公司将IT部门出售给IBM，开创了巨型公司IT部门外包的先河。2003年4月，惠普接到了宝洁公司高达30亿美元的IT外包订单，正说明IT服务外包化这一趋势日益流行。有调查

① 孟杰：《IT外包：背后的另类精彩》，载于《中国制造业信息化》2005年第9期。

表明，1997 年，美国年收入在 8000 万美元以上的公司外部采购服务增加了 26%，信息技术服务的外部采购占全部外采费用的 30%[①]。据 IDC 市场调研报告显示，全球 IT 外包业务在 2003 年达到 1510 亿美元，当时预计到 2004 年将达到 3600 亿美元；在 2001 年，有 80% 的全球型企业将其 IT 运营管理业务外包给专业的 IT 服务公司；在以后的 3 年里，全球企业界对 IT 业务外包需求的年平均增长率可能达到 20% 左右[②]。因此，制造业领域广泛运用 ICT，ICT 日益成为制造企业的重要生产要素，但与 ICT 有关的活动并没有在制造业中得到很好的体现，大部分外包给服务业领域的 IT 服务商，这种外包带来服务业的信息技术密集的提高程度可能比制造业本身信息技术密集度的提高还要大。也就是说，制造业对 ICT 的强大需求催生了相关服务业，提高了服务业的信息技术密集程度，服务业信息技术密集度的提高反过来可能刺激服务业对 ICT 更大程度上的需求，从而提高了服务业对 ICT 的消耗系数和依赖度。

从农业、工业和服务业对 ICT 的完全消耗系数（见表 4－11）看，美国农业 ICT 完全消耗系数在 1972～1985 年呈稳步上升趋势，1990 年出现下滑，工业和服务业 ICT 完全消耗系数在 1982 年达到高峰之后出现轻微下滑。从三大产业对比看，农业 ICT 完全消耗系数虽然一直低于工业和服务业，但与工业和服务业的消耗水平相差不是很大，除了 1972 年之外，工业 ICT 完全消耗系数在其余年份都要高于服务业。结合直接消耗系数可以判断，美国工业对 ICT 的间接消耗高于农业对 ICT 的间接消耗，而农业对 ICT 的间接消耗又高于服务业。这说明农业和工业的基础作用大，生产链条长、环节多，中间消耗多。相比之下，服务业由于其产品的固有特性，生产链条短、环节少，中间消耗少。日本农业对 ICT 的完全消耗系数呈波浪上升，工业和服务业在 1975 年之后稳步上升，三大产业之间，工业 ICT 完全消耗系数与服务业相差不大，除 1990 年之外，其他年份工业 ICT 完全消耗系数稍高于服务业，农业 ICT 完全消耗系数要比工业、服务业低一半。在间接消耗上，工业要高于服务业，而服务业又高于农业。加拿大农业和服务业对 ICT 的完全消耗系数在 1976 年后呈

① 马春：《世界生产性服务业发展趋势分析》，载于《江苏商论》2005 年第 12 期。
② 张强：《全球信息通信制造业外包市场动向及启示》，载于《世界电信》2003 年第 4 期。

稳步上升趋势，工业 ICT 完全消耗系数呈波浪式上升趋势，三大产业对 ICT 完全消耗系数从高到低依次是：服务业、工业和农业。三大产业对 ICT 的间接消耗比较接近，工业高于服务业，服务业稍高于农业。法国农业和工业对 ICT 的完全消耗系数呈快速上升态势，服务业的 ICT 完全消耗系数在 1977 年之后出现稳步上升。除了 1972 年之外，其他年份服务业 ICT 完全消耗系数低于工业，农业 ICT 完全消耗系数最低，约为服务业的一半。从间接消耗看，工业的间接消耗最高，其次是农业，服务业最低。英国三大产业对 ICT 的完全消耗系数都呈现上升态势，农业和服务业上升相对较快，除了 1968 年之外其他年份的服务业 ICT 完全消耗系数高于工业，而工业又高于农业。从间接消耗方面看，工业大于农业，农业大于服务业。澳大利亚三大产业对 ICT 完全消耗系数在 1968 ~ 1986 年出现上升，在 1989 年都出现一定程度的下降。在每一年，无一例外的是服务业 ICT 完全消耗系数高于工业，工业高于农业。在间接消耗方面，服务业稍高于工业，工业高于农业。从发展趋势看，英国和加拿大的服务业对 ICT 完全消耗系数较高，日本和法国相对较低，英国的工业 ICT 完全消耗系数也是最高的，日本的工业 ICT 完全消耗系数较低，在农业 ICT 完全消耗方面，英国最高，日本则较低。除澳大利亚的工业间接消耗外，其他国家的工业对 ICT 的间接消耗是三大产业中最高的。

表 4－11　　农业、工业和服务业对 ICT 的完全消耗系数

年份	农业	工业	服务业	年份	农业	工业	服务业
美国				日本			
1972	0.01529	0.02242	0.02276	1970	0.00600	0.02029	0.02028
1977	0.01659	0.02571	0.02411	1975	0.00580	0.01619	0.01450
1982	0.01867	0.03134	0.02819	1980	0.01009	0.01937	0.01878
1985	0.02013	0.03055	0.02594	1985	0.00871	0.02243	0.02038
1990	0.01765	0.02916	0.02577	1990	0.00945	0.02364	0.02470

续表

年份	农业	工业	服务业	年份	农业	工业	服务业
加拿大				法国			
1971	0.01597	0.01951	0.02669	1972	0.00617	0.01966	0.02228
1976	0.01319	0.01707	0.02438	1977	0.00856	0.02209	0.01864
1981	0.01618	0.02112	0.03203	1980	0.01117	0.02749	0.02024
1986	0.02031	0.02683	0.03515	1985	0.01393	0.03449	0.02352
1990	0.02360	0.02599	0.03892	1990	0.01340	0.03520	0.02409
英国				澳大利亚			
1968	0.00926	0.01910	0.01515	1968	0.00528	0.00911	0.03564
1979	0.02217	0.03071	0.03226	1974	0.00616	0.01684	0.03069
1984	0.02706	0.03345	0.03728	1986	0.01729	0.03100	0.03361
1990	0.03108	0.03847	0.04240	1989	0.01652	0.02636	0.03335

资料来源：根据经济合作与发展组织网站（http：//www.oecd.org）所提供的1995年版（按ISIC修订版第2版分类）投入产出表（当年价）计算。

从上面分析可以看出，在三大产业对ICT完全消耗上，出现与直接消耗不同的景象，美国、日本和法国的工业ICT完全消耗在绝大部分年份超过服务业的ICT完全消耗。原来从ICT直接消耗上观察，工业尤其是农业的地位并不显著，但现在从完全消耗角度看，工业和农业的作用较大，甚至超过服务业。这主要服务业与工业、农业的生产过程和产出特点不同有关，服务业的生产大部分直接面向用户，周期短、中间环节少，而工业和农业的产品除了少部分直接由最终消费者购买外，还有相当的比例是作为生产资料投入到工业、农业和服务业的生产过程中去，工农业生产周期长，分工程度高，中间环节多，中间投入多，间接消耗大，对其他行业依赖性较大，其基础地位明显。这一点可以从三大产业的中间投入率的比较中得到证实（见表4－12）。美国的农业中间投入率最高，工业其次，服务业最低，英国在部分年份也是如此，其余国家的工业中间投入率在三大产业中最高，都在50%以上，农业其次，除了日本和澳大利亚外，其他国家的农业中间投入率也在50%以上，所有国家的服务业中间投入率无一例外的是最低的。这表明，工业和农业的生产过程中，分工较细，中间投入大，对上游产业的带动能力较强，服务业的生产中，中间产品投入少；同时也说明，工业和农业的附加值较低，而服务业的附加值较高。这也与目前世界范围内的产业分布和产业转移的利益格局是一致的，即发达国家逐步将已经成熟甚至走向衰落的、低附加值的工业向发展中国家转移，而它们自己则致力于发展高附加值的服务业。

表4－12　　农业、工业、服务业的中间投入率

年份	农业	工业	服务业	年份	农业	工业	服务业
美国				日本			
1972	0. 62015	0. 58874	0. 26986	1970	0. 36894	0. 67446	0. 34598
1977	0. 62238	0. 61451	0. 28665	1975	0. 39209	0. 68220	0. 38331
1982	0. 63383	0. 61176	0. 30336	1980	0. 46358	0. 69223	0. 39707
1985	0. 61886	0. 59716	0. 30694	1985	0. 45307	0. 67001	0. 35860
1990	0. 61655	0. 58784	0. 31129	1990	0. 43006	0. 64196	0. 33571
加拿大				法国			
1971	0. 44330	0. 58116	0. 38925	1972	0. 40620	0. 60303	0. 28646
1976	0. 43927	0. 59381	0. 37582	1977	0. 51999	0. 61537	0. 23039
1981	0. 55396	0. 60717	0. 39360	1980	0. 54036	0. 63570	0. 23970
1986	0. 57525	0. 59323	0. 39230	1985	0. 55406	0. 63852	0. 24533
1990	0. 60389	0. 58570	0. 39979	1990	0. 51674	0. 62740	0. 29462
英国				澳大利亚			
1968	0. 62739	0. 59807	0. 19972	1968	0. 34209	0. 60162	0. 39271
1979	0. 65347	0. 62442	0. 25958	1974	0. 33032	0. 59535	0. 37129
1984	0. 64749	0. 60128	0. 26994	1986	0. 42716	0. 60042	0. 32028
1990	0. 54644	0. 62196	0. 38835	1989	0. 40662	0. 57389	0. 32754

资料来源：同表4－11。

上面的分析给我们这样一个提示：三大产业的生产信息化路径和方式是存在区别的，服务业是以直接应用信息技术为主的显性方式实现信息化，而工业和农业则通常以间接的途径、迂回为主的隐性方式进行信息化。

第三节　服务业内部各行业的信息化

服务业内部各部门对 ICT 的消耗系数可以反映 ICT 强度，说明相应服务部门的信息化程度。与前面一样，我们重点从 ICT 使用角度讨论服务业内部各部门的 ICT 强度和信息化，所以服务业中的通信业是作为 ICT 的生产部门，其信息化程度远高于服务业其他部门，这里暂不详细讨论。从表 4－13 中可以看出，美国各服务部门对 ICT 的直接消耗系数在时序上并没有明显的规律。从横向比较看，各服务部门对 ICT 的直接消耗系数从大到小的顺序大致为：金融保险业、团体和社会及个人服务业、批发零售贸易业、不动产和商务服务业、运输仓储业、旅馆业。日本除了旅馆业对 ICT 的直接消耗系数出现上升趋势外，其他服务部门没有显著的规律性。各服务部门对 ICT 的直接消耗系数从大至小大致顺序是：金融保险业、批发零售贸易业、团体和社会及个人服务业、运输仓储业、不动产和商务服务业、旅馆业。加拿大的金融保险业对 ICT 的直接消耗系数呈现稳步上升趋势，其他服务部门则无明显趋势。各服务部门对 ICT 的直接消耗系数从小至大的顺序大体上为：金融保险业、团体和社会及个人服务业、批发零售贸易业、不动产和商务服务业、运输仓储业、旅馆业。法国的运输仓储业对 ICT 的直接消耗系数呈上升态势，其他服务部门在 1985 年之前也出现规律性的上升趋势，但到 1990 年都有所下降。各服务部门对 ICT 的直接消耗系数从大至小的顺序为：不动产和商务服务业、金融保险业、批发零售贸易业、团体和社会及个人服务业、运输仓储业、旅馆业。英国各服务部门对 ICT 的直接消耗系数在时序上没有明显规律，从横向比较上看，从大至小的顺序大体上为：金融保险业、团体和社会及个人服务业、不动产和商务服务业、批发零售贸易业、旅馆业、运输仓储业。澳大利亚的金融保险业和运输仓储业对 ICT 的直接消耗系数呈显著上升趋势，而团体和社会及个人服务业对 ICT 的直接消耗系数出现下滑趋势。各服务部门对 ICT 的直接消耗系数从大至小的顺序大体上是：团体和社会及个人服务业、金融保险业、不动产和商务服务业、批发零售贸易业、运输仓储业、旅馆业。我们可以对以上分析进行大致概括，美国、日本、加拿大和英国的金融保险业、社会团体和个人服务业对 ICT 的直接消耗系数分别在服务业内部各部门中居第一、第二位；法国的不动产和商务服务业排第一，金融保险业排第二；澳大利亚的社会团体和个人服务业排第一，金融保险业排第二，几乎所有国家的旅馆业对 ICT 的直接消耗系数在 6 个部门中是最低的。这表明，金融保险业、社会团体公共服务业是信息化程度较高的两个部门，而旅馆业的信息化程度最低。从横向比较看，英国的金融保险业的消耗系数的平均值最高，高达 0. 07256，比排位第二的美国金融保险业的消耗系数平均值高出 1 倍多，其他几个国家的金融保险业的消耗系数比较接近，澳大利亚的团体、社会和个人服务业对 ICT 的直接消耗系数在所有国家中也是最高的，其平均值达到 0. 04888。

表 4－13　　服务业内部各部门对 ICT 的直接消耗系数

年份	批发零售贸易业	旅馆业	运输仓储业	金融保险业	不动产和商务服务业	团体、社会和个人服务业
美　国						
1972	0. 01926	0. 00514	0. 01392	0. 03722	0. 01112	0. 01982
1977	0. 01936	0. 00981	0. 01012	0. 03240	0. 01188	0. 02123
1982	0. 02051	0. 01037	0. 01372	0. 03923	0. 01239	0. 02308
1985	0. 01923	0. 00917	0. 00966	0. 03439	0. 01162	0. 01906
1990	0. 01621	0. 00928	0. 00997	0. 02721	0. 01591	0. 01792
平均	0. 01891	0. 00875	0. 01148	0. 03409	0. 01258	0. 02022
日　本						
1970	0. 01868	0. 00320	0. 00593	0. 01926	0. 00611	0. 02100
1975	0. 01492	0. 00451	0. 00471	0. 02084	0. 00414	0. 01537

续表

年份	批发零售贸易业	旅馆业	运输仓储业	金融保险业	不动产和商务服务业	团体、社会和个人服务业
日本						
1980	0.01845	0.00590	0.00502	0.02602	0.00390	0.02175
1985	0.01608	0.00615	0.00697	0.02234	0.00554	0.02085
1990	0.01980	0.00638	0.02386	0.01742	0.00915	0.00951
平均	0.01759	0.00523	0.00930	0.02118	0.00577	0.01770
加拿大						
1971	0.02084	0.00766	0.01300	0.02163	0.01843	0.02402
1976	0.01916	0.00770	0.01566	0.02164	0.01621	0.02156
1981	0.02364	0.00983	0.01782	0.02759	0.01732	0.02389
1986	0.02336	0.00978	0.01825	0.02809	0.01900	0.02439
1990	0.02347	0.00807	0.01695	0.02821	0.02315	0.02456
平均	0.02209	0.00861	0.01634	0.02543	0.01882	0.02368
法国						
1972	0.01104	0.00384	0.00522	0.02428	—	0.00844
1977	0.01128	0.00485	0.00614	0.02553	—	0.00940
1980	0.01147	0.00514	0.00659	0.02273	0.02766	0.01016
1985	0.01364	0.00592	0.00676	0.02178	0.03274	0.01038
1990	0.01266	0.00480	0.00741	0.01513	0.02971	0.00856
平均	0.01202	0.00491	0.00642	0.02189	0.03004	0.00939
英国						
1968	0.01687	0.01740	0.00735	0.06482	0.01928	0.01223
1979	0.01546	0.00915	0.01347	0.09449	0.02541	0.03838
1984	0.02964	0.00693	0.01119	0.06255	0.01933	0.06006
1990	0.01542	0.01767	0.01444	0.06838	0.02828	0.01318
平均	0.01935	0.01279	0.01161	0.07256	0.02308	0.03096

续表

年份	批发零售贸易业	旅馆业	运输仓储业	金融保险业	不动产和商务服务业	团体、社会和个人服务业
澳大利亚						
1968	0.00190	0.00154	0.00007	0.00197	0.00005	0.08038
1974	0.00126	0.00028	0.00069	0.01666	0.00112	0.06614
1986	0.02168	0.00898	0.00890	0.02714	0.02642	0.02476
1989	0.02106	0.00657	0.01655	0.03579	0.01831	0.02422
平均	0.01148	0.00434	0.00655	0.02039	0.01148	0.04888

注：法国1972年和1977年的不动产和商务服务业包括在金融保险业。

资料来源：同表4－11。

人类经济活动可分为创造实物产品的实物生产活动与创造服务产品（无形产品）的服务生产活动。在农业社会与工业社会，实物生产活动一直是经济活动的主导类型。进入工业化成熟阶段以后，人类经济活动中心从实物生产活动向服务生产活动的转移，服务型经济活动逐步成长并占据主导地位，促使人类社会迈向服务经济时代。服务经济时代具有显著的信息特征：一是信息产业迅速发展并成为主导产业；二是信息技术、信息产品对传统产业的广泛渗透从而改变传统产业的活动方式。信息服务的发展成为服务经济的核心与主力，正如奈斯比特所揭示的"对所谓的服务性职业仔细观察后，发现了不同的情况。压倒多数的服务业工作者实际上是从事创造、处理和分配信息。自1950年以来，所谓的服务部门在减去信息或知识工作者以后，一直保持了11%或12%的相当稳定的比率。……真正的增长是在信息职业"。①（奈斯比特，1982年）。服务部门扩张的背后是信息经济的发展。工业经济向服务经济的转变，不仅是经济形态的变化，更重要的是生产方式的变化。在农业社会，主要是依靠原始的劳动力从自然界提取初级资源，剩余产品的增加是由大量的劳动力和土地资源的投入所带来的。在工业社会，整个社会是以生产和机

① 游五洋、陶 青：《信息化与未来中国》，中国社会科学出版社2003年版，第8页。

器为轴心、以实物商品生产而组织起来，在这种大规模生产方式下，剩余产品的积累取决于对能源技术和机械技术的使用。在服务经济时代，社会是围绕知识组织起来的，其目的在于进行社会管理和指导创新，知识成为生产力的源泉，剩余产品取决于知识的积累和信息技术的利用。此时，知识赋予了新的活力：在农业社会，知识是被用于引导大量劳动力在生产方式之中流动；在工业社会，知识主要是被用于提供新能源并据此重组生产过程；而在服务经济时代，知识和它本身发生作用是以创造出更高水平的生产力为结果的，即知识又将新生成的知识变成生产力的主要来源，这是生产力这一因素作用于生产过程中其他因素及其相互联系的结果。由于更高水平的知识意味着更多的产出，所以对知识的无限积累，或者对知识本身的追求和积累成为服务经济（或信息经济）的一大特征。

服务经济时代凸显信息特征，大致有两方面的因素：一是信息处理活动成为社会经济活动的中心；二是大型企业组织的出现和成长以及政府对经济活动的干预。两名后工业社会理论家阿兰·特莱尼和丹尼尔·贝尔分别在1969年和1973年提出了信息处理学说①。信息处理是决定所有生产、分配、消费、管理效用和效率的根本而重要的活动，处于服务经济时代中心地位。在贝尔看来，后工业社会是以服务行业为基础的，是人与人之间的竞争②。此时，起决定作用的不是纯粹的体力或者能源而是信息，主要角色是通过教育和培训把自己装备起来提供各种后工业社会日益需要的技能专业人员。农业社会以土地村落为活动方圆，主要体现为人与大自然的竞争关系；工业社会是围绕城市化和大生产完成工业文明的，体现的是人与人工组合成的大自然的竞争关系；信息社会依靠现代通信网络、技术创新和经济全球化使人类第一次真正地超越了时空。尼葛洛庞帝对此表述非常精彩，“我们将拥有数字化的邻居，在这一交往

① ［美］曼纽尔·卡斯泰尔著，崔保国 等译：《信息化城市》，江苏人民出版社2001年版，第18页。

② ［美］丹尼尔·贝尔：《后工业社会的来临——对社会预测的一项探索》，商务印书馆1984年版，第143页。

环境中，物理空间变得无关紧要，而时间所扮演的角色也会迥然不同。”①人和人的交往日益密切，使得人和人之间的竞争成为生活的主要矛盾。信息处理活动的核心是知识，它构成了管理组织和提高生产率所需的大量信息，并使其具有相当的价值。

在制造业领域里，成本的降低主要是依赖对材料、劳动等消耗的节约，由于信息技术的作用对象是实物而非信息，所以并不突出。而在服务业中，尤其是在信息密集程度高的行业如金融保险和公共服务部门，服务最终表现为一定的知识和信息，信息的投入和产出是这些行业的本质特征，信息成为服务生产本身就是一个对信息进行加工处理进而实现知识信息增值的过程，服务的价值高低和成本大小取决于对信息加工的深度和效率，信息技术的运用，既可以提高知识和信息的利用率，又可以减少信息处理和传递时间和成本。

贝尔指出，在工业社会向后工业社会过渡的过程中，服务经济经历了四个阶段：第一阶段，在工业发展的同时，必然引起运输和公用事业的扩大，商品流动和能源使用增加的辅助性服务，同时引起非制造业蓝领劳动力的增加；第二阶段，在大规模商品消费和人口增长的过程中，销售（批发和零售）和金融，不动产以及保险等传统的白领就业中心的活动也在增加；第三阶段，随着国民收入的上升，家庭用于食品的费用开始下降，边际增长额首先用来购买耐用消费品（住房、汽车），然后用于奢侈品，娱乐等方面，相应地，饭馆、旅社、汽车服务、旅游、娱乐、运动等个人服务部门开始发展，同时为延长人的寿命而发展保健事业，为加强专业技术训练而发展教育事业；第四阶段，由于对服务业产生更多的要求，由于市场不能充分满足人们对较好环境和较好保健与教育的需要，政府特别是地方一级政府开始发展壮大。②

信息技术对经济、社会的影响，最直接、最明显地表现在信息处理领域。发达经济的生产、分配和管理过程越来越依赖于知识创新、信息交换和信息处理。大型私营企业和公共机构对信息技术的使用是推进服

---

①　尼葛洛庞帝著，胡泳、范海燕译：《数字化生存》，海南出版社 1997 年版，第 52 页。转引自游五洋、陶　青：《信息化与未来中国》，中国社会科学出版社 2003 年版，第 14 页。

②　崔保国：《信息社会的理论与模式》，高等教育出版社 1999 年版，第 51 页。

务业信息化的主要力量。虽然小企业在投资和创造就业机会等方面十分活跃，但它们仍处于附属地位。在过去相当长的时期里，大型企业组织内外的联系扩展十分迅速，而且这种膨胀趋势仍在继续。通过拆分大公司或者加强和小企业的联系，整个系统变得更加灵活，这就增加了日常管理经济所依赖的信息交换的数量和复杂性。1985 年，全美国的办公室处理了约 5000 亿份文件，此后又以每年 720 亿份的数量递增①。难以想象，如果没有信息技术设备的广泛使用，那么如何处理如此大规模的信息量。

有学者从信息和知识的角度解释了企业的存在和企业规模，认为企业是一种生产、收集、处理和利用信息和知识的组织②。在一定时间段内，企业所采用的技术、面对的环境等方面的信息量及其含义是稳定的，一定环境、技术条件下的企业规模也就意味着相应规模的信息含量。企业规模越大，包含的内容、对内对外的联系也就越多，所蕴含的信息量也就越大。一般情况下，在通信、金融保险、社会公共服务等领域里的不完全竞争程度较高，行业集中度也比较高，这些行业的信息含量也比其他行业高（见表 4 - 14），信息分布相对集中，个体单位的信息规模大，这有利于信息处理的分工和专业化，带来信息处理的规模经济效果。因为：第一，信息处理的分工细化可以缩小个人处理信息的领域，个人处理信息的操作变得越来越简单，使得采用信息技术替代人工操作，提高信息处理能力成为必要和可能。第二，分工的细化可能表现在信息处理和加工的方式越来越迂回化，信息处理链条的纵向分工越来越深，包含的上、下游环节数目增多，中间层次增加对信息处埋环节的信息技术提出了更高、更专业化的要求，对信息技术的派生需求也随之增加，进一步加速信息技术的创新，信息技术性能的提高反过来又促进了信息处理能力的提高。第三，分工细化还有助于各信息处理环节实现规模经济，在既定的技术水平条件下，不同的信息处理都存在的最佳适度规模有所不同，更进一步，信息处理中的各个环节也有各自的最佳适度规模，不

① ［美］曼纽尔·卡斯泰尔著，崔保国等译：《信息化城市》，江苏人民出版社 2001 年版，第 149 页。

② 王京安：《企业规模决定论——基于信息和知识的解释》，中国经济出版社 2006 年版，第 213 页。

讲求分工的全能型的信息处理操作难以达到理想的规模效应，分工和专业化将会因为各环节获得最佳规模效应而导致整体上的规模经济性。此外，金融保险、公共服务部门所呈现的寡头型市场结构，使他们有足够的市场份额去保证对新技术大规模的稳定投资，因此它们趋向于通过规模经济和改善既有服务以及引入新的服务技术创新而不是依靠价格进行竞争（Barras 1984b）①。

表 4－14　　1967 年美国服务业增加值及信息增加值所占比重

产　业	产业增加值（百万美元）	信息增加值（包括第一、第二信息部门）（百万美元）	信息增加值的比重（%）
运输	32040	8115	25.33
批发零售	129863	58500	45.05
金融保险	26154	26608	101.74②
不动产	82686	18158	21.96
社会团体和个人服务	86992	62225	71.53
政府和政府企业	95827	59434	62.02

注：该书中，作者把“服务业”看作社会团体和个人服务业，范围比较狭窄，仅包括各种个体修理服务、商务服务、电影、娱乐休闲服务、医疗保健服务、专业服务、教育服务、特殊盈利性组织等，为便于对比分析，笔者将“服务业”改为本章中的社会团体和个人服务业。

资料来源：根据《信息经济》（马克·尤里·波拉特著，中国展望出版社 1987 年版）第 65 页表 4－8 和第 190 页表 9－3 计算。

信息的可编码程度可能是金融保险和公共服务部门信息化程度较高的另外一个重要原因，这些行业组织较为稳定，信息处理加工比较严格、规范，信息的显性程度和可编码程度高，这类信息易于被人们接受和掌握，适合运用信息技术特别是网络技术进行信息的处理、传递。但是，有些信

① Wolfgang Ochel and Manfred Wegner, *Service Economies in Europe: Opportunities for Growth*, Pinter Publishers, Westview Press, 1987, p. 131.

② 该数值大于100%的原因是国民收入账户和投入产出表之间有出入。

息的隐性程度高，如技能性的知识和信息，往往需要亲身经历，通过“干中学”才能传递，难以扩散，可编码程度很低，即使这类信息含量高，那通过信息技术处理和传递的可能性较小，信息技术在其中的作用相当有限。

金融保险业的信息化程度普遍很高，这是与该行业的需求分散、客户地域分布广阔、网络型的企业组织结构和经营活动网络化发展趋势分不开的。金融业伴随信息技术特别是网络通信技术的发展而壮大的。在信息技术的推动下，以银行为代表的金融网络化大致可以分为银行内部网络化、全社会银行网络化和全球银行联网三个阶段。最初，银行只将计算机用于业务部门和数据处理。后来银行内电传服务、办公自动设备、各种自动柜员机（ATM）、商用销售终端机（POS）全部联结起来，银行内部的网络化得以实现①。进入20世纪70年代，各银行之间、银行与其他外部经济组织、经济中心城市的计算机局域网联结到一起，形成了全社会的金融电子化网络。随着信息技术的飞速发展和家用电脑的普及，出现了家庭银行业务，从而形成了全社会的银行网络化。金融网络化有助于金融机构获得网络外部经济效应、范围经济效应和规模经济效应。首先，网络化的金融机构依靠计算机网络开展金融活动，由于网络自身固有的系统性和内部信息交流的交互性而存在网络外部经济效应和梅特卡夫法则（Metcalf Law）。网络金融服务的价值与接受同种服务或相关服务用户数量的平方成正比，随着金融网点和用户数量的扩张，金融网络的价值以几何级数增长。网络金融活动中的外部效应有直接外部效应和间接外部效应两种。直接外部效应是指某种网络金融服务对一用户的价值随着接受同种服务用户的增加而增加。如在电子支付系统中，用户数量的增加使其相互间进行支付活动的可能性随之增加，从而提高了用户的效用。间接外部效应是指随着某种网络金融服务市场规模的扩大，消费者可以获得更便利或更廉价的其他金融服务。例如，网上银行在为客户提供服务的同时，利用网上信息的交互性，可以了解客户的消费需求，从而能够针对市场需要不断推出新的服务产品②。一个金融网络拥有的客户越多，外部经济效应越强，网络价值越大，

---

① 吴忱：《论网络经济的形成、特点、表现及其影响》，载于《世界经济与政治》1999年第3期。

② 王倩、汪军：《金融网络化背景下我国银行业市场结构的思考》，载于《理论前沿》2005年第19期。

这又进一步刺激金融机构利用信息技术扩张其网络。其次，金融机构可以利用信息网络技术实现金融服务提供技术和客户资源的远距离共享，整合和优化服务生产流程，通过投入要素的协同运用尽可能生产多种金融产品，节约生产成本，从而产生范围经济效应。再次，金融网络化打破了传统规模经济规律，始终表现为规模效益递增。因为传统的规模经济是建立在以稀缺物质资源的实物产品生产基础之上的，规模经济效益一般会经过规模效益递增、规模效益不变和规模效益递减三个阶段，成本曲线呈 U 形。但是，金融机构所提供的是金融服务产品，物质资源对其生产几乎没有约束，传统的规模经济理论也不再适用金融服务。随着金融网络的扩张，业务和机构的规模扩大，各金融业务单元的成本将不断下降，收益不断增加，这也成为金融机构积极采用信息技术，实现网络化规模经营的重要推动力量。

信息技术的使用与行业的发展和需求是紧密相连的，公共服务就是其中一个典型。在经济发展的早期阶段，人们的需求停留在对衣、食等方面的满足，对公共服务的要求不高。随着人们收入水平的提高，基本需要得到满足之后，私人对基本需要的支出比例将减少，对提高生活层次的追求开始高涨起来，大部分资源被用于满足第二需要，如教育、卫生、安全等需要，这些需求都需要社会公共部门来提供。与此同时，在经济发展到一定程度之后，社会多样性和多元化表现突出，社会内部组织之间、个人之间的关系越来越复杂，这就要求政府和社会等公共部门出面提供各种形式的公共管理服务，协调和处理各种矛盾和问题。因此，经济发展到一定程度，公共服务业的壮大是一种必然趋势。据世界银行统计，1994～1997 年，高收入国家公共教育支出占 GDP 的百分比约为 5.4%，社会保障支出占 GDP 的比重普遍在 25% 以上；1998 年高收入国家公共卫生保健支出占 GDP 的比重达到了 6.1%。仅以上三项社会公共服务支出相加，占 GDP 的比重就在 36.5% 以上。当然，政府社会性公共服务还包括环境保护、公共事业等。据世界银行统计，1998 年高收入国家用于社会性公共服务的补贴和其他经常性转移支付的中央政府支出占中央政府总支出的百分比达到了 58%，其中欧盟高达 59%①。

① 世界银行：《2001 年世界发展指标》，中国财政经济出版社 2002 年版，第 240 页。转引自李军鹏：《公共服务模式：国际比较与中国的选择政府》，载于《新视野》2004 年第 6 期。

降低公共行政成本是公共服务领域信息化的原始动力，信息技术可以对政府内部大量的统计信息、政策文件等数据资料进行收集、加工、存储形成政府信息资源，进一步应用数据挖掘、信息抽取等知识管理技术形成决策支持信息。信息技术可以将一个区域乃至全国的行政部门有效地联系起来，使信息、知识和人力资源实现共享，提高包括信息资源在内的各种资源的利用率。办公自动化技术的普及，使大量以往采用手工完成的工作，可以通过电子信息网络来完成，通过网络将不同政府部门联系起来，传递决策信息、行政指令，使政府管理更有效率随着跨部门、跨地区的电子交换、在线办公的推行，可以大大减少行政人员的办公费用和公文处理费用。此外，还可以通过政府网上采购，节约大量的人力、物力、财力和时间。像政府公共服务部门极力推行信息技术，也是应对社会治理环境日益复杂的需要。随着经济、文化、技术和教育的发展，政府面对的社会管理、经济调控、公共服务的复杂性和难度大为增加①。一是社会对政府的信息需求如法律法规信息、各种统计信息等公共信息的需求规模和种类与日俱增，个人和单位获取信息的途径和方式也发生了很大变化，信息的接受者由过去的被动接受变为主动索取、有目的、针对性地以最为便捷的方式获取信息，这样传统的信息发布方式无法有效、及时地提供此类公共信息服务。二是政府为了有效地治理社会，需要把社会管理、经济调控方面的信息向社会广泛传输，在传统的信息传输模式之下，成本高昂。三是以往的政府信息处理模式与政府实现科学化管理，提高公共服务效率和服务质量的目标之间存在很大差距。在信息的传输上，信息技术具有实时性、交互性、时空无限性、自动存储功能和多媒体等特点，这改变了传统信息传播媒体，比如电视、广播、报纸等在时间、空间以及交互性等方面的不足。

---

① 胡广伟：《电子公共服务战略管理方法及其应用研究》，东南大学博士学位论文，2006年，第3页。

第五章

信息化对服务业产出和生产率的贡献

信息化的发展，不仅直接增加了服务业的产出，而且改变了服务业的投入结构，ICT 已经成为服务业的一种重要生产要素，在服务业的增长和生产率方面，发挥着越来越重要的作用。本章将 ICT 资本服务与其他资本服务区别开来，分别建立服务业产出增长和生产率增长的核算方程，对美国、加拿大、英国、法国、德国、荷兰和澳大利亚等国服务业、制造业、服务业内部各行业的产出增长和生产率增长的源泉进行测定，并对 ICT 在各行业中的相对重要性进行比较。

第一节　研究框架和方法

对服务业增长的解释，大致有三种代表性的观点：一是需求论。其代表人物有 Fisher（1935）、Clark（1940）、Fourastie（1949）和 Bell（1973）等。他们认为，服务的收入弹性高于实物产品，随着人们收入水平的不断提高，消费的重点逐步由必需品向奢侈品转变，需求结构也随之发生变化，服务消费支出占总支出的比重越来越高，从而刺激服务需求的增长。二是供给论。它又包括两种观点，一种是“新工业主义”观点，Petit（1986）、Gershuny（1978）、Kutscher（1988）、Grubel 和 Walker（1989）等认为，直接来自最终需求的服务在服务业中所占比重并没有大幅提高，服务业增长的大部分与工业有关，也就是说，服务业的增长是在实物产品生产体系的内部展开，是技术进步、分工深化和管理方式变革的结果。技术进步和分工深化使得传统的生产链条发生“裂变”，生产方式不断软化，企业内部管理的复杂性和内外部关系的协调难度加大，为协调和管理生产活动所必需的服务也因此日渐增多。另一种是Baumol（1967）的“成本病”观点，其主要意思是：服务业劳动力结构的影响因素不在需求方面，而是由生产技术或供给因素决定的，服务业的低技术、低标准化的特征决定了服务业劳动生产率难以提高，于是服务业吸纳越来越多的劳动力。三是社会论。主要是指城市化、人口、价值观等因素成为服务业增长的推动力。

严格说来，供给论的两种观点并非真正从供给角度解释服务业的增长。“新工业主义”所指的技术进步、分工深化和管理方式，是与工业相对应，仍然把目光焦点集中于工业，把服务业看作工业的附属。并没有强调服务业的主体地位，把服务业的增长视为工业技术进步、分工深化和管理方式变革的产物，没有真正涉及服务业本身的技术进步和生产方式等供给因素。因此，这种由于工业生产分工深化而衍生出来的服务业只能归结为需求的拉动，从本质上还是站在需求的角度解释服务业的增长。与最终消费需求拉动的服务业有所不同的是，这种类型的服务业需求对象不是最终消费者，而是包括服务业本身在内的国民经济各个行业，因此它又称作生产服务业。“成本病”理论可以很好地解释服务业的就业增长，但就业（或劳动力）是服务业的投入，也是Baumol模型中的唯一生产要素，并非服务业的产出，因此从这个意义上说，“成本病”理论并没有说明服务业产出增长的原因。

国内学者李江帆教授等（2005）认为，第三产业增长取决于人力资源、自然资源及资本等生产要素的数量扩张和要素生产率的提高，也取决于资源配置效益和综合要素生产率的提高①，将一般生产函数理论引入第三产业领域，建立了第三产业生产函数，从供给角度分解了中国第三产业增长中的各要素贡献。

ICT对服务业增长的影响可以从三个方面来看：ICT本身的产出、ICT的使用和ICT的外部经济性。首先，ICT横跨制造业和服务业两大部门，ICT服务作为服务业的一个组成部门，其产出也是构成服务业的一部分，它在服务业中所占比重大小可能因各国对ICT的统计口径和核算方法不同而有所差异。但多数国家的ICT服务业在ICT部门中占有相当大

① 李江帆：《中国第三产业发展研究》，人民出版社2005年版，第71页。

的比重，在澳大利亚和挪威，这一比重超过80%（见表5-1），ICT服务成为服务业增长的一个重要源泉。ICT产出对服务业增长的贡献是ICT服务占服务业产出的比重与ICT服务业本身的增长率的乘积，这样一来，即使ICT服务业的比重很小，只要其增长速度比其他部门快得多，那么它对服务业增长的贡献也可能比较大。其次，从使用角度看，ICT是一种资本（包括实物资本和服务资本）投入，在服务生产过程中这些资本与其他类型的资本和劳动等要素形成有机的组合。对ICT的投资取决于该资本品的相对价格和预期边际收益，如果ICT资本品的价格比其他资本品或劳动力价格便宜，那么企业就会改变服务生产投入结构，增加ICT的投入，以替代其他资本或劳动力投入。从国家和产业层面看，这意味着发挥ICT对服务业增长的作用，不一定需要自身发展壮大ICT产业，通过进口ICT产品，或者加大ICT对服务行业的投资，推广ICT在服务业中的运用，照样可以获得ICT对服务业增长的贡献效益。再次，从投入角度看待ICT对服务业增长的作用，往往低估ICT的贡献，因为ICT是一种特殊的资本品，具有很强的外部经济性。一个企业或者一个行业很难收获ICT投资所产生的全部或者绝大部分效益，在多数情况下，ICT的投资效益体现在其他企业或者行业上，网络就是一个明显的例子，不仅是网络投资者本身，其他网络使用者或所有参与者，都可以从中受益。OECD（2000）的研究报告认为，20世纪90年代中期因特网的出现大大扩展了ICT的效应并导致TFP的增长，同样OECD（2000）也认为，ICT使BtoB的商业模式在生产和销售组织方面大为改善。微观层面，Gandal（1994）发现，电子表格的使用者可以从网络外部性中获益的程度只取决于企业的信息传递能力。与此类似，Brynjolfsson和Kemerer（1996）指出了软件的潜在网络效应，其价值提升的原因就是网络外部性。因此，一个企业的ICT投资可能提高其他企业的生产率，这就是体现在TFP中的溢出效应。但是，这种正向经济外部性或溢出在要素投入中得不到体现，不管是通过要素投入的数量、份额还是通过劳动生产率。溢出效应通常体现在私人投资者的回报率和社会整体回报率之间的差别上。在本书的分析框架中，它主要表现在整体生产率的提高，也就是说，如果存在溢出效应，那么服务业的TFP无疑会得到提高。Romer（1986）和Lucas（1988）提出的报酬递增型的经济增长模型反映了这种溢出效应思想，在

Romer 的模型中，产出不仅依赖于各厂商的资本存量，而且取决于整个经济体的资本存量。Romer 所提出的知识外溢理念同样也适合 ICT 产生的外部性，虽然 Lucas 所强调的是人力资本外溢问题，但 ICT 的外溢分析方法与它是类似的。现在可以明确 ICT 溢出效应一般体现在 TFP 上，不过要具体测度其大小困难重重，因为 TFP 可以说是一个“杂项”，所包含的内容繁多如技术进步、规模、周期、计量误差等因素，ICT 溢出效应只是其中一项。假如 TFP 提高幅度较大，那么其中是否包含了 ICT 效应，还只是一种可能性，TFP 提高既不是 ICT 效应存在的必要条件，也不是充分条件。许多因素会影响到 TFP 的增长，有些因素的作用可能抵消业已存在 ICT 的溢出效应，即使没有 ICT 效应，也有可能把其他因素对 TFP 的正向效果错误地当作 ICT 效应。Bart van Ark（2000）、Bresnahan（1986）、Griliches 和 and Siegel（1991）、Stiroh（1998）、Brynjolfsson 和 Hitt（2000a）、Schreyer（2000）尝试各种办法对 ICT 与 TFP 的关系进行检验，但是直到现在还没有得出一致的结论，主要原因是现有的数据难以支持将 ICT 溢出效应从 TFP 中分离出来进行清楚的检验。

表 5-1　　ICT 服务占 ICT 生产部门的比重　　单位:%

澳大利亚	丹麦	芬兰	法国	德国	意大利	日本	荷兰	挪威	英国
83.73	74.00	27.07	62.22	55.38	65.54	35.25	55.87	80.20	61.53

资料来源：根据 OECD 网站公布数据计算。ICT 服务主要包括通信服务业和计算机服务，没有考虑 ICT 批发贸易和租赁服务。澳大利亚的数据年份为 2000～2001 年；日本和挪威的数据年份为 1999 年；其他国家为 2000 年。

本章利用“增长核算”（crowth accounting）方法，对服务业增长的源泉进行测算。“增长核算”是 Simon Kuznets（1961）、Wassily Leontief（1953）、Robert Solow（1957）、Edward Denison（1962）、Zvi Griliches（1967）和 Dale Jorgenson（1967）等所开创、用于测定国民经济增长源泉的一种方法。Oliner（1994）、Sichel（1997）、Jorgenson 和 Stiroh（2000）、Paul Schreyer（2000）等对增长核算框架进行了拓展，以适用于估计 ICT 在经济增长中的作用。本章将这一方法运用于服务业增长源泉的测定，把服务业的产出增长归结为 ICT 资本、其他资本、劳动力和全要素生产率的贡献。

我们假定，以每个行业的增加值（Y）代表产出，行业投入包括 ICT 资本服务（K^{ICT}）、非 ICT 资本服务（K^{N}）和劳动服务（L），生产率（A_t）为 Hicks 中性，行业生产函数（t 表示时期）具有以下一般形式：

$$Y_t = A_t f(L_t, K_t^{ICT}, K_t^{N}) \tag{5.1}$$

对式（5.1）两边进行微分，可得：

$$\mathrm{d}Y = f(L, K^{ICT}, K^{N})\mathrm{d}A + \frac{\partial Y}{\partial L}\mathrm{d}L + \frac{\partial Y}{\partial K^{ICT}}\mathrm{d}K^{ICT} + \frac{\partial Y}{\partial K^{N}}\mathrm{d}K^{N}$$

两边同除以 Y，得

$$\frac{\mathrm{d}Y}{Y} = \frac{\mathrm{d}A}{A} + \frac{\partial Y}{\partial L} \times \frac{L}{Y} \times \frac{\mathrm{d}L}{L} + \frac{\partial Y}{\partial K^{ICT}} \times \frac{K^{ICT}}{Y} \times \frac{\mathrm{d}K^{ICT}}{K^{ICT}} + \frac{\partial Y}{\partial K^{N}} \times \frac{K^{N}}{Y} \times \frac{\mathrm{d}K^{N}}{K^{N}} \tag{5.2}$$

式（5.2）中，$\frac{\partial Y}{\partial L} \times \frac{L}{Y}$，$\frac{\partial Y}{\partial K^{ICT}} \times \frac{K^{ICT}}{Y}$ 和 $\frac{\partial Y}{\partial K^{N}} \times \frac{K^{N}}{Y}$ 分别劳动产出弹性、ICT 资本产出弹性和非 ICT 资本产出弹性，分别记为 v^{L}、v^{ICT} 和 v^{N}。在市场完全竞争和利润最大化条件下，它们分别等于劳动、ICT 资本、非 ICT 资本在产出中的份额，即

$$v^{L} = \frac{\partial Y}{\partial L} \times \frac{L}{Y} = \frac{wL}{PY}$$

$$v^{ICT} = \frac{\partial Y}{\partial K^{ICT}} \times \frac{K^{ICT}}{Y} = \frac{u^{ICT}K^{ICT}}{PY}$$

$$v^{N} = \frac{\partial Y}{\partial K^{N}} \times \frac{K^{N}}{Y} = \frac{u^{N}K^{N}}{PY}$$

这里，P 为产出价格；w 表示每小时劳动的平均补偿（劳动价格）；u^{ICT} 表示单位 ICT 资本服务的使用成本（ICT 资本价格）；u^{N} 表示单位非 ICT 资本服务的使用成本（非 ICT 资本价格）。

在规模报酬不变的假定下，有

$$v^{L} + v^{ICT} + v^{N} = 1$$

即各要素的产出弹性之和为 1。

式（5.2）的分解式是一般性的，不同形式的生产函数的分解有所差别，要实际测定增长贡献，还要确定具体的生产函数，本章选择由 Christensen、Jorgenson 和 Lau（1973）所提出的超越对数生产函数，即由投入

要素对数的二次式来表示产出的对数，形式如下：

$$\ln Y = \alpha + \alpha_L \ln L + \alpha_C \ln K^{ICT} + \alpha_N \ln K^N + \alpha_t t + \frac{1}{2}\beta_{LL}(\ln L)^2 + \frac{1}{2}\beta_{CC}(\ln K^{ICT})^2 + \frac{1}{2}\beta_{NN}(\ln K^N)^2 + \frac{1}{2}\beta_{tt} t^2 + \beta_{LC}\ln L \ln K^{ICT} + \beta_{LN}\ln L \ln K^N + \beta_{CN}\ln K^{ICT}\ln K^N + \beta_{tL} t \ln L + \beta_{tC} t \ln K^{ICT} + \beta_{tN} t \ln K^N \quad (5.3)$$

如果假定生产者均衡，那么劳动、ICT 资本、非 ICT 资本投入的价值份额等于产出关于这些投入的弹性，即

$$v^L = \alpha_L + \beta_{LN}\ln K^N + \beta_{CL}\ln K^{ICT} + \beta_{LL}\ln L + \beta_{tL} t$$

$$v^{ICT} = \alpha_C + \beta_{LC}\ln L + \beta_{CN}\ln K^N + \beta_{CC}\ln K^{ICT} + \beta_{tC} t$$

$$v^N = \alpha_N + \beta_{LN}\ln L + \beta_{CN}\ln K^{ICT} + \beta_{NN}\ln K^N + \beta_{tN} t$$

类似地，生产率增长率等于所有投入保持不变时的增长率：

$$v^t = \alpha_t + \beta_{tC}\ln K^{ICT} + \beta_{tN}\ln K^N + \beta_{tL}\ln L + \beta_{tL} t$$

超越对数函数具有规模收益不变特性，当且仅当满足下列条件：

$$\alpha_L + \alpha_C + \alpha_N = 1$$

$$\beta_{LL} + \beta_{LC} + \beta_{LN} = 0$$

$$\beta_{CC} + \beta_{LC} + \beta_{CN} = 0$$

$$\beta_{NN} + \beta_{LN} + \beta_{CN} = 0$$

$$\beta_{tN} + \beta_{tN} + \beta_{tN} = 0$$

对式（5.3）进行处理后，可以得到

$$\ln\frac{Y_t}{Y_{t-1}} = \bar{v}^L \ln\frac{L_t}{L_{t-1}} + \bar{v}^{ICT}\ln\frac{K_t^{ICT}}{K_{t-1}^{ICT}} + v^N \ln\frac{K_t^N}{K_{t-1}^N} + \ln\frac{A_t}{A_{t-1}} \quad (5.4)$$

这里，$\ln\frac{Y_t}{Y_{t-1}}, \ln\frac{L_t}{L_{t-1}}, \ln\frac{K_t^{ICT}}{K_{t-1}^{ICT}}, \ln\frac{K_t^N}{K_{t-1}^N}$ 和 $\ln\frac{A_t}{A_{t-1}}$ 分别表示产出、劳动、ICT 资本服务、非 ICT 资本服务和全要素生产率的增长率；$\bar{v}^L$、$\bar{v}^{ICT}$、$\bar{v}^N$ 分别表示劳动、ICT 资本和非 ICT 资本投入占名义增加值比重的两时期平均值，分别由下列公式确定：

$$\bar{v}^N = \frac{1}{2}(v_t^N + v_{t-1}^N)$$

$$\bar{v}^{ICT} = \frac{1}{2}(v_t^{ICT} + v_{t-1}^{ICT})$$

$$\bar{v}^{N} = \frac{1}{2}(v_t^N + v_{t-1}^N)$$

并且 $\bar{v}^{L} + \bar{v}^{ICT} + \bar{v}^{N} = 1$。

式（5.4）表明，服务业产出增长可以表示为投入要素增长率的加权平均数（权数为报酬份额）和全要素生产率增长率之和（以后除非特别说明，增长率是指对数形式的变化率）。一种要素投入对产出增长的贡献由相应要素的成本份额或收入份额与该要素增长率的乘积求得。特别地，$\bar{v}^{ICT}\ln\frac{K_t^{ICT}}{K_{t-1}^{ICT}}$ 表示 ICT 资本对产出增长的贡献。

要研究一个行业资本包括 ICT 资本对该行业产出的贡献，必须建立资本、劳动等投入与产出之间的数量关系，从而资本的度量也就成了关键问题。资本度量的难度在于固定资产的复杂性，现实生产过程中所使用的固定资产形态各种各样，从实物量上无法进行加总，只能采用价值量计量。即使采用价值量指标衡量，不同的学者做法也不同，主要原因是对资本的功能作用认识存在分歧。一种观点是以 Jorgenson 为代表的资本服务论，强调资本的即时生产能力。按照 Jorgenson 的说法就是资本的服务流量，把资本看做是生产过程中的服务提供者。对于任何一种资产，由于过去的累计投资而形成资本存量，都会产生相应的生产服务流。从理论上讲，资本服务是一种数量概念或者实物概念，不是价值概念，也不是资本的价格。譬如，办公楼给个人所提供的服务流就是遮风避雨、休息和储藏服务，卡车提供运输服务等。资本所能提供的服务量取决于资本品的物理特性，例如卡车的大小和役龄将影响到它的服务能力。如果能够直接度量并获得这种资本服务流量，那是最理想不过的情形。事实上由于对现实中的资本服务流量进行度量困难重重，人们迫不得已假定资本服务流量与资本存量成正比，把目光又转回到对资本存量的度量，在资本度量的问题上裹足不前。Jorgenson 对资本投入度量的方法与众不同，他将资本存量仅仅当作资本投入度量的基础，在综合考虑资本相对效率等因素之后，对每一时期的资本存量经过加权求和调整，进而测算得到资本服务流量。换言之，在他看来，所谓度量资本投入，实际上是要度量资本服务。另一种观点是财富论，把资本看作财富，通常用资本净值指标反映资本品的市场价值。尽管资本净值与生产性资本存量之间存在某种一致性，但是其目的不是探究资本在生产中的功能，而是跟踪资产的市场价值变化。相比之下，资本服务论的观点更加能够客观地测定资本要素对经济增长的贡献。

如前所述，资本服务是一个数量概念或者数量指数，为显示资本生产模型的对偶性，还要解决资本度量的另一个问题，也就是价格的测算，价格主要是起到统一量纲的作用。在完全竞争市场和均衡条件下，资本服务价格就是使用成本，这种价格反映了不同类别资产的边际生产率。因此，资本服务价格有效解决了不同种类资产对产出贡献的汇总问题。在不同年代资本的服务之间完全可替代的情况下，资本投入的价格指数就是新资本品的服务价格。资本服务价格就是在一定时期内使用该资本品的单位成本，或称使用成本，一般用租赁价格来衡量。通常情况下，租赁价格和使用成本两者之间不加区分，但是这隐含一系列前提条件，如所有类别的资产市场完全竞争，以及在资产在使用期内市场上都可以找到同类资产进行参照。它们之间有一些细微的差别，租赁价格代表实际发生交易的资产的市场价格，而使用成本是指资产所有者的持有成本，它是针对内部资本品而言的，其租赁价格难以观测，是一种隐含的内部租赁价格。

当然，资本服务价格会随着资本资产使用时间的推移而发生改变。比较典型的是，服役时间长的资产使用成本比新资本品要低，这反映出新老资产在生产效率上是不同的。全部资本服务的报酬是每种资产在寿命期内使用成本与其对应的资本服务数量的乘积。

度量资本服务量，要从估算资本存量开始。估算资本存量最常用的方法是永续盘存法（perpetual inventory method，PIM），根据PIM，资本存量是过去各时期投资的加权和，权数为不同年份投资品的相对效率，其基本计算公式为：

$$K_{i,t} = \sum_{\tau=0}^{\infty} d_{i,\tau} I_{i,t-\tau}$$

式中，$K_{i,t}$表示第i种资产在第t期末的资本存量；$d_{i,\tau}$表示资本品i在第τ期的相对效率（相对于同类新资本品而言）；$I_{i,t-\tau}$表示在第（$t-\tau$）期的投资。

固定资产由于自然磨损，在整个服务寿命期限的各个阶段所提供的相对生产能力或效率呈递减趋势。根据 Jorgenson 和大多数学者的经验，几何递减模式①比较符合多数耐用资本品的相对效率变化规律。资本品相对效率递减规律，意味着新资本品比老资本品具有更高的生产效率。效率的高低取决于资本品已被使用的时间长短，除此之外它还取决于技术进速度，即资本品本身所属年代的技术。如果对于每种资产给定折旧率 δ_i，相对效率 $d_{i,\tau} = (1-\delta_i)^{\tau-1}$，资本存量为：

$$K_{i,t} = \sum_{\tau=0}^{\infty}(1-\delta_i)^{\tau}I_{i,t-\tau} = K_{i,t-1}(1-\delta_i)+I_{i,t}$$

与其他投资品相比，ICT 产品有一个明显特征，即 ICT 产品的技术进步速度非常迅速，并集中反映在性价比的快速提高，如果只从截面考察 ICT 产品的内部构成或者 ICT 产品占 GDP 的比重关系，那么采用现价汇总计算也无大碍。假如要进行纵向对比分析，由于 ICT 与其他投资品甚至 ICT 的内部投资品的技术变化速度相差悬殊，不同时点的投资，即使同样是 ICT 投资，也不能简单累加，因此需要对按现价计算的 ICT 投资，采用价格缩减指数，将其换算为按不变价计算的投资额，才能在时序上具有可比性。通常情况下，价格指数是通过比较两个时期的样本产品而获得的。这要有两个前提条件：一是样本产品具有代表性；二是样本产品在时间上具有可比性。实际上，这就是假定产品的质量和特性保持不变。ICT 产品的技术进步速度很快，意味着这两个条件都难以满足，新产品层出不穷，老产品不断退出市场，在市场上要找到两时期质量完全相同或匹配的 ICT 产品，存在很大困难。如果只简单对比两时期的产品价格，那么可能导致许多非基期代表样本产品进入报告期。这时，ICT 产品价格变化当中，到底有多少是质量因素造成的？又有多少是价格的真实变化呢？Hedonic 价格指数②方法可以克服上述缺点，它是一种衡量 ICT 产品价格变化的很好工具。该方法假定，不同质量的产品是各种产品性

---

① 永续盘存法中估算固定资产相对效率的常用方法有三种：一是“单驾马车式”，即相对效率在役龄期内保持为 1，之后为 0；二是直线递减模式，即在役龄期内以直线形式下降，而后为 0；三是几何递减模式，即相对效率以几何级数的形式递减。

② Hedonic 方法的思想可以追溯到 20 世纪 30 年代，它被运用于价格指数方面则始于 Griliches，而 Rosen 建立了 Hedonic 方法的经济学基础。1986 年美国经济分析局（BEA）同 IBM 合作，用 Hedonic 方法估计计算机价格指数，1990 年美国劳动统计局（BLS）开始用 Hedonic 方法估计电子产品的价格指数。

能的集合，产品价格与性能直接相关，产品价格可以看做是性能特征的函数。例如，速度和存储能力是计算机产品的主要性能。一种产品其实就是一系列性能特征的有机组合，消费者所需要的是一揽子性能的组合。通过回归等数学方法建立产品各种性能与价格的关系，就可以推算基期产品在报告期的真实价格变化。

因为生产过程投入许多不同类型的资本，因此需要对资本存量或资本服务进行加总。一般情况下，每种资产与特定资本服务流相对应，对于各个类别的资产，可以假定资本服务与资本存量成正比，并且该比例保持不变。但是，对于各种不同类型的资产，加总后的资本存量和资本服务流之间必然会有误差。除非只有一种资本品，不可能找到一种计量方法，使得在个别资本和加总资本两个层面上的资本服务和资本存量保持一致性（Hill，1999）。因此，对于个体资产，它可能与服务流很好地对应，但对大类别或汇总后的资本，难以保证这种对应关系的精确性。

估算资本服务一般采取由细到粗，由低到高，逐层往上进行汇总的办法。假如某种资本是一系列个别资本的集合，则该类资本服务量定义为个别资本存量的加权平均数，权数为相应的个别资本补偿份额。在本章的核算框架中，使用每种 ICT 资本存量的加权平均值（权数为各类资产在 ICT 资本补偿中的份额）来估计 ICT 资本服务，非 ICT 资本服务也采取类似的估算方法。ICT 资本品分为办公和计算器具、通信设备、软件三种类型，非 ICT 资本也包括三种，即其他器械、运输设备和非住宅建筑。

如果假定第 i 种资产的服务流（S_i）与当前时期末资本（$K_{i,t}$）和前一时期末资本（$K_{i,t-1}$）的平均值成正比，那么可以对这些资产的服务流进行加总，得到对数型的数量指数：

$$\Delta K = \ln K_t - \ln K_{t-1} = \ln \frac{K_t}{K_{t-1}} = \sum_i \bar{v}_i \ln \frac{S_{i,t}}{S_{i,t-1}} = \sum_i \bar{v}_i \ln \frac{K_{i,t}}{K_{i,t-1}} \qquad (5.5)$$

权数为相邻两个时期每种资产报酬比重的平均值，即 $\bar{v}_i = \frac{1}{2}(v_{i,t} + v_{i,t-1}), v_{i,t} = \frac{p_{i,t}K_{i,t}}{\sum_s p_{s,t}K_{s,t}}$，其中 $v_{i,t} = \frac{p_{i,t}K_{i,t}}{\sum_s p_{s,t}K_{s,t}}$；$p_{i,t}$ 为第 i 种资产在第 t 期的资本服务租赁价格。资本服务租赁价格代表投资者购置或租赁一种资产的无差别价格，在忽略税收和财政因素的情况下，可以表示为：

$$p_{i,t} = r_t + \delta_i - \pi_{i,t} \tag{5.6}$$

其中，r_t 代表名义报酬率；δ_i 表示第 i 种资产的折旧率；$\pi_{i,t}$ 为第 i 种新资产的价格变化率。式（5.6）显示，租赁价格代表资本成本，它把投资品的购置价格转换为资本投入价格。这意味着资本使用成本或资本租赁价格是投资机会成本（r_t），由于时间因素导致的资本品市场价值损失（δ_i），资产变动带来的收益或损失（$\pi_{i,t}$）的总代价。

ICT 资本品与其他资本品相比有显著的特征，这也表现在 ICT 资本品的使用成本上。ICT 资本品技术进步和淘汰速度比其他资本品快，所以 ICT 资本品的总报酬率较高。陈旧因素通过资本收益或损失（$\pi_{i,t}$）反映在使用成本中，ICT 产品价格的快速下降提高了 ICT 资本品的持有和使用成本，与此同时，价格的快速下跌也使得 ICT 产品相对便宜，因此价格下跌在降低购买成本的同时提高了投资必要报酬率。ICT 产品的价格下跌，可能诱使企业增加 ICT 投资以替代其他类型的资产和劳动。

类似地，我们也可以度量劳动结构的变化，以劳动投入增长与工作小时增长之差来衡量①：

$$\ln \frac{q_t^L}{q_{t-1}^L} = \sum_h \bar{v}_h^L \ln \frac{L_{h,t}}{L_{h,t-1}} - \ln\left(\frac{\sum_h L_{h,t}}{\sum_h L_{h,t-1}}\right) = \ln \frac{L_t}{L_{t-1}} - \ln \frac{H_t}{H_{t-1}} \tag{5.7}$$

这里，L_t 表示劳动投入指数，它是以各种劳动类型（h）报酬份额为权数的加权平均值，H_t 是不同类型劳动工作小时合计数。将劳动生产率增长的平均值定义为产出与工作小时之比，用 y 表示，以 $k = \frac{K}{H}$（资本服务与工作小时之比）表示资本加深程度，对式（5.4）重新整理可以得到

$$\ln \frac{y_t}{y_{t-1}} = \bar{v}^L \ln \frac{q_t^L}{q_{t-1}^L} + \bar{v}^{ICT} \ln \frac{k_t^{ICT}}{k_{t-1}^{ICT}} + \bar{v}^N \ln \frac{k_t^N}{k_{t-1}^N} + \ln \frac{A_t}{A_{t-1}} \tag{5.8}$$

式（5.8）将劳动生产率变化分解为四部分：劳动结构贡献、ICT 资本加深的贡献、非 ICT 资本加深的贡献和全要素生产率的贡献。

如果将两个不同行业的劳动生产率分解式相减，那么可以得到：

---

① Jorgenson 等（2005）有时把劳动结构变化视为劳动质量增长。但是，劳动结构变化并不意味着低报酬低质量。相反，劳动结构的正向变化仅仅意味着高报酬人数的增加，从而也意味着更高的边际生产率。

$$\left(\ln\frac{y_{s,t}}{y_{s,t-1}}-\ln\frac{y_{m,t}}{y_{m,t-1}}\right)=\left(\bar{v}_s^L\ln\frac{q_{s,t}^L}{q_{s,t-1}^L}-\bar{v}_m^L\ln\frac{q_{m,t}^L}{q_{m,t-1}^L}\right)+\left(\bar{v}_s^{ICT}\ln\frac{k_{s,t}^{ICT}}{k_{s,t-1}^{ICT}}-\bar{v}_m^{ICT}\ln\frac{k_{m,t}^{ICT}}{k_{m,t-1}^{ICT}}\right)+\left(\bar{v}_s^N\ln\frac{k_{s,t}^N}{k_{s,t-1}^N}-\bar{v}_m^N\ln\frac{k_{m,t}^N}{k_{m,t-1}^N}\right)+\left(\ln\frac{A_{s,t}}{A_{s,t-1}}-\ln\frac{A_{m,t}}{A_{m,t-1}}\right) \tag{5.9}$$

式（5.9）中，s 和 m 代表两个行业（如 s 和 m 可以分别代表服务业和制造业），等式左边表示两个行业劳动生产率增长之差，右边四项分别代表劳动质量贡献之差、ICT 资本贡献之差、非 ICT 资本贡献之差和全要素生产率贡献之差。因此，式（5.9）可以用于水平或横向分析，测定不同行业之间劳动生产率变动差距的因素影响程度，它将两个行业之间劳动生产率增长的差距分解为劳动质量贡献差距、ICT 资本贡献差距、非 ICT 资本贡献差距和全要素生产率贡献差距之和。

第二节　信息化对服务业产出增长的贡献

根据荷兰格罗宁根大学（Groningen）的格罗宁根增长与发展研究中心[①]所提供的产业增长核算数据库和 69 部门数据库，本章选取美国、加拿大、英国、法国、德国、荷兰和澳大利亚等国作为研究对象。该中心数据库的一大优点是建立了各国 ICT 的协调价格指数[②]（Harmonised Price Index），增加了可比性。目前，一些国家（如美国、加拿大、日本、法国、德国和澳大利亚）的统计机构针对各种 ICT 产品（如计算机和外围设备、半导体、软件）特别是针对计算机编制了 Hedonic 价格指数。但是，也有不少国家仍采用传统方法编制 ICT 价格指数，即使在上面所提到的采用 Hedonic 方法编制 ICT 产品价格指数的几个国家当中，指数所包括的 ICT 产品范围差别也较大，例如只有美国编制了通信设备 Hedonic 价

① 网址 http：//www. ggdc. net.

② 协调价格指数是根据协调的方法和统一的概念而编制的价格指数，它要求使用相同的基期、相同的指数范围、相同的分类。欧盟成员国和欧盟统计局根据《马斯特里赫特条约》，从 1993 年开始消费者价格协调指数（HICP）编制的相关准备工作，建立编制消费者价格指数的统一标准和方法，为建立经济和货币联盟提供可比的通货膨胀测度指标。

格指数，其他国家则没有。这样一来，通过不同方法编制的 ICT 产品价格指数或者指数的对象范围大小不同，所得到的结果缺乏国际可比性。该中心数据库运用统一的协调缩减因子对各国数据进行了相应处理，使得各国 ICT 投资及其经济效果分析更具可对比性。编制协调价格指数的一个重要前提是假定各国的 ICT 资本品与非 ICT 资本品之间的价格变化差异是相同的。当然，这种方法也带来了一些其他问题，特别是，它忽略了不同国家的 ICT 投资结构上的差别。此外，由于不同国家的市场壁垒、政府规制效果、税收政策不同，ICT 的相对价格存在差别，可能部分国家的 ICT 产品真实价格比另一些国家下降得更快，协调价格指数也忽略了这一点。这些问题到目前为止还没有恰当的解决办法，但是这些差异与不同国家采用不同的价格缩减方法而产生的差异相比要小得多，因为随着 ICT 产品的生产和贸易国际化，市场壁垒越来越少，不同国家之间的 ICT 产品价格差别将越来越小，而不是继续扩大。

根据式（5.4）可以计算得到劳动力、ICT 资本、非 ICT 资本和全要素生产率对产出的贡献，为便于进行横向对比，将其都换算为贡献率指标。同时，为考察各要素贡献率和全要素生产率贡献率的变化趋势和特征，把考察时期进一步划分为 1980～1990 年、1991～1995 年、1996～2000 年和 2001～2003 年四个子期。

一、ICT 对服务业和制造业增长的贡献率分析

从表 5－2 可以看出，1980～2003 年，各国劳动投入对制造业的贡献无一例外地为负数，只有少数国家如美国、加拿大和德国在某个短时期内表现为正数。在长期范围内，英国、法国、德国和澳大利亚的负向贡献率相当大，都在 30% 以上，主要原因是制造业投入的劳动力或者劳动时间减少造成的。从时段上看，在 20 世纪 90 年代中期以前，大部分国家的劳动投入的负向贡献较大，而在 90 年代中期以后，负向贡献趋于减少，这主要是因为多数国家从制造业中转移劳动力的速度整体上呈现放缓趋势。1980～2003 年，不同国家 ICT 资本对制造业的贡献差别较大，最高的是澳大利亚，贡献率达到 41.87%，最低的是法国，只有 3.13%。美国、加拿大、法国、荷兰等国的 ICT 贡献率呈明显的下降态势，除了

澳大利亚，其他6国在90年代中期以后，尤其是进入2000年以来，ICT的贡献率非常低，主要原因是这些国家在90年代中期以后，特别是在2000年以后，制造业经历了一轮加速增长，而ICT投资并没有保持同步增长速度，甚至出现放缓的迹象。非ICT资本的贡献率的差别也较大，最高为澳大利亚，达到40.02%，远高出其他国家；其次是加拿大，达到13.80%；其余国家都在10%以下；最低的是英国，只有0.69%。美国的非ICT资本呈显著下降趋势，除加拿大和澳大利亚外，其他国家在90年代中期以后，非ICT资本的贡献率一直较低。全要素生产率（TEP）对制造业产出增长的贡献率非常高，最低的澳大利亚也有49.24%，美国的TEP贡献率呈显著上升趋势。综合来看，制造业的TEP贡献率远高于其他投入要素的贡献率，劳动力的贡献率最低，ICT资本和非ICT资本的贡献率高低区分没有高度的一致性。美国、英国、德国、荷兰和澳大利亚的ICT资本贡献率要高于非ICT资本贡献率，而在加拿大和法国情况正好相反，说明在多数国家ICT资本的作用已经变得比非ICT资本更为重要。

表5-2　制造业产出增长的贡献率　单位:%

	年份	美国	加拿大	英国	法国	德国	荷兰	澳大利亚
劳动力贡献率	1980~1990	-39.37	-20.44	-158.67	-167.96	-31.76	-41.70	-52.80
	1991~1995	-14.10	-61.12	-302.70	-140.21	201.13	-74.64	-22.83
	1996~2000	2.52	23.20	-11.33	-10.25	-15.71	-3.40	-9.99
	2001~2003	-25.40	83.38	-13.20	-10.58	-8.79	-8.99	-25.32
	1980~2003	14.43	-6.24	-37.82	-37.90	-30.86	-22.20	-31.13
ICT资本贡献率	1980~1990	52.49	16.78	14.15	9.21	27.92	16.85	31.76
	1991~1995	27.66	14.96	32.71	3.15	-12.16	16.85	35.82
	1996~2000	10.85	7.65	7.15	2.88	3.86	11.31	58.45
	2001~2003	1.47	-25.67	0.50	1.74	1.06	2.13	45.02
	1980~2003	12.28	13.34	4.76	3.13	6.95	9.66	41.87

续表

	年份	美国	加拿大	英国	法国	德国	荷兰	澳大利亚
非 ICT 资本贡献率	1980～1990	40.21	19.65	7.18	50.60	8.85	22.88	53.70
	1991～1995	18.07	10.40	－11.47	15.78	－15.16	7.75	22.48
	1996～2000	7.05	13.52	3.64	1.73	0.36	8.75	38.91
	2001～2003	0.42	33.86	－1.28	2.88	0.07	0.69	30.84
	1980～2003	8.33	13.80	0.69	8.82	2.62	9.19	40.02
TFP 贡献率	1980～1990	46.68	84.01	237.34	208.15	95.00	101.97	67.34
	1991～1995	68.38	135.76	381.46	221.28	－73.81	150.03	64.53
	1996～2000	79.58	55.63	100.54	105.65	111.49	83.34	12.62
	2001～2003	123.51	8.44	113.98	105.96	107.66	106.17	49.46
	1980～2003	93.82	79.10	132.37	125.96	121.30	103.35	49.24
产出增长率	1980～1990	1.13	1.38	1.52	1.04	1.32	2.44	1.32
	1991～1995	2.29	1.54	0.85	1.48	－1.57	1.89	1.44
	1996～2000	10.76	6.00	7.70	7.80	7.20	5.17	2.04
	2001～2003	18.43	－0.90	28.73	14.34	19.49	13.45	2.20
	1980～2003	5.54	2.09	6.07	4.20	4.22	4.27	1.60

注：①制造业包括 SIC 第 3 版中的食品、饮料和烟草制品（15－16）、纺织品（17）、服装（18）、皮革和鞋类制品（19）、木材及木制品（20）、纸浆和纸制品（21）、印刷和出版品（22）、矿物油、焦炭和核燃料提炼（23）、化学制品（24）、橡胶和塑料制品（25）、非金属矿物产品（26）、碱性金属品（27）、合成金属制品（28）、机械工程产品（29）、办公器具（30）、绝缘导线（313）、其他电器设备（31－313）、电子阀门和电子管（321）、电讯设备（322）、无线和电视接收机（323）、科学仪器（331）、其他仪器（33－331）、汽车（34）、船舶建造和维修（351）、航空器和太空船（353）、铁路和运输设备（352，359）、家具、杂项制造及回收（36－37）。②劳动力投入以工作时间计算。

资料来源：根据荷兰格罗宁根增长与发展研究中心（网址 http：//www.ggdc.net）计算得到。

表 5-3　　服务业产出增长的贡献率　　单位:%

	年份	美国	加拿大	英国	法国	德国	荷兰	澳大利亚
劳动力贡献率	1980~1990	53.78	60.29	42.86	21.24	23.43	27.29	93.27
	1991~1995	53.13	36.74	-0.72	25.84	13.26	48.85	48.82
	1996~2000	37.10	50.74	32.68	31.77	20.62	43.25	29.01
	2001~2003	1.74	27.22	30.27	4.35	4.96	50.93	40.45
	1980~2003	44.04	49.55	30.54	23.06	18.99	37.53	58.04
ICT 资本贡献率	1980~1990	43.80	20.54	26.72	15.60	33.44	22.07	14.47
	1991~1995	39.88	23.43	33.19	21.53	16.65	29.72	12.62
	1996~2000	42.15	20.15	33.37	23.43	32.93	26.70	18.99
	2001~2003	39.79	13.58	17.44	31.69	34.05	56.54	16.14
	1980~2003	42.37	19.85	28.54	19.61	28.90	26.81	15.53
非 ICT 资本贡献率	1980~1990	25.57	30.17	73.36	13.41	60.75	23.59	24.14
	1991~1995	26.73	17.39	43.44	43.16	61.55	57.02	3.23
	1996~2000	20.15	17.97	34.25	14.11	52.28	23.90	8.37
	2001~2003	15.04	12.07	23.84	26.20	52.94	60.59	7.52
	1980~2003	23.16	22.46	48.54	18.16	58.80	31.37	12.72
TFP 贡献率	1980~1990	-23.15	-11.01	-42.94	49.75	-17.62	27.05	-31.88
	1991~1995	-19.73	22.45	24.09	9.47	8.54	-35.59	35.33
	1996~2000	0.59	11.14	-0.30	30.69	-5.84	6.14	43.63
	2001~2003	43.43	47.13	28.45	37.77	8.04	-68.06	35.89
	1980~2003	-9.57	8.14	-7.62	39.16	-6.69	4.30	13.70
产出增长率	1980~1990	2.97	3.02	2.11	2.91	2.92	2.68	2.50
	1991~1995	2.10	2.16	2.09	1.39	3.63	2.23	3.45
	1996~2000	4.40	3.95	4.06	2.98	2.68	4.41	4.22
	2001~2003	2.06	3.60	3.13	1.61	1.44	1.23	3.76
	1980~2003	2.97	3.11	2.64	2.45	2.83	2.76	3.21

资料来源：同表 5-2。

从表5－3可以看出，1980～2003年，服务业劳动投入对产出的贡献率介于18.99%（德国）至58.04%（澳大利亚）之间，美国服务业劳动贡献率呈明显下降态势。美国ICT资本对服务业产出增长的贡献率最高，达到42.37%；最低的是澳大利亚，仅为15.53%；法国的ICT投入对服务业产出的贡献率呈上升趋势，其他国家的这一指标比较稳定。非ICT资本对服务业增长的贡献率波幅较大，最高的德国达到58.80%；最低的是澳大利亚，只有12.72%；英国的非ICT资本贡献率出现规律性下降趋势。除了法国，其余国家TFP对服务业增长的贡献率较低，美国、英国和德国更出现负值，说明服务业的效率普遍低下。综合来看，美国、加拿大、荷兰和澳大利亚等国的劳动投入对服务业产出增长的贡献是第一位的，而在英国和德国，非ICT资本对服务业的产出最为重要，在美国、法国和澳大利亚，ICT资本的贡献已超过非ICT资本的贡献。如果把ICT资本和非ICT资本的贡献合并，那么可以发现，在美国、英国、法国、德国和荷兰，资本（即ICT和非ICT之和）的贡献率超过劳动贡献率，这反映出在这几个国家服务业已经从劳动密集型转变为资本密集型。

通过比较各生产要素和TFP对制造业和服务业的产出贡献，可以得到以下几点结论：（1）劳动投入对服务业产出的贡献较大，而对制造业的贡献为负值；（2）除了澳大利亚，其余各国的ICT资本对服务业的相对贡献率大大高于ICT资本对制造业的相对贡献率，以美国表现得最为突出，ICT对服务业的相对贡献率比制造业高出30个百分点；（3）非ICT资本对制造业和服务业的贡献率与ICT的贡献基本类似，即除澳大利亚外，其他国家非ICT资本对服务业的贡献比制造业要大，而且比ICT资本对制造业和服务业的贡献率的差距还大，德国的这一差距最大，超过56%；（4）TFP对制造业的贡献率远远高于服务业。

对于第（1）点，制造业领域的劳动力不断向服务业转移，可以解释为“挤出”效应，其根本原因在于服务业生产率提高的速度要比制造业缓慢，劳动力无法进入高收入的工业部门而被迫进入服务业，服务业充当劳动力的“蓄水池”。我们可以通过对比制造业和服务业的小时生产率（见表5－4）来验证。从1980～2003年整个时期看，美国、加拿大、英国、德国和荷兰的服务业生产率低于制造业，而法国和澳大利亚刚好相反。从各个分时期观察，各国服务业和制造业小时生产率随着时间的推移无一例外地提高。但是，这两个部门生产率提高的速度快慢程度不同，在20世纪80年代只有加拿大的服务业生产率低于制造业，90年代中期以后，所有被考察的国家的服务业生产率低于制造业，尤其是进入2000年以后，这一差距迅速扩大，最高的是美国，服务业小时生产比制造业要低48.93%。制造业生产率的提高使其可容纳的劳动力越来越少，不断挤出该部门原有的劳动力，而服务业生产率提高的速度相对缓慢，为吸纳劳动力留有一定的空间。

表5－4　　服务业和制造业小时生产率

	年份	美国（美元/小时）	加拿大（加元/小时）	英国（英镑/小时）	法国（欧元/小时）	德国（欧元/小时）	荷兰（欧元/小时）	澳大利亚（澳元/小时）
服务业	1980～1990	26.03	27.13	12.20	28.44	25.59	25.93	28.73
	1991～1995	27.53	28.84	13.46	31.11	30.93	28.61	29.81
	1996～2000	29.34	30.34	15.09	32.84	34.42	30.25	32.73
	2001～2003	32.10	33.17	16.06	35.07	36.39	31.62	35.63
	1980～2003	28.04	29.16	13.67	30.92	30.18	28.37	31.00
制造业	1980～1990	24.23	30.69	11.25	19.69	23.55	21.83	26.57
	1991～1995	28.91	36.39	16.75	26.29	27.83	28.03	31.12
	1996～2000	39.98	41.29	21.63	35.94	36.56	35.98	34.40
	2001～2003	81.03	45.94	54.10	63.61	67.88	54.47	38.13
	1980～2003	34.84	36.06	18.33	28.47	31.30	29.55	30.49
服务业—制造业	1980～1990	1.80	－3.56	0.95	8.75	2.04	4.09	2.16
	1991～1995	－1.38	－7.55	－3.28	4.82	3.09	0.58	－1.30
	1996～2000	－10.64	－10.95	－6.54	－3.11	－2.14	－5.73	－1.67
	2001～2003	－48.93	－12.77	－38.04	－28.54	－31.49	－22.84	－2.49
	1980～2003	－6.80	－6.90	－4.66	2.45	－1.11	－1.18	0.51

注：小时生产率＝增加值/全部工作时间，其中增加值按1995年不变价计算。

资料来源：同表5－2。

对于第（2）点，主要原因是服务业的ICT资本产出弹性大于制造业（澳大利亚除外），美国、加拿大、英国、德国和荷兰的服务业ICT产出弹性系数比制造业高出1倍左右，法国更是高出将近5倍（见表5-5）。之所以服务业ICT弹性系数比制造业大，是由于服务业的ICT资本密集程度或者ICT的应用程度高于制造业，第四章第二节的实证研究说明了这一点。这样一来，ICT在服务业各投入要素中的相对地位和作用大于它在制造业中的作用，在ICT投资按同样比例增加的情况下，服务业的增长幅度要高于制造业。

表5-5 1980~2003年服务业和制造业ICT资本产出弹性系数

	美国	加拿大	英国	法国	德国	荷兰	澳大利亚
服务业	0.0884	0.0356	0.0326	0.0366	0.0633	0.0430	0.0238
制造业	0.0415	0.0165	0.0178	0.0076	0.0231	0.0267	0.0311

资料来源：同表5-2。

表5-6 1980~2003年服务业和制造业非ICT资本投入年平均增长率 单位:%

	美国	加拿大	英国	法国	德国	荷兰	澳大利亚
服务业	3.73	3.45	4.42	1.36	4.63	3.69	2.66
制造业	1.80	0.72	0.12	1.48	0.46	1.17	1.95

资料来源：同表5-2。

对于第（3）点，虽然表面现象与第（2）点类似，但是，背后的原因不一样。造成服务业中非ICT资本的相对贡献率大于制造业（澳大利亚除外）的主要原因是服务业的非ICT资本增长速度快于制造业的非ICT资本增长速度（见表5-6）。Jorgenson和Sitroh（1999）根据新古典增长理论分析框架，把IT资本的快速形成看做是要素替代效应的结果。替代效应的发生，关键在于各种投入要素（包括ICT资本、非ICT资本和劳动）之间的相对价格变化。在ICT资本、非ICT资本和劳动三种要素中，ICT的价格呈快速下降趋势，而其他两种要素的价格大体呈上升趋势。根据Jorgenson（1999）所提供的数据，1990~1996年，美国电脑价格（质量调整后的价格指数）下降 1616%，而劳动力要素价格上升 213%，非电脑类资本价格上升 316%①。ICT 投资品的快速下降，驱使企业增加 ICT 投资，对非 ICT 投资或劳动进行替代。但是，这种替代大多发生在制造领域，在服务业 ICT 资本对其他要素的替代并不明显，在大多数服务行业里表现出的结果是一种互补效应，ICT 投资的增加带动非 ICT 投资，伴随劳动雇佣尤其是白领的增加。无论是在国家层面、产业层面还是企业层面，ICT 的投资，需要相应的基础设施和人力资源开发与之配套，才能有效地发挥作用。有研究发现，信息技术投资在 OECD 国家比发展中国家的回报率要高得多，说明信息技术投资需要互补性投资予以支持（Pohjola，2001）。在产业层面，有学者发现，ICT 存在相对互补性的特征（Berman，Bound and Griliches，1994）。在企业层面，信息技术与业务流程重组和技术工人之间存在显著的互补关系（Bresnahan，Brynjolfsson and Hitt，2002），投资者把与计算机资本相关的组织互补因素视为一种十分重要的无形资产，这些无形资产包括对人力资本、组织变革、商业流程改造等方面的投资。信息化的过程不仅刺激了与 ICT 相关的投资，而且带动了无形资产的迅速增加，这些资产的重要性与日俱增。因此服务业的资本深化不仅表现为 ICT 资本的深化，同时也体现出非 ICT 资本的深化。

对于第（4）点，TFP 对服务业的增长贡献与制造业相差如此悬殊，也就是服务业与制造业之间在 TFP 上差距巨大。富克斯（Fuchs）做出如下解释：第一，服务业的人均工作时间减少比制造业要快；第二，服务业的劳动力素质提高比制造业慢得多，或者说服务业人力资本增长慢于制造业，这主要是源于服务业与制造业在工会的发展和技术水平方面的差异；第三，服务业的资本密集度较制造业低，技术进步相对制造业要慢得多，从规模经济中受益也不如制造业②。除了劳动力质量、资本密度、技术进步和规模，TFP 还要受到制度、生产组织方式、标准化程度、专业化分工等因素的影响。在这些因素中，技术进步的作用可能是主要的。富克斯的解释是通过实证分析得出的，在某种意义上说，可能没有

① 姜建强、乔延清、孙烽：《信息技术革命与生产率悖论》，载于《中国工业经济》2002 年第 12 期。

② ［美］维克托·R·富克斯著，许微云、万慧芬、孙光德译：《服务经济学》，商务印书馆 1987 年版，第 13 页。

触及服务业与制造业的本质差别。服务业 TFP 低于制造业的根本原因在于两者的产出结果——服务产品和实物产品的特性不同。服务产品具有非实物性、生产交换消费的同时性、非储存性、非转移性、再生产的严格被制约性等特点①，这些特性决定了服务产品的生产方式、要素投入结构、分工协作等与实物产品的生产不同，进而生产率也不同，即服务业的生产率 TFP 低于制造业。

二、ICT 对服务业内部各部门的增长贡献分析

根据式（5.4）和式（5.7），将服务业各部门的产出增长分解为劳动数量、劳动质量、ICT 资本、非 ICT 资本和 TFP 四个因素的影响，分别考察这四个因素在服务分部门中的相对作用，以及 ICT 在各服务分部门中的相对作用。

（一）ICT 对批发贸易业产出增长的贡献

由表 5－7 可以看出，德国的劳动数量投入对批发贸易业增长的贡献率出现下降趋势，其他国家的劳动数量投入并无明显的规律。从劳动质量（或劳动结构）上看，美国和德国的劳动质量变化对批发贸易业增长的贡献率呈下降趋势。如果只观察 1980～1990 年和 2001～2003 年两个时期，7 个国家的劳动数量和劳动质量对批发贸易业增长的贡献率无一例外减少了。ICT 对批发贸易业增长的贡献率在 4 个分时期的连续时序上，并没有表现变化规律，但若只对比首尾两个时期，除英国之外，其他 6 国都出现不同程度地上升。除法国 ICT 贡献率（7.92%）稍低外，其他国家的 ICT 贡献率大约在 20%。非 ICT 资本对批发贸易业增长的贡献率变化在各国之间差别较大，美国、英国、法国、德国和澳大利亚 4 国有所下降，其他 3 国则与此相反。美国 TFP 对批发贸易业增长的贡献率呈稳步上升态势，其他国家在 4 个时间段没有显著的规律性，如果撇开中间两个子期，那么可以看出，除了荷兰，其他各国对批发贸易业增长的贡献率都出现大幅度的提高。从横向比较上看，TEP 是各国批发贸易业增

① 李江帆：《第三产业经济学》，广东人民出版社 1990 年版，第 164～171 页。

长的最大影响因素，ICT 的作用显著，美国、加拿大、德国、荷兰和澳大利亚等国的 ICT 贡献高于非 ICT 资本的贡献。其中，德国最为突出，在整个考察期 ICT 对批发贸易业增长的贡献率高达 22.75%，而同期非 ICT 对批发贸易业增长的贡献率仅为 0.06%；英国的 ICT 贡献率与非 ICT 贡献率几乎相当，只有法国的 ICT 贡献率（7.92%）低于非 ICT 贡献率（13.19%）。除了加拿大之外，其他 6 国的 ICT 贡献率都分别高于劳动数量和劳动质量的贡献率，也高于劳动数量和劳动质量两者贡献率之和。因此可以判断，ICT 基本上是批发贸易业增长中仅次于 TFP 的第二大影响因素，在各投入要素中，它的作用最大。

表 5－7　　各因素对批发贸易业产出增长的贡献率　　单位：%

	年份	美国	加拿大	英国	法国	德国	荷兰	澳大利亚
劳动力贡献率	1980～1990	22.98	32.46	21.81	－4.12	6.38	－2.97	49.35
	1991～1995	14.34	6.45	－26.87	－39.21	－6.19	70.09	2.98
	1996～2000	8.22	49.64	21.77	16.91	－5.97	18.84	－84.84
	2001～2003	－42.12	20.22	－24.82	－48.06	－209.71	－68.46	22.44
	1980～2003	12.35	28.85	3.96	－6.12	－7.60	11.43	14.84
劳动质量贡献率	1980～1990	6.47	4.71	11.35	7.22	11.85	5.77	2.63
	1991～1995	2.67	6.89	13.16	－14.32	10.75	－1.04	2.74
	1996～2000	1.75	2.25	4.47	10.49	3.62	4.28	13.12
	2001～2003	0.00①	0.00	0.00	0.00	0.00	0.00	1.05
	1980～2003	3.66	4.03	8.63	4.24	8.47	4.42	3.65
ICT 资本贡献率	1980～1990	19.40	15.58	21.59	5.37	12.51	23.37	21.71
	1991～1995	19.00	14.39	14.77	5.36	28.38	38.10	13.64
	1996～2000	15.13	36.62	35.68	10.85	23.83	15.07	72.62
	2001～2003	30.54	16.98	18.26	25.79	102.06	153.19	24.81
	1980～2003	18.30	20.05	23.20	7.92	22.75	23.71	25.82

续表

	年份	美国	加拿大	英国	法国	德国	荷兰	澳大利亚
非ICT资本贡献率	1980~1990	33.53	6.42	38.73	13.63	1.24	17.02	21.47
	1991~1995	4.05	15.39	5.94	16.46	3.60	21.75	-6.09
	1996~2000	9.95	15.91	25.97	11.60	0.84	10.32	6.00
	2001~2003	6.17	9.51	8.43	6.98	-46.80	87.45	4.51
	1980~2003	17.88	10.85	23.48	13.19	0.06	15.98	8.43
TFP贡献率	1980~1990	17.62	40.83	6.52	77.91	68.01	56.81	4.84
	1991~1995	59.94	56.88	92.99	131.71	63.47	-28.90	86.71
	1996~2000	64.96	-4.42	12.11	50.15	77.68	51.48	93.10
	2001~2003	105.42	53.28	98.13	115.30	254.45	-72.18	47.19
	1980~2003	47.81	36.22	40.74	80.77	76.31	44.46	47.26

注：①表示数据的缺失，致使2000~2003年劳动质量对批发贸易业产出的贡献率为0，此时，劳动力贡献率包括劳动数量和劳动质量贡献率之和。以下除非特别说明，其他服务分部门的劳动质量贡献率为0的原因也是如此。

资料来源：同表5-2。

（二）ICT对零售贸易业产出增长的贡献

从时序上看，各国劳动数量和劳动质量变化对零售贸易业产出增长的贡献率没有明显的规律（见表5-8）。法国ICT资本对零售贸易业产出增长的贡献率呈稳步上升态势，而其余国家在时序上没有表现出规律性。2001~2003年，7国ICT资本对零售贸易业产出增长的贡献率介于5.36%（法国）至13.66%（美国）之间。美国非ICT资本对零售贸易业产出增长的贡献率呈显著的下降趋势，其余国家则没有规律性。TFP对零售贸易业产出增长的贡献率也无规律可循。综合来看，英国的非ICT资本对零售贸易业产出增长的贡献率（31.86%）高于TFP的贡献率（26.47%），其他国家的TFP对零售贸易业产出增长的贡献率在所有影响因素中是最高的；美国、加拿大和法国ICT资本的贡献率与非ICT资本的贡献率非常接近，德国和澳大利亚的ICT资本的贡献率比非ICT资本的贡献率更是高出许多，英国和荷兰虽然ICT贡献率低于非ICT贡献率，但是其ICT贡献率都很高，分别为14.47%和

12.23%，在7国当中分别占第一位和第三位，说明在这些国家ICT对零售贸易业的产出发挥了重要作用，其地位与非ICT资本相当。

表5-8　　各因素对零售贸易业产出增长的贡献率　　单位:%

	年份	美国	加拿大	英国	法国	德国	荷兰	澳大利亚
劳动力贡献率	1980~1990	39.87	51.00	5.53	-3.19	26.65	2.57	15.71
	1991~1995	14.17	-17.23	-354.78	-135.56	12.97	42.13	46.36
	1996~2000	29.60	11.40	13.09	14.74	2.18	32.84	13.08
	2001~2003	0.56	27.94	27.02	31.92	-73.99	-0.34	82.94
	1980~2003	27.88	31.80	9.57	-7.24	9.09	18.67	25.05
劳动质量贡献率	1980~1990	5.83	4.72	23.49	1.68	13.67	1.71	2.51
	1991~1995	1.55	-23.55	749.12	35.46	6.38	13.67	6.94
	1996~2000	1.88	0.45	5.68	57.47	-0.62	1.21	5.53
	2001~2003	0.00	0.00	0.00	0.00	0.00	0.00	1.85
	1980~2003	3.20	3.45	17.62	7.72	7.85	3.93	3.99
ICT资本贡献率	1980~1990	19.75	7.22	16.19	1.72	7.66	5.45	4.70
	1991~1995	10.36	-39.39	392.65	12.53	5.22	11.33	14.36
	1996~2000	9.29	4.65	8.49	28.10	27.94	18.66	9.31
	2001~2003	9.38	7.86	7.86	45.77	18.36	-51.98	15.43
	1980~2003	13.66	8.73	14.47	5.36	10.92	12.23	8.40
非ICT资本贡献率	1980~1990	25.76	5.81	48.05	2.82	-0.47	11.41	4.69
	1991~1995	18.85	-62.45	620.00	26.30	12.00	30.87	6.12
	1996~2000	11.88	5.72	16.65	11.94	14.14	24.44	4.71
	2001~2003	10.12	14.09	5.82	45.46	-8.65	-41.43	12.93
	1980~2003	18.60	11.05	31.86	5.64	5.06	20.59	5.62
TFP贡献率	1980~1990	8.78	31.26	6.74	96.97	52.48	8.86	72.39
	1991~1995	55.07	242.61	-1306.98	161.27	63.43	2.00	26.22
	1996~2000	47.35	77.79	56.09	-12.24	56.35	22.86	67.37
	2001~2003	79.94	50.11	59.30	-23.15	164.29	193.74	-13.15
	1980~2003	36.66	44.98	26.47	88.52	67.08	44.58	56.94

资料来源：同表5-2。

（三）ICT 对旅馆业产出增长的贡献

劳动数量变化对旅馆业增长贡献在 1980～2003 年没有表现出显著的规律，但从首尾两个时期对比看，除法国劳动数量对旅馆业的贡献率上升外，其他国家劳动数量对旅馆业的贡献率出现大幅度下降（见表 5－9）。劳动质量变化对旅馆业增长贡献也基本类似。从首尾两个子期观察，美、英两国的 ICT 贡献出现 2 倍多的增幅，其他国家出现下降趋势。在整个考察期间，加拿大的 ICT 贡献率最高（16.16%），法国的贡献率为负值。同样，若只观察两个子期，除法国外，其他国家非 ICT 资本对旅馆业产出增长的贡献率也在下降。而 TFP 对旅馆业的贡献率则出现与非 ICT 资本贡献完全相反的情形。从各因素横向比较上看，除法国外劳动数量和非 ICT 资本两个因素的影响较大，就这两个因素来讲英国的劳动数量贡献稍低于非 ICT 贡献，其他 5 国的劳动数量贡献都高于非 ICT 贡献。如果把劳动数量和劳动质量贡献率合并，那么劳动投入的影响无疑高于非 ICT 贡献，也高于资本贡献（ICT 贡献与非 ICT 贡献之和）。这表明，旅馆业属于劳动增强型行业，其发展主要依靠劳动的投入。除法国外，各要素投入贡献皆为正数，但是 TFP 贡献都为负值，说明旅馆业的生产率出现下滑趋势，这可能又与劳动密集型这一特点联系在一起。

表 5－9　各因素对旅馆业产出增长的贡献率　单位：%

	年份	美国	加拿大	英国	法国	德国	荷兰	澳大利亚
劳动力贡献率	1980～1990	79.50	151.36	70.90	－353.77	155.76	71.09	95.74
	1991～1995	80.17	2.30	64.82	22.00	294.69	90.67	87.29
	1996～2000	51.75	61.79	70.12	29.74	95.46	43.46	49.06
	2001～2003	19.92	72.55	29.51	52.68	－2.40	0.83	－29.63
	1980～2003	66.78	121.09	63.55	－405.77	290.80	88.67	66.50

续表

	年份	美国	加拿大	英国	法国	德国	荷兰	澳大利亚
劳动质量贡献率	1980~1990	8.82	6.99	24.67	-9.87	49.29	4.94	3.21
	1991~1995	-21.65	-16.92	-106.00	-18.20	70.62	13.03	5.96
	1996~2000	0.61	4.10	15.54	6.03	4.57	-6.28	5.93
	2001~2003	0.00	0.00	0.00	0.00	0.00	0.00	1.60
	1980~2003	1.64	9.44	39.79	-73.58	68.16	3.74	4.37
ICT资本贡献率	1980~1990	5.80	23.20	3.53	-14.79	0.89	7.96	8.34
	1991~1995	6.47	-11.35	-5.16	-2.07	2.57	3.99	11.55
	1996~2000	4.48	1.64	1.82	6.17	1.47	6.42	10.64
	2001~2003	13.71	11.81	8.88	-25.08	-0.53	-4.80	6.41
	1980~2003	5.86	16.16	5.51	-45.05	3.02	10.20	9.42
非ICT资本贡献率	1980~1990	37.05	157.12	46.88	-50.32	12.76	121.43	44.18
	1991~1995	27.76	-62.03	-40.14	-11.81	46.23	23.79	16.57
	1996~2000	21.03	4.92	59.81	7.08	-0.25	17.99	22.15
	2001~2003	32.79	-8.17	43.96	9.66	6.05	-7.43	3.30
	1980~2003	30.13	96.96	66.45	-102.71	15.63	75.83	28.14
TFP贡献率	1980~1990	-31.18	-238.68	-45.98	528.75	-118.70	-105.42	-51.47
	1991~1995	7.26	188.00	186.48	110.08	-314.11	-31.49	-21.37
	1996~2000	22.13	27.54	-47.30	50.98	-1.26	38.40	12.22
	2001~2003	33.58	23.81	17.65	62.74	96.88	111.40	118.32
	1980~2003	-4.42	-143.65	-75.31	727.11	-277.60	-78.44	-8.43

资料来源：同表5-2。

（四）ICT对运输仓储业产出增长的贡献

从表5-10可以看出，劳动数量和劳动质量变化对运输仓储业产出的贡献率在时间上没有什么规律性，不过劳动数量贡献率在不同国家之间相差较大，英国和德国由于该行业劳动数量下降而使得贡献率出现负值，其他国家为正数，而各国的劳动质量贡献率都为正值，说明各国的劳动质量都得到普遍提升，并对运输仓储业的发展起着积极作用。从ICT对运输仓储业产出贡献率看，美国这一指标稳步上升。如果将2000～2003年与20世纪80年代对比，可以发现英国、法国和澳大利亚三国的ICT对运输仓储业产出贡献率出现一定程度的上升，而加拿大、德国和荷兰有所降低。从整个考察期看，澳大利亚的ICT对运输仓储业产出贡献率最高（38.69%），德国最低（3.72%）。从非ICT对运输仓储业产出的贡献率看，加拿大和英国表现出稳步上升的态势，1980～2003年，美国非ICT对运输仓储业产出贡献率出现轻微的负值，其他国家保持为正数，其中澳大利亚最高（81.43%）。各国TFP对运输仓储业产出的贡献率在时序上并无规律，不过在整个观察期间，除了澳大利亚这一指标为负数外，其他国家都表现为正数，并且较高。综合来看，除了澳大利亚，其余各国的TFP在5个影响因素中的贡献率最高，在各投入要素贡献比较方面来看，美国的ICT贡献率比劳动数量、劳动质量和非ICT贡献都高，德国的ICT贡献相对其他要素也较大，加拿大、英国、法国、荷兰和澳大利亚的ICT贡献率都不算很高。因此，ICT对运输仓储业产出的作用普遍不大。

表5－10　　各因素对运输仓储业产出增长的贡献率　　单位：%

	年份	美国	加拿大	英国	法国	德国	荷兰	澳大利亚
劳动力贡献率	1980～1990	2.28	25.11	－36.38	－2.77	11.71	19.73	－174.22
	1991～1995	29.63	22.37	－38.55	－11.10	－35.91	28.02	29.68
	1996～2000	48.64	29.18	57.85	33.70	－5.38	17.73	242.39
	2001～2003	－120.56	－11.02	0.48	233.74	50.82	11.28	－60.79
	1980～2003	16.22	22.07	－16.31	14.50	－16.52	21.04	3.15
劳动质量贡献率	1980～1990	13.79	1.06	49.57	6.13	5.64	－1.00	－18.29
	1991～1995	3.35	2.77	71.61	16.25	2.68	12.17	9.29
	1996～2000	5.67	0.92	0.66	8.34	1.27	1.55	－207.76
	2001～2003	0.00	0.00	0.00	0.00	0.00	0.00	0.97
	1980～2003	7.27	1.24	40.96	7.80	3.89	2.69	18.37

续表

	年份	美国	加拿大	英国	法国	德国	荷兰	澳大利亚
ICT资本贡献率	1980~1990	7.51	5.31	1.47	3.29	0.84	6.47	-52.60
	1991~1995	9.75	3.80	9.39	8.46	0.61	7.92	19.18
	1996~2000	31.03	10.18	13.71	5.87	7.20	9.88	-203.31
	2001~2003	40.54	4.50	13.01	71.19	-9.05	-327.41	7.69
	1980~2003	16.49	6.45	6.57	6.08	3.72	9.22	38.69
非ICT资本贡献率	1980~1990	-11.43	4.37	-11.34	9.57	1.60	20.72	-136.07
	1991~1995	1.27	10.88	20.54	44.30	0.22	23.26	16.18
	1996~2000	11.59	17.65	26.11	6.32	3.09	13.73	-383.15
	2001~2003	0.38	31.22	57.48	328.64	-13.16	-772.71	22.56
	1980~2003	-0.34	12.58	9.18	18.05	3.21	22.63	81.43
TFP贡献率	1980~1990	87.84	64.15	96.68	83.79	80.21	54.07	481.18
	1991~1995	56.00	60.18	37.01	42.09	132.40	28.63	25.68
	1996~2000	3.06	42.07	1.67	45.76	93.83	57.10	651.83
	2001~2003	179.63	75.31	29.03	-533.57	71.39	1188.84	129.56
	1980~2003	60.37	57.66	59.60	53.56	105.71	44.42	-41.64

资料来源：同表5-2。

（五）ICT对通信业产出增长的贡献

从表5-11看，美国劳动质量对通信业增长的贡献率呈下降趋势，其他国家劳动数量和劳动质量对通信业增长的贡献率在连续时序上没有明显的规律，但是在观察首尾两个时期的情况下，除了法国劳动数量的贡献率上升外，其余6国的劳动数量的贡献率都出现程度不同的下降，这主要是该行业劳动数量减少的缘故。ICT对通信业增长的贡献率在时序上没有显著规律，在各国之间差别较大，美国最高，达到83.98%，法国最低，仅为6.62%。非ICT对通信业增长的贡献率在时序上没有显著的规律，TFP的情况也基本类似。综合来看，加拿大、英国、法国、德国和澳大利亚等国的TFP贡献率最高，美国的ICT贡献在4个因素中最高，荷兰的非 ICT 资本贡献最大。比较 ICT 贡献与非 ICT 资本贡献，美国、加拿大、英国和德国的 ICT 贡献高于非 ICT 贡献；法国的两种资本贡献比较接近；荷兰和澳大利亚的 ICT 资本贡献虽然低于非 ICT 资本贡献，但是其贡献水平与其他国家相比并不低，它们的数值分别为 24.66% 和 18.84%。各国 ICT 贡献率都超过或接近劳动数量和劳动质量的贡献率。这说明，ICT 已成为通信行业中最重要的投入要素之一。

表 5－11　　各因素对通信业产出增长的贡献率　　单位：%

	年份	美国	加拿大	英国	法国	德国	荷兰	澳大利亚
劳动力贡献率	1980～1990	10.99	27.34	5.43	－2.98	1.01	20.33	10.46
	1991～1995	17.86	9.39	－31.09	－3.96	－35.47	9.20	7.31
	1996～2000	25.14	16.38	11.60	0.07	－51.30	18.38	18.23
	2001～2003	－125.79	14.43	－9.15	9.43	－10.64	－12.90	－20.06
	1980～2003	7.63	20.80	1.10	－0.03	－17.28	12.72	9.11
劳动质量贡献率	1980～1990	16.74	2.42	9.34	－6.66	10.36	4.85	0.74
	1991～1995	8.81	4.41	9.55	－18.63	15.38	0.82	0.90
	1996～2000	4.64	1.06	5.38	7.19	4.76	2.85	2.23
	2001～2003	0.00	0.00	0.00	0.00	0.00	0.00	0.79
	1980～2003	9.20	2.01	6.78	－2.76	9.15	2.71	1.09
ICT 资本贡献率	1980～1990	117.75	0.58	16.13	5.64	28.35	29.24	10.62
	1991～1995	47.56	48.64	25.95	8.42	30.13	40.47	17.82
	1996～2000	84.11	38.94	30.65	6.80	20.21	19.68	35.32
	2001～2003	81.59	33.69	29.28	8.29	10.53	22.08	28.34
	1980～2003	83.98	20.31	25.11	6.62	25.20	24.66	18.84
非 ICT 资本贡献率	1980～1990	55.01	10.17	39.64	7.25	24.13	30.57	32.98
	1991～1995	16.50	22.12	4.11	12.71	37.42	39.12	23.41
	1996～2000	12.49	10.93	6.20	－0.21	6.98	30.65	40.20
	2001～2003	13.40	11.06	13.56	15.86	24.89	37.30	32.32
	1980～2003	26.77	11.89	17.39	7.28	23.60	32.57	31.84

续表

	年份	美国	加拿大	英国	法国	德国	荷兰	澳大利亚
TFP贡献率	1980~1990	-100.48	59.50	29.46	96.75	36.15	15.01	45.20
	1991~1995	9.27	15.44	91.47	101.46	52.54	10.39	50.55
	1996~2000	-26.37	32.70	46.18	86.15	119.35	28.43	4.02
	2001~2003	130.80	40.82	66.31	66.42	75.22	53.53	58.62
	1980~2003	-27.58	44.99	49.61	88.89	59.34	27.34	39.12

资料来源：同表5-2。

（六）ICT对金融业产出增长的贡献

1980~2003年，美国、英国、德国、荷兰和澳大利亚的劳动数量变化对金融业产出增长的贡献率为正数，而加拿大和法国为负数，加拿大和法国的劳动数量贡献率增加，其余五国劳动数量贡献率下降（见表5-12）。劳动质量的贡献率与劳动数量相比比较稳定，除了加拿大的劳动质量贡献没有分离出来之外，其他可以测算的国家在这一指标上都体现为正值，说明金融业的劳动者的素质提高对其产出产生积极影响。ICT对金融业的贡献在各国之间出现不同的规律，美国、加拿大的这一指标逐步下降，而德国和澳大利亚快速上升，英国和法国呈波浪上升态势。从非ICT资本对金融业的贡献看，美国呈规律性下降，其他国家的变化趋势不明显。美国TFP对金融业的贡献率逐步上升，其他国家的这一指标在时序上的变化规律并不显著。从横向比较上看，除了加拿大，其余各国的ICT贡献率在5个因素中是最高的。英国的ICT贡献率最高（93.16%）；加拿大最低（13.22%），但是加拿大的ICT贡献率只是低于TFP的贡献率，它在投入要素中仍然最高。值得注意的是，只有ICT和劳动质量两个因素的贡献率在所有国家中表现为正值，其他因素包括TFP在内都出现了负值。这说明，金融业的增长主要是依赖ICT的投入，人力资本也发挥了不可忽视的作用。

表 5 – 12　　各因素对金融业产出增长的贡献率　　单位：%

	年份	美国	加拿大	英国	法国	德国	荷兰	澳大利亚
劳动力贡献率	1980 ~ 1990	36.87	−20.44	48.46	6.81	5.66	26.20	50.83
	1991 ~ 1995	6.34	−61.12	−271.23	35.52	28.57	16.94	−78.16
	1996 ~ 2000	21.44	23.20	38.12	−17.86	8.74	54.56	11.91
	2001 ~ 2003	−7.31	83.38	5.00	30.08	−693.02	−11.26	20.25
	1980 ~ 2003	22.91	−6.24	32.84	−4.06	8.57	29.09	29.06
劳动质量贡献率	1980 ~ 1990	9.20	0.00	−0.82	4.57	5.07	14.80	1.52
	1991 ~ 1995	10.33	0.00	279.84	−24.53	8.45	13.57	8.02
	1996 ~ 2000	2.19	0.00	18.89	1.69	3.88	10.64	5.91
	2001 ~ 2003	0.00	0.00	0.00	0.00	0.00	0.00	1.35
	1980 ~ 2003	6.22	0.00	13.08	7.14	5.65	11.98	2.96
ICT 资本贡献率	1980 ~ 1990	106.00	16.66	79.17	38.35	32.48	117.03	16.12
	1991 ~ 1995	76.41	14.99	344.33	−77.01	49.32	60.10	54.69
	1996 ~ 2000	63.71	7.58	90.92	56.46	80.20	99.07	63.58
	2001 ~ 2003	42.43	−24.79	119.40	448.24	1096.08	92.74	82.99
	1980 ~ 2003	81.72	13.22	93.16	66.67	48.42	96.26	34.87
非 ICT 资本贡献率	1980 ~ 1990	56.17	17.77	90.78	−1.79	31.89	32.43	17.25
	1991 ~ 1995	12.28	8.92	178.57	34.30	21.17	49.36	−18.27
	1996 ~ 2000	10.68	12.80	40.07	−5.22	26.73	30.06	−7.20
	2001 ~ 2003	7.83	41.29	1.36	122.63	−140.39	47.32	−5.58
	1980 ~ 2003	30.26	12.17	75.74	−4.76	27.84	37.01	7.23
TFP 贡献率	1980 ~ 1990	−108.25	86.01	−117.60	52.06	24.90	−90.46	14.28
	1991 ~ 1995	−5.36	137.21	−431.51	131.72	−7.51	−39.97	133.72
	1996 ~ 2000	1.97	56.42	−88.01	64.92	−19.54	−94.33	25.80
	2001 ~ 2003	57.05	0.12	−25.76	−500.95	−162.67	−28.80	0.99
	1980 ~ 2003	−41.11	80.86	−114.82	34.99	9.53	−74.34	25.88

资料来源：同表 5 – 2。

（七）ICT 对商务服务业产出增长的贡献

德国的劳动数量变化对商务服务业产出增长的贡献率呈加速上升态势，而荷兰的这一指标不断下降，美国、加拿大、英国和澳大利亚出现波浪式下降，法国体现为波段式上升（见表 5－13）。劳动质量因素的贡献在时序上没有一致的规律性。ICT 和非 ICT 的贡献率变化也是如此。在 TFP 的贡献上，加拿大和英国出现稳步上升趋势，除法国外，其他四国是波浪式上升。综合比较来看，劳动数量是所有因素中，贡献率最大的一个，说明商务服务业是一种劳动增强型的行业，其发展对劳动投入的依赖性很大。1980～2003 年，劳动数量、劳动质量、ICT 和非 ICT4 个要素的贡献率皆为正数，而 TFP 指标只有加拿大为正值，其他国家都为负值。ICT 与非 ICT 进行比较，只有美国的 ICT 贡献率比非 ICT 高，其余国家的 ICT 贡献都低于非 ICT 贡献率，ICT 贡献率与非 ICT 贡献率在各国基本上表现相同方向变化，说明 ICT 与非 ICT 之间存在一定的互补性。从 ICT 与劳动数量的贡献率变化看，除了美国其他国家的这两个指标大体上是同方向变化，这可能暗示 ICT 也与劳动就业存在一定程度的互补。

表 5－13　　各因素对商务服务业产出增长的贡献率　　单位：%

	年份	美国	加拿大	英国	法国	德国	荷兰	澳大利亚
劳动力贡献率	1980～1990	81.72	73.53	71.90	52.51	26.70	81.05	120.70
	1991～1995	129.11	65.60	27.29	137.70	35.11	70.56	185.07
	1996～2000	54.22	70.66	38.06	76.51	82.53	64.21	93.01
	2001～2003	－255.99	18.88	16.34	190.20	142.44	53.86	－8.60
	1980～2003	70.63	66.50	46.70	67.47	39.86	74.24	108.41
劳动质量贡献率	1980～1990	5.17	7.86	2.40	5.77	2.18	7.13	1.99
	1991～1995	29.43	19.55	5.56	19.87	2.78	6.65	6.33
	1996～2000	3.67	0.55	8.09	10.85	1.02	4.87	6.60
	2001～2003	0.00	0.00	0.00	0.00	0.00	0.00	1.46
	1980～2003	6.75	5.71	4.50	7.98	2.11	6.62	3.67

续表

	年份	美国	加拿大	英国	法国	德国	荷兰	澳大利亚
ICT 资本贡献率	1980～1990	43.23	15.13	15.25	14.83	46.62	13.01	6.47
	1991～1995	59.34	16.52	38.81	54.67	20.99	15.78	9.55
	1996～2000	42.12	4.65	26.69	17.52	50.45	20.12	5.50
	2001～2003	153.82	11.29	9.62	95.40	89.51	－39.67	4.77
	1980～2003	46.69	11.23	21.77	19.52	41.83	18.68	6.46
非 ICT 资本贡献率	1980～1990	11.68	27.78	56.88	24.48	58.63	14.74	10.84
	1991～1995	63.20	12.03	35.98	152.91	80.67	19.43	0.25
	1996～2000	27.76	2.16	22.68	23.71	90.37	25.64	2.62
	2001～2003	60.65	5.32	25.40	111.60	171.96	－64.42	2.60
	1980～2003	21.94	15.10	37.98	32.96	71.62	23.45	6.48
TFP 贡献率	1980～1990	－41.79	－24.30	－46.43	2.40	－34.14	－15.93	－40.00
	1991～1995	－181.08	－13.71	－7.64	－265.15	－39.56	－12.42	－101.20
	1996～2000	－27.77	21.98	4.48	－28.60	－124.37	－14.84	－7.73
	2001～2003	141.52	64.50	48.65	－297.21	－303.90	150.23	99.77
	1980～2003	－46.01	1.46	－10.95	－27.93	－55.42	－22.98	－25.02

资料来源：同表 5－2。

（八）ICT 对社会和个人服务业产出增长的贡献

从表 5－14 看出，各国劳动数量对社会和个人服务业产出增长的贡献率在连续时序上没有表现出规律性，变化方向不一。各国劳动质量对社会和个人服务业产出增长的贡献都出现一定的下滑。美、英两国的 ICT 对社会和个人服务业产出增长的贡献率呈稳步下降态势，澳大利亚也有所上升，其他国家则出现下降。各国 ICT 对社会和个人服务业产出增长的贡献率差距较大，最高的是荷兰（21.05%），最低的是澳大利亚（3.70%）。荷兰的非 ICT 对社会和个人服务业产出增长的贡献率呈阶梯式下降。只有美国的非 ICT 对社会和个人服务业产出增长的贡献率显著上升，英国轻微上升其他国家出现下降。从 TFP 对社会和个人服务业产出增长的贡献率观察，美国下降幅度较大，英国基本持平，其他国家则显著下降。从横向比较看，1980～2003年，除荷兰外其余6国的劳动数量对社会和个人服务业产出增长的贡献是几个因素中最大的，荷兰的劳动数量贡献率仅次于TFP，如果将劳动数量和劳动质量合并考虑，那么在所有国家劳动因素的贡献是最大的，这说明社会和个人服务业的劳动密集型特征。比较ICT和非ICT贡献，加拿大和法国的ICT对社会和个人服务业产出增长的贡献率比非ICT高，其他国家则相反。ICT贡献与非ICT贡献变动方向大体一致，说明ICT和非ICT之间可能存在互补性。

表5－14　各因素对社会和个人服务业产出增长的贡献率　单位:%

	年份	美国	加拿大	英国	法国	德国	荷兰	澳大利亚
劳动力贡献率	1980～1990	38.34	61.00	36.18	8.04	37.10	－9.32	57.08
	1991～1995	63.19	94.54	2.39	156.51	36.93	－52.08	175.29
	1996～2000	46.00	49.39	66.05	51.96	49.48	91.73	32.14
	2001～2003	50.54	53.74	40.27	18.18	－13.47	26.22	53.51
	1980～2003	44.30	59.98	35.70	35.79	40.56	26.94	68.68
劳动质量贡献率	1980～1990	18.19	3.08	13.50	17.23	4.47	171.53	4.38
	1991～1995	22.09	12.46	24.96	33.44	11.74	25.32	9.44
	1996～2000	7.81	3.35	10.01	12.40	3.39	－6.77	9.94
	2001～2003	0.00	0.00	0.00	0.00	0.00	0.00	2.39
	1980～2003	15.01	3.61	14.08	11.59	5.74	26.01	6.51
ICT资本贡献率	1980～1990	－1.34	14.63	4.07	24.10	9.40	43.90	2.80
	1991～1995	12.37	34.01	8.17	23.05	5.73	24.86	4.28
	1996～2000	21.77	17.20	13.22	22.23	23.64	14.26	4.15
	2001～2003	24.23	8.67	13.44	8.33	－24.80	14.16	5.33
	1980～2003	7.67	16.34	7.39	18.45	11.83	21.05	3.70

续表

	年份	美国	加拿大	英国	法国	德国	荷兰	澳大利亚
非 ICT 资本贡献率	1980～1990	7.69	12.81	25.67	3.03	54.13	145.29	8.19
	1991～1995	13.40	19.32	30.92	65.16	125.78	108.97	4.75
	1996～2000	10.17	14.68	39.20	2.43	91.91	7.06	5.90
	2001～2003	17.12	8.52	26.31	1.98	−95.32	2.97	8.10
	1980～2003	9.69	13.29	29.44	7.36	76.58	53.50	6.99
TFP 贡献率	1980～1990	37.11	8.48	20.58	47.60	−5.10	−251.40	27.55
	1991～1995	−11.06	−60.32	33.56	−178.17	−80.18	−7.07	−93.77
	1996～2000	14.24	15.38	−28.49	10.99	−68.42	−6.28	47.87
	2001～2003	8.11	29.06	19.99	71.52	233.60	56.66	30.66
	1980～2003	23.32	6.78	13.38	26.81	−34.72	−27.51	14.12

资料来源：同表 5－2。

（九）ICT 对非市场服务业产出增长的贡献

从表 5－15 可以看出，劳动数量和劳动质量对非市场服务业产出增长的贡献从时序几乎找不到规律。从首尾两个时期看，法国和澳大利亚的 ICT 贡献率有所上升，而其余国家则出现下降，ICT 对非市场服务业产出增长的贡献率介于 1.32%（法国）和 14.35%（美国）之间。英国非 ICT 对非市场服务业产出增长的贡献率呈阶梯式下降，其他国家变化方向不一。TFP 的贡献率波动较大，美国、加拿大和英国出现负数，没有明显的规律性。综合来看，除法国外，劳动数量因素对非市场服务业产出增长的贡献率相对于其他因素来说是最大的，如果把劳动数量和劳动质量合并考虑，那么这两者的贡献之和也超过其他因素的作用，这说明劳动投入或者劳动数量是对非市场服务业产出增长的最主要的推动力。除开法国，其他国家的 ICT 贡献率比起劳动投入和非 ICT 资本等要素来说是最低的，这说明 ICT 在非市场服务业增长中的作用非常有限。ICT 与非 ICT 相比较，变化方向大体一致，这表示可能两者之间有一定的互补性。

表 5-15　　各因素对非市场服务业产出增长的贡献率　　单位:%

	年份	美国	加拿大	英国	法国	德国	荷兰	澳大利亚
劳动力贡献率	1980~1990	78.15	77.48	114.21	46.58	63.06	21.85	78.95
	1991~1995	308.55	120.72	39.42	54.74	17.97	22.46	60.01
	1996~2000	135.33	56.79	15.26	46.16	9.59	51.90	33.17
	2001~2003	62.07	40.50	105.39	-90.36	26.66	120.78	90.94
	1980~2003	97.03	75.05	63.08	39.53	34.22	47.28	67.92
劳动质量贡献率	1980~1990	13.89	-9.76	122.65	15.13	21.03	12.29	3.62
	1991~1995	51.58	-27.59	38.15	2.97	10.31	30.82	6.75
	1996~2000	35.83	206.56	40.97	55.44	-1.97	6.99	12.92
	2001~2003	0.00	0.00	0.00	0.00	0.00	0.00	1.87
	1980~2003	16.35	10.81	48.48	15.56	10.60	10.18	5.80
ICT 资本贡献率	1980~1990	12.22	6.54	12.34	0.74	5.63	4.77	5.23
	1991~1995	37.95	12.77	7.46	1.44	1.99	19.44	8.44
	1996~2000	22.33	19.17	3.96	3.02	5.95	13.95	10.14
	2001~2003	8.08	5.12	3.46	2.53	3.85	4.10	5.85
	1980~2003	14.35	8.40	6.70	1.32	4.39	7.56	6.88
非 ICT 资本贡献率	1980~1990	25.15	12.98	40.49	-3.17	33.56	16.66	7.90
	1991~1995	78.69	26.67	16.97	-0.09	12.75	46.72	7.09
	1996~2000	32.02	28.33	11.22	-3.38	16.41	14.94	7.42
	2001~2003	14.81	15.32	8.87	-0.75	14.65	14.66	10.33
	1980~2003	27.24	16.80	18.66	-2.20	21.56	18.12	7.94
TFP 贡献率	1980~1990	-29.42	12.76	-189.69	40.72	-23.28	44.43	4.31
	1991~1995	-376.77	-32.56	-1.99	40.94	56.99	-19.44	17.71
	1996~2000	-125.51	-210.86	28.59	-1.24	70.02	12.22	36.36
	2001~2003	15.04	39.06	-17.72	188.58	54.84	-39.54	-8.99
	1980~2003	-54.96	-11.06	-36.92	45.80	29.22	16.86	11.47

资料来源：同表 5-2。

（十）ICT对各服务分部门产出增长贡献率的比较

比较表5－7～表5－15可以看出，1980～2003年，美国和加拿大的ICT对通信业增长贡献率高于其他行业，英国、法国、德国和荷兰的ICT对金融业增长的贡献最高，澳大利亚ICT对运输仓储业的贡献最高为38.69%，ICT对金融业的贡献率居各服务行业第二为34.87%，比运输仓储业少了不到4个百分点。由此可以判断，ICT对金融业和通信业的贡献最大，是这两个行业发展的主要推动力。商务服务业、批发贸易业的ICT贡献也较大，非市场服务业和旅馆业的ICT贡献率普遍偏低。之所以出现这样的结果，主要是因为信息化程度的差异。前面第四章曾指出，金融业的信息化程度较高，旅馆业的信息化程度较低。信息化程度越高的行业，ICT对相应服务部门的产出贡献一般也较高，反之亦然。信息化程度或者ICT强度的高低决定了ICT产出弹性系数的大小，ICT产出弹性系数反映一个行业的产出对ICT投入的敏感程度和ICT的使用效果，ICT产出弹性系数越大意味着该行业的ICT投入变动对产出影响越大，反之越小。ICT产出弹性系数与其产出贡献率之间的关系紧密（见表5－16），服务业各部门ICT产出弹性系数的差别代表着各部门的投入结构、技术结构的不同，进而影响到ICT对产出贡献率的高低。

表5－16　1980～2003年服务业ICT资本产出弹性系数与ICT产出贡献率的等级相关系数

	美国	加拿大	英国	法国	德国	荷兰	澳大利亚
等级相关系数	0.8167	0.6667	0.9667	0.8667	0.9333	0.8833	0.7000

注：表中数据根据Spearman等级相关系数公式计算而得。等级按照服务部门数量划分为9个等级。

资料来源：同表5－2。

第三节　信息化对服务业劳动生产率增长的贡献

一、ICT 对服务业和制造业劳动生产率的贡献率分析

式（5.8）将劳动生产率变化分解为五部分：劳动结构贡献、ICT 资本加深的贡献、非 ICT 资本加深的贡献和全要素生产率的贡献。在这里，劳动结构代表劳动质量的改进，以劳动力投入与工作时间之差表示，ICT 资本加深表示每人劳动小时占有的 ICT 资本服务量，非 ICT 资本加深的意思也类似。这个分解式假定 ICT 是作为一般的投资品，没有外溢效应，对 TFP 不产生影响。

根据式（5.8）分别计算出劳动质量提高、ICT 资本加深、非 ICT 资本加深、TFP 对各行业部门的劳动生产率增长的贡献率。

现在我们对制造业和服务业的 ICT 劳动生产率的贡献程度进行对比分析。

从表 5－17 可以发现，美国和德国的 ICT 资本加深对制造业劳动生产率的贡献稳步下降，只有加拿大和澳大利亚的制造业 ICT 资本加深对劳动生产率的贡献率上升，其他国家都出现不同程度的下降。从横向上看，澳大利亚的贡献率远高于其他国家达到 29.78%，美国和加拿大在 10% 左右，英国、法国、德国和荷兰都在 8% 以下。美国、英国、荷兰的制造业非 ICT 资本加深对劳动生产率的贡献呈快速、稳步下降趋势，加拿大在 2000 年之前一致出于下降趋势，自 2000 年后出现大幅上升，其他 6 国的这一指标都出现下降。这说明非 ICT 资本对劳动生产的影响越来越小，依赖提高传统资本密度来制造业劳动生产率的模式已经受到极大的挑战。TFP 对劳动生产率增长的贡献基本上与非 ICT 资本的格局相反，美国、英国、法国、荷兰的制造业 TFP 对劳动生产率的贡献率稳步上升，

德国也有所上升，澳大利亚出现轻微下降，而加拿大在2000年之前呈稳步上升态势，之后出现大幅度滑坡。综合来看，ICT资本加深、非ICT资本加深和TFP对澳大利亚制造业劳动生产率的作用程度大体接近，其他6国的三个因素作用程度格局十分类似，TFP的贡献率最高，至少占劳动生产率增长的3/4，美国和加拿大两国的ICT资本加深影响稍大于非ICT资本加深的影响，英国、法国、德国和荷兰四国的非ICT资本加深影响要大于ICT资本加深的影响。绝大多数国家的资本加深，无论是ICT资本加深还是非ICT资本加深的作用愈来愈小，而TFP的作用愈来愈大，这表明制造业的发展已经步入主要依靠技术进步而非资本积累即内涵式发展轨道。

表5－17　　各因素对制造业劳动生产率增长的贡献率　　单位:%

	年份	美国	加拿大	英国	法国	德国	荷兰	澳大利亚
ICT资本加深贡献率	1980～1990	35.41	13.69	5.11	3.23	20.11	11.05	19.08
	1991～1995	23.71	8.58	8.06	1.52	10.95	9.47	27.99
	1996～2000	11.07	11.26	6.53	2.65	3.54	10.91	50.83
	2001～2003	2.53	54.54	0.78	1.69	1.17	2.26	33.16
	1980～2003	11.01	12.65	3.68	2.32	5.53	7.82	29.78
非ICT资本加深贡献率	1980～1990	33.69	17.39	18.06	31.37	13.20	24.23	41.72
	1991～1995	19.19	17.19	14.03	22.24	42.63	20.71	22.10
	1996～2000	6.19	－6.94	5.93	5.13	3.92	10.09	38.37
	2001～2003	6.05	60.75	1.86	5.54	2.28	4.15	32.16
	1980～2003	10.48	10.37	7.69	14.01	7.94	14.09	36.09
TFP贡献率	1980～1990	30.90	68.92	76.83	65.40	66.70	64.72	39.20
	1991～1995	57.10	74.23	77.91	76.25	46.42	69.82	49.91
	1996～2000	82.74	95.68	87.54	92.22	92.54	79.01	10.80
	2001～2003	91.42	－15.29	97.36	92.77	96.55	93.59	34.68
	1980～2003	78.50	76.98	88.63	83.68	86.54	78.09	34.13

注：由于数据的缘故，无法对制造业和服务业劳动生产率增长中的劳动质量影响进行分离，劳动质量的影响包含在TFP中。

资料来源：同表5－2。

美国服务业 ICT 资本加深对劳动生产率增长的贡献率逐期下降，加拿大、英国、德国的这一指标出现阶段性的下滑，而法国、荷兰和澳大利亚出现上升（见表 5 - 18）。1980 ~ 2003 年，美国服务业 ICT 资本加深对生产率的贡献最高达到 94.11%，德国最低为 28.68%。美国、英国、德国的非 ICT 资本对劳动生产率增长的贡献率在时序上呈规律性下降趋势，加拿大出现下降，而法国、荷兰和澳大利亚则出现不同程度的上升。美国服务业 TFP 对服务业劳动生产率的贡献率显示明显的上升态势，加拿大、英国、德国为波浪式上升趋势，法国、荷兰和澳大利亚则出现下滑。服务业 TFP 的劳动生产率贡献率在各国之间、不同时期之间差异很大，最高的是法国为 61.49%，最低的是美国为 - 24.36%。综合比较来看，各国服务业 ICT 资本加深和非 ICT 资本加深对劳动生产率的贡献率均为正数，而 TFP 的贡献率在部分国家出现负值，除了法国，其余 6 国的资本加深贡献率（ICT 资本加深贡献和非 ICT 资本加深贡献之和）超过劳动生产率的一半，也超过 TFP 的贡献率。进一步分析可以发现，美国、加拿大、法国、荷兰和澳大利亚的 ICT 资本加深贡献超过非 ICT 资本贡献，虽然英国和德国的 ICT 资本加深贡献低于非 ICT 贡献，但是相对于其他国家，其数值都较高。这说明，服务业的 TFP 对劳动生产率的作用极不稳定，资本积累成为服务业发展的主要动力，其中 ICT 资本加深起着非常重要的作用。

表 5 - 18　　各因素对服务业劳动生产率增长的贡献率　　单位：%

	年份	美国	加拿大	英国	法国	德国	荷兰	澳大利亚
ICT 资本加深贡献率	1980 ~ 1990	142.96	92.72	69.56	21.74	51.31	32.67	- 94.72
	1991 ~ 1995	127.45	40.82	32.79	33.73	19.85	84.81	27.75
	1996 ~ 2000	76.86	50.05	60.01	42.76	48.71	63.32	27.74
	2001 ~ 2003	40.55	18.37	26.52	33.55	36.76	212.36	28.43
	1980 ~ 2003	94.11	50.18	48.90	28.68	39.99	51.68	48.34

续表

	年份	美国	加拿大	英国	法国	德国	荷兰	澳大利亚
非ICT资本加深贡献率	1980~1990	45.79	63.41	149.40	3.45	78.36	24.43	-42.79
	1991~1995	48.15	16.82	43.05	50.36	68.92	129.62	-18.52
	1996~2000	21.92	17.61	40.56	-4.07	60.44	19.92	4.44
	2001~2003	14.92	8.81	24.34	25.90	54.45	166.12	-1.23
	1980~2003	30.24	26.52	65.01	9.84	70.03	39.13	3.93
TFP贡献率	1980~1990	-88.75	-56.13	-118.96	74.82	-29.67	42.90	237.51
	1991~1995	-75.60	42.36	24.16	15.91	11.23	-114.42	90.77
	1996~2000	1.22	32.34	-0.58	61.31	-9.14	16.77	67.83
	2001~2003	44.53	72.82	49.15	40.55	8.79	-278.48	72.81
	1980~2003	-24.36	23.30	-13.90	61.49	-10.02	9.19	47.73

资料来源：同表5-2。

对比表5-17和表5-18可以发现，1980~2003年，ICT资本加深对服务业劳动生产率的贡献率要远远高于对制造业劳动生产率的贡献率，其中美国表现最为突出，两者之间的差距超过8倍。除了法国，其余国家服务业非ICT资本对劳动生产率的贡献也超过制造业。在TFP的贡献方面，澳大利亚比较特殊，其余国家的服务业TFP对劳动生产率的贡献都低于制造业。因此，服务业劳动生产率的增长与制造业之间形成强烈的反差，服务业劳动生产率的提高主要通过资本积累尤其是ICT资本加深来实现，而制造业劳动生产率的提高主要依靠TFP或科技进步获得。笔者认为，这种反差与服务业和制造业的资本密集程度不同有关。服务业的资本密集度低于制造业，劳动密集程度高，劳动生产率较低，增加投资，可以显著提高劳动生产率；相反，制造业资本密集度较高，劳动生产率较高，如果进一步提高资本密集程度，那么会出现边际效益递减，提高劳动生产率的空间非常有限。技术进步往往体现在资本积累上，制造业的高资本密集度为技术进步创造了良好的条件，技术进步成为提高劳动生产率主要途径。

根据式（5.9）可以计算得到服务业与制造业之间劳动生产率增长率

差距及其影响因素的作用程度，结果如表5－19所示。从表中看出，1980～2003年各国服务业劳动生产率增长速度都低于制造业，服务业与制造业之间的TFP增长率差别是造成这种差距的最主要原因。最值得注意的是，ICT资本加深差距的影响方向与劳动生产率差距变化方向完全相反，加拿大、英国和德国的非ICT资本加深对劳动生产率增长差距的贡献值为正数。这说明，“成本病”并没有完全得到根治，但是ICT资本加深缩小了服务业与制造业之间的劳动生产率增长的差距，在一定程度上减缓了服务业“成本病”的消极影响。

表5－19　1980～2003年服务业与制造业之间劳动生产率增长率的差距　单位：%

服务业—制造业	美国	加拿大	英国	法国	德国	荷兰
劳动生产率差距	－5.45	－1.06	－7.62	－4.77	－4.02	－4.36
其中：（1）ICT资本加深差距	0.37	0.27	0.37	0.30	0.43	0.23
（2）非ICT资本加深差距	－0.34	0.06	0.24	－0.73	0.85	－0.29
（3）TFP差距	－5.48	－1.40	－8.23	－4.34	－5.30	－4.30

资料来源：同表5－2。

服务业全要素生产率低于制造业，主要有以下三个方面的原因：

第一，服务业的科技进步速度低于制造业。在大多数情况下，全要素生产率就是科技进步的代名词。科技进步包括新工艺、新设备、新产品、新材料、劳动者受教育程度和生产技能的提高、规模经济的扩大、市场组织的改进、生产管理的改进等。服务业与制造业面临的技术机会不同。绝大多数的现代工业都是在现代科学知识的基础上建立起来的，它们的进一步发展和发展速度都在很大程度上依赖于有关科学知识的发展和发展速度，现有的科学知识为工业的技术进步和发展所提供的机会比服务业更大，工业技术问题可以较好地利用科学知识加以解决，技术进步可能较快。而服务业与科学技术的联系不如工业那么紧密，面临的技术机会较少，技术进步相对较慢。

第二，工业部门劳动质量的提高比服务部门快得多。工业部门在受教育年限、男性所占比例、年龄最适合工作的从业人员所占比例等方面都比服务部门增加快，或下降得慢。工业部门劳动质量的提高，还表现在该部门的专业和管理工作上。至于为何工业部门劳动质量的提高比服务部门快，Fuchs 认为：（1）两个部门的技术变化偏向不同，工业部门比服务业的技术偏向更大，更需要技术劳动力；（2）劳动质量和实物资本之间相辅相成。实物资本在工业部门的增长更加迅速，需要技术劳动力去掌握更加复杂的装置和设备；（3）在技术劳动力和非技术劳动力之间或资本和非技术劳动力之间，工业部门和服务部门的替代弹性不同，非技术劳动力比技术劳动力和资本更易提高价格，工业部门可以比较容易找到代替非技术劳动力的办法；（4）由于工业部门的工会化和最低工资法，非技术劳动力的价格在工业部门提高得特别迅速。

第三，服务业的标准化程度不高，个性化特点明显。服务业效率的提高方式基本上与工业一样，即通过专业化、规模化和标准化等。虽然一些现代服务利用信息技术实现了标准化和规模化生产，在一定程度上提高了生产率，但是其幅度与工业相比仍然很低，大多数服务业的效率要受到消费者的影响。正如 Fuchs 所指出的，顾客的知识、经验、诚实和动机都会影响服务行业的生产率。

二、ICT 对服务业内部各部门劳动生产率的贡献分析

（一）ICT 对批发贸易服务业劳动生产率的贡献

美国、加拿大、英国、德国和澳大利亚等 5 国的劳动质量对劳动生产率的贡献率出现不同程度的下降，而法国和荷兰有所上升（见表 5－20）。在整个考察期，各国劳动质量的贡献率的差别不大，介于 3.92%（法国）~9.19%（英国）。美国、加拿大、英国和澳大利亚 4 国 ICT 资本加深对劳动生产率的贡献率出现，而法国、德国、荷兰 3 国有所上升，法国的 ICT 加深贡献最低（7.39%），其他 6 国源于批发贸易业 ICT 加深而带来的劳动生产率提高占劳动生产率提高幅度的 1/3 ~ 1/2。非 ICT 资本加深对各国批发贸易业劳动生产率的贡献率变化方向不一，美国和英国下降，其他国家则上升。TFP 的贡献率变化也不一致，美国、加拿大、英国和澳大利亚出现下降，其余三国有所提高。从横向比较观察，各国

TFP 对批发贸易业劳动生产率的贡献率远高于其他因素，最低的英国也有 43.39%，其他 6 个国家都在 50% 以上。劳动质量改善所带来的劳动生产率提高较低，资本加深对劳动生产率的作用比较突出，其中 ICT 资本加深的作用大于非 ICT 资本的作用（只有法国出现相反情况）。这表明，通过提高 TFP 和增加资本积累尤其是 ICT 资本积累是提高批发贸易业劳动生产率的主要途径和方法。

表 5-20　各因素对批发贸易业劳动生产率增长的贡献率　单位：%

	年份	美国	加拿大	英国	法国	德国	荷兰	澳大利亚
劳动质量贡献率	1980～1990	9.39	8.16	16.70	6.90	13.24	5.81	14.21
	1991～1995	3.33	7.53	9.34	-9.01	9.90	7.54	2.93
	1996～2000	1.97	6.62	7.00	14.37	3.32	6.14	5.74
	2001～2003	0.00	0.00	0.00	0.00	0.00	0.00	1.60
	1980～2003	4.39	6.51	9.19	3.92	7.66	5.60	4.92
ICT 资本加深贡献率	1980～1990	26.61	24.52	30.48	5.09	13.44	22.66	100.38
	1991～1995	22.30	15.09	11.47	4.05	26.82	-232.36	13.87
	1996～2000	16.31	94.07	52.59	13.98	22.20	19.36	35.22
	2001～2003	21.72	20.10	14.80	15.78	28.73	75.91	34.22
	1980～2003	21.21	29.01	24.47	7.39	21.08	28.13	33.55
非 ICT 资本加深贡献率	1980～1990	38.41	-3.46	43.24	13.46	-2.64	14.29	-40.71
	1991～1995	-0.30	15.22	13.20	22.10	4.84	115.49	-9.32
	1996～2000	8.36	12.34	21.47	2.93	3.24	0.67	18.32
	2001～2003	12.29	6.54	15.05	19.12	8.67	58.59	-7.94
	1980～2003	16.97	6.01	22.95	14.00	2.29	9.95	-2.22
TFP 贡献率	1980～1990	25.58	70.78	9.58	74.54	75.96	57.24	26.13
	1991～1995	74.67	62.17	65.99	82.86	58.44	209.32	92.53
	1996～2000	73.36	-13.02	18.95	68.71	71.25	73.83	40.72
	2001～2003	65.99	73.37	70.15	65.09	62.60	-34.50	72.12
	1980～2003	57.43	58.46	43.39	74.69	68.97	56.32	63.75

资料来源：同表 5-2。

（二）ICT对零售贸易服务业劳动生产率的贡献

从表5－21可以看出，只有荷兰和澳大利亚的劳动质量改善对劳动生产率的贡献率有所上升，其他国家都出现下降。在整个考察时期，英国和荷兰的劳动质量贡献率较高，分别为20.70%和16.63%，其余国家这一数值都在10%以下。ICT资本加深对零售贸易业劳动生产率的贡献率变化方向不一致，美国、加拿大、英国和荷兰下降，其他三国则上升，法国的ICT资本加深贡献最低只有4.96%，其余6国这一数值都在10%以上。非ICT资本加深对劳动生产率的贡献率的变化方向与ICT资本贡献率变化方向基本一致（除加拿大外），各国之间的差异很大，最高的英国是最低的澳大利亚的10倍。TFP对劳动生产率的贡献率变化方向不同，美国、英国、德国、荷兰上升，其余国家则下降。综合比较起来，除英国外，其他6国的TFP对零售贸易业的贡献率远高于其余三个因素的贡献率，并且占劳动生产率增长的一半以上，美国、加拿大、德国、荷兰和澳大利亚5国的ICT资本加深贡献率超过非ICT资本贡献率，与批发贸易业的情况十分类似。

表5－21　各因素对零售贸易业劳动生产率增长的贡献率　单位：%

	年份	美国	加拿大	英国	法国	德国	荷兰	澳大利亚
劳动质量贡献率	1980～1990	12.43	13.51	26.15	1.63	19.53	1.85	3.05
	1991～1995	1.92	－19.44	123.21	12.46	7.45	39.88	14.66
	1996～2000	3.03	0.52	7.02	74.76	－0.64	2.38	6.60
	2001～2003	0.00	0.00	0.00	0.00	0.00	0.00	127.27
	1980～2003	5.06	5.81	20.70	7.14	8.67	16.63	5.65
ICT资本加深贡献率	1980～1990	39.38	18.09	17.39	1.64	10.46	5.59	5.46
	1991～1995	12.14	－31.63	67.39	5.26	5.87	29.80	27.84
	1996～2000	13.41	4.97	9.65	35.75	28.69	34.49	10.38
	2001～2003	9.43	10.53	10.61	76.77	11.13	－48.66	846.21
	1980～2003	20.13	13.32	16.27	4.96	12.10	16.63	10.85

续表

	年份	美国	加拿大	英国	法国	德国	荷兰	澳大利亚
非 ICT 资本加深贡献率	1980～1990	29.46	-21.14	48.96	2.17	-4.94	7.09	3.34
	1991～1995	17.74	-49.18	124.36	25.59	12.59	24.49	2.11
	1996～2000	7.29	3.65	13.92	5.42	13.54	18.04	2.69
	2001～2003	10.09	10.16	-8.08	63.00	3.63	-35.66	30.93
	1980～2003	16.86	5.07	31.94	6.03	5.16	13.22	3.04
TFP 贡献率	1980～1990	18.73	89.53	7.50	94.56	74.95	85.48	88.15
	1991～1995	68.21	200.26	-214.97	56.69	74.09	5.83	55.39
	1996～2000	76.27	90.86	69.40	-15.93	58.41	45.09	80.33
	2001～2003	80.48	79.32	97.47	-39.77	85.25	184.32	-904.41
	1980～2003	57.94	75.80	31.09	81.87	74.07	64.47	80.47

资料来源：同表 5-2。

（三）ICT 对旅馆业劳动生产率的贡献

劳动质量改善对旅馆业劳动生产率的贡献相当巨大，在 20 世纪 80 年代，所有国家的劳动质量贡献率都为负值，在后来的时间段里，这一数值得到大幅度提高（见表 5-22）。除了法国，其他国家 ICT 资本加深对劳动生产率的贡献率显著提高，但是在整个考察时期内，ICT 资本加深的贡献率在各国之间的差异很大，最高的是英国达到 105.54%，最低的是加拿大，为 -23.78%。非 ICT 资本加深的贡献率除了加拿大下降，其余 6 国都有所上升。只有加拿大和法国的 TFP 的贡献率上升，其他国家出现下降，TFP 的贡献率无论从时间角度还是从国家角度看波动都很大。综合来看，在横向比较上，旅馆业劳动生产率增长的来源因素方面几乎没有规律可循，各种因素对劳动生产率的贡献率都出现正数和负数，波动也相当大，这可能与旅馆业对市场变化极为敏感的特征有关。但是，可以反映出时间上的变化规律，ICT 资本加深与非 ICT 资本加深和劳动质量改进一样，对旅馆业劳动生产率的提高产生正面影响，而大多数国家的 TFP 对劳动生产率产生负面影响。

表 5－22　　各因素对旅馆业劳动生产率增长的贡献率　　单位:%

	年份	美国	加拿大	英国	法国	德国	荷兰	澳大利亚
劳动质量贡献率	1980～1990	－166.65	－6.56	－276.82	－2.02	－67.35	－19.14	－12.44
	1991～1995	383.06	－17.95	－1158.53	－24.59	－30.96	－22.92	－33.15
	1996～2000	2.10	20.95	1393.31	9.77	－32.12	－26.27	19.47
	2001～2003	0.00	0.00	0.00	0.00	0.00	0.00	1.13
	1980～2003	15.16	－15.22	817.88	－13.25	－29.57	－16.49	40.91
ICT 资本加深贡献率	1980～1990	－97.62	－19.94	－34.89	－2.78	－0.97	－27.92	－26.46
	1991～1995	－99.89	－12.15	－61.55	－3.06	－0.97	－4.95	－50.04
	1996～2000	13.01	5.23	126.10	9.14	－8.72	24.07	28.60
	2001～2003	18.44	156.01	14.56	－64.21	－0.49	－4.91	5.20
	1980～2003	48.12	－23.78	105.54	－7.72	－1.12	－16.49	73.45
非 ICT 资本加深贡献率	1980～1990	－224.61	－97.42	－104.17	－3.72	6.14	－261.17	－60.61
	1991～1995	－54.81	－69.36	－718.08	－21.11	－5.79	72.49	64.26
	1996～2000	9.36	－66.83	2820.29	－1.52	131.99	－58.52	11.80
	2001～2003	35.50	－389.87	55.56	8.50	7.08	－8.51	9.84
	1980～2003	77.46	－92.71	724.45	－10.00	10.24	－19.22	64.55
TFP 贡献率	1980～1990	588.88	223.93	515.89	108.52	162.18	408.24	199.50
	1991～1995	－128.37	199.46	2038.16	148.76	137.72	55.38	118.92
	1996～2000	75.54	140.65	－4239.70	82.60	8.86	160.73	40.13
	2001～2003	46.05	333.86	29.88	155.71	93.42	113.43	83.82
	1980～2003	－40.74	231.71	－1547.87	130.98	120.46	142.51	－78.91

资料来源：同表 5－2。

（四）ICT 对运输仓储业劳动生产率的贡献

各国劳动质量对运输仓储业劳动生产率的贡献率差别较大，最高的是英国达到 33.59%，最低的为加拿大只有 1.90%（见表 5－23）。ICT 资本加深对运输仓储业劳动生产率的贡献率在 2000 年之前各国都处于上升趋势，2000 年之后无一例外都出现了下滑，各国之间的差别也很大，最高（澳大利亚）与最低（德国）之间相差 10 倍。各国非 ICT 资本加深的贡献率变化方向不一致，美国、加拿大、英国和澳大利亚上升，而法国、德国和荷兰下降，各国之间差别相当大，最高的达到 85.10%（澳大利亚），最低的为 -8.54%（美国）。TFP 的贡献率出现下降的有 4 个国家，上升的有 3 个国家，除了澳大利亚的 TFP 为负值外，其他 6 个国家的 TFP 贡献率皆为正数并且都很大。综合来看，除了澳大利亚，其他 6 国的 TFP 对运输仓储业劳动生产率的贡献率远高于另外三个因素的贡献率。只有美国、加拿大两国的 ICT 资本加深的贡献率高于非 ICT 资本加深的贡献率，其余 5 国则出现相反情形。这说明运输仓储业劳动生产率的提高主要是依靠提高 TFP 来实现，ICT 加深对劳动生产率提高的作用有限。

表 5-23　各因素对运输仓储业劳动生产率增长的贡献率　单位:%

	年份	美国	加拿大	英国	法国	德国	荷兰	澳大利亚
劳动质量贡献率	1980~1990	14.45	1.80	33.33	5.93	6.59	-1.45	-5.35
	1991~1995	5.63	4.14	47.15	14.09	1.91	21.89	18.80
	1996~2000	17.26	1.67	2.87	16.54	1.21	2.17	76.50
	2001~2003	0.00	0.00	0.00	0.00	0.00	0.00	0.47
	1980~2003	9.46	1.90	33.59	9.98	3.26	12.81	16.67
ICT 资本加深贡献率	1980~1990	7.60	8.40	1.00	3.14	0.92	8.64	-14.57
	1991~1995	14.51	5.23	6.32	7.49	0.50	12.58	36.56
	1996~2000	84.70	17.35	55.59	9.93	6.76	12.75	76.77
	2001~2003	19.22	4.12	13.10	-26.10	-33.17	-384.81	4.97
	1980~2003	20.49	9.32	5.30	7.18	3.22	12.81	36.02
非 ICT 资本加深贡献率	1980~1990	-14.12	-18.77	0.68	9.85	-1.13	14.44	-20.87
	1991~1995	-14.12	0.90	22.15	41.93	3.14	14.04	-7.33
	1996~2000	-11.29	4.84	34.32	-17.22	3.07	5.24	186.74
	2001~2003	11.35	31.47	57.48	-92.45	-100.14	-914.17	31.27
	1980~2003	-8.54	0.74	12.24	14.34	4.89	16.54	85.10

续表

	年份	美国	加拿大	英国	法国	德国	荷兰	澳大利亚
TFP贡献率	1980～1990	92.07	108.58	64.99	81.08	93.62	78.37	140.79
	1991～1995	93.99	89.73	24.37	36.48	94.44	51.49	51.97
	1996～2000	9.33	76.14	7.22	90.75	88.96	79.85	-240.00
	2001～2003	69.44	64.41	29.42	218.55	233.31	1398.97	63.29
	1980～2003	78.59	88.05	48.87	68.50	88.63	66.63	-37.78

资料来源：同表5-2。

（五）ICT对通信业劳动生产率的贡献

从表5-24看出，除法国外其他国家的劳动质量改善对通信业劳动生产率的贡献率都出现程度不同的下降，各国之间差别不小，荷兰最高达到26.39%，法国最低为-2.75%。ICT资本加深对通信业劳动生产率的贡献率的变化方向不一致，美国、德国、荷兰3国有所下降，其他4国则上升，各国之间差别相当大，最高的美国（93.85%）是最低的法国（6.64%）的10多倍。美国和英国的非ICT资本加深贡献率出现下降，其他5国则上升。美国、英国、德国和荷兰4国的TFP贡献率上升，其他3国则下降，美国的TFP最低为-31.40%，其他国家的TFP贡献率都为正数而且较高。从横向比较来看，除了美国，其他6国的TFP对通信业劳动生产率的贡献率都大大高于另外三个因素的贡献率。美国的ICT资本加深的贡献率远远超出其他国家的水平。各国ICT资本加深的贡献率超过非ICT资本加深的贡献率，劳动质量的贡献率低于ICT资本加深或者非ICT资本加深的贡献率。这意味着，TFP是影响通信业劳动生产率的最主要因素，ICT资本的作用几乎与非ICT资本的作用相当，劳动质量改善的作用较小。

表 5-24　各因素对通信业劳动生产率增长的贡献率　单位:%

	年份	美国	加拿大	英国	法国	德国	荷兰	澳大利亚
劳动质量贡献率	1980~1990	19.82	4.92	10.06	-6.33	10.46	7.49	0.94
	1991~1995	13.15	5.45	6.57	-17.55	9.03	1.01	1.14
	1996~2000	8.39	1.55	6.54	7.17	2.33	5.06	4.19
	2001~2003	0.00	0.00	0.00	0.00	0.00	0.00	0.52
	1980~2003	10.47	3.31	6.91	-2.75	6.73	26.39	1.39
ICT 资本加深贡献率	1980~1990	138.57	-26.75	16.87	5.74	28.74	36.28	12.81
	1991~1995	58.69	52.64	19.55	8.12	25.80	45.21	19.47
	1996~2000	131.66	45.09	34.36	6.74	18.67	19.25	57.35
	2001~2003	44.45	36.72	27.01	8.77	11.76	20.55	23.02
	1980~2003	93.85	16.04	24.86	6.64	23.43	26.39	22.17
非 ICT 资本加深贡献率	1980~1990	60.59	0.93	41.33	8.73	24.31	33.01	28.52
	1991~1995	14.31	22.81	10.99	13.82	34.33	41.03	15.81
	1996~2000	7.64	5.50	2.89	0.18	20.55	25.22	30.90
	2001~2003	16.04	7.04	13.97	12.77	28.69	39.31	37.79
	1980~2003	27.08	6.60	17.68	7.54	26.16	33.02	26.62
TFP 贡献率	1980~1990	-118.98	120.90	31.74	91.86	36.50	23.21	57.72
	1991~1995	13.84	19.10	62.89	95.62	30.84	12.75	63.58
	1996~2000	-47.69	47.87	56.21	85.92	58.45	50.47	7.55
	2001~2003	39.50	56.24	59.02	78.46	59.55	40.14	38.67
	1980~2003	-31.40	74.05	50.55	88.58	43.68	36.93	49.82

资料来源：同表 5-2。

（六）ICT 对金融业劳动生产率的贡献

从表 5-25 可以看出，除荷兰外劳动质量对金融业劳动生产率的贡献率都出现下降趋势，英国、荷兰较高，分别达到 45.49% 和 23.78%，加拿大、法国、德国和澳大利亚都在 10% 以下。美国、加拿大、荷兰的

ICT资本加深对劳动生产率的贡献率出现下降，其他4国则有所上升，各国之间的差别明显，英国最高达到301.01%，德国最低为55.24%。非ICT资本加深对劳动生产率的贡献率有4国出现下降，3个国家上升。无论从时间上还是从国家之间看，TFP对金融业劳动生产率的贡献率波动很大，只有法国、德国和澳大利亚的TFP贡献率为正数，其他4国为负数。从横向比较来看，除了加拿大，其他6国的ICT加深的贡献率远高于其余因素的贡献率，说明通过ICT资本加深成为提高金融业劳动生产率的最有效途径。

表5-25　各因素对金融业劳动生产率增长的贡献率　单位:%

	年份	美国	加拿大	英国	法国	德国	荷兰	澳大利亚
劳动质量贡献率	1980~1990	28.26	20.38	104.60	5.24	5.68	25.74	4.70
	1991~1995	11.66	6.37	67.16	-67.49	14.59	18.96	3.71
	1996~2000	3.64	6.69	45.27	1.30	4.51	402.55	7.37
	2001~2003	0.00	0.00	0.00	0.00	0.00	0.00	2.12
	1980~2003	10.75	7.18	45.49	6.72	6.60	23.78	4.88
ICT资本加深贡献率	1980~1990	287.60	36.16	-90.42	42.64	35.43	194.15	41.78
	1991~1995	83.56	17.25	83.92	-227.87	79.87	78.26	27.97
	1996~2000	91.36	76.03	206.24	45.84	91.79	3159.67	76.39
	2001~2003	40.05	24.67	131.53	911.55	107.19	78.23	122.56
	1980~2003	127.05	72.46	301.01	63.37	55.24	176.51	54.06
非ICT资本加深贡献率	1980~1990	116.66	581.76	-5974.28	-7.50	30.99	37.44	9.38
	1991~1995	10.83	1.09	52.48	32.98	18.50	58.64	6.35
	1996~2000	1.74	175.64	59.39	2.94	26.42	107.13	-15.93
	2001~2003	9.36	32.57	-2.90	221.92	7.66	45.20	-26.24
	1980~2003	33.21	111.37	152.78	-3.01	27.03	47.24	-1.55

续表

	年份	美国	加拿大	英国	法国	德国	荷兰	澳大利亚
TFP贡献率	1980～1990	-332.51	-863.77	150.12	59.62	27.90	-157.33	44.14
	1991～1995	-6.05	75.30	-103.56	362.39	-12.96	-55.86	61.97
	1996～2000	3.27	-158.36	-210.90	49.92	-22.72	-3569.34	32.17
	2001～2003	50.59	42.77	-28.63	-1033.48	-14.85	-23.42	1.55
	1980～2003	-71.00	-91.02	-399.28	32.91	11.12	-147.53	42.61

资料来源：同表5-2。

（七）ICT对商务服务业劳动生产率的贡献

从表5-26看出，各国劳动质量对商务服务业劳动生产率的贡献率的变化方向不一，美国、荷兰和澳大利亚上升，其他4国则下降，在整个观察期法国和澳大利亚出现了负值。ICT资本加深商务服务业劳动生产率的贡献率的变化方向与劳动质量完全一样，加拿大和英国逐期下降。从非ICT资本加深和TFP的贡献率看，没有明显的变化规律。从横向比较上观察，法国和澳大利亚的表现与其他国家不一样，劳动质量、ICT资本加深和非ICT资本加深的贡献为负值，而TFP为正数，这是两国的商务服务业劳动生产率在考察期呈负增长的缘故。美国、加拿大、德国、荷兰的ICT资本加深贡献率高于非ICT资本加深的贡献率，英国的ICT资本贡献率与非ICT贡献率也比较接近，如果排除法国和澳大利亚的劳动生产率负增长情形，它们的ICT贡献率也高于非ICT的贡献率，说明ICT资本加深是商务服务业劳动生产率的重要影响因素。

表 5－26　　各因素对商务服务业劳动生产率增长的贡献率　　单位：%

	年份	美国	加拿大	英国	法国	德国	荷兰	澳大利亚
劳动质量贡献率	1980～1990	－38.57	1321.96	58.00	31.78	6.42	－1506.69	－6.31
	1991～1995	－40.33	106.60	10.17	－21.54	39.93	183.17	－6.16
	1996～2000	12.62	4.19	19.93	－123.36	－1.28	38.65	474.71
	2001～2003	0.00	0.00	0.00	0.00	0.00	0.00	1.34
	1980～2003	226.23	40.62	13.55	－3471.56	40.08	200.06	－20.81
ICT 资本加深贡献率	1980～1990	－237.51	2153.55	323.58	63.79	102.90	－2068.04	－15.99
	1991～1995	－58.36	79.40	66.05	－51.81	141.14	291.94	－5.84
	1996～2000	123.29	19.06	56.33	－145.40	－45.18	122.53	301.39
	2001～2003	43.25	13.83	10.66	－46.31	－39.05	－137.78	4.45
	1980～2003	1244.10	65.19	57.60	－6689.19	564.52	439.02	－27.99
非 ICT 资本加深贡献率	1980～1990	64.08	711.41	840.24	－8.79	91.10	308.59	－4.58
	1991～1995	－49.46	－11.27	37.76	－114.07	486.14	－32.94	13.49
	1996～2000	59.69	－89.72	12.69	43.68	－9.16	56.63	－120.34
	2001～2003	22.89	2.09	25.70	－24.46	－31.37	－245.62	2.73
	1980～2003	171.71	－16.17	61.77	－1892.75	548.30	157.25	6.85
TFP 贡献率	1980～1990	312.01	－4086.92	－1121.82	13.21	－100.43	3366.14	126.88
	1991～1995	248.15	－74.73	－13.98	287.42	－567.21	－342.17	98.51
	1996～2000	－95.61	166.48	11.04	325.07	155.63	－117.82	－555.76
	2001～2003	33.86	84.08	63.64	170.77	170.42	483.39	91.48
	1980～2003	－1542.04	10.36	－32.92	12153.50	－1052.90	－696.87	141.95

资料来源：同表 5－2。

（八）ICT 对社会和个人服务业劳动生产率的贡献

劳动质量对社会和个人服务业劳动生产率的贡献率在时序上看不出什么规律，各国之间的差别不大，除了加拿大稍低（13.72%）外，其他国家之间相差不是很大（见表 5－27）。美国 ICT 资本加深对社会和个人服务业劳动生产率的贡献率表现出稳步上升态势，英国和澳大利亚也有所上升，其余国家则出现下降。各国之间的差别较大，加拿大最高为55.97%，美国最低仅为8.32%，两者相差近7倍。非ICT资本加深的贡献率在时间上没有显著的规律性，各国之间相差很大。从TFP的贡献率看，只有美国出现明显减少，澳大利亚基本持平，其他5国都出现不同程度的上升，说明TFP对劳动生产率的作用日趋增强。综合来看，美国、法国和澳大利亚的TFP贡献率高于另外三个因素的贡献率，加拿大的ICT资本贡献最大，英国的非ICT资本贡献稍高于TFP贡献，德国和荷兰的非ICT资本贡献最高，说明ICT资本加深对社会和个人服务业劳动生产率提高的作用还不是很强。除了加拿大，其他国家的劳动质量贡献率水平较高，说明该行业的人力资本加深对劳动生产率的作用比较显著。

表5-27 各因素对社会和个人服务业劳动生产率增长的贡献率 单位:%

	年份	美国	加拿大	英国	法国	德国	荷兰	澳大利亚
劳动质量贡献率	1980~1990	36.61	12.98	30.16	21.30	13.61	148.59	11.11
	1991~1995	141.17	-84.97	25.76	-17.38	38.87	15.32	-11.17
	1996~2000	19.48	8.40	136.60	277.21	36.60	31.88	15.03
	2001~2003	0.00	0.00	0.00	0.00	0.00	0.00	5.38
	1980~2003	35.92	13.72	29.36	35.60	22.19	40.94	23.61
ICT资本加深贡献率	1980~1990	-10.67	56.85	7.46	28.64	21.69	38.49	6.49
	1991~1995	42.40	-215.05	8.29	-6.28	13.73	15.99	-3.65
	1996~2000	44.90	38.45	152.50	403.56	239.82	-50.71	5.92
	2001~2003	58.40	18.54	25.40	9.88	-19.29	20.41	11.26
	1980~2003	8.32	55.97	13.53	47.68	37.33	31.35	11.95
非ICT资本加深贡献率	1980~1990	-0.62	-5.54	16.38	-8.76	80.22	130.70	12.51
	1991~1995	-12.91	-11.50	31.31	31.07	312.91	72.97	3.88
	1996~2000	0.09	14.59	199.70	-826.43	561.46	89.27	6.71
	2001~2003	17.54	-0.24	33.52	-17.08	-66.08	-9.13	14.44
	1980~2003	-0.04	4.52	29.21	-65.65	174.64	71.01	13.24

续表

	年份	美国	加拿大	英国	法国	德国	荷兰	澳大利亚
TFP贡献率	1980～1990	74.68	35.70	45.99	58.82	-15.53	-217.78	69.89
	1991～1995	-70.66	411.52	34.64	92.59	-265.51	-4.28	110.95
	1996～2000	35.53	38.55	-388.81	245.65	-737.88	29.56	72.34
	2001～2003	24.06	81.70	41.08	107.20	185.38	88.72	68.92
	1980～2003	55.80	25.79	27.90	82.37	-134.16	-43.30	51.21

资料来源：同表5-2。

（九）ICT对非市场服务业劳动生产率的贡献

由于2001～2003年劳动质量对非市场服务业劳动生产率的贡献率数据的缺失，所以我们重点考察前三个子期。由表5-27可以看出，美国、德国和澳大利亚的劳动质量对非市场服务业劳动生产率的贡献率呈逐步下降趋势，加拿大、英国、法国、荷兰的劳动质量贡献率出现上升。在整个考察期，各国劳动质量的贡献率差别特别大，最高的英国达到119.97%，而最低的美国为-98.65%，美国的劳动质量贡献率之所以出现负值主要是在整个考察期美国非市场服务业劳动生产率出现负增长的缘故。在ICT对劳动生产率的贡献方面，除了英国，其他6国都出现程度不同的下降，美国和加拿大是两个极端，ICT加深的贡献率分别代表最低水平和最高水平。非ICT资本加深对劳动生产率的贡献率变化方向不一致，美国、德国下降，而其余5国上升。TFP对非市场服务业劳动生产率的贡献率的变化方向不一，相差特别大。从横向比较看，美国、法国、德国、荷兰和澳大利亚的TFP对劳动生产率的贡献率高于其余三个因素的影响，而加拿大、英国的劳动质量贡献率又高于其余因素的贡献率。如果撇开美国非市场服务业劳动生产率负增长的特殊情况，那么劳动质量贡献率高于或接近ICT资本加深和非ICT资本加深的贡献率。这表明，非市场服务业劳动生产率的提高主要依赖TFP的提升，劳动质量的改善起着非常关键的作用。

（十）ICT 对各服务分部门劳动生产率增长贡献率的比较

比较表 5－20～表 5－27，金融业、商务服务业的 ICT 资本加深对劳动生产率的贡献率普遍高于其他行业，法国、德国和荷兰的社会与个人服务业的 ICT 资本加深贡献率也较高，而旅馆业和运输仓储业较低。这主要与行业特点和信息化程度有关，金融业和商务服务业比其他行业的信息化程度较高，ICT 的使用范围广，工作业务与 ICT 结合紧密。这些行业的服务生产和传递过程就是 ICT 的使用过程，生产过程较为复杂，服务产品的知识、信息含量大，大多也需要借助 ICT 媒介来表现。这些服务就业人员素质较高，使用 ICT 的技能成为就业的一道门槛，ICT 的使用程度往往也代表这些行业的效率高低。而旅馆业、运输仓储业的其他固定资产比例较高，信息化程度较低，这些行业的服务生产过程相对简单，环节较少，一般采用人力和机械动力就可以完成，ICT 对服务的效率和服务质量的影响较小，这些行业的就业人员素质普遍不高，对 ICT 技能没有很严格的要求。

表 5－28　　各因素对非市场服务业劳动生产率增长的贡献率　　单位：%

	年份	美国	加拿大	英国	法国	德国	荷兰	澳大利亚
劳动质量贡献率	1980～1990	239.25	－158.28	－397.28	33.93	81.90	16.89	45.02
	1991～1995	－18.90	60.94	69.01	9.42	13.07	43.93	22.39
	1996～2000	－58.06	687.00	49.37	131.10	－2.23	20.62	20.99
	2001～2003	0.00	0.00	0.00	0.00	0.00	0.00	－39.12
	1980～2003	－98.65	119.97	170.40	29.96	17.79	25.55	27.52
ICT 资本加深贡献率	1980～1990	189.40	97.38	－39.28	1.49	19.91	6.35	56.11
	1991～1995	－11.76	－25.19	12.84	4.07	2.32	27.38	24.69
	1996～2000	－32.36	61.39	4.71	6.81	6.62	39.10	15.59
	2001～2003	26.64	9.03	－14.66	1.33	5.32	－4.57	－93.00
	1980～2003	－76.73	85.75	22.38	2.38	6.89	17.60	28.73

续表

	年份	美国	加拿大	英国	法国	德国	荷兰	澳大利亚
非ICT资本加深贡献率	1980~1990	177.89	-46.11	-77.89	-26.74	88.84	15.70	-54.70
	1991~1995	-7.38	-7.66	21.75	-43.32	12.35	56.40	-5.80
	1996~2000	-12.95	52.90	11.47	-34.97	16.57	4.26	4.39
	2001~2003	16.22	13.30	19.25	8.95	14.11	32.30	44.04
	1980~2003	-56.28	16.99	36.98	-20.54	26.28	14.53	-10.64
TFP贡献率	1980~1990	-506.54	207.00	614.44	91.32	-90.65	61.06	53.57
	1991~1995	138.03	71.92	-3.60	129.82	72.26	-27.72	58.71
	1996~2000	203.37	-701.30	34.45	-2.94	79.04	36.02	59.03
	2001~2003	57.14	77.68	95.41	89.73	80.57	72.27	188.08
	1980~2003	331.66	-122.71	-129.77	88.20	49.04	42.33	54.39

资料来源：同表5-2。

第四节　信息化对行业劳动生产率差距的影响

服务业与制造业之间以及服务业内部各部门之间的增长不平衡，这是不争的事实，也引起不少学者的极大关注。这种不平衡增长背后的主要原因是劳动生产率的差距。那么，信息化是否会改变这种现实呢？下面我们将探讨ICT对服务业与制造业之间，以及服务业内部各部门与制造业之间劳动生产率差距的影响。

一、ICT对服务业与制造业之间劳动生产率差距的影响

Jack E. Triplett和Barry P. Bosworth研究了美国非农产业特别是服务业劳动生产率变化情况，结果发现：1995~2000年的美国非农产业小时劳动生产率增长率（2.6%）相对于1973~1995年的增长率（1.3%）翻了一番。与此同时，在1995年之后服务业劳动生产率呈现加速增长趋势，其增长率与国民经济增长率几乎相当。并且，服务业劳动生产率的这种

加速增长并不局限于一两个服务部门，而是服务业当中普遍存在的一种现象。Jack E. Triplett 和 Barry P. Bosworth（2003）据此断言：“Baumol‘成本病’已经治愈”①。Baumol 成本病的一个基本观点是：服务业劳动生产率增长速度落后于制造业，这种部门之间劳动生产率增长的不平衡，诱使资源流向劳动生产率落后的服务业，推高服务业成本，最终拖累国民经济的增长。其实，在笔者看来，Jack E. Triplett 和 Barry P. Bosworth 的结论尚缺乏充足的证据，原因有二：一是在服务业劳动生产率加速增长的同时，制造业劳动生产率以更大的加速度增长，两大部门之间的劳动生产率增长率差距不但没有缩小，反而扩大（见图 5 - 1）。二是服务业劳动生产率增长率接近或达到整体国民经济劳动生产率增长率也不能说明服务业劳动生产率增长率接近或高于制造业劳动生产率增长率。1995 年之后，在各服务部门中，金融业的劳动生产率增长速度最高（见图 5 - 2），其他各服务部门的生产率增长速度相差不大，但是金融业的增加值比重不是最高的，只有 10% 左右，相当于增长速度并不高的社会个人服务业和商务服务业的 1/3（见图 5 - 3）。这样一来，从整体上看，个别低增加值比重的高增长率被平均数掩盖了。同样道理，即使制造业劳动生产率增长率很高，但是它的增加值比重较低（见图 5 - 4），对国民经济整体劳动生产率的增长作用也很小。

根据（5.9）式可以计算得到服务业与制造业之间劳动生产率增长率差距及其影响因素的作用程度，结果如表 5 - 29 所示。从表中看出，1980 ~ 2003 年各国服务业劳动生产率增长速度都低于制造业，除了澳大利亚是个例外，其余各国服务业与制造业之间的 TFP 增长率差别是造成这种差距的最主要的原因。最值得注意的是，在这 6 个国家中，ICT 资本加深差距的影响方向与劳动生产率差距变化方向完全相反，加拿大、英国和德国的非 ICT 资本加深对劳动生产率增长差距的贡献值为正数。这说明，“成本病”并没有完全得到根治，但是 ICT 资本的加深缩小了服务业与制造业之间劳动生产率增长的差距，在一定程度上减缓了服务业“成本病”的消极影响。

---

① Jack E. Triplett and Barry P. Bosworth，“Productivity Measurement Issues in Services Industries：‘Baumol’s Disease’Has Been Cured”，FRBNY Economic Policy Review，September 2003.

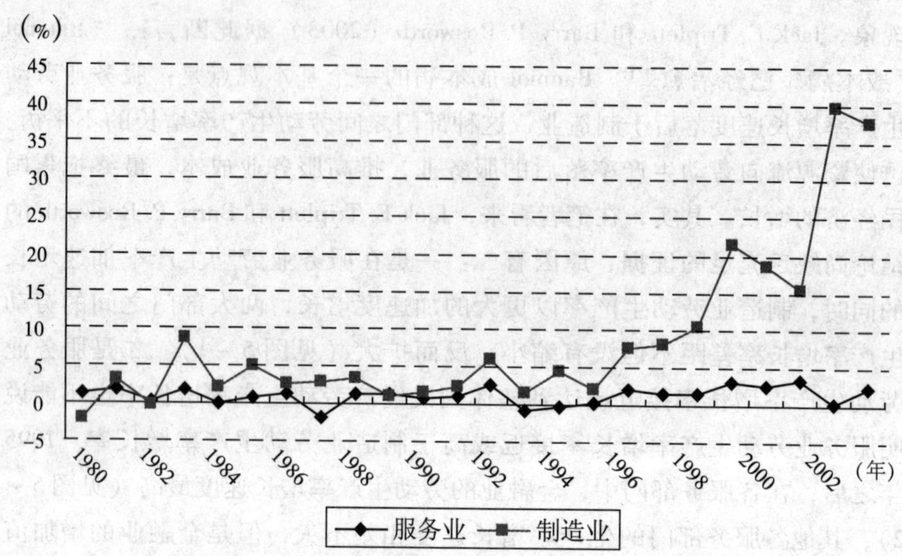

图 5－1　美国服务业与制造业小时生产率增长速度

资料来源：根据 GGDC（网址 http：//www. ggdc. net）产业数据库（2006 年版）按 1995 年不变价计算计算得到。劳动生产率计量单位为：千美元/小时。

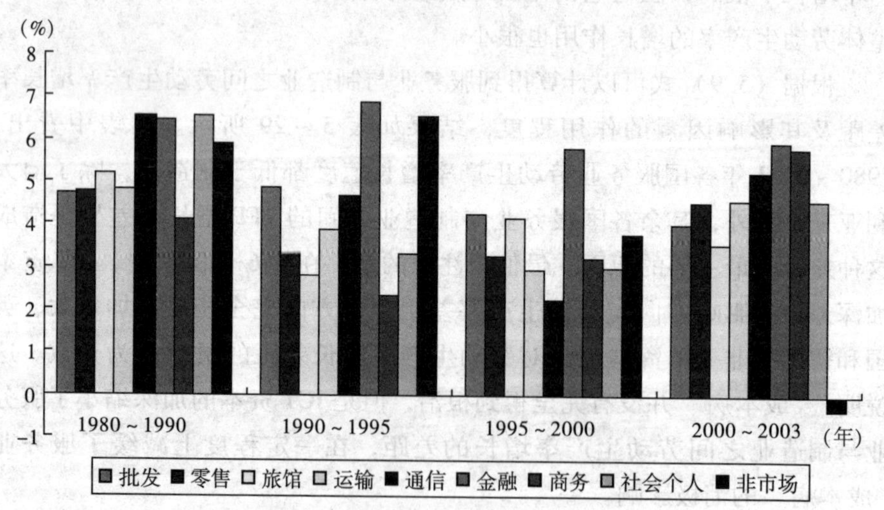

图 5－2　美国各服务部门劳动生产率增长速度

资料来源：同图 5－1。

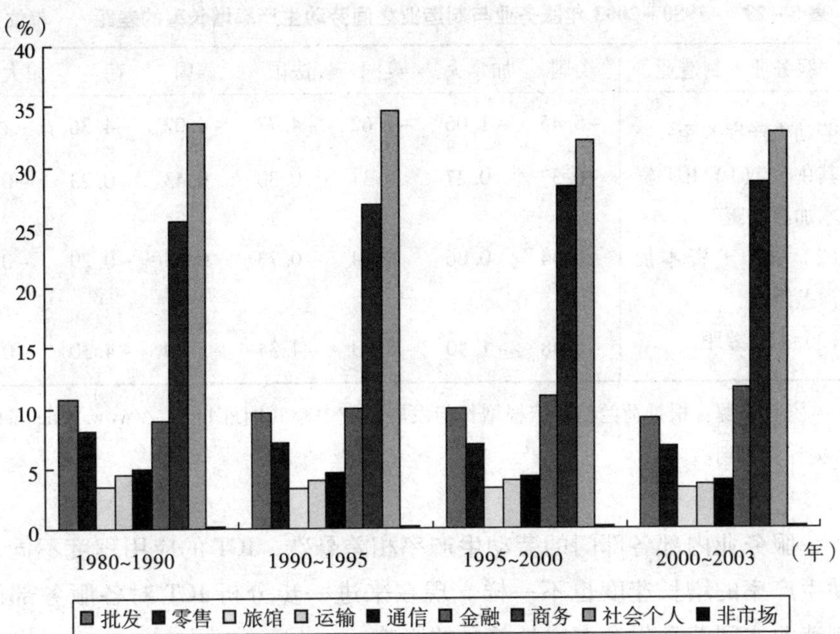

图 5－3　美国各服务部门增加值平均比重

资料来源：同图 5－1。

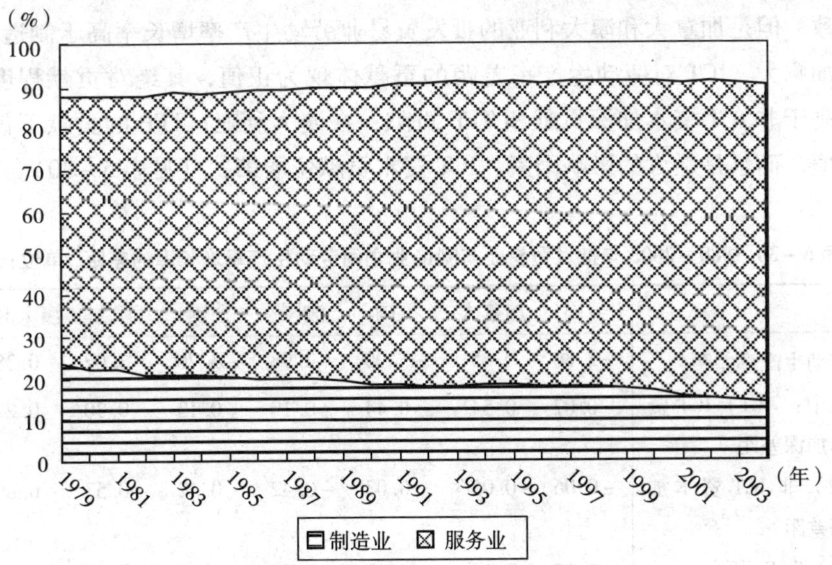

图 5－4　美国服务业与制造业增加值比重（现价）

资料来源：同图 5－1。

表 5－29　1980～2003 年服务业与制造业之间劳动生产率增长率的差距　单位:%

服务业—制造业	美国	加拿大	英国	法国	德国	荷兰	澳大利亚
劳动生产率差距	－5.45	－1.06	－7.62	－4.77	－4.02	－4.36	－1.39
其中：（1）ICT 资本加深差距	0.37	0.27	0.37	0.30	0.43	0.23	－0.24
（2）非 ICT 资本加深差距	－0.34	0.06	0.24	－0.73	0.85	－0.29	－0.80
（3）TFP 差距	－5.48	－1.40	－8.23	－4.34	－5.30	－4.30	－0.35

资料来源：根据荷兰格罗宁根增长与发展研究中心（网址 http：//www. ggdc. net）的数据计算得到。

服务业内部各部门的劳动生产率相差悬殊，ICT 的应用程度不同，劳动生产率的增长速度也不一样。现在来进一步分析 ICT 对各服务部门与制造业之间劳动生产率增长差异的影响。

在美国、英国、法国、英国、德国和荷兰，批发贸易业与制造业之间劳动生产率增长的差距以及 ICT 的作用状况与上面分析的服务业情形保持一致，但是加拿大和澳大利亚的批发贸易业劳动生产率增长率高于制造业。在加拿大，ICT 对劳动生产率差距的贡献体现为正值，其绝对贡献程度也远高于非 ICT 资本加深贡献和 TFP 贡献；在澳大利亚；TFP 的贡献不仅为正值，而且是最大的影响因素，ICT 资本贡献位居第二（见表 5－30）。

表 5－30　1980～2003 年批发贸易业与制造业之间劳动生产率增长率的差距　单位:%

	美国	加拿大	英国	法国	德国	荷兰	澳大利亚
劳动生产率差距	－2.86	0.65	－5.90	－2.98	－3.76	－3.02	0.38
其中：（1）ICT 资本加深差距	0.07	0.54	0.44	0.10	0.13	0.30	0.22
（2）非 ICT 资本加深差距	－0.06	－0.05	0.03	－0.42	－0.42	－0.53	－0.89
（3）TFP 差距	－2.87	0.16	－6.37	－2.66	－3.47	－2.79	1.05

资料来源：同表 5－28。

美国、英国、法国、英国、德国和荷兰的零售贸易业的劳动生产率增长低于制造业，加拿大和澳大利亚则相反（见表 5 – 31）。除了加拿大，其余国家的 TFP 的贡献最大并与劳动生产率的差距变化方向一致；在加拿大，非 ICT 的作用最大，并与劳动生产率变化方向相反。加拿大、英国和法国的 ICT 贡献为正数，其余 4 国为负值，说明 ICT 资本加深对零售贸易业与制造业之间劳动生产率的差距作用在各国之间存在较大差异。

表 5 – 31 1980 ~ 2003 年零售贸易业与制造业之间劳动生产率增长率的差距 单位:%

	美国	加拿大	英国	法国	德国	荷兰	澳大利亚
劳动生产率差距	-4.31	0.12	-6.49	-3.14	-4.03	-3.88	0.85
其中：（1）ICT 资本加深差距	-0.26	0.03	0.08	0.01	-0.10	-0.15	-0.35
（2）非 ICT 资本加深差距	-0.31	-0.11	0.12	-0.69	-0.37	-0.56	-0.74
（3）TFP 差距	-3.74	0.20	-6.69	-2.46	-3.56	-3.17	1.94

资料来源：同表 5 – 28。

各国旅馆业劳动生产率增长率都无一例外低于制造业（见表 5 – 32），其中 TFP 的绝对影响最大，ICT 的贡献值不仅为负，而且绝对值都很小。这表明，ICT 资本的加深并没有减轻旅馆业劳动生产率的缓慢提高，反而在一定程度上轻微地拖累了劳动生产率的提高。

表 5 – 32 1980 ~ 2003 年旅馆业与制造业之间劳动生产率增长率的差距 单位:%

	美国	加拿大	英国	法国	德国	荷兰	澳大利亚
劳动生产率差距	-6.37	-2.83	-8.98	-7.35	-7.07	-6.37	-1.94
其中：（1）ICT 资本加深差距	-0.61	-0.11	-0.25	-0.07	-0.31	-0.32	-0.41
（2）非 ICT 资本加深差距	-0.50	0.41	-0.12	-0.78	-0.59	-0.66	-0.59
（3）TFP 差距	-5.26	-3.13	-8.61	-6.50	-6.17	-5.39	-0.94

资料来源：同表 5 – 28。

各国运输业劳动生产率增长速度落后于制造业（见表5－33），除了加拿大出现TFP的正向贡献外，其他6国的TFP绝对贡献最大（负向），在ICT贡献方面，仅有法国出现轻微的正向贡献，其余国家都为负值。这表明，ICT与非ICT资本一样，没有减轻运输业劳动生产率增速落后制造业的程度。

表5－33　1980～2003年运输业与制造业之间劳动生产率增长率的差距　单位：%

	美国	加拿大	英国	法国	德国	荷兰	澳大利亚
劳动生产率差距	－4.34	－0.27	－6.30	－4.18	－3.11	－3.82	－1.52
其中：（1）ICT资本加深差距	－0.26	－0.10	－0.19	0.01	－0.24	－0.21	－0.40
（2）非ICT资本加深差距	－0.89	－0.21	－0.36	－0.58	－0.33	－0.49	－0.16
（3）TFP差距	－3.19	0.04	－5.75	－3.61	－2.54	－3.12	－0.96

资料来源：同表5－28。

美国、英国和荷兰3国的通信业劳动生产率增速落后于制造业，而加拿大、法国、德国和澳大利亚与此相反（见表5－34）。从表中看出，各国的TFP是最大的贡献者，ICT资本加深的贡献都表现为正值，美国、加拿大、英国和法国的ICT贡献大大高于非ICT贡献，德国、荷兰和澳大利亚的ICT贡献与非ICT相差不大。这说明，通信业ICT资本的加深使通信业劳动生产率增长率与制造业之间的差距大为缩小，甚至在部分国家，该行业劳动生产率增速高于制造业。

表5－34　1980～2003年通信业与制造业之间劳动生产率增长率的差距　单位：%

	美国	加拿大	英国	法国	德国	荷兰	澳大利亚
劳动生产率差距	－3.80	0.80	－3.10	0.29	0.25	－0.82	3.44
其中：（1）ICT资本加深差距	1.91	0.20	1.15	0.29	1.12	0.83	0.59
（2）非ICT资本加深差距	0.07	－0.03	0.36	－0.39	1.14	0.80	0.70
（3）TFP差距	－5.78	0.63	－4.61	0.39	－2.01	－2.45	2.15

资料来源：同表5－28。

除了澳大利亚，其他6国金融业劳动生产率增速低于制造业(见表5－35)。各国的TFP贡献最大，除了澳大利亚出现正向贡献外，其他国家为负数。所有国家的ICT贡献都为正值，只有加拿大的ICT贡献低于非ICT贡献，其他6国的ICT贡献都高于非ICT贡献。这充分说明，ICT资本加深是缩小金融业与制造业劳动生产率增长差距的最为重要的因素。

表5－35　1980～2003年金融业与制造业之间劳动生产率增长率的差距　单位:%

	美国	加拿大	英国	法国	德国	荷兰	澳大利亚
劳动生产率差距	－4.10	－0.70	－8.40	－3.96	－3.79	－4.24	0.50
其中：（1）ICT资本加深差距	2.47	0.78	1.65	1.35	0.84	2.06	0.83
（2）非ICT资本加深差距	0.14	1.39	0.31	－0.96	0.10	－0.13	－0.88
（3）TFP差距	－6.71	－2.87	－10.36	－4.35	－4.73	－6.17	0.55

资料来源：同5－28。

各国商务服务业劳动生产率增速都落后于制造业（见表5－36），TFP是造成这种差距的最主要因素，在ICT贡献上，除了澳大利亚出现负值外，其他6国都表现为正数，英国和德国的非ICT资本贡献为正，其他国家为负数。这表明，ICT资本加深在一定程度上减缓了商务服务业劳动生产率增长落后于制造业的步伐。

表5－36　1980～2003年商务服务业与制造业之间劳动生产率增长率的差距　单位:%

	美国	加拿大	英国	法国	德国	荷兰	澳大利亚
劳动生产率差距	－6.49	－1.41	－7.53	－6.34	－5.67	－5.51	－3.21
其中：（1）ICT资本加深差距	0.88	0.21	0.55	0.29	1.00	0.21	－0.44
（2）非ICT资本加深差距	－0.47	－0.34	0.25	－0.76	0.82	－0.56	－0.90
（3）TFP差距	－6.90	－1.28	－8.33	－5.87	－7.49	－5.16	－1.87

资料来源：同表5－28。

各国社会和个人服务业劳动生产率增速都落后于制造业（见表5－37），TFP几乎是造成这种差距的最主要因素（澳大利亚除外）。在ICT贡献方面，加拿大和法国为正向贡献，其余5国则相反。所有国家的非ICT贡献都为负值。这表明，ICT资本加深到底是缩小还是扩大社会和个人服务业与制造业之间的劳动生产率增长，具有不确定性。

表5－37 1980～2003年社会和个人服务业与制造业之间劳动生产率增长率的差距 单位:%

	美国	加拿大	英国	法国	德国	荷兰	澳大利亚
劳动生产率差距	－5.22	－1.33	－7.04	－5.62	－5.33	－4.83	－1.46
其中：（1）ICT资本加深差距	－0.61	0.19	－0.06	0.19	－0.11	－0.18	－0.59
（2）非ICT资本加深差距	－0.69	－0.19	－0.11	－1.35	0.55	－0.21	－0.72
（3）TFP差距	－3.92	－1.33	－6.87	－4.46	－5.77	－4.44	－0.15

资料来源：同表5－28。

各国非市场服务业劳动生产率增速都落后于制造业（见表5－38）。TFP是造成这种差距的最主要因素（澳大利亚除外），所有国家的ICT贡献和非ICT贡献都呈现负值。这表明，ICT资本与传统资本一样，未能扭转非市场服务业在劳动生产率增长上落后于制造业的局面。

表5－38 1980～2003年非市场服务业与制造业之间劳动生产率增长率的差距 单位:%

	美国	加拿大	英国	法国	德国	荷兰	澳大利亚
劳动生产率差距	－6.86	－2.00	－8.70	－5.38	－4.75	－4.96	－1.65
其中：（1）ICT资本加深差距	－0.54	－0.14	－0.25	－0.12	－0.25	－0.32	－0.50
（2）非ICT资本加深差距	－0.56	－0.20	－0.56	－1.08	－0.16	－0.70	－0.91
（3）TFP差距	－5.76	－1.66	－7.89	－4.18	－4.34	－3.94	－0.24

资料来源：同表5－28。

从上面分析可以看出，旅馆业、运输业、商务服务、社会和个人服务、非市场服务等行业的劳动生产率增长明显落后于制造业，批发贸易、零售、通信、金融等行业的劳动生产率增长是否落后于制造业？各国的情形不一致，没有一个行业的劳动生产率增长在各国之间表现出一致高于制造业的情况。TFP 几乎是造成各服务部门与制造业间劳动生产率增长差异的最主要因素，在批发贸易、通信、金融、商务服务等服务部门，ICT 资本加深有效地缩小了这种差距，这些服务部门恰恰是信息化程度较高的部门。因此可以说，提高服务业信息化程度，不仅提高了服务部门的劳动生产率，而且对于缩小服务业与制造业之间劳动生产率增长的差距，具有积极意义。这也暗示着，信息化虽然不能完全消除“成本病”，但是可以在一定程度上减轻“成本病”的消极影响。

二、ICT 对服务业全要素生产率的溢出效应

ICT 对服务业劳动生产率的作用机制大致有两种：一是 ICT 资本加深作用。ICT 的这种作用与传统形式的资本作用类似，由于生产部门的快速技术进步导致 ICT 实物产品和服务产品价格的下降，引起 ICT 部门的“经济外部性”，刺激了包括服务业在内的各部门的 ICT 投资迅速增加，人均 ICT 资本提高，对人力资本形成相对替代作用，从而提高劳动生产率。二是外溢效应或网络效应，ICT 的使用可以提高 TFP，ICT 的溢出效应使得社会投资报酬率高于私人投资回报率，因为 ICT 的使用者越多，使用收益也就越大。ICT 资本加深形成的替代效应表现为要素组合发生改变，如图 5 -5 所示，生产函数中的投入组合由 A 点沿同一等产量曲线（技术 1）移动到 B 点。而 ICT 的溢出效应是一种“技术变革”或技术进步，表现为等产量曲线的移动，由等产量（技术 1）上 A 点移动等产量曲线（技术 2）上的 C 点，导致技术效率[①]提高，TFP 提高。

对 ICT 与生产率关系的实证研究方法可以分为两种。一种是利用产业或宏观层面数据的增长核算方法，另一种是利用企业层面数据的计量

① 技术效率只与一个生产系统的投入和产出的关系有关，与各种投入之间的关系无关。一个生产系统不管使用怎样的资本投入和劳动投入，技术效率越高，其产出越大。

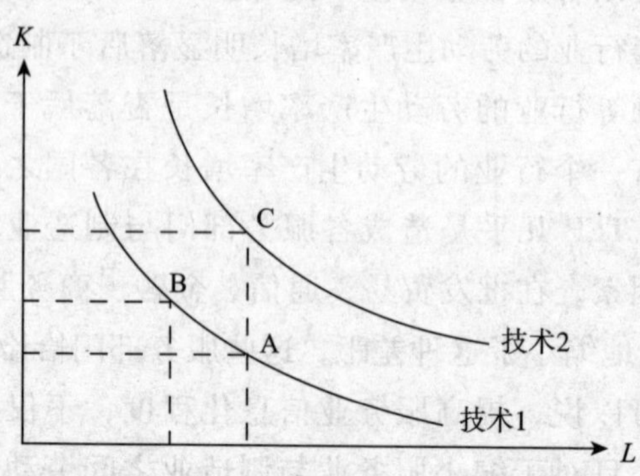

图 5-5　ICT 替代效应和溢出效应

经济方法。从本质上讲，这两种方法是有关联的，因为它们的理论框架基础都是生产函数。然而，利用这两种方法所得到的 ICT 对劳动生产率的贡献结果常常是有差异的。以美国为例，尽管 ICT 资本加深是史无前例的，但是利用前一种方法所测算出的 ICT 资本加深对劳动生产率的直接贡献在 20 世纪 90 年代相当温和（如，Stiroh，2002 和 Van der Wiel，2001）①②③。与此同时，TFP 增长加速，这暗示着，ICT 影响可能主要是通过 TFP 发生的。相反，许多采用企业数据所得到的计量分析结果是，ICT 弹性系数比其成本份额高（Brynjolfsson and Hitt，2000；Van Leeuwen and Van der Wiel，2003b）。问题由此产生，在 ICT 对劳动生产率增长中到底有多少是通过 TFP 间接渠道实现的，又有多少是通过资本加深的直接渠道实现？在前一种测算体系中，ICT 的溢出效应可能隐藏在 TFP 中，难以测算出来，在第二种体系中，这种溢出效应反映在弹性系数上，以企业数据计量所得到的 ICT 弹性系数较高意味着企业获得的 ICT 溢出效应也较高。

由于搜集企业层面的数据尤其是不同国家的企业样本数据的难度很

① George van Leeuwen and Henry van der Wiel，"Spillover effects of ICT"，*cpb*Report 2003.

② Stiroh，K. J.，"Are ICT spillovers driving the New Economy?" *The Review of Income and Wealth*，vol. 48，No 1，2002.

③ Wiel，H. P. van der，"Does ICT boost Dutch productivity growth?"，*cpb*Document no. 016，2001.

大，所以下面尝试采用产业层面数据，运用计量分析方法分离出增长核算体系中的 TFP 增长中 ICT 的溢出效应。

TFP 不同于单要素生产率，它的牵涉面较广。TFP 是衡量资本和人力资源的使用效率以及结合两者之间协同程度的一种指标，它也可以测度经济增长中的技术进步程度。TFP 越高，表明各种资源包括实物产品和服务产品生产中所必须的各种投入的利用效率和管理效率也越高。TFP 还涉及其他诸多因素，这些因素在生产函数中并没有直接得到反映，成为产出增长中投入所不能解释的部分。例如，人员的教育、技能和专门技术的提升，先进管理技术和知识的获取，专业化的组织，新技术的应用和创新，现有技术的改进。即使在有形投入不变的情况下，这些都有可能导致更高的 TFP。一旦 ICT 引发这些因素变动，溢出效应的产生在所难免。

但是，ICT 对 TFP 溢出效应的实证研究结果并不尽如人意。Stiroh（1998）证实，美国各产业计算机硬件增长与 TFP 之间没有显著的相关性。Schreyer（2000）利用 7 国资料证实，ICT 资本与 TFP 增长之间没有显著的关系，尽管他所采用的数据截止到 1996 年，也没有给出严格的统计分析。OECD（2000）得出结论，现有的数据资料并不能检验 ICT 使用部门的溢出效应。

另外，经济学家几乎一致认为，IT 制造部门 TFP 大为提高（Gordon 2000，Jorgenson and Stiroh2000，Oliner and Sichel2002，Council of Economic Advisors 2001）。由于 IT 生产部门在整体经济中的比重提高，所以 IT 生产部门生产率的提高自然有助于整体经济的 TFP 提高。关键问题是，在 IT 生产部门之外，是否存在生产率和 TFP 的提高？如果有提高，是否可以归结为 IT 投资？是否存在 IT 生产部门对 IT 使用部门的溢出效应？Stiroh（2002）对美国制造业的 ICT 资本积累和 TFP 增长进行实证研究，结果发现，两者之间的关系并不显著。Gordon（2000）所作的类似研究也指出，美国在 20 世纪 90 年代后期的 TFP 加速，完全集中于 ICT 生产部门如计算机、电子和通信设备制造等部门。然而，许多学者对此存有争议（Van Ark，2001；Fernald，Basu and Shapiro，2001）。美国经济顾问委员会（2001）认为，美国在 90 年代后半期的 TFP 加速大多出现在密集使用 ICT 的部门。Jorgenson，Ho 和 Stiroh（2002）对美国产业层面的研究发现，TFP 加速的主要贡献部门不仅包括 IT 制造部门，而且包括 IT 使用程度很高的零售和金融部门。后来有证据显示，服务业的 TFP 也提高了，这些部门过去往往存在计量困难（Dedrick 等，2003）。

现建立如下模型评估 ICT 对 TFP 的影响

$$TFP = \alpha_0 + \alpha_1 K^{ICT} \tag{5.10}$$

式（5.10）中，TFP 和 K^{ICT} 分别表示全要素生产率和 ICT 的绝对水平或定基增长速度。

由于不能从 GGDC 产业数据库中直接获取各产业全要素生产率和 ICT 资本服务的时序数据，所以采用该数据库所提供的 TFP 和 ICT 服务指数型增长率数据为基础，构造 TFP 和 ICT 服务定基增长速度（指数型）（1980～2003 年），从产业层面对 TFP 和 ICT 的关系进行计量分析。

从表 5－38 看出，除荷兰外，其他 6 国的 ICT 对制造业 TFP 的影响都显著，并且都是正向作用。其中，英国和加拿大的 ICT 对制造业 TFP 的溢出效应最高，ICT 服务每增加 1 个百分点，导致 TFP 增长的幅度超过 10%。对于服务业来说，在法国、德国、荷兰和澳大利亚，服务业中 ICT 对 TFP 的溢出效应显著（见表 5－39）。其中，荷兰出现负向影响，即 ICT 的增加反而致使 TFP 下降，这可能与该国的 ICT 效应滞后期较长有关；美国、加拿大、英国的服务业 ICT 对 TFP 的影响不显著。对比表 5－38 和表 5－39 中的 ICT 系数，可以看出，ICT 对法国、德国和荷兰制造业 TFP 的影响大于对服务业 TFP 的影响。只有澳大利亚的服务业 ICT 对 TFP 影响高于对制造业。从可决系数看，除澳大利亚外其他国家的制造业可决系数高于服务业，说明在 ICT 对 TFP 的解释力方面，制造业比服务业要强。从前面的分析中可以看到，TFP 差距是造成服务业与制造业之间劳动生产率差距的最重要因素。现在把 ICT 对 TFP 的溢出效应从 TFP 中分离出来，并没有缩小服务业与制造业劳动生产率之间的差距，反而使得这一差距扩大，加强了前面得出的结论。

表 5－39　　ICT 对制造业 TFP 的影响估计

	美国	加拿大	英国	法国	德国	荷兰	澳大利亚
ICT	0.0456*	0.1155**	0.1259**	0.0829*	0.0609**	－0.0869	0.0280**
AR（1）	1.0229	0.6663	1.3733	1.1975	1.0514	1.6656	0.6437
AR（2）	0.5137	—	—	—	0.4455	－0.5968	—
t	1.9460	4.8821	2.6441	1.7860	2.2585	－0.4468	2.8273

续表

	美国	加拿大	英国	法国	德国	荷兰	澳大利亚
可决系数 R^2	0.9861	0.9368	0.9790	0.9944	0.9890	0.9799	0.8369
DW	2.1638	1.6806	2.0247	2.1067	2.2624	1.8522	1.6837

注：*t* 表示 ICT 系数的统计量。** 表示在 5% 水平上统计显著，* 表示在 10% 水平上统计显著。*AR*（1）、*AR*（2）为自回归系数。以下同。

资料来源：同表 5－28。

表 5－40　　**ICT 对服务业 TFP 的影响估计**

	美国	加拿大	英国	法国	德国	荷兰	澳大利亚
ICT	0.0016	0.0165	－0.0008	0.0435**	0.0067*	－0.0126*	0.0535**
AR（1）	0.8236	1.4367	1.2349	0.6018	0.9252	1.0111	0.8088
AR（2）	—	－0.5672	－0.5522	—	－0.4380	0.0396/AR（3）=－0.3254	—
t	0.0688	0.6866	－0.1352	8.9401	1.9341	－1.8718	2.2140
可决系数 R^2	0.8458	0.8945	0.7379	0.9790	0.7105	0.9145	0.8777
DW	2.2174	2.0894	2.0707	2.3731	1.7083	2.1180	1.5548

资料来源：同表 5－28。

ICT 对批发贸易服务业 TFP 的溢出效应相当明显，所有国家的 ICT 系数都通过 5% 的 t 检验（见表 5－40），不仅全部为正向影响，而且部分国家的 ICT 影响特别大。如法国、美国和德国。虽然美国、加拿大、德国和澳大利亚等国 ICT 对零售贸易业 TFP 的溢出效应也显著（见表 5－41），但是其影响比起批发业要小得多。

表 5－41　　**ICT 对批发贸易业 TFP 的影响估计**

	美国	加拿大	英国	法国	德国	荷兰	澳大利亚
ICT	0.1807**	0.0675**	0.0978**	0.2290**	0.1130**	0.0893**	0.0923**
AR（1）	0.6338	1.0669	0.5221	0.4501	0.6431	1.0632	0.6789
AR（2）	—	－0.5793	—	—	—	－0.4551	—

续表

	美国	加拿大	英国	法国	德国	荷兰	澳大利亚
t	7.4615	6.3861	9.7891	13.6935	9.2983	6.5466	3.6064
可决系数 R^2	0.9678	0.9116	0.9577	0.9695	0.9704	0.9554	0.8644
DW	2.4687	2.1559	1.6649	2.1910	1.4577	2.2795	1.8480

资料来源：同表5-28。

表5-42　ICT对零售业TFP的影响估计

	美国	加拿大	英国	法国	德国	荷兰	澳大利亚
ICT	0.1554**	0.0770*	0.0751	0.0170	0.1044**	0.0201	0.0703**
AR（1）	0.3622	1.4621	0.7940	0.8018	0.8152	0.8633	0.6608
AR（2）	0.3110	-0.6664	—	—	-0.4956	—	—
t	5.2625	1.9380	1.1729	0.3347	13.0253	0.4538	3.1999
可决系数 R^2	0.9590	0.9251	0.6621	0.9703	0.9582	0.9298	0.8805
DW	2.0185		2.2316	2.1858	1.8280	1.4731	1.7688

资料来源：同表5-28。

ICT的运用使传统批发商赖以存在的基础产生了动摇，网络使得信息的沟通变得更为便捷，信息不对称的状况发生了根本性的转变，原来费用很高的信息搜集和传递活动的成本大大降低，批发商所扮演的中介角色受到挑战，这种角色承担了商流、物流和信息流三种职能。实际上，传统的批发企业只承担了商流和物流的职能。信息化为商流、物流和信息流实现分离提供了可能，也可以为批发企业找到新的角色定位。批发企业可以通过职能重构，最大限度地利用原有的组织系统，发挥其对商品与信息的集聚优势，实行全球化的商品采购，将其目标顾客扩展到全世界，实现规模经济。高效率的信息传输，使得批发企业大幅度减少了商品库存，甚至可以实现零库存，从而批发企业可以从一个商品流通中心演变成信息中心，在广泛地信息搜集、信息处理的基础上将信息处理与商流和物流融合起来，为商流和物流提供支撑，发现新的价值。这种集规模化、集成化和专业化优势于一体的批发商的生产率无疑高于传统批发企业。

ICT对零售业的最大影响莫过于零售业态和组织结构发生了根本变化。零售企业通过电子数据交换（EDI）系统与其供应商建立战略合作伙伴关系，降低信息不对称程度，这种供应链上各独立企业之间的合作程度不亚于垂直一体化体系中各部门之间的合作。从而，零售企业可以借助信息技术和网络拓展边界，降低信息搜集成本和交易成本，实现经营模式从分散化经营向集成化、规模化经营，从单一化经营向网络化经营转变。沃尔玛（Wal - Mart）就是一个范例，沃尔玛所取得的成功几乎都是建立信息技术基础之上，充分利用信息技术整合企业优势资源与物流资源。20世纪70年代，沃尔玛率先使用卫星通信系统，20世纪90年代初，在公司总部建立了庞大的数据中心，该中心与6000多家供应商连接，21世纪伊始，沃尔玛又投资90亿美元进行“互联网统一标准平台”建设。信息技术投资使得沃尔玛的成本显著降低，效率大幅度提高。

ICT对旅馆业TFP的溢出效应表现为负值（见表5 - 43），英国、德国和荷兰的影响显著，但是荷兰的可决系数很低，说明忽略了其他影响TFP的重要因素。溢出效应之所以为负值，主要是因为旅馆业受地理位置和季节因素影响大，这两个因素在很大程度上决定了旅馆业的市场规模，市场规模又决定了TFP的高低。而通过运用信息技术和因特网，虽然可以为顾客提供方便，增加消费者剩余，但对吸引旅客的作用有限，市场范围和规模难以通过这种技术方式扩张。加上该行业劳动密集程度较高，所提供的服务是面对面的服务，服务的信息含量不高，服务流程的改进空间不大。因此，提高规模效益和效率不是一件容易的事情。

表5 - 43 ICT对旅馆业TFP的影响估计

	美国	加拿大	英国	法国	德国	荷兰	澳大利亚
ICT	0.0141	-0.0456	-0.0671**	0.1036	-0.0778**	-0.0222*	-0.0065
AR（1）	0.4880	0.8060	1.2483	0.9247	0.6215	0.9115	0.8923

续表

	美国	加拿大	英国	法国	德国	荷兰	澳大利亚
AR（2）	—	—	-0.5770	—	—	-0.3439	-0.0732
t	1.6262	-0.7234	-4.5333	0.7523	-3.7898	-1.7897	-0.1251
可决系数 R^2	0.3625	0.9204	0.9368	0.9398	0.8685	0.5955	0.8382
DW	2.1928	1.7496	1.7374	1.5906	1.5249	2.0200	1.8411

资料来源：同表5-28。

在美国、加拿大、荷兰和澳大利亚，ICT对运输业TFP产生显著影响。其中，美国和澳大利亚表现为负向溢出效应，而加拿大和荷兰为正向影响（见表5-43）。ICT对运输业的影响可以从两个方面来看：一是促进作用，ICT极大地提高了运输信息处理和传递的及时性、准确性与经济性，缩短了信息的流动时间，加速了运输生产，提高了交通运输业的劳动生产率。ICT为运输资源的优化配置创造了条件，促进运输业朝集约化方向发展，最大限度地发挥运输资源地效能。例如，EDI的运用，使各种运输方式和各运输环节实现协调发展。ICT在运输业中的运用，也在一定程度上刺激了人们对出行的需求。二是替代作用，这种替代作用可以分为两种情况。在货运方面，由于ICT的运用，运输组织合理化、有序化，运输效率得到提高，货物运输的平均距离大为缩短，运输速度进一步加快，货物周转量和运输能力的边际需求逐步减少。在客运方面，ICT的出现，引起就业方式的重大转变，办公方式从集中转向分散，弹性工作制和家庭办公已经成为现实，由此导致交通运输中的工作客流量减少①。同时，ICT也使得人们得生活和交际方式发生了很大变化，面对面接触的必要性大为降低，人们可以充分享受网上购物、远程教育、电子邮件等ICT所带来的生活便利，从而减少了交通运输中的非工作客流。

① 真虹：《信息技术与交通运输相关关系分析》，载于《综合运输》1995年第12期。

表 5-44　　ICT 对运输业 TFP 的影响估计

	美国	加拿大	英国	法国	德国	荷兰	澳大利亚
ICT	-0.2233**	0.0867**	0.0205	0.0202	0.0549	0.0925**	-0.0395**
AR（1）	0.9894	0.8571	1.2187	0.8652	1.4835	0.6751	0.9891
AR（2）	—	-0.5252	-0.3698	—	-0.5239	—	-0.6636
t	-2.0892	11.9266	0.7560	0.1895	0.4425	4.3272	-2.1930
可决系数 R^2	0.9521	0.9534	0.9603	0.9170	0.9859	0.9378	0.6318
DW	2.3241	2.2376	2.0433	1.9285	2.0011	1.4726	1.7421

资料来源：同表 5-28。

在英国、法国、德国、荷兰和澳大利亚，ICT 对通信业 TFP 的溢出效应相当明显，其影响系数都为正数，而且超过其他任何一个服务部门（见表 5-44）。ICT 对通信业的影响大致有以下几点：一是信息技术在信息处理速度和储存能力大幅度提高，加速了信息的传输速度和效率。二是数字化信息技术对传统信息技术的替代，促进了通信部门内部各部门间以及信息技术与其他行业的融合，大大拓展了信息传输的对象和内容，尤其是信息技术与网络技术的结合，使计算机的潜在功能得到极大地发挥，各种信息资源得到有效利用，充分发挥了 ICT 的范围经济。三是 ICT 的深入发展，动摇了传统上通信行业垄断经营的理论基础，通信行业的产品生产点发生变化，维持自然垄断的条件不复存在，没有必要维持独家经营，可以允许其他供给者进入该行业进行市场竞争①。竞争机制的引入，对通信业生产率的提高起着很大的促进作用。

表 5-45　　ICT 对通信业 TFP 的影响估计

	美国	加拿大	英国	法国	德国	荷兰	澳大利亚
ICT	-0.01631	0.0997	0.2088**	0.5239**	0.7610**	0.2800**	0.1276**
AR（1）	0.7157	1.3021	0.3555	0.3349	0.8464	0.8964	1.1218

① 李江帆：《三问垄断性服务行业》，发表于《羊城晚报》，2004 年 2 月 19 日，求是版。

续表

	美国	加拿大	英国	法国	德国	荷兰	澳大利亚
AR（2）	—	-0.3678	—	0.4888	—	—	-0.5387
t	-0.3295	0.5645	26.3029	4.1962	2.5318	2.3246	7.9937
可决系数 R^2	0.7630	0.9774	0.9882	0.9760	0.9731	0.9335	0.9637
DW	1.8856	1.8961	1.6966	2.2854	1.5012	2.3415	1.5655

资料来源：同表5-28。

加拿大、英国、荷兰和澳大利亚的ICT对金融业TFP的影响显著，澳大利亚为正向影响，其他3国为负向影响（见表5-45）。ICT在金融业中的应用，大大降低了交易成本和工作效率，电子银行、电子单证和电子货币的出现，减少了资金的滞留和沉淀，突破了传统金融业对时间和空间的限制，改变了传统的经营管理模式。ICT也为各金融机构之间的合作提供了一个技术平台，为客户提供一站式服务和个性化服务，为金融创新奠定了良好的基础。更为重要的是，ICT使得金融组织结构发生重大变化。ICT最初引入银行管理体系的目的可能是为了提高效率和降低成本，但是市场竞争的加剧使得大多数银行把ICT的应用战略重点放在业务流程再造和金融产品创新上。流程再造彻底打破了原有的职能分工，瓦解旧模式的业务链条，以价值增值为基础，对金融业务结构和工作方法从根本上进行重新设计，重塑以顾客为导向的业务流程。流程再造需要分阶段实施，对原有系统的诊断、新业务和新系统的设计、对人员的培训等都需要花费不少时间，需要投入很大的组织成本和学习成本。况且，流程再造不仅仅是一个技术变革过程，文化、价值观念也影响到流程再造的成败。流程再造同时也是一个企业文化重塑、价值观念革新的过程，这个过程绝不是一朝一夕的事。因此，金融行业中ICT的效应，一般存在较长时间的滞后。

表 5-46　　ICT 对金融业 TFP 的影响估计

	美国	加拿大	英国	法国	德国	荷兰	澳大利亚
ICT	0.0101	-0.0527**	-0.0882**	-0.0160	0.0309	-0.1538**	0.0774**
AR（1）	1.0337	1.1128	0.3899	0.6358	0.7186	0.7234	0.5884
AR（2）	-0.21362	-0.4925	—	—	—	—	—
t	0.1325	-2.4982	-14.7061	-0.8705	1.3801	-5.4985	6.6732
可决系数 R^2	0.9412	0.8178	0.9711	0.5422	0.6936	0.9639	0.9319
DW	2.3208	2.1900	1.9900	2.1215	1.5715	1.8797	1.4815

资料来源：同表 5-28。

除美国和英国外，其他 5 国的 ICT 对商务服务业 TFP 的溢出效应显著，而且都为负值（见表 5-46）。商务服务中的大部分如管理咨询、法律、会计、广告、软件、研发等服务属于知识密集型服务，服务产出因对象不同、时间不同而产生很大差别，服务内容的知识含量较高，服务质量对人员的知识结构和知识水平的依赖性较大，效率可能不是最为突出的问题。Bresnahan、Brynjolfsson 和 Hitt（1999）指出，技能、教育和员工的自主性等是影响 ICT 价值的重要因素。信息技术的运用，能否把信息转换为客户所需要的知识？还要取决于人员的个人经历、专业技能和知识创新，只有把信息技术和知识资本恰当地结合起来，才能将学习能力转化为竞争优势。Tonya Boone 和 Ram Ganeshan 证明了专业服务组织中存在不同于制造业的学习曲线，如果信息得不到增值，那么信息技术并不会改进组织的生产率，只有信息技术能够帮助使用者获得洞察力或者知识，才能显著地改进生产率①。因此，ICT 对商务服务 TFP 的作用还要依赖于人力资本的补充投资。

① Tonya Boone，Ram Ganeshan，"The effect of information technology on learning in professional service organizations". *Journal of Operations Management*19，2001，pp.485 - 495.

表 5 – 47　　ICT 对商务服务业 TFP 的影响估计

	美国	加拿大	英国	法国	德国	荷兰	澳大利亚
ICT	–0.0654	0.1339**	–0.0137	–0.1052**	–0.1863**	–0.0425**	–0.0636*
AR（1）	0.8049	0.8665	1.1176	0.7404	0.8375	0.9540	0.7374
AR（2）	—	—	–0.4778	—	—	–0.5807	—
t	–1.5632	2.7376	–0.9103	–4.9209	–5.5933	–9.5369	–2.0531
可决系数 R^2	0.9717	0.8874	0.7264	0.9624	0.9795	0.9371	0.8920
DW	1.5785	2.1008	1.8838	1.8102	1.8403	2.1049	1.7011

资料来源：同表 5 – 28。

绝大多数国家 ICT 对社会和个人服务业 TFP 的影响并不显著，只有德国的 ICT 表现为负向的溢出效应（见表 5 – 47）。这与其产出特征有关，该部门的公共管理、教育、医疗卫生等行业产出的产出不同于市场化服务部门，公共产品或准公共产品特征明显，投入与产出不对称，有较强的外部经济性，对国民经济其他部门存在溢出效应。这给产出从而生产率的计量带来很大困难，ICT 在这些部门中的应用结果主要体现在服务质量的提高上，但是，服务质量的提高没有反映在产出上，最终导致对产出或生产率往往存在低估。因此，即使个别国家表面上存在 ICT 对 TFP 的溢出效应，由于 TFP 是一个很复杂的 Slow “剩余” 或黑箱，这很可能也不是真正的生产率的溢出效应，而是一个计量问题。

表 5 – 48　　ICT 对社会和个人服务业 TFP 的影响估计

	美国	加拿大	英国	法国	德国	荷兰	澳大利亚
ICT	–0.0075	–0.0098	0.0001	0.0471	–0.0878**	0.0136	0.0048
AR（1）	0.7949	0.7592	0.6856	0.8160	1.2450	0.5363	0.5268
AR（2）	—	—	—	—	–0.5658	—	—
t	–0.1328	–0.6115	0.0062	0.7277	–6.8580	1.3285	0.3304
可决系数 R^2	0.8137	0.6394	0.5422	0.5688	0.9656	0.4699	0.2561
DW	2.1364	2.2742	1.7704	1.7291	2.2217	1.4752	2.0595

资料来源：同表 5 – 28。

除荷兰外，其余6国的ICT对非市场服务业TFP的影响显著，其中美国、加拿大、英国表现为负值，法国、德国和澳大利亚表现为正数(见表5－48)。非市场服务主要是家庭服务，一般为个性化服务和面对面式的服务，劳动密集程度相当高，这些不是由企业提供，往往由个人提供，其产出价值不能通过市场机制反映出来，一般用实际投入代替产出。尽管通过运用信息技术提供这类服务的生产率的可能性和空间极小，但是计量结果显示出ICT与TFP具有高度相关性。笔者认为，这并不代表ICT对非市场服务TFP具有溢出效应，而是一种计量错觉，ICT构成总投入的一部分，与总投入的相关度自然较高，当ICT与总投入大致保持同方向同步变动时，就显示出正相关，反之出现负相关。

表5－49　　ICT对非市场服务业TFP的影响估计

	美国	加拿大	英国	法国	德国	荷兰	澳大利亚
ICT	－0.0678**	－0.0383**	－0.0296**	0.0338**	0.1079**	－0.0117	0.0163**
AR（1）	1.4450	1.1531	0.6451	0.9440	0.8279	0.8513	0.4523
AR（2）	－0.5863	－0.3507	—	－0.5392	—	—	—
t	－3.6905	－2.6493	－2.5113	7.5395	4.9575	－0.6625	3.7618
可决系数R^2	0.9898	0.9514	0.7851	0.9061	0.9739	0.9167	0.7220
DW	2.1669	2.1228	1.7440	1.9028	1.5388	1.5129	1.9005

资料来源：同表5－28。

综上所述，在各服务业分部门中，只有批发业各国表现出ICT对TFP正向溢出效应的高度一致性，其他服务部门如零售和通信业，只有部分国家表现出显著的正向溢出效应，或者如商务服务业，大部分国家表现出显著的负向溢出效应，或者是虽然ICT的溢出效应显著，但是作用方向不一致。这表明，即使把ICT对TFP的溢出效应考虑进去，也难以从根本上扭转服务业劳动生产率落后于制造业的局面，根治不了“成本病”。但是，ICT的应用，可以缩小服务业与制造业之间的劳动生产率差距，降低“成本病”的消极影响。

第六章

信息化对服务业的就业效应

信息化是一把“双刃剑”，在创造服务业就业机会的同时，也减少了就业岗位。信息化不仅深刻地影响着服务业的就业方式，而且对服务业职业结构产生不小的冲击。

第一节　信息化对服务业劳动的替代和补偿作用

信息化不仅加深了服务业的ICT资本密度，改变了资本结构，也对服务业的就业产生了深刻影响。信息化对服务业就业的影响是多方面的，既有数量方面的影响，也有结构方面的影响；既有劳动技能方面的影响，也有人力资本方面的影响。从数量方面看，信息化对服务业就业数量的影响包括替代效应和补偿效应两种形式。一般来说，当一种生产要素价格下降导致该种要素的使用量增加，而另一种生产要素的使用量减少，这两种生产要素之间的关系就是所谓的替代关系（Allen，1953）。补偿或互补与之相反，这个概念最初是由埃奇沃斯（Edgeworth，1938）提出来的。互补要素同时出现，它们联合起来要比单独一种要素所发挥的作用更大，其中一种要素价格的下降会导致该种要素使用量和对应的互补要素使用量同时增加。如果信息化引起服务业就业总量减少则表现为替代效应，否则表现为补偿效应。替代效应和补偿效应是多种因素作用的综合结果，最终结果掩盖了信息化对服务业就业的具体作用途径。因此，有必要弄清其中的替代和补偿机制，便于把握信息化条件下的服务业就业变化规律。

一、信息化对服务劳动的替代

信息化对服务业劳动的替代途径多种多样。有些通过作用于生产要素和服务生产过程，对生产要素或生产过程形成全部或部分替代，利用ICT创新劳动手段，降低劳动强度，将劳动者从繁重的体力或脑力劳动中解放出来，直接减少了对劳动的需求；有些通过组织创新，服务流程再造，提高组织效率，对原有组织形成功能性或系统性替代，间接减少了对劳动的需求；也有些通过服务产品创新，利用ICT开发新型服务产品，对原有服务产品形成不同程度的替代，淘汰了原有服务产品生产体系中的劳动力。

（一）工作岗位被完全直接替代

信息化使得自动服务不断增加，办公自动化越来越完善，原来需要由人工完成的工作完全可以通过电脑系统自动完成，从而原来的人工操作岗位也由ICT所取代，这些岗位逐渐消失。例如，程控交换机取代了电话接线员，自动柜员机可以完全取代传统银行出纳员，这些花费在程控交换机或自动柜员机上的开支只相当于原来人工成本的很小一部分。对于常规性事务处理和界定明确的工作岗位，完全可以采用ICT来替代，特别是文档保存、记忆、简单计算以及类似的工作岗位，ICT的替代效果十分明显，甚至可以用计算机决策代替人类决策。

（二）服务过程被部分直接替代

在服务业中，ICT可以完成那些重复性的、耗时多的劳动，对服务过程的部分劳动进行替代，这样既能提高劳动生产率，又能降低甚至消除差错，同时还能保证服务的快速传递与交付①。计算机虽然可以替代人类

① ［美］马克·戴维斯、贾内尔·海内克：《服务管理——利用技术创造价值》，人民邮电出版社2006年版，第56页。

决策，但是这种替代的范围仍然有限，一般不能完全替代。与个体交易密切相关的业务或其他运作行为，大部分可以由计算机取代，而对于更为复杂、认知要求高的工作，如管理和专业工作，则难以自动化。这类工作自动化的范围和程度有限。文秘和蓝领工人劳动的计算机自动化并不能直接替代一个人的所有工作，但可以替代一些辅助性工作，特别是那些不需要经过特殊处理，不需要技能或非规则推理性的工作①（Autor, Levy and Murnane 2000；Levy，Beamish，Murnane and Autor 1999）。

（三）ICT替代其他资本从而替代劳动

ICT运用于服务业可以改善其他资本要素的使用效率，对其他资本投入形成不同程度的替代，在其他资本投入不变的情况下通过ICT投入可以增加服务业务量，或者可以在更少的其他资本投入的情况下通过增加ICT投入保持原来的服务产出水平，从而其他资本对劳动力的需求也随之相对减少了。例如，在运输业，可以运用信息化手段科学安排运输线路，合理调配运输资源，大幅度提高运输工具的使用效率和劳动生产率，减少运输设施的投资，在不增加人员甚至比原来更少人员的情况下完成更大的运输量。

（四）ICT替代组织从而替代劳动

与其他技术相比较，ICT有其显著的特征，也就是ICT的成功运用要与相应的组织形式相匹配，信息化会引发组织变革，新型的组织管理模式和经营模式在提供服务方面对原来的组织形成部分功能替代甚至完全替代。例如，企业内部网不仅促进了内部信息沟通，降低了组织内部协调和管理成本，更为重要的是企业组织发生了根本变化，组织结构朝柔性化、扁平化方向发展，信息搜集和传递更加快捷、准确、及时，减少了管理层次，从而对中层管理人员的需求也相应减少了。再如，电子商务与传统的商务模式相比，不仅省却了商场店铺的投资，而且无须销售

---

① Timothy F. Bresnahan Erik Brynjolfsson Lorin M. Hitt, "Information Technology, Workplace Organiztion, and the Demand for Skilled Labor: Firm - level Evidence", *The Quarterly Journal of Economics*, February 2002, p. 344.

服务人员，从组织形式上完全替代了传统的商业模式，也替代了传统商业模式下的工作岗位。

（五）替代服务产品从而替代劳动

服务信息化出现一种日渐明显的趋势，即从时间依赖型服务交易向非时间依赖型交易转变。所谓时间依赖型交易（time - dependent transaction）是指当顾客需要服务时，必须有服务人员正好在场（这也就是服务的生产消费的“同时性”——笔者注），如餐饮服务。而非时间依赖型交易（non - time - dependent transaction）是指当顾客需要服务的时候，并不需要有服务人员到场①，例如电子邮件、传真和语音信息服务等。在这种转变过程中，服务的提供方式发生了根本变化，甚至服务产品的形式也发生了改变。非时间依赖型服务突破了时间限制，机动性较强，随时提供服务，服务人员更加主动，可以集中客户要求，批量处理，降低了对服务人员的数量需求。非时间依赖型服务也可以提供与原来时间依赖型服务产品不同但对原来服务产品形成替代的新型服务产品，从而也对原来服务产品的生产人员形成替代。如网上电影和电影光碟的普及，对电影放映人员的就业形成较大冲击。

二、信息化对服务劳动的补偿

服务业信息化也是一种技术创新，它是一把“双刃剑”，信息化造成服务业的“技术性失业”的同时，也通过直接或间接的渠道对服务业就业进行补偿。

（一）ICT服务业的扩大带动了服务业就业

ICT 跨越制造业和服务业两大部门，包括硬件、软件及服务等。ICT服务业涉及面广，它涵盖了计算机、软件及辅助设备的批发零售部门、租赁部门、电讯部门、硬件咨询部门、软件出版部门等。服务业对 ICT

① ［美］马克·戴维斯、贾内尔·海内克：《服务管理——利用技术创造价值》，人民邮电出版社 2006 年版，第 52 页。

需求的不断扩大，不仅带动了ICT制造业的发展，也给ICT服务业打开了增长的空间。从发达国家的发展趋势看，ICT服务业的发展速度超过了ICT制造业，ICT服务业的发展势必吸纳越来越多的劳动力。

（二）劳动方式变化和组织调整对服务业劳动的补偿

信息化程度较高的组织往往数据量也大，数据加工处理工作量大，决策分析对数据质量要求较高。除非个别情况依靠人工分析，多数情况下都要借助计算机决策支持系统进行决策分析，这就对专业人员和管理人员提出更高的要求，直接导致对信息化技能型员工需求的增加。但是，由于一般情况下数据的时效性越来越高，原来僵化的组织结构往往成为信息沟通和信息处理以致决策的障碍，企业必须进行以提高顾客满意度和组织柔性为目标的业务流程再造，变集中决策为分散决策，提高员工的ICT技能，增加员工授权，重塑组织机制，才能适应瞬息万变的市场。

对于分散型决策组织、技能型员工与IT的互补，至少有两种可能的解释。一种是出于更好地利用专业知识的需要（Hayek，1945）。一线员工由于与顾客或生产过程直接接触，他们需要必要的信息和技术支持，通过通信技术、专家系统，及时处理面对顾客和生产的现场问题（Fisher et al.，1994；Brynjolfsson and Mendelson，1993）。另一种是IT的应用导致对信息处理加工需求的上升，使得关键决策者的信息负荷过大（Simon，1976；Brynjolfsson，1994）①，仅靠关键决策者的自身力量难以完成繁重的信息处理任务。一个组织可以通过增加一线员工的授权（Brynjolfsson and Mendelson，1993），或者建立分散决策体系使个体决策人员更有效率（Galbraith，1977），提高信息处理能力。这两种解释暗示，IT对于高技能型劳动力和决策授权高的员工，互补性更强，对于通过规则或相对较低认知技能（如信息存取）和容易编码的作业，IT可以通过自动化对劳动进行替代。

---

① Lorin M. Hitt，Eli M. Snir，"The Role of Information Technology in Modern Production：Complement or Substitute to Other Inputs?" *IT and Modern Production*，February，1999，p. 5.

（三）ICT的价格就业效应

ICT 实物产品和服务成为服务成本的重要组成部分，ICT 产品价格的持续下降，导致服务生产成本尤其是 ICT 密集型服务的生产成本下降，进而降低服务价格，从而刺激对服务的需求，服务需求的上升相应增加对劳动力的需求。ICT 对服务业就业的影响程度取决于 ICT 对服务产品价格的作用大小以及服务产品价格弹性的大小。除此之外，ICT 对服务业就业的价格补偿效应还要受到交叉价格弹性的影响。如果两种服务产品之间存在替代关系，那么当一种服务产品由于 ICT 的作用而出现价格下降，另一种服务产品的需求减少，进而减少对劳动力的需求；如果两种服务产品之间存在互补关系，那么当一种服务产品由于 ICT 的作用而出现价格下降，另一种服务产品的需求增加，进而增加对劳动力的需求。毫无疑问，在第二种情况下，ICT 对这两种服务产品的价格总效应呈现补偿效应，即 ICT 的应用总体上提高了两种服务产品的就业水平。但是，对于第一种情况，要从总体上判断 ICT 对服务业就业的价格效应是补偿效应还是替代效应比较困难，关键取决于直接受 ICT 影响的服务产品的价格弹性以及与另一种服务产品的交叉价格弹性的相对水平。当直接受 ICT 影响的服务产品的价格弹性高于与另一种服务产品的交叉价格弹性时，两种服务产品对劳动的总体需求上升，ICT 价格就业效应体现为补偿效应；反之，为替代效应，即 ICT 引起两种服务产品对就业的需求减少。

（四）收入就业效应

由于信息化导致服务生产效率提高和服务成本下降，因此产生额外收益。这部分收益在企业与劳动者之间进行分配，其结果是服务企业利润的增加，劳动者工资的提高。对于企业来讲增加的利润投入扩大再生产过程，追加投资或进行新投资，对于劳动者来说所增加的工资报酬用于消费。虽然可以直接作为投资品的服务产品不多，但是服务产品是一种日益重要的生产要素，投资活动必然伴随服务产品的生产性需求。在个人消费品中，服务消费品的比重越来越大，而且与收入水平成正比例关系，即收入水平越高，消费支出中服务产品所占的比重就越高。因此，从局部来看，这部分额外收益无论用于再投资还是用于消费，都会刺激对服务产品的需求，从而创造新的就业岗位。但是，信息化带来额外的收益并不能自动刺激对服务的需求和创造就业，如果从大范围或全社会来看，情况就有所不同。这时，收入的分配模式或者企业与劳动者之间的收入分配比例关系显得十分重要，投资活动和消费活动的决策主体之间存在很大差别，企业投资决策的主要依据是对未来预期，而劳动者的消费所关注的主要是当前的购买力。如果企业利润比例过高，压低了劳动者的收入水平，制约了市场对服务的消费，那么企业对服务行业的投资就会缺乏动力，难以带来新的就业；如果劳动者报酬在额外收益中所占比例过大，那么尽管劳动者的消费水平有所提高，对服务的市场消费能力增强，但是由于企业缺乏足够的积累，难以扩大再生产，进行新的投资活动，也就无法创造新的就业机会。因此，信息化的收入效应不同于价格效应，其最终效应的发挥，不仅取决于ICT的技术影响，还要受制于各经济主体的自主决策、收入分配模式和未来需求的预期。当然，信息化对各服务部门的就业收入效应不是均等的，各服务部门的收入弹性不同，收入水平的提高可能导致就业结构的变动，收入弹性高的服务部门需求增加较快，产出上升也快，吸纳的劳动力可能也相对较多。

（五）新服务产品的就业补偿

服务业不是信息技术的被动使用者，而是信息技术的创新者。服务业已经成为信息技术的主要应用领域和创新的领导者，像英、美等国的信息技术超过75%应用于服务业，不少最新的信息技术首先就是在服务业运用获得成功的。根据Barras（1984）所提出的服务创新的“逆产品周期”理论，信息技术在服务业中的应用大致分为三个阶段：第一阶段是利用信息技术提高现行服务的生产效率；第二阶段是以提高服务质量为主；第三阶段发生质的飞跃，导致新服务的产生。由此看来，基于信息技术的新型服务的引入是信息技术在服务业中应用的一种必然结果。信息技术不同于一般性的技术，它是一种通用技术和技术平台。正因为信息技术在服务业中的广泛渗透，使得服务业的发展范式发生根本性变化，越来越多的服务产品直接或间接需要借助信息技术平台开发和传输。新服务产品对就业的补偿方式大致有两种：一种是新服务产品的生产要求增加服务生产人员，直接增加了服务就业，严格地讲，这并非是一种补偿机制，而是新服务产品的引进对市场的直接影响；另一种是由于新服务产品的出现刺激了熊彼特式的市场竞争，这有可能导致服务价格下降，从而通过降价加强了补偿机制。但是，服务产品创新对就业的积极作用有可能被新旧服务产品的替代性所减弱。

信息化对服务业就业的影响较为复杂，既有直接影响也有间接影响，既有替代效应也有补偿效应。甚至在同一影响因素上，替代效应和补偿效应交织在一起，很难从单一因素上判断信息化对服务业就业的作用到底是替代效应还是补偿效应，往往只能从总体上判断信息化对服务业就业的综合效果。信息化对服务业就业的作用是动态变化的，不同时期的表现不同，信息化的服务业就业效应也不同于制造业。根据 Barras 的逆产品周期理论可以推断，信息化对服务业就业的影响由最初的替代效应向后来的补偿效应过渡。信息化的总体就业效应是多种替代因素和补偿因素的作用结果，其效应的方向和大小由各种影响因素的强弱对比所决定。归根到底，最终结果到底是替代效应还是补偿效应？替代效应或补偿效应有多大？关键取决于信息化对服务业产出和信息化对服务业劳动生产率的作用孰大孰小。如果信息化对服务业产出的作用大于对劳动生产率的作用，那么结果表现为补偿效应；否则为替代效应。按照 Solow 悖论的观点，信息技术对提高生产率没有显著效果，这在服务业中表现尤为突出。那么，信息化对服务业就业的替代效应也不明显，或者体现为补偿效应，也就是说，信息化对服务业就业的影响处于 Barras 所指的第二或第三阶段。

第二节 理论模型

生产函数表示在既定技术条件下，一定量的要素投入所能生产的最大产出量，或者一定量的产量与其所需的最小投入量之间的关系。生产函数强调投入要素与产出之间的技术联系，反映它们之间在一定技术意义上的最佳组合。但是，生产函数并没有反映出这种组合的经济效益，也就是说生产函数所反映的是一种技术关系，并没有反映经济关系，它只涉及数量，与要素价格和产出价格没有关系。成本函数可以反映要素投入与产出之间的最佳经济关系，即反映在产出价格和要素价格都给定的条件下，使成本最低的投入要素的最优组合，或者反映要素价格给定的条件下，使总成本与产出相适应的最佳要素组合。

假定服务业生产函数为

$$Y = F(L, K^{ICT}, K^{N})$$

其中，Y 为服务产出；L 代表服务业劳动力；K^{ICT} 代表 ICT 资本投入；K^{N} 为非 ICT 资本投入。

进一步假设该生产函数为 Hicks 技术中性、规模报酬不变、可二次微分。成本函数与生产函数之间存在基本的对偶关系，给定一个成本函数，可以“解出”一项可产生该成本函数的技术。成本函数与生产函数之间的对偶性在经济学中，尤其在经济计量应用中是一个有力的分析工具。与上述生产函数对偶的成本函数为

$$C = C(Y, P_{L}, P_{ICT}, P_{N}) \tag{6.1}$$

其中，C 为总成本；P_{L} 为劳动价格（工资报酬）；P_{ICT} 为 ICT 资本价格；P_{N} 为非 ICT 资本价格。

与生产函数的性质相对应，成本函数 $C(Y, P_{L}, P_{ICT}, P_{N})$ 具有以下一些基本性质：（1）关于 P 和 Y 是非递减的；（2）关于 P 是一次齐次的；（3）关于 P 是凹的；（4）同位性。为了考察 ICT 与劳动和非 ICT 资本之间的关系，我们选取超越对数成本函数形式，即由投入要素价格对数和产出对数的二次式表示成本的对数

$$\ln C = a_{0} + \sum_{i} a_{i}\ln P_{i} + \frac{1}{2}\sum_{i}\sum_{j} b_{ij}\ln P_{i}\ln P_{j} + a_{y}\ln Y + \frac{1}{2}b_{yy}(\ln Y)^{2} + \sum_{i} b_{iy}\ln P_{i}\ln Y \tag{6.2}$$

式（6.2）是任何形式的可二次微分成本函数的二阶泰勒级数近似，以此可以考察 ICT 与其他投入要素之间的替代关系。这里，$i, j = L, ICT, N$，$a_{i} = \frac{\partial \ln C}{\partial \ln P_{i}}$，$b_{ij} = \frac{\partial^{2} C}{\partial \ln P_{i}\ln P_{j}}$。通常认为，$a_{i}$ 为分布参数，用于度量与投入要素价格无关的成本份额，b_{ij} 为替代参数，用于度量成本份额如何随要素价格变化而变化（Welsch and Ochsen，2005）。一般假定替代参数具有对称性，则 $b_{ij} = b_{ji}$。

价格线性齐次性假定要求系数满足如下条件：

$$\sum_i a_i = 1, \sum_i b_{ij} = \sum_j b_{ij} = \sum_i \sum_j b_{ij} = 0, \sum_i b_{iy} = 0$$

同位性意味着成本函数关于产出和要素价格是可分的，同位性的充分必要条件为 $b_{iy} = 0$

如果成本关于产出的弹性为常数，那么成本函数是产出齐次的，因此有如下条件：

$$b_{iy} = 0, b_{yy} = 0$$

此时，齐次的阶数为 $\frac{1}{a_y}$ 。考虑到规模报酬不变的假定，有 $a_y = 1$ 。

从而，式（6.2）变为

$$\ln C = a_0 + \sum_i a_i \ln P_i + \frac{1}{2}\sum_i \sum_j b_{ij} \ln P_i \ln P_j + \ln Y \tag{6.3}$$

直接根据式（6.3）可以估计参数，但是如果把成本最小化的要素需求方程和成本份额方程与式（6.3）结合起来估计，效率更高。具体做法是，利用对偶原理将一系列成本份额方程直接与超越对数函数相结合。根据 Shepard 定理，要素投入的需求可以通过对成本函数求关于投入价格的偏导数得到，即 $X_i = \frac{\partial C}{\partial P_i}$（$X_i$ 为第 i 种要素的需求量）。因此，对式（6.3）求导数，利用 Shepard 定理，可以得到成本份额方程

$$\frac{\partial \ln C}{\partial \ln P_i} = \frac{P_i}{C}\frac{\partial C}{\partial P_i} = \frac{P_i X_i}{C} = a_i + \sum_j b_{ij} \ln P_j$$

设 s_i 为第 i 种要素在总成本中所占的份额，则要素的需求份额方程为 $s_i = \frac{X_i P_i}{C}$ ，而且 $\sum s_i = 1$ ，所以

$$s_i = a_i + \sum_j b_{ij} \ln P_i$$

即

$$\begin{aligned} s_L &= a_L + b_{LL}\ln P_L + b_{LI}\ln P_I + b_{LN}\ln P_N \\ s_I &= a_I + b_{IL}\ln P_L + b_{II}\ln P_I + b_{IN}\ln P_N \\ s_N &= a_N + b_{NL}\ln P_L + b_{NI}\ln P_I + b_{NN}\ln P_N \end{aligned} \tag{6.4}$$

一旦得到方程组（6.4）中的估计参数，就可计算两要素之间的 Allen 偏替代弹性（Uzawa，1962）。

Allen 偏替代弹性（AES）定义为：

$$\sigma_{ij} = \frac{CC_{ij}}{C_i C_j}(i \neq j) \tag{6.5}$$

$$\sigma_{ii} = \frac{CC_{ii}}{C_i C_i} \tag{6.6}$$

这里，C 为总成本，C_i、C_j 和 C_{ij} 分别为一阶、二阶偏导数，即：$C_i = \frac{\partial C}{\partial P_i}, C_j = \frac{\partial C}{\partial C_j}, C_{ij} = \frac{\partial^2 C}{\partial C_i \partial C_j}$。显然有，$C_i = X_i, C_j = X_j$。

显然，$\sigma_{ij} = \sigma_{ji}$，即 AES 具有对称性。

由超越对数成本函数得

$$\sigma_{ii} = \frac{b_{ii}}{s_i^2} - \frac{1}{s_i} + 1, i = L, ICT, N \tag{6.7}$$

$$\sigma_{ij} = \frac{b_{ij}}{s_i s_j} + 1, i, j = L, ICT, N \text{ 且 } i \neq j \tag{6.8}$$

其中，σ_{ij} 和 σ_{ii} 就是 ICT 资本、非 ICT 资本和劳动之间的替代弹性系数。要计算出这些系数，就需要估计出 a_i 和 b_{ij}；要估计参数 a_i 和 b_{ij}，就要对以式（6.4）和随机误差项组成的联立方程组进行回归，得出解释变量系数的估计值。在该联立方程组中，由于三个方程之和为常数，其随机误差项的和为 0，所以在对其进行回归时去掉其中一个方程。

当 $\sigma_{ij} > 0$，表示第 i 种要素与第 j 种要素之间存在替代关系；当 $\sigma_{ij} < 0$，表示第 i 种要素与第 j 种要素之间是互补关系。

Hicks（1932）最初提出替代弹性的概念是针对两要素之间的替代，后来这一思想由 Allen 和 Hicks（1934）、Allen（1938）和 Uzawa（1962）推广到多要素的情形，提出 AES。AES 可以从定性上很好地判断一组投入要素是替代关系或互补关系，但是它存在不少弱点。正如 Blackorby 和 Russell（1989）所指出的，AES 不能提供要素相对比例的信息，不能提供等产量曲线，也不能从边际替代率进行解释。与此同时，他们也指出，Morishima 替代弹性（MES）保留了 Hicks 替代概念的思想，MES 具有以下主要特点：（1）可衡量要素间替代的难易程度；（2）可同时从定性和定量两方面评估两种要素价格或数量比改变对要素份额的影响；（3）以数量比例对数关于价格比例对数的微分形式，与边际替代率保持一致①。

Allen（1934）给出的价格交叉弹性（η_{ij}）和价格自弹性（η_{ii}）分别为：

$$\eta_{ij} = \frac{\partial \ln X_i}{\partial \ln P_j}$$

$$\eta_{ii} = \frac{\partial \ln X_i}{\partial \ln P_i}$$

由 Shephard 引理、式（6.5）和式（6.6），可以得到

$$\eta_{ij} = \frac{\partial \ln X_i}{\partial \ln P_j} = \frac{P_j C_{ij}}{C_i} = \frac{X_j P_j}{C}\sigma_{ij} = s_j \sigma_{ij} \tag{6.9}$$

$$\eta_{ii} = \frac{\partial \ln X_i}{\partial \ln P_i} = \frac{P_i C_{ii}}{C_i} = \frac{X_i P_i}{C}\sigma_{ii} = s_i \sigma_{ii} \tag{6.10}$$

以上两式与成本份额直接发生联系，因此，交叉价格弹性和自价格弹性比 AES 包含更多信息。Blackorby 和 Russell（1989）得出结论：在两种以上要素的情况下，用 AES 测定替代弹性没有优越性，它只是根据价格交叉弹性的符号就可以从定性上简单区分替代和互补两种情形。相比之下，Morishima（1967）替代弹性（MES）具有明显优势。

MES 的定义为：

$$M_{ij} = -\frac{\partial \ln\left(\frac{X_i}{X_j}\right)}{\partial \ln\left(\frac{P_i}{P_j}\right)}$$

MES 模型最早由 Morishima（1967）提出的，用于估计两种要素比例变化对价格变化的反应程度，后来 Blackorby 和 Russell（1981）针对 Morishima 替代弹性，通过对双重成本函数的扩展，并运用 Shephard 引理实现了 Hicks 边际替代率和两种以上投入要素替代率的整合。在 P_j 既定下，要素 j 对要素 i 的替代弹性为：

$$M_{ij} = \frac{P_i C_{ij}}{C_j} - \frac{P_i C_{ii}}{C_i} = \frac{\partial X_j}{\partial P_i}\frac{P_i}{X_j} - \frac{\partial X_i}{\partial P_i}\frac{P_i}{X_i} = \eta_{ji} - \eta_{ii} \tag{6.11}$$

① Yijian He and Subhash C. Sharma. “The Morishima Elasticity of Substitution for the profit function”, Microeconomics 9502002, EconWPA, revised 17 Feb 1995.

式（6.11）的含义是，在 P_j 既定下，$\frac{P_i}{P_j}$ 改变对要素的相对使用量的影响来自于两方面：一是改变第 j 种要素的使用效果，即上式右端中交叉价格弹性 η_{ji} 所表达的含义；二是改变自身要素第 i 种要素的使用效果，也就是上式右端自价格弹性 η_{ii} 所包含的意思。由定义可以看出，Morishima 替代弹性不具有对称性，即 $M_{ij} \neq M_{ji}$ 。

要素的价格交叉弹性 η_{ij} 只是简单地测定出要素需求的绝对数量对要素价格变化的反应程度，而 MES 充分地描述了要素比率对价格变化的反应程度，更接近于传统意义上的 Hicks 要素替代弹性。要素价格变化引起其他要素需求的变化主要基于替代效应和收入效应的综合作用，而 MES 与交叉价格弹性之间的差别恰好相当于收入效应。

第三节 服务业信息化的就业效应实证分析

一、数据来源与方法

为估计方程组式（6.4）中的参数，需要确定劳动力、ICT 资本和非 ICT 资本的成本份额 s_L 、s_I 和 s_N 及价格 P_L 、P_I 和 P_N 。数据采集时间长度为 1979～2003 年。成本份额数据可以从荷兰格罗宁根增长与发展研究中心（GGDC）中 O' Mahony 和 van Ark（2003）所编制的产业增长账户数据库（IGA）直接获得或计算得到。在 SNA 核算体系下，增加值等于各要素报酬之和，而要素价格又等于要素报酬，所以要素价格等于要素报酬除以要素数量。要素报酬可以根据要素报酬占增加值的比重和增加值的乘积计算得到，要素报酬占增加值的比重可以从产业增长账户数据库直接获得，增加值（现价）从 60 部门数据库可以直接得到。劳动力数量按雇员口径计算，从 60 部门数据库获取，由于缺乏 ICT 资本服务和非 ICT 资本服务的绝对数量的数据，所以只能采取间接手段近似计算。产业增长账户数据库发布了 1980～2003 年 ICT 资本服务增长率和非 ICT 服务增长率数据，本章以 1979 年为基期（100），依据 ICT 和非 ICT 资本服务环比增长率数据计算出各年份的 ICT 和非 ICT 资本服务的定基发展速度

(指数型)，以此来代替 ICT 和非 ICT 资本服务的绝对数量进行回归分析。除了常数项外，其他参数估计值不受此影响。

对联立方程组式（6.4）的估计，采用系统估计法，即对整个方程组同时进行估计，而不是对各个方程单独进行估计，系统估计法可以同时得到所有方程的参数估计量。这种方法利用了系统的全部信息，考虑了各个方程残差之间的相关性，提高了估计的有效性，所得到的参数估计量具有良好的统计特性，因此它要优于单方程估计方法。只有进行系统估计，才能使其中一个方程的回归系数与系统内其他方程的回归参数相同或相关。由于本章中成本函数关于要素价格的一次齐次性要求，因此只需估计三个方程中的任何两个即可。常用的系统估计法有三阶段最小二乘法、完全信息极大似然估计法和广义矩阵估计法三种。本章选择三阶段最小二乘法进行估计。由于在计算 ICT 资本和非 ICT 资本的服务价格时，ICT 资本和非 ICT 资本的数量是通过逐年累加的方法计算得到的，加上劳动力、ICT 资本与非 ICT 资本之间的作用往往存在滞后效应，因此估计方程组时极有可能出现自相关。为消除自相关，本章采用自回归模型 AR（q），q 为序列相关的阶，可以给每个方程指定 AR 的阶数来估计不同的自回归过程，直到消除自相关为止。

利用计量经济软件 Eviews3.1，对式（6.4）中的前两个方程即劳动力成本份额方程和 ICT 资本份额方程进行估计。利用三阶段最小二乘法估计，必须设定估计中使用的工具变量，本章设定工具变量为 P_L、P_I、P_N 和 C（常数）。分别按制造业、服务业、批发贸易业、零售业、旅馆业、运输业、通信业、金融业、商务服务业、社会和个人服务业等部门建立回归方程组，进行参数估计。非市场服务业只有美国、法国、德国和荷兰的数据，不便于与其他行业对比，所以不对非市场服务业进行参数估计和替代分析研究。数据采集时间跨度为 1979 ~ 2003 年，每个行业部门有 $5 \times 25 = 125$ 个观测值。

ICT 与劳动之间的替代弹性计算分为 1979 ~ 1985 年和 1991 ~ 2003 年两个时期，其他替代弹性计算分析在时间段上不作进一步细分。首先按照式（5.7）和式（5.8）计算年度出 Allen 偏替代弹性 σ_{ij} 和 σ_{ii}，然后在此基础上进行算术平均，分别求出 1979 ~ 1990 年、1991 ~ 2003 年和 1979 ~ 2003 年的 Allen 偏替代弹性。Morishima 偏替代弹性 M_{ij} 按照式

(5.11）逐年计算，然后求出各时段的算术平均数。

二、估计结果

制造业的劳动力成本方程和 ICT 成本方程参数估计结果如表 6－1 所示。从调整系数 R^2 看，各方程的拟合度较好，DW 值表明方程都已消除了自相关。从劳动力成本方程的估计参数看，制造业劳动力成本比重与劳动力价格成正比，与非 ICT 资本价格成反比，与 ICT 资本价格之间存在轻微的反比或正比关系，相比之下非 ICT 资本价格是劳动力成本比重的主要影响因素。在劳动力成本方程中，只有美国和澳大利亚的 b_{LI} 估计值显著，而所有国家的 b_{LN} 估计值都显著，这说明在制造业 ICT 对劳动力成本的影响不是很普遍，非 ICT 资本是影响劳动力成本的主要因素。从 ICT 成本方程看，ICT 成本比重与 ICT 价格和非 ICT 价格的关系不清晰，ICT 成本比重与劳动力价格之间存在轻微的反比或正比关系。

表 6－1　制造业劳动力成本方程和 ICT 成本方程的参数估计值

变量	美国	加拿大	英国	法国	德国	荷兰	澳大利亚
a_L	2.4546**	2.2922**	2.1901**	2.5502**	2.5098**	2.2717**	2.1899**
	(21.8663)	(26.2792)	(34.6024)	(28.3997)	(17.3453)	(14.4286)	(21.3464)
b_{LL}	0.0766**	0.0530**	0.1022**	0.0328	0.0744**	0.1498**	0.1218**
	(6.0018)	(2.4729)	(13.8222)	(1.6592)	(2.7121)	(5.7320)	(7.8644)
b_{LI}	0.0117*	−0.0013	−0.0017	−0.0044	−0.0056	−0.0038	0.0185**
	(1.8469)	(−0.2589)	(−0.5755)	(−0.7785)	(−0.7316)	(−0.6633)	(4.1421)
b_{LN}	−0.1738**	−0.1761**	−0.1715**	−0.1830**	−0.1758**	−0.2256**	−0.2164**
	(−23.1300)	(−28.8042)	(−23.5757)	(−15.3412)	(−12.7560)	(−21.7894)	(−14.6698)
a_I	−0.2216**	0.1080**	−0.1829**	2.1203	−0.3201**	−0.2049**	−0.0620
	(−2.4009)	(3.2700)	(−6.4102)	(0.0161)	(−5.2026)	(−3.4219)	(−1.2994)
b_{II}	−0.0062	0.0102**	−0.0020	0.0099**	0.0041	−0.0031	−0.0070**
	(−1.6850)	(8.7379)	(−1.0995)	(8.1745)	(1.3346)	(−1.0295)	(−3.7073)

续表

变量	美国	加拿大	英国	法国	德国	荷兰	澳大利亚
b_{IN}	0.0222 ** (3.2359)	-0.0068 ** (-4.7797)	0.0215 ** (6.0925)	-0.0052 ** (-2.5256)	0.0296 ** (5.7101)	0.0276 ** (4.6889)	0.0065 (1.2864)
R_L^2	0.9780	0.9960	0.9769	0.9810	0.9553	0.9918	0.9607
R_I^2	0.9328	0.9891	0.8694	0.9707	0.7810	0.8692	0.9591
DW_L	1.8489	1.9898	1.8533	1.8384	1.7812	1.6583	1.7264
DW_I	2.0683	1.6785	1.7622	2.1043	2.0148	1.7704	1.7778

注：*、** 分别代表在5%和10%水平显著。括号内数值为 t 统计量。R_L^2 和 R_I^2 分别表示劳动成本份额方程和ICT成本份额方程的调整系数，DW_L 和 DW_I 分别表示劳动成本份额方程和ICT成本份额方程的杜宾－瓦特森值。以下同。

资料来源：根据荷兰格罗宁根增长与发展研究中心（网址 http：//www.ggdc.net）计算得到。

从服务业劳动力成本方程的估计参数（见表6－2）看，服务业劳动力成本比重与劳动力价格成正比，美国、加拿大和德国劳动力成本与ICT资本价格显著成正比，英国、法国和荷兰则显著成反比，所有国家劳动力成本比重与非ICT资本价格均成反比，而且各要素价格变量的参数值在10%水平上都是显著的。在三个要素价格的作用上，ICT价格的作用最小，非ICT的作用最大。从ICT成本比重方程看，加拿大、荷兰和澳大利亚的ICT成本比重与ICT价格显著成正比，英国和德国显著呈正比，美国和法国不显著。在ICT成本与非ICT资本价格的关系上，加拿大、法国、荷兰和澳大利亚显著成正比，德国显著成反比，美、英不显著。

表6－2　　服务业劳动力成本方程和ICT成本方程的参数估计值

变量	美国	加拿大	英国	法国	德国	荷兰	澳大利亚
a_L	2.1911 ** (13.9993)	2.3997 ** (14.1163)	2.7993 ** (24.7633)	2.7468 ** (17.5029)	2.8778 ** (15.1933)	1.1364 ** (2.2101)	1.8519 ** (50.1403)

续表

变量	美国	加拿大	英国	法国	德国	荷兰	澳大利亚
b_{LL}	0.1107 **	0.0778 **	0.0581 **	0.1662 **	0.0947 **	0.1765 **	0.1304 **
	(15.0652)	(10.0569)	(6.6851)	(10.4141)	(4.3437)	(5.3630)	(11.4834)
b_{LI}	0.0173 **	0.0057 *	−0.0140 **	−0.0153 **	0.0156 **	−0.0266 **	−0.0046
	(4.6683)	(1.7451)	(−3.1935)	(−2.8579)	(3.0036)	(−6.2831)	(−1.3020)
b_{LN}	−0.1564 **	−0.1797 **	−0.2004 **	−0.2100 **	−0.2293 **	−0.1270 **	−0.1475 **
	(−13.2546)	(−12.6968)	(−17.5807)	(−20.8146)	(−10.3741)	(−9.4347)	(−24.5223)
a_I	−0.1446	−0.4019 *	0.2062	−0.4727 **	0.1701	−0.2635 *	−0.1570 **
	(−0.8804)	(−2.0151)	(1.5378)	(−2.5756)	(1.2127)	(−1.8686)	(−3.5548)
b_{II}	0.0047	−0.0079 **	0.0254 **	0.0001	0.0364 **	−0.0104 *	−0.0055 **
	(1.5230)	(−3.0260)	(7.8631)	(0.0249)	(15.8538)	(−2.0488)	(−2.0841)
b_{IN}	0.0094	0.0435 **	−0.0093	0.0463 **	−0.0392 **	0.0458 **	0.0226 **
	(0.8362)	(2.4239)	(−0.9851)	(3.7735)	(−3.1325)	(4.2423)	(6.1500)
R_L^2	0.7044	0.9379	0.9757	0.9852	0.9748	0.9973	0.9906
R_I^2	0.5182	0.8131	0.9484	0.8851	0.9727	0.8413	0.9479
DW_L	1.5464	1.9528	1.7615	2.2368	1.7040	1.7317	1.7454
DW_I	1.3395	1.9095	2.0833	1.7238	1.8763	2.0386	2.0012

资料来源：同表6-1。

比较表6-1和表6-2，可以看出，服务业中ICT价格对劳动力成本比重的影响比制造业更为普遍，其影响方向带有不确定性，ICT价格的降低既可能降低服务业劳动力成本比重，也有可能提高劳动力成本比重。两个行业具有一个共同特点：所有国家非ICT对劳动力成本比重呈显著反比作用。服务业劳动力价格对劳动力成本比重的影响高于制造业（英国除外）。

劳动力价格与批发贸易业劳动力成本比重呈显著正比关系（见表6-3），ICT价格与劳动力成本比重呈显著反比关系（德国除外），非ICT价格也与劳动力成本比重呈显著反比关系，不过，ICT价格的影响要比非

ICT 价格的影响小得多。ICT 价格与 ICT 成本关系不明朗，多数国家的非 ICT 价格与 ICT 成本比重显著成反比。

表 6 - 3　　批发贸易业劳动力成本方程和 ICT 成本方程的参数估计值

变量	美国	加拿大	英国	法国	德国	荷兰	澳大利亚
a_L	1.6685 ** (9.2974)	1.8012 ** (15.5699)	2.3201 ** (30.2736)	1.6986 ** (11.2365)	4.7613 (0.3421)	1.9175 ** (20.1128)	2.4067 ** (10.6947)
b_{LL}	0.2320 ** (6.7662)	0.0541 ** (2.1219)	0.1389 ** (11.8387)	0.2153 ** (6.5306)	0.1333 ** (4.9648)	0.1313 ** (5.8979)	0.1007 ** (3.5023)
b_{LI}	-0.0170 ** (-2.7373)	-0.0273 ** (-7.2075)	-0.0057 (-1.0612)	-0.0277 ** (-4.3766)	0.0285 ** (4.3499)	-0.0302 ** (-9.7794)	-0.0190 ** (-2.6482)
b_{LN}	-0.1623 ** (-18.8779)	-0.1172 ** (-19.7499)	-0.2294 ** (-23.3980)	-0.1729 ** (-17.7856)	-0.2458 ** (-28.2099)	-0.1854 ** (-20.3006)	-0.2221 ** (-15.3290)
a_I	-0.3685 ** (-6.2769)	-0.2509 ** (-2.3293)	-0.2655 ** (-2.6720)	-0.1463 ** (-5.1746)	-0.2585 ** (-8.1984)	0.3083 * (1.8095)	-0.2142 ** (-2.6875)
b_{II}	-0.0206 ** (-7.2592)	-0.0405 ** (-7.7027)	0.0008 (0.0996)	-0.0145 ** (-4.2231)	-0.0012 (-0.4662)	0.0451 ** (10.5787)	0.0253 ** (8.1529)
b_{IN}	0.0565 ** (11.7375)	0.0675 ** (5.4329)	0.0360 ** (3.7683)	0.0346 ** (8.6333)	0.0200 ** (5.3540)	-0.0097 (-0.9325)	0.0072 (1.2313)
R_L^2	0.9813	0.9839	0.9898	0.9943	0.9780	0.9906	0.9696
R_I^2	0.9553	0.9094	0.8506	0.9214	0.9848	0.9354	0.9759
DW_L	1.9763	1.8828	2.2422	1.7900	1.7550	1.8460	1.9776
DW_I	2.2409	1.9746	2.2047	2.1963	1.7952	1.4529	1.9845

资料来源：同表 6 - 1。

零售业劳动力价格与劳动力成本比重显著成正比（见表 6 - 4）。ICT 价格对劳动力成本比重的影响较小，作用方向也不完全一致，美国、加拿大、荷兰表现为显著反作用，德国为显著正向作用，英国、法国和澳大利亚的作用不显著。所有非 ICT 价格对劳动力成本一致地呈显著反向作用。ICT 价格对 ICT 成本既有正向作用，也有反向作用。非 ICT 价格与 ICT 成本呈显著正比关系（法国为正比关系），英国不显著。

旅馆业劳动力价格对劳动力成本比重具有正向作用（见表 6－5），ICT 价格对劳动力成本的影响普遍不显著，只有美国和法国分别表现为显著反比和显著正比作用，而且数值较低。非 ICT 价格对劳动力成本的作用普遍为负向作用，只有英国不显著。加拿大、英国、法国和澳大利亚等国的 ICT 价格对 ICT 成本表现为显著的正向作用，非 ICT 价格对 ICT 成本的影响既有正向作用（美国、英国、荷兰和澳大利亚），也有负向作用（法国），但是作用程度都很低。

表 6－4　零售业劳动力成本方程和 ICT 成本方程的参数估计值

变量	美国	加拿大	英国	法国	德国	荷兰	澳大利亚
a_L	1.9899** (11.6294)	1.3796** (5.0864)	0.9477** (16.9992)	0.9897** (3.4780)	1.5051** (27.1919)	1.6677** (21.4377)	1.1972** (43.3682)
b_{LL}	0.1493** (6.8539)	0.1386** (7.8767)	0.6969** (22.0869)	0.2853** (4.1866)	0.0749** (3.6077)	0.1501** (8.3108)	0.1317** (7.5147)
b_{LI}	−0.0079** (−2.2584)	−0.0136** (−3.9726)	−0.0002 (−0.0768)	−0.0033 (−0.6017)	0.0235** (4.7216)	−0.0169** (−6.6394)	0.0009 (0.2185)
b_{LN}	−0.1655** (−29.2092)	−0.1241** (−14.4155)	0.0003 (0.0453)	−0.1304** (−12.2641)	−0.1119** (−26.6896)	−0.1713** (−22.5124)	−0.1023** (−17.4353)
a_I	−0.1623** (−5.4562)	−0.0464 (−1.3445)	0.0005 (0.0130)	−0.0170 (−1.1976)	−0.1555** (−9.6816)	−0.0449 (−1.4134)	−0.0718** (−6.4088)
b_{II}	0.0025 (1.4225)	−0.0158** (−7.9526)	0.0289** (13.8018)	0.0141** (6.1742)	−0.0003 (−0.1750)	−0.0109** (−6.4417)	−0.0010 (−0.4018)
b_{IN}	0.0190** (6.3270)	0.0199** (4.6317)	−0.0025 (−0.8279)	−0.0058** (−2.5842)	0.0121** (6.1650)	0.0173** (4.4873)	0.0132** (7.0068)
R_L^2	0.9957	0.9733	0.9969	0.9952	0.9925	0.9934	0.9851
R_I^2	0.9304	0.8526	0.9693	0.9797	0.9784	0.5895	0.9234
DW_L	2.0129	1.7429	1.9573	1.8665	2.2041	2.2817	1.8491

续表

变量	美国	加拿大	英国	法国	德国	荷兰	澳大利亚
DW_I	2.2054	2.2838	1.7786	1.9326	2.2924	1.9939	1.7328

资料来源：同表6-1。

表6-5　　旅馆业劳动力成本方程和ICT成本方程的参数估计值

变量	美国	加拿大	英国	法国	德国	荷兰	澳大利亚
a_L	2.2691** (65.5847)	1.7000** (11.9487)	0.9222** (41.7858)	1.2959** (33.4983)	1.2401** (8.1430)	1.7581** (9.1980)	1.5267** (57.7243)
b_{LL}	0.1497** (23.5774)	0.0840** (3.2578)	0.6972** (53.9883)	0.1154** (8.0830)	0.0591 (1.3641)	0.1902** (7.5079)	0.1897** (9.1237)
b_{LI}	-0.0057** (-3.1310)	0.0038 (1.3352)	0.0016 (1.0160)	0.0085** (2.2789)	-0.0041 (-1.1790)	0.0025 (0.5061)	0.0008 (0.2249)
b_{LN}	-0.1874** (-50.1335)	-0.1564** (-11.0238)	0.0031 (1.1044)	-0.1135** (-30.3461)	-0.0694** (-14.3288)	-0.2371** (-11.8953)	-0.1982** (-16.8182)
a_I	-0.0613** (-5.7087)	0.0273 (1.4684)	-0.0253 (-1.1661)	-0.0285* (-1.9294)	0.0139 (0.8840)	-0.0753** (-2.1035)	-0.1499** (-8.5216)
b_{II}	-0.0006 (-0.6353)	0.0081** (12.2788)	0.0033** (17.4391)	0.0077** (5.5826)	0.0007 (0.4702)	0.0002 (0.0976)	0.0073** (5.4586)
b_{IN}	0.0086** (10.9833)	-0.0043 (-2.0204)	0.0021** (2.1139)	-0.0034* (-1.9231)	-0.0002 (-0.1388)	0.0105** (2.9691)	0.0221** (7.4035)
R_L^2	0.9955	0.9230	0.9968	0.9946	0.9829	0.9037	0.9854
R_I^2	0.9622	0.9252	0.9206	0.9743	0.9595	0.8160	0.9204
DW_L	2.0809	2.1662	1.9944	1.7520	1.6834	2.2266	2.0745
DW_I	2.1814	2.1024	2.1196	2.0006	1.8787	1.9508	2.2845

资料来源：同表6-1。

劳动力价格与运输业劳动力成本呈显著正比关系（德国除外），见表

6-6。ICT 价格对劳动力成本的影响有限，仅有美国和澳大利亚具有显著的负向作用，非 ICT 价格的负向作用较大，但是加拿大和英国不显著。除法国和荷兰外的其他 5 国 ICT 价格与 ICT 成本比重呈显著的正向关系，美国、加拿大和澳大利亚的非 ICT 价格对 ICT 成本表现为显著的负向作用，法国和荷兰为显著正向作用。

表 6-6　　运输业劳动力成本方程和 ICT 成本方程的参数估计值

变量	美国	加拿大	英国	法国	德国	荷兰	澳大利亚
a_L	2.3837**	0.4050**	0.9568**	2.0644**	2.2785**	1.8413**	1.8000**
	(13.4692)	(3.5044)	(60.3214)	(40.3687)	(6.6220)	(17.5016)	(44.2939)
b_{LL}	0.0716	0.0635**	0.6954**	0.1741**	-0.0131	0.1842**	0.0808**
	(1.6405)	(6.0369)	(32.9463)	(12.8684)	(-0.1946)	(9.8626)	(3.8092)
b_{LI}	-0.0139**	0.0041	-0.0030	0.0133**	-0.0095	0.0028	-0.0153**
	(-2.3195)	(1.2953)	(-1.4582)	(2.8590)	(-1.4549)	(0.4854)	(-2.8654)
b_{LN}	-0.1691**	0.0135	0.0000	-0.2212**	-0.1482**	-0.2265**	-0.1639**
	(-23.5997)	(0.8561)	(-0.0106)	(-31.1729)	(-13.3564)	(-17.6453)	(-19.0004)
a_I	-0.0220	0.0573**	0.3163	-0.1444**	0.0498	-0.2711**	0.1940**
	(-0.4684)	(2.3721)	(0.1899)	(-4.6505)	(0.6657)	(-5.7444)	(4.0904)
b_{II}	0.0215**	0.0080**	0.0095**	-0.0017	0.0033**	0.0018	0.0152**
	(4.7174)	(10.0883)	(10.1837)	(-0.7756)	(2.7830)	(0.5512)	(8.2644)
b_{IN}	-0.0087	-0.0090**	-0.0091**	0.0130**	-0.0007	0.0339**	-0.0100**
	(-1.5772)	(-3.3465)	(-2.6947)	(4.1546)	(-0.4213)	(5.1846)	(-4 1922)
R_L^2	0.9617	0.8397	0.9965	0.9857	0.9912	0.9464	0.9877
R_I^2	0.9878	0.9043	0.9288	0.9430	0.9820	0.8390	0.9419
DW_L	2.1495	2.0948	1.9892	2.2127	1.8148	1.7621	1.9355
DW_I	1.6905	1.6551	1.8783	2.0120	1.7333	1.9596	2.1167

资料来源：同表 6-1。

通信业劳动力价格、非 ICT 价格分别与劳动力成本比重呈显著正比和反比关系（见表 6-7），ICT 价格普遍与劳动力成本比重成反比，相比之下 ICT 价格的作用较小。ICT 价格与 ICT 成本比重显著成正比，非 ICT 价格与 ICT 成本比重显著成反比。

美国、加拿大、英国和法国的金融业劳动力价格与劳动力成本比重具有显著正比关系，其他三国并不显著（见表 6－8），美国、加拿大、英国和法国的 ICT 价格与劳动力比重之间呈显著负相关，德国和荷兰则呈显著正相关。非 ICT 价格与劳动力成本成显著反比关系（德国除外）。ICT 价格、非 ICT 价格分别与 ICT 成本比重之间的关系比较模糊。

表 6－7　　通信业劳动力成本方程和 ICT 成本方程的参数估计值

变量	美国	加拿大	英国	法国	德国	荷兰	澳大利亚
a_L	1.4859**	1.8701**	1.0238**	2.1522**	−2.4510	1.7400**	2.2963**
	(2.8078)	(5.2451)	(47.7248)	(23.0195)	(−0.1161)	(13.7561)	(20.8180)
b_{LL}	0.2160**	0.0223	0.6460**	0.1592**	0.1695**	0.1771**	0.0377**
	(2.0960)	(0.5874)	(46.1497)	(7.0455)	(8.5500)	(4.3194)	(2.9129)
b_{LI}	−0.0868**	−0.1008**	−0.0001	−0.0222**	−0.0870**	−0.0888**	0.0004
	(−3.6456)	(−4.3346)	(−0.1188)	(−4.0333)	(−15.5194)	(−11.3630)	(0.0696)
b_{LN}	−0.1388**	−0.0761**	−0.0126**	−0.2253**	−0.1636**	−0.1554**	−0.2497**
	(−4.2816)	(−3.2288)	(−3.8213)	(−41.8699)	(−14.2679)	(−9.5259)	(−20.4699)
a_I	0.4970*	0.2846**	−0.1346	−0.0848*	0.0564	−0.7074	0.5376**
	(1.8247)	(2.2835)	(−0.5740)	(−1.7325)	(0.5267)	(−1.0065)	(3.9709)
b_{II}	0.0915**	0.1150**	0.0918**	0.0504**	0.1258**	0.1413**	0.0168**
	(5.7516)	(9.2113)	(12.4570)	(19.0881)	(26.3580)	(32.5622)	(3.0829)
b_{IN}	−0.0422**	−0.0970**	−0.0233**	−0.0163**	−0.0468**	−0.0465**	−0.0434**
	(−2.1944)	(−7.7156)	(−2.4993)	(−6.5117)	(−4.9882)	(−5.1609)	(−3.4110)
R_L^2	0.9781	0.8787	0.9969	0.9951	0.9937	0.9948	0.9888
R_I^2	0.9837	0.9158	0.9553	0.9552	0.9833	0.9912	0.9633
DW_L	1.8925	2.2140	1.7075	1.8274	1.9441	2.3334	2.1766
DW_I	1.8535	1.8332	2.2928	1.7639	1.8678	2.1306	1.9620

资料来源：同表 6－1。

表 6-8　　金融业劳动力成本方程和 ICT 成本方程的参数估计值

变量	美国	加拿大	英国	法国	德国	荷兰	澳大利亚
a_L	1.7792 ** (7.9360)	1.4239 ** (4.2685)	1.6206 ** (18.6050)	2.3034 ** (22.0170)	1.8705 (0.0322)	1.4641 ** (9.2731)	1.6930 ** (12.6582)
b_{LL}	0.2248 ** (7.8826)	0.1488 ** (3.2532)	0.3041 ** (8.0526)	0.1326 ** (7.1255)	0.1725 (0.0227)	-0.0221 (-0.9363)	0.0194 (0.4861)
b_{LI}	-0.1031 ** (-7.9764)	-0.0276 ** (-2.1538)	-0.0106 * (-1.8794)	-0.0292 ** (-5.2251)	0.0850 ** (6.0336)	0.0245 ** (4.3571)	0.0126 (0.7701)
b_{LN}	-0.1406 ** (-12.9320)	-0.1681 ** (-6.6909)	-0.0973 ** (-7.6591)	-0.2080 ** (-26.6429)	-0.3038 (-0.4736)	-0.1168 ** (-5.7941)	-0.1408 ** (-9.0830)
a_I	0.3826 * (1.7234)	0.1123 (0.7774)	-0.3102 ** (-3.3102)	-0.1155 (-1.5687)	-0.5999 ** (-10.5448)	0.2661 (1.3953)	-0.1104 ** (-2.9003)
b_{II}	0.1450 ** (11.5296)	0.0452 ** (4.6288)	-0.0175 ** (-2.5433)	-0.0157 ** (-4.7912)	0.0214 ** (4.3851)	-0.0293 ** (-5.1599)	0.0334 ** (3.2214)
b_{IN}	-0.0483 ** (-4.9489)	-0.0097 (-0.5783)	0.0531 ** (4.1316)	0.0420 ** (6.0436)	0.0251 ** (2.8642)	-0.0099 (-0.4185)	-0.0107 (-1.0733)
R_L^2	0.9293	0.9160	0.9980	0.9907	0.9458	0.8403	0.9680
R_I^2	0.9188	0.8985	0.6473	0.7308	0.9611	0.5789	0.9803
DW_L	2.0132	1.8679	2.1861	1.5359	1.7058	1.6925	2.0557
DW_I	1.7522	1.7753	1.8518	1.5741	2.0721	2.2727	2.0789

资料来源：同表 6-1。

劳动力价格与商务服务业劳动力成本比重呈显著正比关系（美国除外），ICT 价格与劳动力成本比重成显著反比关系（德国除外），非 ICT 价格与劳动力成本也成显著反比关系（见表 6-9），相比之下非 ICT 的反比作用比 ICT 更大。美、英两国 ICT 价格与 ICT 成本比重成显著正比关系，加拿大、法国和荷兰的非 ICT 价格与 ICT 成本成显著反比关系，非 ICT 价格与 ICT 成本普遍显著成正比关系（美国不显著），只有英国为显著反比关系。

表 6-9　商务服务业劳动力成本方程和 ICT 成本方程的参数估计值

变量	美国	加拿大	英国	法国	德国	荷兰	澳大利亚
a_L	1.1618** (7.6987)	1.9952** (12.1368)	1.2961** (21.0224)	2.6381** (8.4745)	2.5861** (7.8932)	1.7800** (14.7789)	1.1912** (26.9658)
b_{LL}	0.0382 (1.4390)	0.1218** (6.5037)	0.5719** (20.5067)	0.1099** (2.7003)	0.1195** (2.7522)	0.0763** (2.9213)	0.0963** (8.5841)
b_{LI}	-0.0167* (-2.0530)	-0.0112** (-4.6516)	-0.0067** (-4.3139)	-0.0161** (-2.1362)	-0.0041 (-0.4313)	0.0139** (2.9726)	-0.0057** (-2.5539)
b_{LN}	-0.0382** (-3.8228)	-0.1830** (-15.7679)	-0.0402** (-5.4234)	-0.2181** (-12.8770)	-0.2248** (-12.4008)	-0.1645** (-28.1677)	-0.0950** (-26.8430)
a_I	0.4035 (1.6918)	-0.0213 (-0.3426)	0.2988** (2.2858)	-0.3283** (-3.2671)	-0.2734* (-2.0012)	-0.3431** (-11.5469)	-0.0822** (-8.9227)
b_{II}	0.0291* (1.9826)	-0.0057** (-6.5658)	0.0288** (5.6355)	-0.0162** (-4.2212)	-0.0048 (-0.8721)	-0.0033** (-2.5418)	-0.0003 (-0.5038)
b_{IN}	-0.0409 (-1.4016)	0.0124* (2.0041)	-0.0224** (-2.7857)	0.0523** (6.0320)	0.0347** (2.8874)	0.0423** (17.8659)	0.0165** (20.6929)
R_L^2	0.9428	0.9897	0.9978	0.9938	0.9934	0.9944	0.9819
R_I^2	0.7125	0.6517	0.9406	0.8164	0.6863	0.9563	0.9641
DW_L	2.1804	2.2625	1.8710	2.2480	2.1142	1.4844	1.7045
DW_I	2.1590	2.0666	1.8694	1.7780	1.9225	1.9268	2.1287

资料来源：同表 6-1。

劳动力价格与劳动力成本比重呈显著正比关系，美国、英国和法国 ICT 价格与劳动力成本比重呈显著反比关系，加拿大和澳大利亚呈显著正比关系，非 ICT 价格与劳动力成本比重呈显著反比关系（见表 6-10），相比之下 ICT 价格的作用最小。除了加拿大和澳大利亚，其他国家 ICT 价格与 ICT 成本成显著正比关系，美国、法国和荷兰非 ICT 价格与 ICT 成本成显著反比关系，澳大利亚则为显著正比关系，加拿大和德国不显著。

表 6-10 社会和个人服务业劳动力成本方程和 ICT 成本方程的参数估计值

变量	美国	加拿大	英国	法国	德国	荷兰	澳大利亚
a_L	2.5335** (13.8316)	1.8233** (9.8934)	1.1516** (24.7254)	2.7490** (17.9100)	4.2123** (37.0185)	0.6081 (1.1498)	1.3346** (76.6484)
b_{LL}	0.1366** (5.3068)	0.1163** (6.4073)	0.6073** (22.1387)	0.2210** (18.2385)	0.1335** (15.4069)	0.1744** (2.3640)	0.0267** (6.7427)
b_{LI}	-0.0575** (-14.9490)	0.0200** (4.8254)	-0.0112** (-4.5623)	-0.0263** (-6.1659)	0.0108** (4.8728)	-0.0087 (-1.3828)	0.0024* (1.9784)
b_{LN}	-0.1299** (-13.2452)	-0.1534** (-9.6782)	-0.0179** (-3.7786)	-0.2319** (-20.9525)	-0.3715** (-31.3851)	-0.0623** (-5.9703)	-0.0655** (-29.7380)
a_I	-0.3582** (-5.5514)	-0.1360 (-1.2223)	-0.1211 (-0.6582)	0.4315 (0.6953)	0.1446 (0.6884)	0.2401* (1.7216)	-0.0664** (-9.8733)
b_{II}	0.0641** (40.9872)	-0.0023 (-1.5524)	0.0152** (11.6246)	0.0340** (11.6814)	0.0128** (6.6247)	0.0263** (17.2565)	-0.0005 (-1.0423)
b_{IN}	-0.0088* (-1.8054)	0.0099 (0.8905)	-0.0038 (-0.9567)	-0.0248** (-3.0238)	-0.0223 (-1.1998)	-0.0216** (-10.0737)	0.0088** (9.3679)
R_L^2	0.9853	0.8991	0.9963	0.9982	0.9806	0.9951	0.9834
R_I^2	0.9648	0.8238	0.9062	0.9782	0.9391	0.9860	0.9492
DW_L	1.9193	1.8165	1.8072	2.1261	2.2171	1.9119	2.0315
DW_I	2.0390	1.7588	2.1141	1.6063	1.3628	1.9121	2.1634

资料来源：同表 6-1。

从表 6-3～表 6-10 可以看出，各服务部门 ICT 价格对劳动力成本比重的影响存在较大差异，在批发业、通信业和商务服务业表现为显著负相关，在零售业、旅馆业、运输业、金融业和社会服务业中既有显著正相关也有显著负相关，其中旅馆业和运输业中 ICT 对劳动力成本的影响并不普遍。一般情况下，ICT 价格对各服务部门的劳动力成本比重的影响比劳动力价格和非 ICT 价格因素都要小。从各服务部门观察，金融 ICT 价格对劳动力成本的影响普遍比其他服务部门要高，而旅馆业 ICT 价格对劳动力成本的影响基本上是各服务部门最低的，这可能与ICT的应用程度密切相关。

三、制造业和服务业信息化对劳动的替代分析

根据表6-1的估计参数计算得到制造业劳动力、ICT资本与非ICT资本之间的Allen偏替代弹性（见表6-11）。1979~2003年，所有国家制造业劳动力与ICT资本之间呈替代关系。如果进一步观察两者关系在1979~1990年、1991~2003年两个子期的表现，可以发现，在第一个观察期只有法国表现为互补关系，但到了第二个观察期也演变为替代关系。从国别来看，美国和澳大利亚制造业的劳动力与ICT之间的替代性较高，法国较低，其他4国的替代水平比较接近。在整个考察期，德国、荷兰和澳大利亚的劳动力与非ICT资本之间的关系为互补关系，其他4国为替代关系。除加拿大外的其余国家的Allen偏替代弹性值都较小，说明劳动力与非ICT之间的替代程度不如劳动力与ICT之间的替代。ICT与非ICT之间也存在替代关系，从整个时期看，加拿大和法国表现为互补关系，其他国家则为替代关系，1979~1990年，加拿大和法国的ICT与非ICT是互补关系，到了第二个时期，加拿大的Allen偏替代弹性值变为正数，即转变为替代关系，ICT与非ICT在第二个时期表现为互补关系的只剩下法国。此外，多数国家的ICT与非ICT之间的Allen偏替代弹性值较高，表明在制造业两者之间的替代性较高。

表6-11　　制造业生产要素之间的Allen偏替代弹性

变量	时期（年）	美国	加拿大	英国	法国	德国	荷兰	澳大利亚
σ_{IL}	1979~1990	1.5715	0.7675	0.7310	-0.0936	0.6947	0.6863	2.5661
	1991~2003	1.3312	0.8991	0.9011	0.2980	0.6460	0.8160	1.7259
	1979~2003	1.4466	0.8359	0.8195	0.1100	0.6694	0.7537	2.1292
σ_{NL}	1979~1990	0.0100	0.9690	0.0142	-0.0225	0.0269	-0.0917	-0.0254
	1991~2003	0.0172	0.9699	-0.0083	0.0449	-0.0670	-0.0806	-0.0402
	1979~2003	0.0137	0.9695	0.0025	0.0126	-0.0220	-0.0860	-0.0331

续表

变量	时期（年）	美国	加拿大	英国	法国	德国	荷兰	澳大利亚
σ_{IN}	1979～1990	4.3622	－1.2808	12.0688	－3.2433	5.7705	6.2161	2.1605
	1991～2003	2.6858	0.2199	5.0397	－1.2781	7.6922	3.6453	1.4775
	1979～2003	3.4905	－0.5005	8.4137	－2.2214	6.7698	4.8793	1.8053

资料来源：同表6－1。

如前面提及，假定 Allen 偏替代弹性具有对称性，实际上两个投入要素之间的替代程度是不同的，甚至替代具有方向性。即一种要素对另一种要素是替代关系；而反过来，可能是互补关系。采用 Morishima 替代弹性来反映要素之间的替代情况更为合理。从表6－12 看出，无论在整个观察期，还是在各个子期，制造业中 ICT 对劳动力都形成较强的替代关系。其中，美国和澳大利亚更为突出，其 MES 值比其他国家高。1979～1990 年，加拿大和法国的劳动力对 ICT 的替代弹性值为负数，其他国家为正数；1991～2003 年以及 1979～2003 年，只有法国的 MES 值为负数，美国、荷兰和澳大利亚的数值较高。说明制造业劳动力对 ICT 的作用是替代效应。从前面的参数估计结果看，只有美国和澳大利亚的制造业 ICT 价格对劳动力成本比重产生显著影响，因此这两个国家的 ICT 与劳动力之间的关系更能说明问题。同时，从表6－12 也可以看出，非 ICT 资本对劳动力起着替代作用，只不过其替代效应一般比 ICT 小。劳动力对非 ICT 资本的作用也表现为替代效应，相比之下，非 ICT 资本对劳动的替代作用要大于劳动力对非 ICT 的替代（加拿大除外）。除法国外，非 ICT 资本与 ICT 资本之间的相互作用表现为替代效应。

表6－12　　　　　　　　　制造业生产要素的 MES 值

变量	时期（年）	美国	加拿大	英国	法国	德国	荷兰	澳大利亚
M_{LI}	1979～1990	1.3135	0.7650	0.6604	0.1250	0.6755	0.5621	1.8521
	1991～2003	1.1162	0.8489	0.7885	0.4452	0.6323	0.6479	1.2580
	1979～2003	1.2109	0.8086	0.7270	0.2915	0.6530	0.6067	1.5432

续表

变量	时期（年）	美国	加拿大	英国	法国	德国	荷兰	澳大利亚
	1979～1990	1.2380	-0.2135	1.2382	-0.8550	0.8299	1.1686	1.4202
M_{IL}	1991～2003	1.1376	0.5259	1.0842	-0.1391	0.7948	1.0905	1.2009
	1979～2003	1.1858	0.1710	1.1581	-0.4827	0.8117	1.1280	1.3061
M_{LN}	1979～2003	0.1922	0.8946	0.1125	0.2234	0.1379	0.0590	0.1476
M_{NL}	1979～2003	0.1437	0.9526	0.1140	-0.0008	0.1300	0.0297	0.0190
M_{IN}	1979～2003	1.2585	0.1557	1.2545	-0.4977	0.9476	1.2208	1.2970
M_{NI}	1979～2003	0.9978	0.4579	2.0235	-0.5360	1.6832	1.5699	0.6160

资料来源：同表6－1。

在整个观察期，服务业劳动力与ICT的关系为替代关系（见表6－13），虽然在第一个子期英国和荷兰的劳动力与ICT表现为互补关系，但在第二个子期这两个国家的Allen偏弹性值都已转化为正数，两个子期比较起来，除美国和加拿大的弹性值略有下降外，其他国家的弹性值都出现上升，这表明劳动力与ICT之间的替代性保持较高水平或呈上升趋势。在劳动力与非ICT资本的关系上，除荷兰表现为替代关系外，其他国家都为互补关系，而且多数国家的互补性在进一步增强。在整个时期，多数国家服务业的ICT与非ICT之间的关系体现为替代关系。如果从20世纪90年代以后看，只有德国是互补关系，其余国家表现为替代关系。此外，多数国家的ICT与非ICT资本之间的替代弹性值很高，说明ICT与非ICT之间的替代性较高。

对比表6－11和表6－13可以发现，服务业和制造业劳动力与ICT之间都呈替代关系，制造业ICT与非ICT之间的既有替代也有互补，服务业ICT与非ICT之间呈互补关系，服务业和制造业ICT与非ICT之间基本上是替代关系。

表 6 - 13　　服务业生产要素之间的 Allen 偏替代弹性

变量	时期（年）	美国	加拿大	英国	法国	德国	荷兰	澳大利亚
σ_{IL}	1979 ~ 1990	1. 2817	1. 2730	-0. 0982	0. 2447	1. 3666	-0. 2281	0. 5279
	1991 ~ 2003	1. 2605	1. 1768	0. 4969	0. 4043	1. 5120	0. 2820	0. 8197
	1979 ~ 2003	1. 2707	1. 2230	0. 2113	0. 3277	1. 4422	0. 0371	0. 6797
σ_{NL}	1979 ~ 1990	-0. 1585	-0. 0923	0. 0139	-0. 0054	-0. 1484	0. 1420	-0. 1982
	1991 ~ 2003	-0. 1760	-0. 2770	-0. 0831	-0. 0250	-0. 0722	0. 2785	-0. 1272
	1979 ~ 2003	-0. 1676	-0. 1883	-0. 0365	-0. 0156	-0. 1088	0. 2130	-0. 1613
σ_{IN}	1979 ~ 1990	1. 6044	8. 1691	-0. 6771	5. 5421	-0. 5609	10. 1229	15. 3780
	1991 ~ 2003	1. 5577	6. 8058	0. 1723	4. 5621	-0. 9682	4. 3645	5. 3900
	1979 ~ 2003	1. 5801	7. 4602	-0. 2354	5. 0325	-0. 7727	7. 1285	10. 1843

资料来源：同表 6 - 1。

从整个考察期和第二个子期看，各国服务业中 ICT 对劳动力都表现为替代效应，其中美国和加拿大的 MES 值在第二个时期稍有下降，其他国家则出现一定程度的上升。从国别上观察，美国、加拿大和德国的 MES 值较高，都超过 1，荷兰最低（见表 6 - 14）。劳动力对 ICT 的作用呈替代效应，在第一个时期 MES 值为负值的英国在第二个时期也变为正值，由补偿效应转变为替代效应。劳动力与非 ICT 之间的关系不明朗，不过 MES 值的绝对值都较低，表明它们之间的替代性或互补性不是很强。ICT 与非 ICT 之间的相互作用基本上是替代型的。

表 6 - 14　　服务业生产要素的 MES 值

变量	时期（年）	美国	加拿大	英国	法国	德国	荷兰	澳大利亚
M_{LI}	1979 ~ 1990	1. 0543	1. 1019	0. 1641	0. 2547	1. 0507	-0. 1922	0. 4437
	1991 ~ 2003	1. 0359	1. 0372	0. 5726	0. 3594	1. 1275	0. 2480	0. 6927
	1979 ~ 2003	1. 0448	1. 0682	0. 3765	0. 3092	1. 0906	0. 0367	0. 5732

续表

变量	时期（年）	美国	加拿大	英国	法国	德国	荷兰	澳大利亚
M_{IL}	1979～1990	0.9670	1.2940	-0.3771	0.9715	0.5311	1.3413	1.4740
	1991～2003	0.9719	1.1989	0.3608	0.9724	0.3462	1.1548	1.1684
	1979～2003	0.9695	1.2446	0.0066	0.9720	0.4349	1.2444	1.3151
M_{LN}	1979～2003	-0.0014	-0.0116	0.2072	0.0903	0.1950	0.1774	-0.1133
M_{NL}	1979～2003	-0.0134	0.0753	-0.0349	0.1651	-0.1478	0.4547	0.0119
M_{IN}	1979～2003	0.9967	1.4575	-0.0056	1.1392	0.2983	1.4901	1.4668
M_{NI}	1979～2003	0.3086	1.6132	-0.0972	1.7951	-0.3889	1.8728	1.5148

资料来源：同表6-1。

从以上分析中可知，在ICT与劳动力的关系上，服务业与制造业并无明显的差别，无论是服务业还是制造业，ICT对劳动力起着同样的作用，即替代效应。

长期以来，关于技术进步（包括ICT创新）对就业影响的讨论局限于制造业，并已取得“程式化”结果：大多数创新性的企业和产业在就业方面比传统或缺乏创新的企业和产业表现更胜一筹。绝大多数新就业是由创新性的小企业创造的，新岗位一般与产品创新有关。无论在微观层面还是产业层面，由于缺乏统计数据，技术进步对服务业就业影响效果的研究进展不大。但是，大多数人趋向于将就业与新技术联系在一起，并乐观地认为，在微观和宏观上，ICT对服务业就业具有正面影响。Nicola Matteucci和Alessandro Sterlacchini（2003）研究了1997～2000年意大利ICT与就业的关系后发现，ICT投资密度与服务业就业增长呈正相关，而与制造业就业增长呈负相关①。Rinaldo Evangelista和Maria Savona将ICT对服务业就业的影响归纳为三种机制：第一种，ICT扩大最终需求，或者改变最终需求结构，将有形产品转化为无形产品，以及信息和知识密集型服务；第二种，改变服务业和制造业的中间需求构成，使其

① Nicola Matteucci, Alessandro Sterlacchini, “ICT and employment growth in Italian industries”, 2003. www.niesr.ac.uk/research/epke/WP-17.pdf.

投入和生产过程朝信息知识化发展；第三种，在某些传统上受“成本病”影响的服务行业提高劳动生产率[①]。在没有淘汰现有服务、实物产品和中间投入的前提下，第一二种机制通过服务产品创新和提高现有服务质量，很可能对服务业就业产生正面影响，第三种机制指的就是过程创新，即通过新的服务流程和服务传递系统的引入，提高劳动生产率，尽管第三种机制有可能通过降低价格和增加收入对就业起到一定的补偿作用，并抵消由技术进步所引起的劳动替代效果，但是第三种机制的结果很可能产生直接的负面影响。

大多数人强调ICT对服务业就业的正面效果，无论是宏观层面还是微观层面。传统的观点把服务业描述为一个“受保护”的部门，生产率低下，技术绩效差。但是，高技术如ICT在服务业中的良好表现，高附加值服务（所谓的KIBS——知识密集型服务）的出现改变了这一看法，ICT也可能带来服务业新的就业机会。不过，ICT也可能降低成本，使服务生产和传递过程合理化，节约劳动和技能问题常常被忽视。换句话说，正效果只与上面所讲的第一、二种机制有关。

Evangelista和Savona，1998；Evangelista（2000）[②]从创新角度把服务业划分为三种类型：（1）技术使用部门，它包括大多数传统服务行业（如零售、保安、清洁、旅店和维修等）、运输业和废物处理行业，ICT通常通过第三种机制对就业产生作用。这些部门的共同特征是投入到创新中的资源少，对外部（主要是制造业）的技术供给依赖程度很高，因此这些部门内部的企业之间以及它们与外部环境之间的技术关系反映了传统上的生产者-使用者联系，服务企业只限于从制造商那里获得资本设备。（2）以科学和技术为基础的部门（类似于我国所指的科技服务业），这类部门包括研发、工程、技术咨询服务、计算机软件等，ICT一般通过第一种机制对就业发生作用。它们是服务业中最具创新的部门，其主要目标就是创造新的技术知识，创新成本中的最大支出是研发和设计。这些部门创新模式的一个特点是与企业、大学和研究机构紧密合作。

① Rinaldo Evangelista, Maria Savona, “Innovation, employment and skills in services: Firm and sectoral evidence”, *Structural Change and Economic Dynamics*14 (2003), pp. 449–474.

② Rinaldo Evangelista, Maria Savona, “Innovation, employment and skills in services: Firm and sectoral evidence”, *Structural Change and Economic Dynamics*14 (2003), pp. 449–474.

有人可能认为，这类部门正好处于知识创造的上游，不过，计算机、软件和技术咨询行业的特点是与终端客户、顾问公司和私人研究机构合作密切。这些部门所做的就是为满足客户各种各样的技术需求，利用技术手段提供合适的解决方案。（3）ICT 使用部门，这些部门广泛使用计算机软件、硬件和信息网络，其中，最具代表性的部门就是金融服务业、批发业和广告业，与终端客户进行频繁的信息、知识交流是这类部门的一大特征，因此这些部门的创新既不依赖于研发和设计，也不依赖获取体现在传统机器设备上的技术，其创新的最大支出是软件的研发和获得。第二种机制在这类服务部门中作用要相对突出一些。

Rinaldo Evangelista 和 Maria Savona（2001）对意大利服务业的进一步研究①表明，服务创新对服务业整体就业具有负面效果；对应以上服务业三大部门来看，除工程技术服务外的其他以科学和技术为基础的服务部门，创新对就业产生正面效果；与此相反，创新对 ICT 使用部门就业具有极强的负面效果，而技术使用部门的就业负面效果比较微弱。

本章实证分析的研究结果与 Rinaldo Evangelista 和 Maria Savona 的结论基本上是一致的。只是在 Rinaldo Evangelista 和 Maria Savona 的研究中，服务的部门划分比较详细，研究结果具有多样性，部门特征明显。比较起来，由于数据采集困难，对服务部门的划分只能遵循既有统计标准，所以部门的划分要相对粗略一些。由于以科学和技术为基础的部门的就业无论在服务业还是在商务服务部门中，所占的比重都很小（见表 6-15），占商务服务业的比重只有一两成，占服务业比重更低，最高的也不到 4%，况且以科学和技术为基础的部门还包括表现为负面效果的工程服务部门。因此，尽管以科学和技术为基础的部门的 ICT 对服务业就业产生正面效果，但是相对 ICT 使用部门和技术使用部门的负面效果来讲，仍然微不足道。因此，最终反映在服务业整体上 ICT 对就业具有替代效应，是合乎道理的。

① Rinaldo Evangelista，Maria Savona. "The impact of innovation on employment and skills in services：Evidence from Italy"，2001.

表 6－15　以科学和技术为基础的服务部门占服务业和商务服务业就业比重　单位：%

		美国	加拿大	英国	法国	德国	荷兰	澳大利亚
占商务服务业就业比重	1979 年	6.89	21.10	11.67	19.07	13.79	8.24	10.27
	1990 年	10.47	18.94	10.31	21.30	13.24	8.01	9.79
	2003 年	13.86	24.23	14.05	20.20	13.34	11.90	16.78
占服务业就业比重	1979 年	0.60	1.82	1.43	2.49	1.05	1.02	0.67
	1990 年	1.39	2.06	1.62	3.18	1.33	1.30	1.00
	2003 年	2.11	3.51	2.64	3.59	2.27	2.40	2.46

资料来源：同表 6－1。

服务业信息化导致资本有机构成不断提高，在其他因素不变的情况下，ICT 可以提高生产率，将显著降低既定服务需求的就业水平。生产率的提高可以降低服务价格，进而刺激相应服务产品的需求。如果价格弹性大于 1，价格下降可以刺激服务需求，增加就业；如果价格不变，生产率的提高可以转化为实际工资和利润，从而刺激消费或投资；如果新增消费或投资所带来的额外需求弥补了就业的减少数量，信息化就不会导致新的失业。因此，信息化是否导致服务业产业层面上就业的减少要视服务业的需求价格弹性与服务创新的组合情况而定。杨与劳森（1984）的研究结果为此提供了有力支持，他们针对美国 1972～1984 年技术对就业影响的研究发现，在他们考察的 79 个产业中，有 44 个产业的新技术带来的节省劳动效应被更高的最终需求掩盖了，因而整体就业扩张了①。从本章所考察的 7 国就业与产值增长率比较中也可以反映出这一点，就业增长率介于 38.13%－89.02%，产值增长速度在 236.54%～676.19%，产值增长率远高于就业增长率，差距最大的英国产值增长率达到就业增长率的 16 倍之多（见表 6－16），服务需求的强劲增长是就业增长的最主要推动力。这与卡特斯切的结论基本吻合，即“服务业总体就业率的增长很大程度上应归功于 GNP 的增长”②。

---

①　肖文海：《新技术革命对就业的影响与我国就业政策的选择》，载于《经济社会体制比较》2006 年第 4 期。

②　［美］曼纽尔·卡斯泰尔著，崔保国等译：《信息化城市》，江苏人民出版社 2001 年 9 月第 1 版，第 206 页。

表 6-16 1979~2003 年就业与产值（现价）增长率 单位:%

	美国	加拿大	英国	法国	德国	荷兰	澳大利亚
就业	61.63	65.42	38.13	52.31	53.79	76.21	89.02
产值	408.70	387.52	623.13	400.08	236.54	245.55	676.19

资料来源：同表 6-1。

从表面上看，各国服务业就业和 ICT 在服务业中的投入都在增长，与“ICT 替代服务业就业”的结论似乎不一致，但是这里所指的替代并非是绝对的、静态的替代关系，即 ICT 投入的增加会引起服务业就业数量的绝对减少，而是一种动态的相对替代关系。也就是说，ICT 与劳动力价格的相对比价变化（一般是下降），引起劳动力数量与 ICT 服务投入数量之间的比例也下降，劳动力数量相对地减少了。因此，从动态趋势看，ICT 的投入增加并没有引起劳动力需求的绝对减少。对上面结果的进一步理解，还要回到富克斯对服务业就业增长的解释上。富克斯把服务业就业增长的主要原因归结为三方面：一是对最终服务需求的增长；二是中间服务需求的相对增长；三是服务业人均产值增长缓慢。对于第二点，也就是社会分工所引起的中间服务需求，进而导致服务业就业增加十分有限，“还不到整个就业人数变化的 10%”①。对于第三点，正如第五章所讨论的，信息化在一定程度上提高了劳动生产率，进而减缓了服务业就业增长的速度。相对来讲，最终服务需求是服务业就业增长的更为重要的原因，也可以说消费结构和收入水平基本上决定了服务业就业的增长快慢。如果将 Rinaldo Evangelista 和 Maria Savona 所提出的 ICT 作用于服务业就业的三种机制和富克斯对服务业就业增长解释的三个原因分别对应起来，那么可以发现，ICT 通过第三种机制对服务业就业产生替代，ICT 虽然通过第一种机制和第二种机制可能对服务业就业进行补偿，但是，还不足以完全抵消替代效应，ICT 对服务业就业的最终作用是替代效应。

信息化对服务业就业替代的结论与本章第一节提到的 Barras 逆产品周期推

① ［美］维克托·R·富克斯：《服务经济学》，商务印书馆 1987 年版，第 12 页。

论有所差异，按照“逆产品周期”理论可以推断，信息化对服务业就业的影响已由替代效应补偿效应过渡，值得注意的是，逆产品周期是从微观层面上针对服务企业的创新问题而提出的，而本章的研究视角是宏观层面。微观层面的补偿效应不一定在产业层面体现出来，其中一个重要原因就是市场结构和新服务与现有服务的关系。如果采用 ICT 开发出来的新型服务对现有服务形成替代，那么反映在就业上可能就不是补偿效应；如果新服务的推出加剧了服务业内部的市场竞争，那么有可能一部分服务企业因此增加就业而另一部分企业减少就业。最终并没有使行业在整体上相对产出水平来说提高了就业甚至减少了就业，于是导致宏观上 ICT 替代就业的现象。

四、服务业内部各部门信息化对劳动力的替代分析

（一）批发业

批发贸易业 ICT 与劳动力之间基本呈替代关系，虽然加拿大、法国和荷兰在第一个子期的 Allen 替代弹性值为负数，但在第二个子期只有法国为负数，除德国外的其他国家的替代弹性值都有所提高（见表 6－17），说明 ICT 与劳动力之间的替代得到加强。劳动力与非 ICT 资本的关系不确定。ICT 与非 ICT 之间显然是替代关系。

表 6－17　　批发业生产要素之间的 Allen 偏替代弹性

变量	时期（年）	美国	加拿大	英国	法国	德国	荷兰	澳大利亚
σ_{IL}	1979～1990	0.2144	－0.2455	0.5986	－2.3131	3.6595	－0.4536	－0.1439
	1991～2003	0.5764	0.3964	0.8137	－0.8466	2.0249	0.0826	0.4886
	1979～2003	0.4026	0.0883	0.7105	－1.5505	2.8095	－0.1748	0.1850
σ_{NL}	1979～2003	0.0124	0.1489	－0.1712	0.1568	－0.2735	0.0902	－0.0966
σ_{IN}	1979～2003	7.3745	10.7209	5.5695	8.6809	4.1848	0.2433	1.5945

资料来源：同表 6－1。

从 Morishima 替代弹性观察，与第一个时期相比，第二个时期 ICT 对

劳动力的替代得到了加强，在整个观察期 ICT 对批发业劳动力也是替代效应（德国除外），见表 6-18。在整个观察期，劳动力对 ICT 基本呈补偿关系，只有荷兰表现为补偿关系，但是若从第二个时期看，包括荷兰在内的所有国家的劳动对 ICT 的替代弹性值均为正数，说明劳动力对 ICT 起着替代作用。非 ICT 资本对劳动力主要起替代作用，而劳动力对非 ICT 资本的作用方向不明确。非 ICT 对 ICT 的作用体现为替代效应（荷兰除外），而非 ICT 对 ICT 具有较强的替代性。

表 6-18　　批发业生产要素的 MES 值

变量	时期（年）	美国	加拿大	英国	法国	德国	荷兰	澳大利亚
M_{LI}	1979～1990	0.1089	-0.0417	0.5141	-1.6824	2.6782	-0.1451	0.1122
	1991～2003	0.3701	0.4617	0.6592	-0.5178	1.4995	0.2155	0.5191
	1979～2003	0.2447	0.2201	0.5896	-1.0768	2.0653	0.0424	0.3238
M_{IL}	1979～1990	1.6760	2.4062	0.9528	2.2022	1.1171	-0.4448	0.0022
	1991～2003	1.3515	1.6576	0.9751	1.5715	1.0704	0.0947	0.5439
	1979～2003	1.5073	2.0169	0.9644	1.8743	1.0928	-0.1643	0.2839
M_{LN}	1979～2003	-0.0386	0.2728	0.0111	0.1088	-0.0718	0.2175	0.1507
M_{NL}	1979～2003	0.3079	0.5693	-0.0049	0.2861	-0.1640	0.1013	-0.0216
M_{IN}	1979～2003	1.7812	2.4305	1.0951	2.0295	1.1230	-0.1461	0.3365
M_{NI}	1979～2003	1.9849	2.4757	1.5940	2.7331	1.0795	0.1563	0.5285

资料来源：同表 6-1。

（二）零售业

零售业劳动力与 ICT 之间存在明显的替代关系，1979～2003 年只有荷兰的劳动力与 ICT 之间呈互补关系，其他国家都是替代关系，其中德国和澳大利亚的替代弹性较大。如果仅从 1991～2003 年看，除荷兰外的其他国家的劳动力与 ICT 都表现出替代关系，两个子期比较起来，在第二个子期除了弹性值较大的德国和澳大利亚稍有下降外，其余国家的弹性值都有所上升（见表 6-19）。劳动力与非 ICT 资本的关系不是很明朗，

ICT 资本与非 ICT 资本的关系以替代为主，而且替代性很大。

表 6－19　　　　零售业生产要素之间的 Allen 偏替代弹性

变量	时期（年）	美国	加拿大	英国	法国	德国	荷兰	澳大利亚
	1979～1990	0.3616	－0.2835	0.9821	0.3148	4.3536	－1.6998	1.2218
σ_{IL}	1991～2003	0.5803	0.2732	0.9901	0.7245	2.5321	－0.2125	1.0443
	1979～2003	0.4753	0.0060	0.9863	0.5278	3.4064	－0.9264	1.1295
σ_{NL}	1979～2003	－0.0511	0.1684	1.0016	0.1309	－0.2644	0.1633	－0.3476
σ_{NL}	1979～2003	5.7787	7.1037	0.5766	－3.7040	13.2534	5.5345	29.8787

资料来源：同表 6－1。

表 6－20　　　　零售业生产要素的 MES 值

变量	时期（年）	美国	加拿大	英国	法国	德国	荷兰	澳大利亚
	1979～1990	0.3164	－0.1870	0.0096	0.0682	3.9062	－1.0743	1.0617
M_{LI}	1991～2003	0.4790	0.2447	－0.0025	0.3952	2.2514	－0.0374	0.8833
	1979～2003	0.4009	0.0375	0.0033	0.2382	3.0457	－0.5351	0.9689
	1979～1990	0.8361	2.1622	－0.6411	－1.4781	1.0700	2.1694	1.2110
M_{IL}	1991～2003	0.8860	1.6597	0.1206	0.1757	1.0472	1.5009	1.0397
	1979～2003	0.8620	1.9009	－0.2450	－0.6181	1.0581	1.8218	1.1219
M_{LN}	1979～2003	－0.0060	0.1666	0.0143	－0.0653	－0.2045	0.2086	－0.3620
M_{NL}	1979～2003	0.0660	0.2905	0.9920	0.1104	－0.1260	0.2344	－0.1720
M_{IN}	1979～2003	0.9654	2.0235	－0.2543	－0.6440	1.1523	1.9042	1.2773
M_{NI}	1979～2003	1.2579	1.6020	0.8835	－0.3778	1.1051	1.8328	1.6054

资料来源：同表 6－1。

零售业 ICT 对劳动力的作用大多数国家显示的是替代效应（见表 6－20），劳动力对 ICT 的作用基本上也是替代效应。非 ICT 对劳动力的作用方向不明确，劳动力对非 ICT 的作用以替代为主。零售业 ICT 与非 ICT 之间的相互作用基本上是替代效应，而且替代效应较大。

（三）旅馆业

从整个观察期看，除美国和德国外的其他五国旅馆业劳动力与 ICT 之间存在替代关系（除德国外），如果仅从第二个时期看，这一点更加明显。劳动力与 ICT 之间的关系、ICT 与非 ICT 之间的关系不是很清晰（见表 6－21），绝大多数国家的 ICT 与劳动力的替代性要高于非 ICT 与劳动力的替代性。

从 MES 看，ICT 对旅馆业劳动力的作用主要是替代效应，劳动力对 ICT 的作用在第一个子期英国、法国和澳大利亚呈补偿效应，但是，在第二个子期这些国家都转化为替代效应，（见表 6－22）。劳动力与非 ICT 之间、ICT 与非 ICT 之间的相互作用基本上是替代型的。

表 6－21　　旅馆业生产要素之间的 Allen 偏替代弹性

变量	时期（年）	美国	加拿大	英国	法国	德国	荷兰	澳大利亚
σ_{IL}	1979～1990	－0.3467	1.5996	1.7877	3.8196	－3.3292	1.9853	1.1660
	1991～2003	0.1067	1.5928	1.4681	2.1766	－2.6253	1.5063	1.0507
	1979～2003	－0.1109	1.5960	1.6215	2.9652	－2.9632	1.7362	1.1060
σ_{NL}	1979～2003	－0.0390	0.1260	1.0149	－0.0890	0.2543	0.0179	－0.2024
σ_{IN}	1979～2003	6.2341	－1.1534	2.8051	－5.7045	－1.0476	4.9461	15.2179

资料来源：同表 6－1。

表 6－22　　旅馆业生产要素的 MES 值

变量	时期（年）	美国	加拿大	英国	法国	德国	荷兰	澳大利亚
M_{LI}	1979～1990	－0.2064	1.3268	0.4564	3.3926	－2.9483	1.2002	0.8937
	1991～2003	0.1303	1.3460	0.3683	1.8388	－2.3004	0.9608	0.7762
	1979～2003	－0.0313	1.3367	0.4106	2.5846	－2.6114	1.0757	0.8326

续表

变量	时期（年）	美国	加拿大	英国	法国	德国	荷兰	澳大利亚
	1979～1990	1.0923	0.0612	-0.0463	-1.2763	0.3016	0.9621	-0.2455
M_{IL}	1991～2003	1.0587	0.0304	0.3227	0.1229	0.4175	0.9817	0.6615
	1979～2003	1.0748	0.0452	0.1456	-0.5487	0.3619	0.9723	0.2261
M_{LN}	1979～2003	0.0189	0.2300	-0.0035	-0.0851	0.2670	0.1081	-0.1723
M_{NL}	1979～2003	0.0045	0.1156	1.0219	-0.1109	0.2532	0.0496	-0.0812
M_{IN}	1979～2003	1.1183	0.0221	0.1503	-0.5869	0.3646	0.9924	0.3274
M_{NI}	1979～2003	1.5132	-0.1851	1.5715	-0.6533	0.1547	2.1737	2.5394

资料来源：同表6-1。

（四）运输业

运输业劳动力与ICT之间既存在替代关系，也有互补关系，但从发展趋势看，在第二个时期大部分国家显示的是替代关系，劳动力与非ICT之间也存在不同程度的替代关系，所有国家ICT与非ICT之间基本上是互补关系（见表6-23）。

进一步观察，ICT对劳动力既有替代，也有补偿，但以替代为主，在20世纪90年代以后，劳动力对ICT的作用基本上是补偿效应（见表6-24）。非ICT对劳动力表现为替代作用，劳动力对非ICT的作用也是如此。ICT与非ICT之间的相互作用方向带有不确定性。

表6-23　运输业生产要素之间的Allen偏替代弹性

变量	时期（年）	美国	加拿大	英国	法国	德国	荷兰	澳大利亚
	1979～1990	-0.9160	1.6537	-1.4503	3.3442	-3.5224	1.3833	-1.2543
σ_{IL}	1991～2003	0.5048	1.6462	0.5404	2.2524	-1.4510	1.1851	-0.2115
	1979～2003	-0.1772	1.6498	-0.4151	2.7764	-2.4453	1.2802	-0.7120
σ_{NL}	1979～2003	0.0169	1.0755	0.9999	-0.1021	0.0097	-0.0362	0.1737
σ_{IN}	1979～2003	-1.1705	-3.5226	-10.1174	5.3585	-0.1115	7.4394	-2.2534

资料来源：同表6-1。

表 6-24　　运输业生产要素的 MES 值

变量	时期（年）	美国	加拿大	英国	法国	德国	荷兰	澳大利亚
M_{LI}	1979～1990	-0.4979	1.3944	-1.7291	2.4320	-2.5784	0.9630	-0.7711
	1991～2003	0.5380	1.4137	-0.2640	1.6138	-1.0370	0.8253	0.1161
	1979～2003	0.0408	1.4045	-0.9672	2.0065	-1.7769	0.8914	-0.3097
M_{IL}	1979～1990	-1.1919	0.0689	-4.4940	1.2319	-0.2731	0.8407	-0.6621
	1991～2003	0.4150	0.0383	-0.1080	1.1296	0.2677	0.9274	0.2283
	1979～2003	-0.3563	0.0530	-2.2133	1.1787	0.0081	0.8858	-0.1991
M_{LN}	1979～2003	0.1798	0.9722	0.0463	-0.0210	0.2172	0.0491	0.3129
M_{NL}	1979～2003	0.0096	1.0369	0.9645	-0.0431	0.0111	0.0820	0.1517
M_{IN}	1979～2003	-0.3746	0.0096	-2.2445	1.2050	0.0165	0.9805	-0.2102
M_{NI}	1979～2003	-0.3013	-0.0499	-2.0936	1.4977	0.0034	2.6327	-0.3738

资料来源：同表 6-1。

（五）通信业

在大多数国家，通信业劳动力与 ICT 之间呈替代关系，劳动力与非 ICT 之间、ICT 与非 ICT 之间的关系不明朗（见表 6-25）。

表 6-25　　通信业生产要素之间的 Allen 偏替代弹性

变量	时期（年）	美国	加拿大	英国	法国	德国	荷兰	澳大利亚
σ_{IL}	1979～1990	-0.0490	0.2774	0.9973	0.3729	-0.0118	-0.0181	1.0316
	1991～2003	0.3790	0.2387	0.9983	0.3013	-0.0231	-0.0789	1.0123
	1979～2003	0.1735	0.2573	0.9978	0.3357	-0.0177	-0.0497	1.0216
σ_{NL}	1979～2003	-0.1968	0.3132	0.9157	-0.0754	-0.0390	-0.0044	-0.1889
σ_{IN}	1979～2003	-0.2390	-0.7450	-0.4052	0.2390	0.0486	0.0859	-1.7337

资料来源：同表 6-1。

进一步观察可以发现，1979～1990 年和 1979～2003 年，所有国家通信业 ICT 对劳动力都显示替代作用（见表 6-26）。在第一个时期，英国和荷兰的劳动力对ICT是补偿作用，其他国家则是替代作用，但是，在第二个子期，全部国家劳动力对ICT都显示替代作用。非ICT对劳动力的作用基本上是替代效应，但劳动力对非ICT的作用不确定。非ICT对ICT的作用基本上是替代效应，但ICT对非ICT的作用也不确定。

表6-26　通信业生产要素的MES值

变量	时期（年）	美国	加拿大	英国	法国	德国	荷兰	澳大利亚
M_{LI}	1979~1990	-0.0281	0.5727	0.0873	0.3637	0.1209	0.0976	0.9387
	1991~2003	0.2658	0.5675	0.0353	0.3188	0.1583	0.1244	0.8998
	1979~2003	0.1247	0.5700	0.0602	0.3403	0.1404	0.1115	0.9184
M_{IL}	1979~1990	0.1340	0.3713	-0.5600	0.1678	0.0066	-0.0939	0.2672
	1991~2003	0.4781	0.3589	0.0775	0.0423	0.1160	0.0615	0.8095
	1979~2003	0.3129	0.3649	-0.2285	0.1025	0.0635	-0.0131	0.5492
M_{LN}	1979~2003	-0.0734	0.5977	0.0035	0.1057	0.1273	0.1290	0.4065
M_{NL}	1979~2003	-0.1606	0.0364	0.8161	-0.0555	-0.0168	0.0237	-0.1971
M_{IN}	1979~2003	0.2417	0.1001	-0.3356	0.0974	0.0767	0.0211	0.4612
M_{NI}	1979~2003	-0.1782	-0.1900	0.5233	0.0654	0.0150	0.0744	-0.7570

资料来源：同表6-1。

（六）金融业

在整个观察期，金融业劳动力与ICT之间存在呈替代关系，从两个子期对比看，在第一个时期弹性值较低的国家如美国、加拿大、英国、法国的劳动力与ICT的替代值在第二个时期出现上升，而在第一个时期弹性值较高的国家在第二个时期出现回落（见表6-27）。金融业劳动力与非ICT资本之间关系不清晰，ICT资本与非ICT资本之间基本上是替代关系。

从MES看，美国、加拿大、英国和法国的金融业ICT对劳动力的替代在第二个子期得到了加强，而德国、荷兰和澳大利亚与此相反，ICT对劳动力的替代作用在第二个时期出现下滑（见表6-28）。劳动力与非ICT资本之间的相互作用基本上是替代效应。所有国家金融业非ICT对ICT显示出一致的替代效应，只不过非ICT对ICT的替代效应高于ICT对非ICT的替代效应。

表6-27 金融业生产要素之间的Allen偏替代弹性

变量	时期（年）	美国	加拿大	英国	法国	德国	荷兰	澳大利亚
	1979~1990	-0.0214	0.1976	0.6449	0.3567	3.1124	1.3585	1.5602
σ_{IL}	1991~2003	0.1105	0.4106	0.7918	0.4824	2.5318	1.2768	1.2163
	1979~2003	0.0472	0.3083	0.7213	0.4221	2.8105	1.3160	1.3814
σ_{NL}	1979~2003	-0.0226	0.0217	0.4604	-0.0987	-0.7575	0.2556	0.0293
σ_{IN}	1979~2003	0.0270	0.3228	3.4407	2.4562	2.3494	0.7095	-1.1370

资料来源：同表6-1。

表6-28 金融业生产要素的MES值

变量	时期（年）	美国	加拿大	英国	法国	德国	荷兰	澳大利亚
	1979~1990	0.0296	0.2219	0.1631	0.3982	2.1023	1.2607	1.4224
M_{LI}	1991~2003	0.1025	0.3796	0.3656	0.4702	1.7617	1.1962	1.0993
	1979~2003	0.0675	0.3039	0.2684	0.4357	1.9252	1.2271	1.2543
	1979~1990	0.0219	0.0405	1.2441	1.1427	0.7875	1.3093	-0.1679
M_{IL}	1991~2003	0.1281	0.3018	1.2009	1.1137	0.8716	1.2316	0.6720
	1979~2003	0.0771	0.1763	1.2216	1.1276	0.8312	1.2689	0.2688
M_{LN}	1979~2003	0.0283	0.1121	0.1072	0.1337	-0.4258	0.5952	0.2787
M_{NL}	1979~2003	-0.0112	0.0453	0.6732	0.1300	-0.5305	0.3227	0.0414
M_{IN}	1979~2003	0.0722	0.1781	1.4103	1.3068	0.7973	1.1901	0.1969
M_{NI}	1979~2003	0.0005	0.1234	1.5943	0.9711	0.2863	0.4436	0.0146

资料来源：同表6-1。

（七）商务服务业

在整个考察期，所有国家的商务服务业劳动力与ICT之间呈现一致性的替代关系，而且在第二个子期除荷兰外其他国家的Allen弹性系数有所上升，替代性进一步加强（见表6-29）。劳动力与非ICT的关系以互补为主，而ICT与非ICT之间基本上是替代关系。

表 6-29　　商务服务业生产要素之间的 Allen 偏替代弹性

变量	时期（年）	美国	加拿大	英国	法国	德国	荷兰	澳大利亚
σ_{IL}	1979~1990	0.7444	0.2705	0.3416	0.3306	0.8271	1.6898	-0.0286
	1991~2003	0.7646	0.4294	0.8006	0.4498	0.8578	1.3543	0.5782
	1979~2003	0.7549	0.3531	0.5803	0.3926	0.8431	1.5154	0.2869
σ_{NL}	1979~2003	0.6426	-0.2223	0.7799	-0.1489	-0.1841	-0.2234	-0.9418
σ_{IN}	1979~2003	-0.7083	3.8428	-3.3232	5.6302	4.0674	9.0341	42.2134

资料来源：同表 6-1。

进一步分析 Morishima 替代弹性，可以发现，除英国外，其余国家 ICT 对商务服务业劳动力的作用是替代效应，而且多数国家在第二个子期的替代弹性值有所提高（见表 6-30）。劳动力对 ICT 基本上也是补偿作用，若从第二个子期观察，这一点更为明显。商务服务业非 ICT 与劳动力之间的相互作用不确定。ICT 与非 ICT 之间的相互作用基本上是替代型的。

表 6-30　　商务服务业生产要素的 MES 值

变量	时期（年）	美国	加拿大	英国	法国	德国	荷兰	澳大利亚
M_{LI}	1979~1990	0.7637	0.2974	-0.2836	0.4076	0.6988	1.4793	-0.0738
	1991~2003	0.7692	0.3866	-0.0048	0.4540	0.7307	1.1620	0.5026
	1979~2003	0.7665	0.3437	-0.1386	0.4317	0.7154	1.3143	0.2259
M_{IL}	1979~1990	0.6576	1.2613	-1.1052	1.3915	1.1163	1.1518	1.0376
	1991~2003	0.6629	1.2244	0.4262	1.3725	1.1106	1.0809	1.0117
	1979~2003	0.6603	1.2421	-0.3088	1.3816	1.1134	1.1149	1.0242
M_{LN}	1979~2003	0.6807	-0.1140	0.0092	0.0615	0.0233	-0.0627	-0.9209
M_{NL}	1979~2003	0.5182	-0.1282	0.7023	0.0831	-0.0132	0.0718	-0.6049
M_{IN}	1979~2003	0.5239	1.3214	-0.3845	1.5911	1.2423	1.3448	1.3450
M_{NI}	1979~2003	0.3086	0.6630	-0.2474	1.7233	1.1949	1.5363	1.4424

资料来源：同表 6-1。

（八）社会和个人服务业

从整个观察期看，社会和个人服务业中的劳动力与ICT之间是替代关系还是互补关系，难以判断，但是如果只从20世纪90年代以后看，多数国家显示的是替代关系。劳动力与非ICT资本之间以互补为主，ICT与非ICT之间的关系具有不确定性（见表6－31）。

表6－31　　社会和个人服务业生产要素之间Allen偏替代弹性

变量	时期（年）	美国	加拿大	英国	法国	德国	荷兰	澳大利亚
σ_{IL}	1979～1990	0.0729	2.8386	－0.6388	－0.6260	1.5792	－0.3096	1.7702
	1991～2003	－0.1552	1.9034	0.1539	－0.1398	2.1517	0.5683	1.3345
	1979～2003	－0.0457	2.3523	－0.2266	－0.3732	1.8769	0.1469	1.5436
σ_{NL}	1979～2003	－0.1220	－0.1645	0.9047	－0.0367	－0.5975	0.3485	－0.4530
σ_{IN}	1979～2003	0.1957	4.1898	－0.1164	－0.9261	－1.3325	－24.5332	41.3987

资料来源：同表6－1。

进一步观察MES值，可以发现，多数国家的社会和个人服务业ICT对劳动力具有替代作用，20世纪90年代以后的数据显示，劳动力对ICT的作用基本上也是替代型的。而劳动力与非ICT之间、ICT与非ICT之间的相互作用类型也找不出明显的规律（见表6－32）。

表6－32　　社会和个人服务业生产要素的MES值

变量	时期（年）	美国	加拿大	英国	法国	德国	荷兰	澳大利亚
M_{LI}	1979～1990	0.1008	2.3194	－1.0295	－0.3476	1.0790	－0.3989	1.7025
	1991～2003	－0.0565	1.6056	－0.4595	－0.0249	1.3859	0.4396	1.2879
	1979～2003	0.0190	1.9482	－0.7331	－0.1798	1.2386	0.0371	1.4869
M_{IL}	1979～1990	0.1186	1.1924	－0.5466	－0.3068	0.6394	－2.6669	1.1667
	1991～2003	－0.0532	1.1094	0.1523	0.1534	0.2703	－0.0178	1.0736
	1979～2003	0.0293	1.1493	－0.1831	－0.0675	0.4475	－1.2894	1.1183

续表

变量	时期（年）	美国	加拿大	英国	法国	德国	荷兰	澳大利亚
M_{LN}	1979～2003	-0.0467	-0.0922	0.0598	0.0199	-0.1231	0.2209	-0.4035
M_{NL}	1979～2003	-0.0968	-0.0765	0.8919	-0.0623	-0.6086	0.1610	-0.2601
M_{IN}	1979～2003	0.0453	1.1861	-0.1813	-0.0840	0.3752	-1.4753	1.3001
M_{NI}	1979～2003	-0.0505	0.6542	0.6285	-0.3963	-0.9301	-1.6358	1.7090

资料来源：同表6-1。

从以上分析可以知道，服务业中各部门ICT与劳动力之间具有普遍的替代关系，ICT对劳动力存在明显的替代作用。在通信、金融部门ICT替代劳动比较显著，在批发和商务服务部门，虽然ICT普遍显著替代劳动，但也有个别国家存在显著补偿现象。在批发和商务服务部门中，ICT对劳动力的替代性上升趋势明显。

第四节　信息化对服务业职业技能结构的影响

信息化对服务就业的影响大致包括三种情况：第一种是对总就业的影响，这种影响一般不涉及技能结构或职业结构，只与就业数量有关，本章第二节、第三节所讨论的就是这种影响。第二种是信息化引起职业需求变化进而改变职业技能结构。第三种是在保持职业结构分布不变的情况下，通过改变职业技能的内容进而改变职业技能结构。信息化可以通过自动化减少低技能岗位，增加中高技能岗位如计算机程序员或白领职员的数量进而改变职业结构；信息化也可以在不改变职业构成的情况下增加职业技能的内容，如提高员工的抽象推理能力和IT应用技能。后面两种影响主要反映在职业结构变化和职业技能内容变化上，因此我们分别称为职业间和职业内效果，这也是下面将要讨论的重点。

关于信息化对职业技能的影响，存在两种代表性的观点。一种是形成于20世纪90年代技能偏向的观点，该观点强调技能型技术变化（skill-biased technical change，SBTC）的作用。认为技术变化有利于技能型职业，而不利于非技能型职业，ICT 的应用引起高技能劳动力需求的相对上升（Berman et al.，1994；Machin and Van Reenen，1998；Caroli and Van Reenen，2001）[①]。另一种观点是任务偏向的观点，该观点形成于 1980 ~ 2000 年期间的研究（见 Autor et al.，2003；Goos and Maning，2003；Spitz Oener；2006；Maurin and Thesmar，2005）。这些研究发现，任务偏向型技术变化（task-biased technological change，TBTC）正日益取代常规性体力和认知的劳动投入，同时对非常规性的认知性岗位也发挥补偿作用，TBTC 加剧了劳动力市场的两级化（Goos and Maning，2003）。

David H. Autor，Lawrence F. Katz 和 Melissa S. Kearney 将工作任务划分为三大类[②]：（1）抽象、解决问题性质的任务，这种任务没有很好的结构化形式，需要非常规认知技能才能完成；（2）常规性任务，这种任务要么是认知性任务要么是体力任务，在可控环境中，它们可以按照一系列规则和程序执行；（3）体力任务，这些任务并不需要抽象问题或管理的技巧，但是很难自动化，因为在不可预知的条件下，完成这些任务需要一定的灵活性，例如[③]：卡车司机、保安、护士、门卫、保洁员、个人服务人员等。常规性作业重复性高，而且比较稳定，可以将作业过程进行分解，变成操作指令，交由机器按照预先设置的程序规则来完成。对于非常规作业，则难以充分将其规则化，变成计算机代码利用机器完成。

计算机有两个显著特点：一是计算机能够按照事先确定的指令（程

① Berman，E.，Bound，J.，Griliches，Z.， "Changes in the demand for skilled labor within U. S. manufacturing：evidence from the Annual Survey of Manufacturers"，*Quarterly Journal of Economics*，1994，109，pp. 367 – 397. Machin，S.，Van Reenen，J.， "Technology and changes in skill structure：Evidence from seven OECD countries. "*Quarterly Journal of Economics*，1998，113，pp. 1215 – 44. Caroli，E.，Van Reenen，J.，"Skilled Biased Technological Change? Evidence from a Pannel of British and French Establishments. " *Quarterly Journal of Economics*，2001，116（4），pp. 1449 – 1492.

② David H. Autor，Lawrence F. Katz，Melissa S. Kearney. "The Polarization of the U. S. Labor Market". *NBER Working Paper*No. January 2006，JEL No. J3，D3，O3.

③ Autor，D.，Levy，F.，Murnane，R.，"The Skill Content of Recent Technological Change：An Empirical Exploration. " *Quarterly Journal of Economics*，2003，118（4）：1279 – 1333. Goos，M.，Maning，A.，"Lousy and Lovely Jobs：the Rising Polarization of Work in Britain，" *CEPR Discussion Paper*，2003. Spitz – Oener，A.，"Technical Change，Job Tasks and Rising Educational Demands：Look – ing Outside the Wage Structure"，2006.，*Journal of Labor Economics*24（2），pp. 235 – 270. Maurin，E.，Thesmar，D.，"Changes in the Functional Structure and Demand for Skills. " *Journal of Labor Economics*，2005，22（3），pp. 639 – 664.

序）快速、准确地执行重复性任务，得到预期结果；二是计算机是一种信息处理器，所处理的信息如二进制代码高度抽象化。随着计算机及相关设备价格的降低，计算机在服务业中的普及越来越广，大大提高了人们对信息的搜集、存储和处理能力，甚至替代人类的信息处理工作。譬如。计算机已经取代了簿记人员的计算、整理和转账工作，也取代了出纳员、电话接线员以及其他重复性的信息处理工作（Bresnahan，1999）。

这种对人类重复劳动的替代标志着技术与劳动关系的一个重要转折。以前其他高技术在替代人类体力劳动的同时会刺激在常规信息处理方面的人力投入的急剧增加，如19世纪工业革命引起办公室人员迅速增加（Chandler，1977；Goldin and Katz，1995）。计算机技术的应用虽然增加了办公室人员和信息处理量，但是计算机实现了信息处理工作的自动化，这是其他机器所不能做到的。当然，计算机对人类信息处理工作的替代或信息处理自动化还是有限的，主要局限于重复性、常规性的信息处理，而对于非常规性的认知工作，需要具有一定的弹性、创造性、复杂交流和归纳问题的方法才能解决，计算机无能为力（Bresnahan，1999）。

由以上讨论可知，计算机技术对常规作业的人员替代要大于非常规业务人员的替代，对非常规业务的人员来说是一种相对补偿。从生产函数的角度看，常规信息原有劳动投入的转出，在数量和质量上，提高了需要这些投入的非常规业务人员的生产率。例如，利用计算机，文献检索这一常规性工作效率迅速提高，腾出了更多时间和精力从事非常规性的研究工作效率和研究质量，保证了信息的及时性，也提高了管理决策效率。

计算机的应用不仅没有排斥技能，反而提高了职业技能水平，Michael J. Handel（2003）给出了如下解释[①]：（1）计算机硬件和软件的学习比较困难，需要通过计算机专门化的培训、教育等人力资本投资来提高计算机操作使用人员的职业技能水平（Krueger，1993）。（2）硬件和软件可能并不复杂，通过一般性的人力投资就可以掌握其使用方法，但是随之而来的是对计算机使用人员提出更高的要求，需要更多的认知技

① Michael J. Handel，"Implications of Information Technology for Employment，Skills，and Wages：A Review of Recent Research". http：//www.sri.com/policy/csted/reports/sandt/it.

能。因为，计算机虽然替代了人类的感性、直觉和隐含技能，但是对计算机素养、抽象和逻辑推理技能提出更大需求；计算机的应用拓展了工作任务的内容，责任更大，需要对工作系统的各组成部分之间的关系有更全面的理解，从而对综合能力、概括能力、知识的灵活应用能力和系统思考能力的要求更高；以前需要高技能的常规性工作如基本簿记、库存档案记录等，现在随着计算机应用的普及，这些工作逐步交由低技能人员去完成；为提高组织工作绩效，企业倾向于加强一线员工培训，让他们承担更大的职责和多种工作任务，参加到质量控制、解决问题和制定决策中，将工作重心向基层倾斜，这需要员工的技能水平更高。(3) 计算机化的工作环境条件间接地促进了职业技能水平的提高。由于计算机的使用几乎增加了所有工作的信息种类、信息数量和信息的复杂程度，不管一个人是否使用计算机以及使用计算机的程度如何，也不管他的工作与计算机本身的操作之间到底是否存在直接联系，计算机化的环境总会影响他的工作，对计算机使用者和不使用计算机的人都提出了技能要求。(4) 计算机使用通过创造新岗位和替代现有岗位而对技能结构产生间接影响。计算机的使用创造了更多中高技能的岗位，这些岗位不仅仅包括安装、维护和管理系统的技术人员和 IT 专业人员，也包括对系统所产生的信息进行分析和依照这种信息工作的非 IT 专业人士如会计人员。计算机也通过自动化等形式对低技能工作岗位形成替代，减少了低技能岗位，从而提高了职业技能整体水平。上面前三种是计算机提高了职业内部的技能水平，最后一种是通过改变职业结构间接地提高了技能水平。

ICT 对服务业劳动起着 SBTC 的作用，有利于高技能职业，不利于低技能职业，最终导致劳动力市场的“两极分化”。“两极分化”论的观点最早出现在美国，当初主要是为了解释工资差别上升的现象，即低报酬岗位数量上升而中等报酬数量收缩（Bluestone and Harrison，1988）。Autor，Levy 和 Murnane（2003）将工作任务分为 5 种类型，这 5 种工作任务类别包括非常规认知工作、非常规交互式工作、常规认知工作、常规体力工作和非常规体力工作，然后将职业分类与工作任务类别结合起来。结果发现，在常规工作任务使用计算机较多的行业，常规技能水平也有所下降，非常规性体力工作集中在低报酬阶层，而非常规性认知工作和交互式工作主要集中在高报酬人群，常规性工作岗位的报酬则处于中间水平。技术进步导致高技能和低技能就业人数增长，而中间技能就业人数减少，职业技能结构出现“两极分化”。随着信息技术在服务业中的普及，不仅加剧了脑力劳动者与体力劳动者之间的分化，而且也使得脑力劳动者内部出现分化。可编码知识可以通过信息基础设施迅速传递，常规性、重复性的脑力劳动因为可以事先编码和程序化而消失，这部分脑力劳动者容易被信息技术所取代，其地位相对弱化。那些需要通过人脑掌握，需要即时分析、决策和重新程序化能力的工作由于不能编码而难以被信息技术所取代，其地位将得到进一步增强，保持相对优势。

有研究表明，职业结构的顶端和底层虽然同时增加，但是需要高技术与高等教育的职业所占比例的增加速度比低层次职业比例增加速度更快。以四种关键职业群体——分别是技工、操作员；工程师、专业人员与经理人员；销售员与事务员；农场劳工与管理者演变的比较为例。管理、专业技术性职业所占比例在所有经济合作与发展组织国家都有强势增长；技工和操作员在美国、英国与加拿大显著减少，在德国、法国与日本只有略微减少；销售员与事务员在英国与法国只有小幅度增加，在其他四个国家却显著增加；农场劳工都显著缩小。在美国，半技术服务业劳工在职业结构中所占比例在增加，但增加幅度低于管理专业性劳动力增长率。如果采用每周平均工资作为社会阶层化的直接指标，可以建构四个社会群体：上层阶级（经理人员与专业人员）、中层阶级（技师与技工）、中下阶级（销售员、事务员与操作员）和下层阶级（服务业职业以及劳工）。1992 ~2005 年，上层阶级年占比例从 23.7% 增加到 25.3%，中层阶级从 14.7% 略微缩小到 14.3%，中下阶级从 42.7% 略微下降到 40%，下层阶级从 18.9% 增加到 20%。这表明总的就业水平有所提高，并且职业结构中两极的就业数量略有扩大①。

下面来分析一下美国服务业职业结构变化情况。

制造业职业分布高度集中，生产加工职业所占比重超过一半，达到 52%，服务业职业分布主要集中在销售及相关职业和办公和行政支持职

① 肖文海：《新技术革命对就业的影响与我国就业政策的选择》，载于《经济社会体制比较》2006 年第 4 期。

业上，两者合计比重达到30%（见表6-33）。制造业的商业和金融运作、生产加工和建筑及工程职业的比重增加相对较高，2007年比2002年分别提高0.64%、0.47%和0.31%，管理、运输和物料搬运、办公和行政支持职业比重减少相对较多，2007年比2002年分别减少为0.77%、0.31%和0.22%。服务业中职业比重提高较快的有商业和金融运作(0.78)、食品配制及相关服务（0.51%)、卫生保健和技术（0.31%)，比重降低较快的职业有管理（-1.11%)、办公和行政支持（-0.73%)、生产加工（-0.22%)。应用信息技术较多的商业和金融运作、计算机和数学科学等高技能、非常规性职业比重增加幅度较大，应用信息技术程度很低的食品配制及相关服务、卫生保健支持、个人看护及服务等低技能、非常规性职业比重增幅也较大，应用信息技术程度相当高、常规性的办公和行政支持职业比重下降较快。这说明美国服务业职业结构变化基本上与SBTC一致。但是，农业、渔业和林业、建筑和采掘、安装、维护和修理、生产加工、运输和物料搬运、保安服务、建筑物及地面清洁和维护等低技能职业比重出现下降，这可能是由于服务业需求结构变化和非信息化替代所引起的。

表6-33　　美国服务业和制造业职业结构及其变化　　单位:%

职业	服务业			制造业		
	2002年	2007年	增减	2002年	2007年	增减
管理	5.50	4.39	-1.11	5.68	4.90	-0.77
商业和金融运作	3.99	4.77	0.78	2.45	3.09	0.64
计算机和数学科学	2.37	2.60	0.23	1.78	1.94	0.15
建筑及工程	1.35	1.38	0.03	5.44	5.75	0.31
生命科学、自然科学和社会科学	0.85	0.96	0.11	1.01	1.10	0.08
团体和社会服务	1.51	1.61	0.10	0.00	0.00	0.00
法律	0.88	0.89	0.01	0.03	0.04	0.01
教育、培训和图书馆	7.45	7.48	0.04	0.01	0.01	0.00

续表

职业	服务业			制造业		
	2002 年	2007 年	增减	2002 年	2007 年	增减
艺术、设计、娱乐、体育和媒体	1.36	1.50	0.14	0.51	0.63	0.12
卫生保健和技术	5.86	6.17	0.31	0.09	0.13	0.03
卫生保健支持	3.04	3.26	0.22	0.01	0.01	-0.01
保安服务	2.83	2.75	-0.08	0.15	0.14	-0.02
食品配制及相关服务	9.60	10.11	0.51	0.28	0.26	-0.02
建筑物及地面清洁和维护	3.88	3.83	-0.05	0.75	0.63	-0.12
个人看护及服务	2.74	3.00	0.26	0.00	0.01	0.01
销售及相关职业	12.25	12.36	0.11	2.80	3.02	0.22
办公和行政支持	19.60	18.88	-0.73	9.88	9.65	-0.22
农业、渔业和林业	0.14	0.12	-0.01	0.25	0.25	0.00
建筑和采掘	1.03	0.97	-0.07	1.85	1.86	0.01
安装、维护和修理	3.66	3.54	-0.12	4.92	4.94	0.03
生产加工	2.52	2.30	-0.22	52.10	52.57	0.47
运输和物料搬运	7.26	7.14	-0.12	9.38	9.08	-0.31
合计	99.67	100.00		99.38	100.00	

资料来源：根据美国劳工部劳动统计局（http：//www.bls.gov）公布的就业数据整理而成。

现在来进一步分析服务业职业变化较大的行业部门结构情况。商业和金融运作职业比重的上升主要是由于行政支持、废物管理及回收服务、公司和企业管理、专业技术服务部门造成的；食品配制及相关服务职业比重上升主要来源于住宿和饮食服务部门；卫生保健和技术职业的上升主要来源于零售部门；私人看护及服务职业上升则主要由零售、卫生保健和社会救济、艺术娱乐及消遣部门带来的。管理职业下降主要源自零售、住宿和饮食服务等部门；办公和行政支持职业比重下降则主要由联邦、州和地方政府部门造成的；生产加工职业比重下降主要源于批发、专业技术服务等部门（见表6－34）。

表6－34　美国服务业职业的部门结构变化（2002～2007年）　单位:%

部　门（NAICS）	比重上升较大的职业					比重下降较大的职业		
	商业和金融运作	食品配制及相关服务	卫生保健和技术	私人看护及服务	计算机和数学科学	管理	办公和行政支持	生产加工
批发	0.14	－0.10	－0.02	0.00	－0.21	－0.13	0.23	－2.14
零售	－0.55	－0.60	1.88	1.87	－0.38	－1.84	0.33	2.18
运输和仓储	0.15	－0.04	－0.03	－0.88	－0.06	0.29	3.13	－0.31
信息	－1.09	0.01	0.02	－0.23	－1.88	－0.78	－0.74	－0.79
金融保险	0.24	0.00	0.01	0.00	－0.33	－0.36	－0.35	－0.04
不动产及租赁	0.26	－0.20	－0.06	－0.42	0.03	0.04	0.19	－0.06
专业技术服务	0.52	－0.01	0.00	－0.12	1.72	0.38	0.31	－0.83
公司和企业管理	0.56	－0.02	0.09	－0.38	0.69	1.80	－0.10	－0.15
行政支持、废物管理及回收服务	1.13	0.15	0.45	0.28	0.52	0.27	0.17	3.85
教育服务	－0.06	－0.74	－0.25	－0.23	0.51	1.40	0.16	0.02
卫生保健和社会救济	－0.31	－0.48	－2.03	1.77	0.09	0.23	0.59	－0.18
艺术、娱乐和消遣	0.08	－0.41	－0.04	1.28	0.01	－0.20	0.06	0.05
住宿和饮食服务	－0.12	2.43	0.01	－0.78	－0.03	－1.00	0.11	－0.49
其他服务（除公共管理）	0.03	－0.03	－0.05	－1.28	－0.17	－0.75	0.09	－0.79
联邦、州和地方政府	－1.00	0.03	0.03	－0.88	－0.52	0.64	－4.19	－0.31

注：表中数据表示各服务部门某种职业就业人数占服务业该职业总就业人数比重的变化程度。

资料来源：同表6－33。

与上面提到的“两极分化”论形成鲜明对比的是，服务业高技能职业中的管理职业比重出现下降，而且下降幅度远高于其他职业，管理职业比重的下降主要来自零售部门。这主要是由于“两极分化”论只关注到技术对技能的影响，而忽略了技术对组织结构的作用。一些学者认为，技术与技能结构之间的关系应归结为组织与技术之间的适应关系（Bresnahan 1999；Caroli and Van Raanen，1999；Caroli，2001）①。新技术的发展产生了对新型工作组织形式需求的增加，包括团队、分散责任和增加员工自主权，这些新型组织的任务更重、责任更大，面临的不确定性问题也增多了，从而刺激了对高技能员工的需求。因此，这些新型工作组织也许是将技术进步转换为高技能人才需求的机制。如果不考虑组织因素，那么可能过高估计技术对技能结构的适应性，因为导致高技能员工需求的原因来自组织方面的因素与技术因素差不多②。

另外，基于信息技术的企业组织也对中层管理人员产生较大冲击。随着市场需求变化节奏的加快，信息技术对企业组织的渗透逐步加深，信息技术已经从一种外部技术性因素转变为驱动组织转型的内生因素，成为组织结构的一种新型技术基础。层级较低的员工往往也是具体任务的执行者，他们对其工作范围内的具体业务信息掌握更为详细，增加他们的授权可以提高决策效率，有利于作出局部最优化决策。信息技术的应用直接减少了单调工作，提高信息处理规模和效率，利用 ICT 可以快速地搜集和处理信息，减少中间管理层的作用。信息技术的应用打破了传统组织的科层制结构，促使组织结构朝扁平化方向发展。组织扁平化的结果是，基层员工尤其是知识员工的作用更加突出，而中层管理人员的地位大为削弱，减少了对中层管理人员的需求。以德鲁克为代表的一大批学者认为，信息技术在企业组织中的普及应用必然导致中层经理数量的减少。如德鲁克在《新组织的来临》一文开篇处写道：“20 年后的

---

① Bresnahan，T.，E. Brynjolfson，and L. Hitt，“Information technology. workplace organization and the demand for skilled labor：Firm level evidence”，*Quarterly Journal of Economics*，113：1245 - 1279. National of Economic Reasrch. Work paper#7136，1999. Caroli，E.，“New technologies，organizational change the skill bias：what do we know”，In：Petit，P.，and L. Soete（eds.），Technology and the future employment of Europe. Edward Elgar，UK，2001.

② Pal Schone，“The impact of new technology on the demand for skills. The role of organizational practices”. 2002. www. samfunnsforskning. no/files/P_ 2002_ 9. pdf.

典型大企业，其管理层级将不及今天的一半，管理人员也不及今天的1/3。”他常用的一个比喻是，未来的组织更类似于大型交响乐团——在那里，数百名高手级的音乐家在一名指挥的直接指导下进行演奏，没有任何中间层次。持相似观点的学者们一致认为，信息技术系统允许决策层跨越中层经理，直接与执行层之间进行沟通①。传统企业组织中中层经理是在决策层和执行层之间起到信息上传下达作用的角色，迅速发展的信息技术系统足以替代中层经理的角色，而且履行这一职能的成本更低、速度更快捷。2002～2007年，美国高技能的管理职位减少主要发生在销售部门，这主要是由于信息网络导致企业营销战略和营销特点的变化，进而使得企业营销职能和营销组织出现扁平化，许多中间销售环节消失了，这种新型营销组织对销售经理、销售主管等中高层管理人员的需求数量大为减少。

① 余菁：《扁平化组织的信息视角》，载于《经济管理》2004年第5期。

第七章

信息化与中国第三产业增长

本章首先测算中国第三产业、制造业及第三产业内部各行业的信息化，然后讨论信息化与中国第三产业增加值、劳动生产率和就业之间的关系，并结合前面几章的研究结果，针对中国服务业信息化，提出对策建议。

第一节　中国第三产业信息化分析

改革开放以来，中国第三产业发展迅速，第三产业增加值占 GDP 的比重由 1978 年的 23.9% 上升至 2006 年的 39.4%[①]，28 年间提高了将近 16 个百分点；第三产业就业人员比重由 1978 年的 12.2% 上升至 2006 年的 32.2%[②]，上升了 20 个百分点。但与发达国家乃至部分发展中国家相比，仍存在较大差距。主要表现在：（1）服务业增加值占 GDP 比重偏低。目前，发达国家的服务业增加值占 GDP 比重一般在 70% 左右。（2）服务业就业比重远远低于大多数发展中国家。大部分发展中国家这一比重在 1999 年已达到 40%。（3）服务业总体上技术含量不高。服务业内部结构仍以传统服务业为主，现代服务业发展不足，服务业劳动生产率较低。2000 年，美国、日本和欧盟的服务业从业人员人均生产率都在 6 万美元以上，而中国仅为 2000 美元左右。当今世界服务业发展的一个主要趋势是，现代服务业（如金融、保险、房地产、商务服务、教育、

---

① 数据来源：《中国统计年鉴 2007》，按当年价计算。

② 数据来源：《中国统计年鉴 2007》。

卫生和社会服务）发展迅速，无论从增加值比重还是从就业比重看，其上升幅度都要高于传统服务业。现代服务业是依托以信息技术为代表的新技术和现代管理理念发展起来、信息和知识相对密集的服务业，现代服务业的发展很大程度上取决于信息技术的应用渗透程度。虽然服务业的技术密集程度不如制造业，但是许多服务业尤其是知识密集型服务如咨询、会计、培训服务等，正越来越多地以 ICT 为基础，而 ICT 也的确改变了很多服务的基本运作模式。甚至可以认为，ICT 对服务业尤其是知识密集型服务业的贡献大于对制造业的贡献。据有关专家测算，在生产服务业中，95% 以上的金融创新来自信息技术改造，银行通过信息化技术改造平均资本收益率普遍能提高 5 个百分点，平均的成本收益普遍能下降 10 个百分点左右。而在消费性服务的零售业中，信息化对其直接收益贡献率达到了 40% 以上[①]。信息化对服务业产生了深刻的影响，改变了服务业发展的技术轨迹和范式。首先，基于信息产业和信息技术应用而产生的新兴服务业，如计算机服务、电信服务和互联网服务的规模日益扩大，并且随着分工的细化和产业链条的延伸，出现许多像信息咨询服务和信息内容服务一类的个性化服务，实现规模化服务和个性化服务的有机结合；其次，信息技术在传统服务业中的普遍应用，不仅保留和延续了传统服务业的内容，而且改进了传统服务的提供方式，拓展了服务的内容和领域，使传统服务业发展成为现代服务业，如传统商业通过电子商务和网络化经营的实施可以成为充满活力的现代商业。因此，信息技术已经成为现代服务业发展的最主要的技术手段和技术基础，是服务业内部结构升级的助推器，也是服务业发展的重要引擎。

下面来分析一下中国三次产业和第三产业内部各部门的信息化。

根据 1992 年 118 部门投入产出表、1997 年 124 部门投入产出表、2002 年 122 部门投入产出表分别合并为 4 部门（第一产业、第二产业、第三产业、ICT 部门）投入产出表，并计算出第一产业、第二产业和第三产业对 ICT 的直接消耗系数（如表 7－1 所示）。如果撇开第二产业和第三产业中的 ICT 部门，那么三次产业对 ICT 的直接消耗系数都随时间的推移不断上升。从横向上看，在 1992 年、1997 年和 2002 年，三次产

① 中国信息产业网．http：//www. cnii. com. cn/20080623/ca507484. htm.

业对 ICT 的直接消耗系数始终存在这样一个规律：第三产业高于第二产业，第二产业高于第一产业。这说明，中国第三产业的信息化水平最高，第一产业最低，第二产业居中。不过，从表 7 - 1 第三产业与第二产业的对比中（最后一列）可以发现，第三产业与第二产业之间的信息化差距逐渐缩小，1992 年第三产业的 ICT 强度为第二产业的 3. 8 倍，1997 年降为 2. 3 倍，2002 年进一步降为 1. 6 倍，差距不及 1992 年的一半。这可能反映了某些部门“重硬轻软”“重制造轻应用”的工作思路的结果，这些部门往往把信息化狭隘地理解为工业部门的事情，从而相对放慢了服务业信息化的步伐。

表 7 - 1　　中国三次产业对 ICT 的直接消耗系数

年份	第一产业	第二产业	第三产业	第三产业/第二产业
1992	0. 00039	0. 00557	0. 02138	3. 8
1997	0. 00044	0. 01534	0. 03506	2. 3
2002	0. 00229	0. 02407	0. 03876	1. 6

注：（1）第一产业、第二产业、第三产业中不包括 ICT 部门。（2）1992 年 ICT 部门包括电子计算机制造业、日用电子器具制造业、其他电子及通信设备制造业、仪器仪表及其他计量器具制造业、电信业；1997 年 ICT 部门包括电子计算机制造业、日用电子器具制造业、电子元器件制造业、其他电子及通信设备制造业、仪器仪表制造业、文化办公用机械制造业、电信业；2002 年 ICT 部门包括通信设备制造业、电子计算机整机制造业、其他电子计算机设备制造业、电子元器件制造业、家用视听设备制造业、其他通信和电子设备制造业、仪器仪表制造业、文化办公用机械制造业、信息传输服务业、计算机服务和软件业。以下同。

资料来源：国家统计局国民经济核算司编：《中国投入产出表（2002 年）》，中国统计出版社 2006 年版。齐舒畅主编：《中国投入产出表（1997 年度）》，中国统计出版社 1999 年版。国家统计局国民经济核算司编：《中国投入产出表：价值型 1992 年度》，中国统计出版社 1996 年版。

如果不剔除第二产业、第三产业中的 ICT 部门，计算出三次产业中的 ICT 比重（见表 7 - 2），分别与表 7 - 1 中的直接消耗系数比较，可以看出变化不大。第一产业中的 ICT 比重几乎不变，第二产业的 ICT 比重存在一些轻微下降，第三产业的ICT比重下降稍大一些，这是由于三次产业中ICT的投入强度差别造成的。这反映出，第三产业中的ICT部门（ICT服务部门）对第二产业中的ICT部门（ICT制造部门）的消耗要高于ICT制造部门对ICT服务部门的消耗。从时间上看，三次产业中ICT占总投入的比重逐年提高；从产业之间看，第三产业的ICT占总投入的比重最高，第二产业其次，第一产业最低。

表7－2　　中国ICT占总投入的比重　　单位:%

年份	第一产业	第二产业	第三产业
1992	0.04	0.54	2.11
1997	0.04	1.47	3.36
2002	0.23	2.22	3.65

资料来源：同表7－1。

如果不考虑三次产业的增加值，计算出三次产业中ICT占中间投入的比重（见表7－3），与表7－2中的相应数据对比可以发现，第二产业的ICT占中间投入的比重比ICT占总投入的比重虽有所提高，但幅度不大，而第三、第一产业的提高幅度较大，都在1倍以上。这主要是因为第三产业和第一产业的增加值率相对较高，而第二产业的增加值率相对较低。从时间上看，三次产业中ICT占中间投入的比重逐年提高；从产业之间的对比上看，第三产业的ICT占中间投入的比重最高，第二产业其次，第一产业最低。

表7－3　　中国ICT占中间投入的比重　　单位:%

年份	第一产业	第二产业	第三产业
1992	0.11	0.76	4.30
1997	0.11	2.09	6.76
2002	0.55	3.13	7.79

资料来源：同表7－1。

从以上分析知道，无论三次产业对 ICT 的直接消耗系数看，还是从 ICT 占总投入的比重看，或者是从 ICT 占中间投入的比重看，都反映出同一个事实：中国各次产业的 ICT 投入强度随时间的推移不断提高，第三产业的信息化水平最高，第二产业其次，第一产业最低。再来观察一下三次产业对 ICT 的完全消耗系数（见表 7－4），除了 2002 年第三产业对 ICT 的完全消耗系数与第二产业基本持平外，其他情形与直接消耗系数的格局保持一致。与直接消耗系数相比，第一、第二产业的 ICT 完全消耗系数比相应的直接消耗系数高出很多，而第三产业的 ICT 完全消耗系数比其直接消耗系数高出程度相对较少。随着时间的推移，第三产业对 ICT 的完全消耗系数与第二产业之间的差距不断缩小，在 2002 年，第二产业的 ICT 完全消耗系数甚至轻微超过第三产业。这主要是由于中国正处于工业化时期，制造加工环节分工越来越细化，链条越来越长，生产过程迂回，中间投入不断增多，间接消耗的信息产品和信息服务较多，许多工业产品不仅生产自动化程度越来越高，而且工业制成品本身的自动化程度也在普遍提高，产品本身的信息含量日益增多。相比之下，服务产品的生产环节少，信息化比较直接，不像工业那样迂回。工业链条的延长，中间环节的增加，以信息化程度较高的服务环节为主，这使得工业间接消耗信息化程度高的服务产品逐渐增多，而服务业消耗信息化程度不高的工业产品并没有保持同步增长。

表 7－4　　中国三次产业对 ICT 的完全消耗系数

年份	第一产业	第二产业	第三产业
1992	0.00927	0.02957	0.04708
1997	0.02099	0.06628	0.08452
2002	0.03737	0.10898	0.10850

资料来源：同表 7－1。

现在来考察一下中国国民经济生产领域和消费领域中的信息化情况。1992 年 ICT 的中间需求率为 68.90%，1997 年这一数字上升至 74.94%，2002 年与 1997 年基本持平。这三年的 ICT 中间需求率都大于 50%（见表

7-5)，说明中国的国民经济生产领域的信息化程度高于消费领域。这一结果与发达国家的情况基本一致，但ICT中间需求率又要高于多数发达国家，反映出中国消费领域的信息化相对不高，存在较大空间，这与中国的收入水平有关，随着国民收入水平的不断提高，消费领域将成为信息化的又一个重要对象。2002年的ICT中间需求率比1997年略有下降，可能提示中国在大力推进生产部门的信息化的同时，消费部门的信息化已经悄然加速。

表7-5　　中国ICT中间需求率　　单位:%

	1992年	1997年	2002年
中间需求率	68.90	74.94	74.43

注：根据第一产业、第二产业、第三产业投入产出表计算得到。

资料来源：同表7-1。

从第三产业内部看，ICT的直接消耗系数差异较大，但差距逐步缩小。1992年党政社会团体部门的直接消耗系数最高（0.05553），最低的是交通运输邮政部门（0.00548），前者是后者的10倍（见表7-6）；1997年最高的是社会服务部门（0.06381），最低的是交通运输邮政部门（0.00922），两者相差近6倍；2002年最高的是金融保险部门（0.06211），最低的仍是交通运输邮政部门（0.01417），两者相差3倍多。从时间变化角度看，交通运输邮政、批发零售餐饮、金融保险、科教文卫等部门对ICT的直接消耗系数随时间的推移不断提高，而党政社会团体部门恰好相反，其直接消耗系数逐步减少。这可能是在信息化的起步阶段，政府为了发挥先导作用和基础示范作用，大力投资进行电子政务建设的缘故。而且信息化建设前期投资大，主要侧重于硬件的投资，硬件投资占IT投资的70%以上，后期投资尤其是软件投资较少。政府部门信息化建设比较早，应用信息系统已经基本成型，处于平稳发展阶段，因而相对其他部门，其直接消耗系数有所下降。2002年社会服务部门的消耗系数稍低于1997年，主要原因可能是1997年社会服务业中包括了计算机服务和软件业，而在2002年，计算机服务和软件业被计入ICT部门。从横向比较上看，金融保险、社会服务部门的消耗系数较高，交通运输邮政较低，党政社会团体、科教文卫、批发零售餐饮等部门居中。从以上分析可以知道，在信息化初期，社会公共服务部门、垄断部门资金实力较为雄厚，对强化网络管理和控制的愿望比较强烈，对服务业信息化乃至社会信息化发挥导向和基础作用。随着时间的推移，竞争性服务行业意识到信息化的巨大的潜在性商机，利用信息技术改进商业流程，挖掘商业信息资源，创新商业模式，信息化程度快速提高，使得各服务部门之间的信息化程度的差距越来越小。

表7-6　中国第三产业分部门对ICT的直接消耗系数

年份	交通运输邮政	批发零售餐饮	金融保险	社会服务	科教文卫	党政社会团体
1992	0.00548	0.00629	0.03676	0.01010	0.02662	0.05553
1997	0.00922	0.02325	0.03942	0.06381	0.03440	0.04998
2002	0.01417	0.03084	0.06211	0.06189	0.03665	0.03866

注：(1) 1992年、1997年第三产业中包括计算机服务和软件业。(2) 由于1992年投入产出表中电信业包含在邮电通讯业部门，所以按照1997年投入产出表中的邮政业、电信业的投入产出结构或1992年电信业务量占邮电业务量的比重进行分摊，将1992年邮电业分拆为邮政业和电信业两个部门。

资料来源：同表7-1。

从第三产业内部各部门对ICT的完全消耗系数看，各服务部门的完全消耗系数都呈上升态势，交通运输邮政、金融保险、科教文卫、党政社会团体等部门消耗系数逐期稳步上升，批发零售餐饮、社会服务部门1992~1997年完全消耗系数值提高迅速（见表7-7）。其中，对于批发零售餐饮业来说，可能是市场竞争加剧，商业经营网络化发展的结果；对于社会服务业而言，主要是由于商务服务业、专业技术服务业的迅速崛起，导致对信息技术需求的急剧膨胀。从截面数据看，除了交通运输邮政的完全消耗系数值稍微偏低外，其他部门大体上比较接近，说明随着时间的流逝，信息化强化了各服务部门之间的直接或间接联系，信息技术在各服务部门之间的渗透趋于均等化。

表 7-7　　中国第三产业分部门对 ICT 的完全消耗系数

年份	交通运输邮政	批发零售餐饮	金融保险	社会服务	科教文卫	党政社会团体
1992	0.01964	0.02261	0.06342	0.02457	0.04854	0.08962
1997	0.04275	0.06734	0.08868	0.12554	0.08294	0.10999
2002	0.07447	0.09840	0.13568	0.14321	0.10265	0.11345

资料来源：同表 7-1。

第二节　信息化与中国第三产业增加值和劳动生产率

有人估计，在 1995 年到 2003 年期间，中国信息通信技术对 GDP 年增长的贡献率为 0.63 个百分点（Jorgenson and Vn，2005）①。这个数字不仅高于世界平均水平，而且高于信息通信技术对 OECD 国家如法国和德国的贡献。但是，相对于 10% 的 GDP 年平均增长率来说，这个数字仍然较低。如果从产出角度考察，1992～2000 年中国 ICT 制造业和 ICT 服务业增加值增长都很迅速，ICT 制造业占工业增加值比重由 1992 年的 2.67% 提高到 2000 年的 6.87%，ICT 服务业对占第三产业增加值比重提高速度更快，由 1982 年的 1.95% 提高至 2000 年的 8.26%；在 ICT 对工业和第三产业产出的贡献方面，除了在 1998 年 ICT 制造业对工业的贡献率高于 ICT 服务业对第三产业的贡献率，以及 1997 年两者几乎持平外，在其他年份，ICT 服务业对第三产业的贡献率都要高于 ICT 制造业对工业的贡献率（见表 7-8）。从这个角度看，ICT 对第三产业的作用程度要大于对工业的作用。当然，这里忽视了 ICT 在产业部门应用、扩散的影响，也就是没有考虑 ICT 对其他部门投入的作用。下面侧重分析 ICT 对第三产业产值、劳动生产率和就业的影响。

① 国务院发展研究中心技术经济研究部译校：《经济合作与发展组织信息技术展望（2006）》，中国财政经济出版社 2007 年版，第 146 页。

表 7 - 8　　中国 ICT 增加值及其对工业和服务业的贡献率

年　份	1992	1993	1994	1995	1996	1997	1998	1999	2000
电子及通信设备制造业（亿元）	275	471	725	1060	1115	1501	1970	2332	2682
通信业（亿元）	151	249	414	602	761	1019	1149	1682	2098
软件及服务业（亿元）	27	60	72	98	138	175	218	278	369
ICT 制造业占工业比重（%）	2. 67	3. 33	3. 74	4. 29	3. 83	4. 63	5. 90	6. 65	6. 87
ICT 服务业占服务业比重（%）	1. 95	2. 73	3. 26	3. 90	4. 40	5. 18	5. 43	7. 25	8. 26
ICT 制造业对工业的贡献率（%）	—	5. 08	4. 87	6. 25	1. 26	11. 59	48. 06	21. 30	8. 84
ICT 服务业对服务业的贡献率（%）	—	5. 99	4. 91	7. 09	8. 02	11. 34	8. 07	31. 81	17. 85

资料来源：根据《信息技术产业对国民经济影响程度的分析》（载《经济研究》2001 年 12 月，北京师范大学经济与管理研究所课题组）中表 2 数据和《中国统计年鉴(2002)》相关数据计算得到。

从 ICT 占服务行业总投入的比重来看，2002 年与 1992 年相比，除了国家机关、政党机关和社会团体外，其他服务部门的 ICT 比重都出现程度不同的上升。其中，邮电通信业、批发和零售贸易餐饮业、社会服务业、卫生、文化艺术和广播电影电视业、科学研究和综合技术服务业上升幅度较大（见表 7 - 9）。综合 1992 年、1997 年和 2002 年 3 年的情况看，邮电通信业、科学研究和综合技术服务业、社会服务业、金融保险业、国家机关政党机关和社会团体、教育文化艺术和广播电影电视业等部门的 ICT 比重较高，而房地产业、农林牧渔业、交通运输和仓储业、卫生体育和社会福利业、批发和零售贸易餐饮业的 ICT 投入比重相对较低。

表 7－9　　中国 ICT 占总投入的比重　　单位:%

年份	1992	1997	2002
农、林、牧、渔业	—	0.84	1.44
地质勘察业水利管理业	—	1.06	3.01
交通运输和仓储业	1.17	0.94	1.23
邮电通信业	4.07	4.06	13.59
批发和零售贸易餐饮业	1.10	2.16	3.08
金融、保险业	3.67	3.01	5.52
房地产业	0.34	0.47	0.64
社会服务业	1.49	7.42	8.86
卫生体育和社会福利业	0.53	1.00	1.51
教育、文化艺术和广播电影电视业	2.37	3.73	3.33
科学研究和综合技术服务业	4.68	9.16	8.47
国家机关、政党机关和社会团体	5.93	4.83	3.69

注：1992 年、1997 年社会服务业中包括计算机服务和软件业。1992 年投入产出表中部门分类中没有农林牧渔业、地质勘察业水利管理业，故缺乏这两个部门的数据。以下同。

资料来源：国家统计局国民经济核算司编：《中国投入产出表（2002 年)》，中国统计出版社 2006 年版；齐舒畅主编：《中国投入产出表（1997 年度)》，中国统计出版社 1999 年版；国家统计局国民经济核算司编：《中国投入产出表：价值型 1992 年度》，中国统计出版社 1996 年版。

第三产业的增长，不仅表现为第三产业增加值的增长，而且体现为第三产业内部结构的变化。2002 年与 1992 年相比，邮电通信业、社会服务业、教育文化艺术和广播电影电视业等现代服务部门的增加值比重提高较快。其中，邮电通信业和社会服务业表现十分突出，10 年间各增加了 5 个百分点；而交通运输和仓储业、批发和零售贸易餐饮业等传统服务部门增加值比重下降较快，各下降了 6 个百分点（见表 7－10)。信息技术向服务业的广泛渗透，有力地推动了第三产业的结构升级，促使第三产业朝信息化、网络化、智能化、个性化的方向发展，信息服务业、知识服务业和专业服务业等现代服务业成为服务业的新的增长点。譬如，2000～2005 年美国信息服务业增加值增长了 32.15%，金融服务业增长了 21.82%，健康服务业增长了 20.84%。不仅高于同期美国服务业增加值的增长速度（17.3%），也高于同期美国国民经济的增长速度（13.42%）①。信息化可以有效地整合服务部门的资源、降低交易成本、深化劳动分工、拓宽服务市场、提升服务质量、提高服务业生产效率，也可以变革服务生产方式和服务组织、创新服务模式、加快对传统服务业的改造，实现服务业的集约化增长。

表 7－10　　中国第三产业分部门增加值比重　　单位：%

年份	1992	1997	2002
合计	100.00	100.00	100.00
农、林、牧、渔业	0.73	0.77	0.83
地质勘察业水利管理业	1.07	1.31	0.99
交通运输和仓储业	16.28	11.68	10.27
邮电通信业	2.12	4.81	7.53
批发和零售贸易餐饮业	29.93	26.75	23.50
金融、保险业	17.52	19.69	16.49
房地产业	5.70	5.47	5.82
社会服务业	6.56	9.46	12.10
卫生体育和社会福利业	2.89	2.68	2.96
教育、文化艺术和广播电影电视业	5.99	6.83	8.57
科学研究和综合技术服务业	1.37	1.89	2.22
国家机关、政党机关和社会团体	8.86	7.66	7.88
其他行业	0.97	1.01	0.84

资料来源：《中国统计年鉴（1998 年）》和《中国统计年鉴（2005 年）》。

根据信息化程度（即 ICT 投入占部门总投入的比重）将第三产业划

① 葛坚松：《美国现代服务业发展经验及其启示》，载于《江南论坛》2007 年第 3 期。

分为高强度服务部门和低强度服务部门两大部门。可以发现这两个部门存在着明显差异：高度信息化的部门增加值占第三产业增加值比重逐期提高，从1992年的42.42%上升到1997年的50.33%，再提高到2002年的54.79%，10年间提高了12个百分点；与此相反，低度信息化的服务部门增加值占第三产业增加值比重逐期下降，从1992年的57.58%减少到1997年的49.67%，再下降到2002年的45.21%（见表7-11）。

表7-11 1992~2002年中国第三产业增加值比重变化与信息化程度的关系 单位:%

年份	1992	1997	2002
高度信息化的服务部门	42.42	50.33	54.79
低度信息化的服务部门	57.58	49.67	45.21
第三产业	100.00	100.00	100.00

注：高度信息化的服务部门包括，邮电通信业、金融保险业、社会服务业、教育文化艺术和广播电影电视业、科学研究和综合技术服务业、国家机关政党机关和社会团体；低度信息化的服务部门包括，农林牧渔业、地质勘察业水利管理业、交通运输和仓储业、批发和零售贸易餐饮业、房地产业、卫生体育和社会福利业、其他行业。

资料来源：《中国统计年鉴（1998年）》和《中国统计年鉴（2005年）》。

从增加值增长率方面看，1992~2002年，高度信息化的服务部门年增长率达到17.69%，其中1992~1997年增长速度为24.49%，1997~2002年增长速度为11.27%，它们都高于同期第三产业的增长速度。低度信息化的服务部门在1992~2002年期间增长率仅为11.98%，其中在1992~1997年期间增长速度为16.80%，1997~2002年增长速度为7.35%，它们都低于同期第三产业的增长速度（见表7-12）。在1992~2002年期间，高度信息化的服务部门增加值增长率比低度信息化的服务部门高出将近6个百分点。因此，第三产业增加值增长率与信息化程度存在正相关关系。

表 7－12　1992～2002 年中国第三产业增加值增长与信息化程度的关系　单位：%

	1992～1997 年	1997～2002 年	1992～2002 年
高度信息化的服务部门	24.49	11.27	17.69
低度信息化的服务部门	16.80	7.35	11.98
第三产业	20.30	9.39	14.72

注：该表中数字为按几何平均法计算得到的年增长速度。

资料来源：《中国统计年鉴（1998 年）》和《中国统计年鉴（2005 年）》。

第三产业增加值的快速增长，一方面来自于最终需求和中间需求的膨胀；另一方面极有可能来自于服务业劳动生产率的提高。随着 ICT 产品价格的下降，ICT 在第三产业中的投资迅速增加，ICT 资本不断加深，对常规性服务劳动形成替代，优化第三产业的资源配置，促进服务业生产率的提高。从表 7－13 可以看出，房地产业、金融保险业、科学研究和综合技术服务业、社会服务业、地质勘察业水利管理业等服务部门的劳动生产率水平相对较高，而其他行业、批发和零售贸易餐饮业、教育文化艺术和广播电影电视业、卫生体育和社会福利业、国家机关政党机关和社会团体、交通运输仓储业和邮电通信业等服务部门的劳动生产率水平相对较低。所有服务部门的劳动生产率在 1992～2002 年都出现不同程度的上升，其中地质勘察业水利管理业、科学研究和综合技术服务业、教育文化艺术和广播电影电视业、卫生体育和社会福利业、社会服务业、国家机关政党机关和社会团体等部门的劳动生产率提高较快，而其他行业、房地产业、批发和零售贸易餐饮业、交通运输仓储业和邮电通信业等部门的劳动生产率提高相对缓慢。

表 7－13　中国第三产业分部门劳动生产率　单位：元/人

	1992 年	1997 年	2002 年	1992～2002 年平均增长率
地质勘察业水利管理业	4851	23434	36499	22.36%
交通运输、仓储业和邮电通信业	10047	18415	30808	11.86%
批发和零售贸易餐饮业	8523	12847	17059	7.19%

续表

	1992 年	1997 年	2002 年	1992～2002 年平均增长率
金融、保险业	64556	147227	175052	10.49%
房地产业	96500	144690	177245	6.27%
社会服务业	9327	26888	39923	15.65%
卫生体育和社会福利业	4673	13102	21660	16.58%
教育、文化艺术和广播电影电视业	3603	10104	19745	18.54%
科学研究和综合技术服务业	6831	23339	49310	21.86%
国家机关、政党机关和社会团体	7053	16138	26468	14.14%
其他行业	385	478	486	2.36%

注：(1) 劳动生产率 = 增加值/年末就业人员数。(2) 由于就业人数统计数据的缘故，无法计算农林牧渔业的劳动生产率。

资料来源：同表 7－12。

根据 ICT 投入占部门总投入的比重将第三产业分为高度信息化的服务部门和低度信息化的服务部门两大类，可以分别计算出这两大部门的劳动生产率，并可以比较这两大部门的劳动生产率的变化。从表 7－14 中可以看出，在 1992 年、1997 年和 2002 年 3 个时点，高度信息化的服务部门劳动生产率高于第三产业劳动生产率。而低度信息化的服务部门劳动生产率低于第三产业劳动生产率。高度信息化的服务部门劳动生产率与低度信息化的服务部门的差距不断扩大，1992 年两者相差 3121 元/人，1997 年这一差距扩大为 16545 元/人，到了 2002 年进一步放大到 26888 元/人。可见，劳动生产率水平与信息化程度呈正相关。无论高度信息化服务部门还是低度信息化服务部门，都逐期提高，不过速度差别较大。高度信息化的服务部门劳动生产率从 1992 年的 9843 元/人增加迅速到 1997 年的 26514 元/人，再提高至 2002 年的 40255 元/人，1992 年至 2002 年提高了 3 倍多；低度信息化的服务部门劳动生产率从 1992 年的 6722 元/人增加到 1997 年的 9969 元/人，再提高至 2002 年的 13367 元/人，2002 年比 1992 年增加不到 1 倍。相比之下，高度信息化的服务部门劳动生产率增长幅度比低度信息化的服务部门要快得多。

表 7-14 1992~2002 年中国第三产业劳动生产率与 ICT 强度的关系 单位：元/人

年份	1992	1997	2002
高度信息化的服务部门	9843	26514	40255
低度信息化的服务部门	6722	9969	13367
第三产业	7715	13968	19610
高度信息化的服务部门与低度信息化的服务部门之差	3121	16545	26888

注：ICT 强度高的服务部门包括：金融保险业、社会、教育文化艺术和广播电影电视业、科学研究和综合技术服务业、国家机关政党机关和社会团体，其余行业 ICT 强度低的服务部门。

资料来源：同表 7-12。

进一步计算可以得到两大服务部门和第三产业在三个考察期的劳动生产率的增长速度（见表 7-15）。1992~2002 年高度信息化的服务部门劳动生产率年均增长 15.13%，高于第三产业劳动生产率 5 个百分点。其中，在 1992~1997 年增长了 21.92%，在 1997~2002 年增长了 8.71%，在第一个子期的增长速度远远高于第二个子期。1992~2002 年低度信息化的服务部门劳动生产率年均增长 7.12%，其中在 1992~1997 年增长了 8.20%，在 1997~2002 年增长了 6.04%，第一个子期的增长速度略高于第二个子期。由此可见，服务业劳动生产率的增长率与信息化程度之间存在正相关关系。

表 7-15 1992~2002 年中国第三产业劳动生产率增长与信息化程度的关系 单位：%

	1992~1997 年	1997~2002 年	1992~2002 年
高度信息化的服务部门	21.92	8.71	15.13
低度信息化的服务部门	8.20	6.04	7.12
第三产业	12.61	7.02	9.78

注：该表中数值为按几何平均法计算得到的年增长速度。

资料来源：同表 7-12。

从比较劳动生产率角度观察可以发现，中国第三产业内部各部门之间的比较劳动生产率差异很大，金融保险业、房地产业最高高达10%左右，而其他服务业一直在0.05%以下。地质勘察业水利管理业、交通运输仓储业和邮电通信业、社会服务业、卫生体育和社会福利业、教育、文化艺术和广播电影电视业、国家机关政党机关和社会团体等服务行业的比较劳动生产率呈现上升趋势，而批发和零售贸易餐饮业、房地产业、其他服务业出现下降趋势，金融保险业的比较劳动生产率变化比较平稳（见表7－16）。从高度信息化服务部门和低度信息化服务部门看，高度信息化服务部门的比较劳动生产率比低度信息化服务部门高出1倍多，而且这一差距继续扩大。高度信息化服务部门的比较劳动生产率上升趋势明显，从1992年的1.27上升至1997年的1.88，再上升到2002年的2.04；而低度信息化服务部门的比较劳动生产率呈下降趋势，从1992年的0.88下降至1997年的0.72，再下降到2002年的0.69（见表7－17）。这表明，信息化对比较劳动生产率具有促进作用。

表7－16　　中国第三产业分部门比较劳动生产率

年份	地质勘察业水利管理业	交通运输仓储业和邮电通信业	批发和零售贸易餐饮业	金融、保险业	房地产业	社会服务业	卫生体育和社会福利业	教育、文化艺术和广播电影电视业	科学研究和综合技术服务业	国家机关、政党机关和社会团体	其他
1990	0.60	1.32	0.90	10.23	13.35	1.00	0.59	0.49	0.85	0.91	0.05
1991	0.59	1.32	1.06	8.36	11.65	1.12	0.59	0.46	0.83	0.89	0.05
1992	0.62	1.29	1.10	8.31	12.42	1.20	0.60	0.46	0.88	0.91	0.05
1993	1.05	1.42	1.01	8.57	10.92	1.86	0.90	0.66	0.99	1.08	0.04
1994	1.30	1.36	0.98	9.92	11.13	1.81	0.95	0.64	1.13	1.17	0.04
1995	1.57	1.32	0.96	10.59	11.10	1.85	0.91	0.64	1.28	1.16	0.03
1996	1.66	1.32	0.94	10.50	10.44	1.75	0.94	0.68	1.40	1.13	0.03
1997	1.66	1.31	0.91	10.46	10.28	1.91	0.93	0.72	1.66	1.15	0.03
1998	1.71	1.35	0.93	9.74	10.12	2.00	0.94	0.76	1.73	1.18	0.03

续表

年份	地质勘察业水利管理业	交通运输仓储业和邮电通信业	批发和零售贸易餐饮业	金融、保险业	房地产业	社会服务业	卫生体育和社会福利业	教育、文化艺术和广播电影电视业	科学研究和综合技术服务业	国家机关、政党机关和社会团体	其他
1999	1.74	1.35	0.89	9.03	9.73	1.92	0.94	0.82	1.97	1.22	0.03
2000	1.71	1.53	0.90	9.15	9.66	2.02	0.97	0.88	2.06	1.22	0.03
2001	1.72	1.54	0.88	8.77	9.25	2.08	1.05	0.93	2.25	1.24	0.03
2002	1.85	1.56	0.86	8.85	8.96	2.02	1.10	1.00	2.49	1.34	0.02

资料来源：同表7-12。

表7-17　　中国第三产业比较劳动生产率（%）与信息化程度

年 份	1992	1993	1994	1995	1996	1997	1998	1999	2000	2001	2002
高度信息化的服务部门	1.27	1.68	1.72	1.79	1.80	1.88	1.88	1.88	1.94	1.97	2.04
低度信息化的服务部门	0.88	0.77	0.76	0.74	0.74	0.72	0.71	0.71	0.71	0.70	0.69

资料来源：同表7-12。

虽然第三产业劳动生产率有所提高，但是与工业劳动生产率比较起来仍然偏低，而且这一差距随着时间的推移呈不断扩大之势。1990年第三产业与工业之间的劳动生产差距为1430元/人，到了2002年这一差距扩大至31926元/人，12年间翻了21倍之多（见表7-18）。这表明，第三产业的信息化虽然在一定程度上提高了中国劳动生产率，但是并没有缩小第三产业与工业之间的劳动生产差距，第三产业仍属于鲍穆尔所指的"停滞部门"或"渐进停止部门"，服务业"成本病"这一属性没有发生根本性改变。当然，信息化对服务业劳动生产率的有限促进，在一定程度上也缓解或延迟了"成本病"的消极影响。

表 7－18　　中国第三产业与工业劳动生产率的比较　　单位：元/人

年份	第二产业	第三产业	第三产业与第二产业之间的差距
1990	7072	5642	－1430
1991	8130	6707	－1424
1992	10064	7907	－2157
1993	13555	8991	－4564
1994	18081	10676	－7405
1995	22697	12028	－10669
1996	26922	13216	－13707
1997	30588	14188	－16399
1998	36489	15383	－21106
1999	39578	16472	－23106
2000	44862	17553	－27309
2001	48791	19083	－29708
2002	51807	19880	－31926

注：（1）该表数据根据《中国统计年鉴（2005 年）》计算得到。由于缺乏制造业增加值数据，所以将第二产业作为第三产业劳动生产率的参照。（2）第二产业包括：采掘业、制造业、电力煤气及水的生产和供应业。

资料来源：同表 7－12。

从第三产业内部看，各服务部门的劳动生产率差距甚大。地质勘察业水利管理业、交通运输仓储业和邮电通信业、批发和零售贸易餐饮业、社会服务业、卫生体育和社会福利业、教育文化艺术和广播电影电视业、国家机关政党机关和社会团体、其他行业等绝大部分服务部门的劳动生产率低于第二产业劳动生产率（见表 7－19）。而且，随着时间的推移，它们与第二产业部门之间的劳动生产率差距呈扩大之势，因此这些部门可以称为“停滞部门”。其中，信息化较低的交通运输仓储业和邮电通信业与第二产业之间的劳动生产差距扩大最为迅速，1990 年该部门劳动生产率还稍高于第二产业，但是到了 2002 年，其劳动生产率远低于第二产业部门。另一个信息化较低的批发和零售贸易餐饮业与第二产业之间的劳动生产率差距也很大。信息化较高的社会服务业、科学研究和综合技术服务业的劳动生产率与第二产业之间的差距明显较小。然而，金融保险业、房地产业的劳动生产率比第二产业劳动生产率高出许多，而且其差距不断扩大，这两个服务部门应该属于“进步部门”。这里，金融保险业的信息化程度较高，房地产业是所有服务部门中技术密集程度最低的部门，但同时又是所有服务部门劳动生产率最高的行业，超出我们的预期。主要原因可能是受需求价格的影响，由于中国过去长期实行计划经济，房地产价格长期处于扭曲状态，随着住房制度的改革和人们收入水平的提高，对房地产的需求急剧膨胀，大量资金流入房地产行业，导致房地产价格持续攀升。例如，北京市2006年13个行业中，房地产开发经营企业的工资投入与销售收入产出之比最高，其中国有房地产开发经营企业的投入产出比竟高达1∶141.46。从服务分部门与第二产业劳动生产率差距的变化情况（见表7－20）看，地质勘察业水利管理业、社会服务业与第二产业之间的差距加速扩大，批发和零售贸易餐饮业、卫生体育和社会福利业、其他行业的差距基本保持稳定，科学研究和综合技术服务业、交通运输仓储业和邮电通信业、教育文化艺术和广播电影电视业、国家机关政党机关和社会团体等部门的差距呈减速之势。值得注意的是，劳动生产率高于第二产业部门的金融保险业、房地产业这两个所谓的“进步部门”，其与第二产业劳动生产率之间的差距在1992年以后也出现减速。

表7－19　　中国服务分部门与第二产业劳动生产率的比较　　单位：元/人

	1990年	1992年	1997年	2002年
地质勘察业水利管理业	－3772	－5213	－7153	－15308
交通运输、仓储业和邮电通信业	256	－18	－12172	－20998
批发和零售贸易餐饮业	－2071	－1541	－17741	－34748
金融、保险业	49557	54492	116640	123245
房地产业	66860	86436	114102	125439
社会服务业	－1551	－738	－3700	－11884
卫生体育和社会福利业	－3825	－5392	－17486	－30146

续表

	1990 年	1992 年	1997 年	2002 年
教育、文化艺术和广播电影电视业	-4369	-6461	-20484	-32061
科学研究和综合技术服务业	-2361	-3233	-7249	-2496
国家机关、政党机关和社会团体	-2018	-3011	-14449	-25339
其他行业	-6771	-9679	-30110	-51320

资料来源：同表 7-12。

表 7-20　　中国服务分部门与第二产业劳动生产率差距的变动情况　单位：元/人

	1990~1992 年	1992~1997 年	1997~2002 年
地质勘察业水利管理业	-1441	-1940	-8155
交通运输、仓储业和邮电通信业	-274	-12154	-8826
批发和零售贸易餐饮业	530	-16200	-17007
金融、保险业	4935	62148	6605
房地产业	19576	27666	11337
社会服务业	813	-2962	-8184
卫生体育和社会福利业	-1567	-12094	-12660
教育、文化艺术和广播电影电视业	-2092	-14023	-11577
科学研究和综合技术服务业	-872	-4016	4753
国家机关、政党机关和社会团体	-993	11438	-10890
其他行业	-2908	-20431	-21210

资料来源：同表 7-12。

因此，在第三产业内部，并非完全是“停滞部门”，也存在“进步部门”，即使是“停滞部门”，在信息技术的作用下，其与“进步部门”之间的劳动生产率差距也有可能出现平稳或放缓的状态，在一定程度上可以有效地遏制“成本病”所产生的不利影响。

第三节　信息化与中国第三产业就业

新中国成立以后，第一产业的就业比重一直呈下降趋势，但是进入20世纪90年代中期以来，这一比重基本稳定在50%左右；第二产业就业比重先是上升，然后在20世纪90年代中期后出现轻微下降；第三产业就业比重呈稳步上升态势，并且自1994年以后超过第二产业（见图7-1），第三产业成为吸纳就业的主渠道。

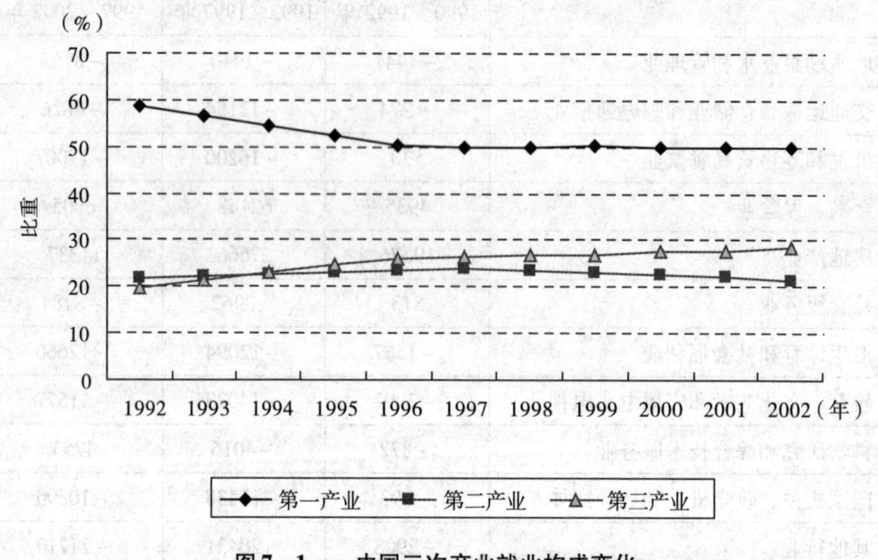

图7-1　中国三次产业就业构成变化

资料来源：《中国统计年鉴（2004年）》。

中国第三产业内部就业水平极不平衡，传统服务业就业比重过大，现代服务业就业比重很低。如2002年其他服务业和批发零售贸易餐饮业这两个部门的就业比重分别达到34.23%和27.24%，两者之和就超过60%，如果加上交通运输仓储业和邮电通信业，那么就业比重已经超过70%（见表7-21）。而有些服务行业如地质勘察业水利管理业、房地产业的就业比重长期以来在1%以下，进入2000年以后，科学研究和综合技术服务业的就业比重也低于1%。更为重要的是，信息化程度较低的传统服务业就业比重要么大幅度上升，要么没有下降，要么下降程度极为有限。例如，其他服务业的就业比重从1990年的17.12猛增到2002年的34.23%，翻了1倍；批发和零售贸易餐饮业的就业比重也基本稳定在27%左右；交通运输仓储业和邮电通信业的就业比重从1992年至2002年仅下降了3个百分点。而信息化程度较高的金融保险业、教育文化艺术和广播电影电视业、科学研究和综合技术服务业、国家机关政党机关和社会团体等服务行业的就业比重都出现不同程度的下降。其他服务业主要包括修理与维护、清洁服务等，随着人们收入水平的提高，对耐用消费品、家用电器、汽车的需求迅速增加，相应地对维护修理这一派生需求也随着增加；随着人们对工作、生活环境质量要求的提高，企事业单位和家庭对清洁服务的需求也日渐增多。修理维护服务和清洁服务属于劳动密集型服务，难以利用信息技术实现服务自动化或替代这些部门的服务劳动，因此其他服务业成为服务中吸收劳动力最多的部门，也是就业比重增加最快的部门，就不足为奇了。

表7－21　中国第三产业分部门就业人数比重变动情况　单位：%

年份	地质勘察业水利管理业	交通运输仓储业和邮电通信业	批发和零售贸易餐饮业	金融、保险业	房地产业	社会服务业	卫生体育和社会福利业	教育、文化艺术和广播电影电视业	科学研究和综合技术服务业	国家机关、政党机关和社会团体	其他
1990	1.88	14.91	27.04	2.08	0.42	5.66	5.10	13.87	1.65	10.28	17.12
1991	1.81	14.73	27.32	2.13	0.44	5.50	5.04	13.64	1.63	10.35	17.40
1992	1.72	14.24	27.29	2.11	0.46	5.47	4.80	12.93	1.56	9.76	19.67
1993	1.13	13.25	27.15	2.12	0.52	4.26	3.27	9.50	1.36	8.09	29.36
1994	0.98	13.20	27.76	1.87	0.52	4.43	3.07	10.17	1.26	7.31	29.42
1995	0.90	12.90	28.51	1.83	0.53	4.67	2.95	9.80	1.21	6.92	29.78
1996	0.83	12.92	28.94	1.87	0.54	4.79	2.94	9.71	1.17	7.01	29.28
1997	0.79	12.60	29.31	1.88	0.53	4.95	2.88	9.52	1.14	6.68	29.72

续表

年份	地质勘察业水利管理业	交通运输仓储业和邮电通信业	批发和零售贸易餐饮业	金融、保险业	房地产业	社会服务业	卫生体育和社会福利业	教育、文化艺术和广播电影电视业	科学研究和综合技术服务业	国家机关、政党机关和社会团体	其他
1998	0.70	12.14	28.18	1.91	0.57	5.27	2.90	9.54	1.08	6.66	31.05
1999	0.67	12.24	28.75	1.98	0.58	5.59	2.92	9.49	1.05	6.67	30.07
2000	0.64	11.83	27.33	1.91	0.59	5.37	2.85	9.13	1.02	6.44	32.91
2001	0.60	11.66	27.10	1.92	0.61	5.59	2.82	8.97	0.94	6.30	33.48
2002	0.54	11.42	27.24	1.86	0.65	5.99	2.70	8.58	0.89	5.89	34.23

资料来源：根据《中国统计年鉴2004》数据整理。

高度信息化的服务部门的就业比重下降较快，从1992年的31.82%下降到2002年的23.22%，不足第三产业的1/4，10年间下降了7个百分点。与此同时，低度信息化的服务部门从1992年的68.18%上升到2002年的76.78%，已经超过第三产业的3/4（见表7－22）。这表明在这些行业中，信息化对就业的增长可能起着一定的抑制作用。

表7－22　　中国第三产业就业比重（%）与信息化程度

年份	1992	1993	1994	1995	1996	1997	1998	1999	2000	2001	2002
高度信息化的服务部门	31.82	25.32	25.04	24.44	24.56	24.17	24.45	24.77	23.86	23.72	23.22
低度信息化的服务部门	68.18	74.68	74.96	75.56	75.44	75.83	75.55	75.23	76.14	76.28	76.78

资料来源：同表7－12。

信息化在改变人们工作方式的同时，也深刻影响到职业内容和职业结构。

中国第三产业职业结构与第二产业差别十分巨大，在第二产业部门，就业集中于生产、运输设备操作人员及有关人员，这一种职业就占全部第二产业就业的3/4以上，高层职业如管理人员、专业技术人员都较低，中层次职业如办事人员和有关人员的份额也不高（见表7－23），因此第二产业部门的职业结构呈“金字塔”结构。这与美国的制造业2002年职业结构大体相似（将第六章表6－33中“生产加工”和“运输和物料搬运”两项累计大约为61%），但中国制造业中高层管理、专业技术职业和中层职业明显偏低。从时间上看，生产、运输设备操作人员及有关人员呈缓慢的下降趋势，办事人员和有关人员出现显著的上升趋势，不便分类的其他劳动职业比重也有所下降，其他类型的职业没有明显的变化方向和趋势，第二产业就业职业结构比较稳定。

表7－23　中国工业职业结构变化　单位:%

年份	合计	国家机关、党群组织、企业、事业单位负责人	专业技术人员	办事人员和有关人员	商业、服务业人员	农、林、牧、渔、水利业生产人员	生产、运输设备操作人员及有关人员	不便分类的其他劳动者
1982	100.00	3.73	6.47	2.24	7.64	1.02	78.55	0.35
1990	100.00	4.14	7.65	3.35	8.80	0.54	75.31	0.20
2000	100.00	3.30	5.98	5.26	8.70	1.32	75.27	0.17

资料来源：根据《中国1982年人口普查资料》，《中国1990年人口普查资料》，《中国2000年人口普查资料》（国务院人口普查办公室、国家统计局人口和社会科技统计司编，中国统计出版社）整理。以下同。

中国第三产业的就业集中在专业技术人员、商业服务业人员、生产运输设备操作人员及有关人员三大职业，三者之和超过80%（见表7－24）。各类职业就业比重在时间上变化趋势明显，国家机关党群组织企业事业单位负责人、专业技术人员、生产运输设备操作人员及有关人员、不便分类的其他劳动者的比重呈下降趋势，而办事人员和有关人员、商业服务业人员呈上升态势。其中，变化较大的恰好就是三种主要的就业岗位，即专业技术人员、办事人员和有关人员、生产运输设备操作人员及有关人员。专业技术人员的比重从 1982 年的 33.41% 下降到 1990 年的 30.95%，再下降到 2000 年的 24.16%，18 年间下降了 9 个百分点；商业服务业人员的比重从 1982 年的 25.75% 上升到 1990 年的 31.65%，再上升到 2000 年的 41.40%，18 年间共上升了 15 个百分点；生产运输设备操作人员及有关人员的比重从 1982 年的 22.11% 下降到 1990 年的 19.48%，再下降到 2000 年的 15.40%，共下降了 6 个百分点。通过进一步查找数据分析①发现，1982~2000 年专业技术人员比重降低主要是由于教育、文化艺术及广播电影电视业造成的，该行业专业技术人员占第三产业从业人员的比重从 1982 年的 52.87% 下降到 1990 年的 47.16%，再下降到 2000 年的 47.00%，其中教学人员的相对减少又是一个主要因素；商业、服务业人员比重上升主要是批发零售业所造成的，其占第三产业就业人员比重从 1982 年的 68.66% 上升至 1990 年的 70.29%，再上升至 2000 年的 72.94%，其中销售和采购人员的增加是主要的；生产运输设备操作人员及有关人员的比重上升主要来自批发零售仓储部门，批发零售仓储部门该种职业占第三产业比重由 1982 年的 22.39% 下降到 1990 年的 19.63%，再下降到 2000 年的 10.09%②，其中食品饮料制造人员是主要因素。

表 7-24　　中国第三产业职业结构变化　　单位：%

年份	合计	国家机关、党群组织、企业、事业单位负责人	专业技术人员	办事人员和有关人员	商业、服务业人员	农、林、牧、渔、水利业生产人员	生产、运输设备操作人员及有关人员	不便分类的其他劳动者
1982	100.00	8.61	33.41	8.55	25.75	1.29	22.11	0.28
1990	100.00	7.91	30.95	9.50	31.65	0.38	19.48	0.14
2000	100.00	5.81	24.16	11.83	41.40	1.20	15.40	0.20

资料来源：同表 7-23。

① 根据《中国 1982 年人口普查资料》，《中国 1990 年人口普查资料》，《中国 2000 年人口普查资料》计算得到。

② 根据《中国 1982 年人口普查资料》，《中国 1990 年人口普查资料》，《中国 2000 年人口普查资料》计算得到。

从1982年、1990年和2000年3个时点看，中国第三产业中的国家机关党群组织企业事业单位负责人、专业技术人员之和占第三产业就业的比重在30%以上，低层职业如商业、第三产业人员、生产、运输设备操作人员及有关人员的职业比重之和在50%左右，中层职业办事人员和有关人员虽然比第二产业中同种职业比重高出一倍以上，但是，与服务业中高层职业和低层职业比重相比，仍然很低。因此，中国服务业职业结构呈“U”形或“哑铃”形格局。高层职业比重出现相对萎缩，低层职业中的生产、运输设备操作人员及有关人员比重虽然也出现一定程度的降低，但是，低层职业的主要部分——商业、服务业人员表现为快速的上升态势，中层职业比重只是轻微地上升。一般情况下，高层职业和中层职业应用信息技术较为普遍，低层职业相对较少，中国第三产业就业主要来自低层职业，大体可以这样解释，信息化可以遏制高层职业的膨胀，同时，可以信息化将一些常规性事务剥离出来，使之变为常规性业务，在一定程度上提高了高层职业的工作效率，相对减少了对高层职业的需求，与此同时也增加了中层职业，由于信息化对中层职业中的常规性业务存在一定的替代，所以，结果并没有表现出中层职业的大幅度增加，只是有所轻微提高，而服务业低层职业直接面对客户，个性化要求较高，不少是属于体力型职业，技术含量低，对人员需求较高。

从第三产业内部观察，地质勘察业水利管理业的就业集中于生产运输设备操作人员及有关人员（1982年、1990年和2000年3个时点比重分别为56.58%、52.62%、29.31%）、专业技术人员（21.15%、25.87%、25.87%）两大职业，交通运输业仓储业和邮电通信业的就业集中于生产运输设备操作人员及有关人员（68.47%、72.06%、62.63%），批发和零售贸易餐饮业的就业集中在商业、服务业人员（62.44%、70.29%、84.90%），房地产业的就业集中于商业、服务业人员（59.85%、61.41%、27.87%），见表7－25、表7－26和表7－27。这些行业的一个共同特征是，低层次职业或中等层次职业（如房地产业）占据主要部分，信息化程度也相对较低。金融保险业的就业集中于专业技术人员（72.04%、73.52%、73.24%），教育文化艺术和广播电影电视业的就业集中于专业技术人员（78.14%、78.69%、83.48%），科学研究和综合技术服务业的就业集中于专业技术人员（46.56%、49.47%、50.43%）、生产运输设备操作人员及有关人员（26.74%、24.45%、19.78%），国家机关政党机关和社会团体的就业集中于办事人员和有关人员（32.64%、34.47%、49.40%）、专业技术人员（21.91%、26.26%、16.28%）、国家机关党群组织企业事业单位负责人（24.36%、21.33%、19.51%）。这些服务行业就业分布集中于高层次职业，同时信息化程度也较高。至于卫生体育和社会福利业的专业技术人员就业比重很高（3个时点分别为79.42%、77.76%、80.67%），职业层次也较高，但是该行业的信息化程度并不高。主要原因是该行业个性化服务、时间依赖性服务特征显著，难以通过信息化实现规模化服务。由此可见，中国第三产业职业结构层次与信息化程度大体上呈正相关关系，即信息化程度高的行业，职业也相对集中于高层职业，反之职业集中于低层次职业。

表7－25　　1982年中国第三产业分部门职业结构　　单位:%

	合计	国家机关党群组织企业事业单位负责人	专业技术人员	办事人员和有关人员	商业、服务业人员	农林牧渔水利业生产人员	生产运输设备操作人员及有关人员	不便分类的其他劳动者
地质勘察业水利管理业	100.00	5.18	21.15	6.03	9.12	1.48	56.58	0.46
交通运输业仓储业和邮电通信业	100.00	4.05	6.8	8.33	9.70	2.39	68.47	0.25
批发和零售贸易餐饮业	100.00	6.54	8.47	4.23	62.44	0.65	17.48	0.19
金融保险业	100.00	16.83	72.04	5.84	3.06	0.05	1.74	0.43
住宅管理、公用事业管理和居民服务业	100.00	3.61	7.65	3.58	59.85	3.32	21.78	0.21
卫生体育和社会福利业	100.00	4.18	79.42	2.04	9.68	0.51	3.93	0.24

续表

	合计	国家机关党群组织企业事业单位负责人	专业技术人员	办事人员和有关人员	商业、服务业人员	农林牧渔水利业生产人员	生产运输设备操作人员及有关人员	不便分类的其他劳动者
教育文化艺术和广播电影电视业	100.00	6.64	78.14	2.32	6.76	0.42	5.61	0.11
科学研究和综合技术服务业	100.00	6.55	46.56	5.60	5.87	7.83	26.74	0.85
国家机关政党机关和社会团体	100.00	24.36	21.91	32.64	7.85	1.20	11.55	0.48
其他行业	100.00	2.58	9.8	8.58	16.37	11.75	44.74	6.19

资料来源：同表7－23。

表7－26　　1990年中国第三产业分部门职业结构　　单位:%

	合计	国家机关党群组织企业事业单位负责人	专业技术人员	办事人员和有关人员	商业、服务业人员	农林牧渔水利业生产人员	生产运输设备操作人员及有关人员	不便分类的其他劳动者
地质勘察业水利管理业	100.00	5.68	24.54	6.61	9.61	0.62	52.62	0.31
交通运输业仓储业和邮电通信业	100.00	2.97	7.04	8.41	8.71	0.70	72.06	0.12
批发和零售贸易餐饮业	100.00	5.92	8.05	3.38	70.29	0.18	12.08	0.09
金融保险业	100.00	11.12	73.52	9.23	3.09	0.01	2.95	0.09

续表

	合计	国家机关党群组织企业事业单位负责人	专业技术人员	办事人员和有关人员	商业、服务业人员	农林牧渔水利业生产人员	生产运输设备操作人员及有关人员	不便分类的其他劳动者
住宅管理、公用事业管理和居民服务业	100.00	3.91	8.14	6.55	61.41	0.29	19.61	0.09
卫生体育和社会福利业	100.00	4.38	77.76	2.85	10.22	0.13	4.61	0.06
教育文化艺术和广播电影电视业	100.00	6.08	78.69	3.23	7.45	0.13	4.37	0.04
科学研究和综合技术服务业	100.00	8.97	49.47	7.13	6.31	3.45	24.45	0.21
国家机关政党机关和社会团体	100.00	21.33	26.26	34.47	7.16	0.58	9.95	0.25
其他行业	100.00	5.74	10.39	11.83	17.54	1.47	34.44	18.60

资料来源：同表7－23。

表7－27　　2000年中国第三产业分部门职业结构　　单位:%

	合计	国家机关党群组织企业事业单位负责人	专业技术人员	办事人员和有关人员	商业、服务业人员	农林牧渔水利业生产人员	生产运输设备操作人员及有关人员	不便分类的其他劳动者
地质勘察业水利管理业	100.00	5.84	25.87	13.00	5.86	19.94	29.31	0.18
交通运输业仓储业和邮电通信业	100.00	2.29	5.08	10.75	16.72	2.44	62.63	0.09

续表

	合计	国家机关党群组织企业事业单位负责人	专业技术人员	办事人员和有关人员	商业、服务业人员	农林牧渔水利业生产人员	生产运输设备操作人员及有关人员	不便分类的其他劳动者
批发和零售贸易餐饮业	100.00	4.02	3.42	2.91	84.90	0.31	4.37	0.06
金融保险业	100.00	6.51	73.24	12.81	3.75	0.02	3.61	0.05
房地产业	100.00	9.71	16.88	25.96	27.87	0.45	19.00	0.14
社会服务业	100.00	3.38	6.85	7.76	57.53	0.99	23.32	0.18
卫生体育和社会福利业	100.00	2.56	80.67	4.45	7.85	0.19	4.20	0.07
教育文化艺术和广播电影电视业	100.00	3.72	83.48	4.99	4.31	0.15	3.27	0.06
科学研究和综合技术服务业	100.00	6.33	50.43	16.09	5.78	1.41	19.78	0.18
国家机关政党机关和社会团体	100.00	19.51	16.28	49.40	4.22	3.54	6.92	0.12
其他行业	100.00	11.73	18.18	24.76	15.66	0.94	20.21	8.51

资料来源：同表7－23。

从职业的部门结构变化看，金融保险业的国家机关党群组织企业事业单位负责人比重下降幅度较大，从1982年的16.83%下降到1990年的11.125，再下降到2000年的6.5%，共下降了10个百分点，而该职业在其他行业中的比重上升较快，3个时点分别为2.58%、5.74%和11.73%，共上升了9个百分点；多数部门如地质勘察业水利管理、房地产业、社会服务业、教育文化艺术和广播电影电视业、科学研究和综合技术服务业、其他行业的专业技术人员比重出现不同程度的上升，其中房地产业、社会服务业和其他行业的专业技术人员比重上升较大，这可能与国家加强对这些行业的职业规范管理有关，只有国家机关政党机关和社会团体、交通运输业仓储业和邮电通信业的专业技术人员比重下降；办事人员和有关人员金融保险业所占的比重提高较大，从 1982 年的 5.84%迅速提高到2000 年的 12.81%，在房地产和社会服务业中所占比重从 1982 年的 3.58%提高至 2000 年的 33.72%，在科学研究和综合技术服务业中所占比重从 1982 年的 5.6%增加到 2000 年的 16.09%，在国家机关政党机关和社会团体部门所占比重由 1982 年的 32.64%提高至 2000 年的 49.40%，在其他行业所占比重由 1982 年的 8.58%提高到 2000 年的 24.76%。这里既有信息化程度高的行业，也有信息化程度较低的服务行业，所以相对于其他职业，办事人员和有关人员的数量变化与信息化之间的关系不明显。商业、服务业人员增加较快的有交通运输业仓储业和邮电通信业、批发和零售贸易餐饮业，在交通运输业仓储业和邮电通信业中所占比重从 1982 年的 9.7%提高到 2000 年的 16.72%，在批发和零售贸易餐饮业中所占比重由 1982 年的 62.44%上升至 2000 年的 84.9%，这两个服务部门信息化程度相对来说不高；农林牧渔水利业生产人员增加较快的有地质勘察业水利管理业，其比重由 1982 年的 1.48%提高至 2000 年的 19.94%，下降较快的有科学研究和综合技术服务业、其他行业，其比重分别由 1982 年的 7.83%和 11.75%下降到 2000 年的 1.41%和 0.94%；生产运输设备操作人员及有关人员下降较快的有地质勘察业水利管理业、批发和零售贸易餐饮业、其他行业，其比重分别由 1982 年的 56.58%、17.48% 和 44.74% 下降到 2000 年的 29.31%、4.37% 和 20.21%；不便分类的其他劳动者在社会服务业、科学研究和综合技术服务业、其他行业中的比重上升较快，在其他部门变化不大，说明这三个部门产生的新兴职业较多。

第四节 对策建议

一、服务业应该成为信息化的重点领域

发达国家的信息化是在工业化完成以后发展起来的，正如约翰·奈斯比特所指出的“信息社会始于1956年和1957年，正是美国工业鼎盛时代”[①]。对于美国来说，这标志着工业时代的结束和信息时代的开始。美国在信息化过程中，服务业快速发展，服务业发展的背后实际上是信息产业的增长。“绝大部分的服务业工作者实际上是在创造、处理和分配信息。自从1950年以来，所谓的服务部门减除信息或知识工作者之后，始终稳定在11%～12%。”[②] 进入20世纪90年代以后，服务业在发达国家中的比重上升幅度明显减缓，服务业占GDP的比重大体稳定在70%[③]。1993年，美国推出的信息高速公路计划，导致在全球范围内掀起一场信息化浪潮，受其影响最大的不是工业，而是服务业。在美国，服务业吸引了80%的信息技术投资。本章的研究同样证实，无论是发达国家还是中国，服务业的信息化水平都高于工业和农业，比起工业和农业，ICT更适合运用于服务业，服务业事实上已经成为信息化的主要领域，服务业的发展所反映出的本质就是信息化过程。

中国信息化始于服务业领域，1993年12月，为适应全球建设信息高速公路的潮流，中国正式启动了国民经济信息化的起步工程——“三金”工程，即“金桥”工程、“金卡”工程和“金关”工程。其中，“金桥”工程是建设国家公用经济信息通信网、实现国民经济信息化的基础设施；“金关”工程又称为海关联网工程，其目标是推广电子数据交换（EDI）

① 约翰·奈斯比特著，梅艳译，姚琮校：《大趋势——改变我们生活的十个新方向》，中国社会科学出版社1984年版，第10页。

② 约翰·奈斯比特著，梅艳译，姚琮校：《大趋势——改变我们生活的十个新方向》，中国社会科学出版社1984年版，第13页。

③ 黄少军：《服务业与经济增长》，经济科学出版社2000年版，第5页。

技术，以实现货物通关自动化、国际贸易无纸化；“金卡”工程又称电子货币工程，它是借以实现金融电子化和商业流通现代化的必要手段。“三金”工程的主要目的是实现商贸、金融领域的信息化。2002 年，在国务院 17 号文件中提出的“十二金”工程也几乎都是针对服务行业。“金字”工程充分反映了银行、保险、证券、电信、航空、旅游等服务行业对信息化的迫切需要。

工业化和信息化是人类社会发展的两个不同阶段，中国的信息化有别于发达国家，在大力推进工业化的同时，又面临信息化的挑战。有关决策部门提出“以信息化带动工业化、以工业化促进信息化、走新型工业化道路”的发展战略，期望发挥后发优势，缩小中国与发达国家在工业化和信息化上的差距。按笔者的看法，这种思路和提法欠妥，理由有三：第一，片面强调信息化与工业化的关系，忽视了服务业在信息化中的巨大推动作用。信息化主要包括信息产业本身的发展和信息技术的应用，信息技术的应用又是信息化的主要方面。如果站在工业化与信息化的角度看，工业的发展特别是信息技术制造业的发展会壮大信息产业，那么无疑会提升工业的信息化水平。但是服务业对信息技术的吸收能力更强，信息技术在服务业中的应用范围更广，应用程度更深。工业化的生产方式与信息化不同，工业化的生产方式仍是物资生产方式，生产工具以大机器为主，投入和产出主要是有形的实物和能量，它是一种以分工、规模经济、批量生产为特征的标准化生产方式。而信息化生产方式是以创造和分配信息为基础的生产模式，信息成为一种比物资和能源更为重要的生产要素，其产出主要是信息含量较高的无形产品。工业化与信息化的结合，虽然可以提高工业的生产效率和资源配置效率，改进管理，但是从根本上难以改变工业化生产方式是以实物产品生产为基础的这一本质特性。工业对信息化的需求不如服务业大，对信息化的拉动作用相对有限，而服务业尤其是现代服务业信息特征明显，信息技术应用的潜力和空间巨大，对信息化的拉动力要大得多。第二，工业化并不意味着只抓工业，工业在国民经济中的比重越高越好。中国正处于工业化中期阶段，工业相对农业和服务业来说呈加速发展态势。从发达国家的经历看，服务业比重在工业化加速期通常低于工业比重，可能伴随服务业比重暂时降低的现象，但是服务业在工业化过程中并没有出现萎缩，其产业规模扩张和发展的速度也没有太大的下降①。工业化的发展并不是服务业挤掉工业，而是实物产品生产的服务化，越来越多的服务贯穿于工业产品的生产，与工业相关的生产服务业发展迅速，服务业对工业生产的支撑作用日益显现，工业与服务业的关系越来越紧密。新型工业化发展对服务业提出更高的要求，生产服务业的知识信息密集程度相当高，如果不利用信息化提高这部分服务业的质量和档次，那么很可能形成工业化的瓶颈，延缓工业化的进程。如果只将信息化局限于工业领域，那么即使完成了工业化任务，也很可能由于服务业信息化程度不高而造成与发达国家之间的新的差距，信息化始终处于落后状态。因此，不能坐等工业信息化完成以后再推进服务业信息化，在积极倡导工业化与信息化融合的同时，更应该前瞻性地看到服务业信息化的重要性。第三，虽然也有学者和政府文件提出服务业信息化，但主要局限于金融、商贸、物流等市场竞争性部门，把教育、卫生、政务等公共服务部门的信息化纳入社会信息化范畴。这种狭义上的服务业信息化压缩了服务业信息化的范围。公共服务业是服务业的一个组成部分，随着工业化的推进，公共服务业在服务业中将占据很大的份额，这些领域也是中国信息化的先行行业，在一定时期内，也是信息化的主导部门，因为公共服务的信息密集度较高，组织结构稳定，管理比较规范，更适合应用信息技术提高管理效率。如果把公共服务部门排除在服务业信息化之外，那么必然低估了服务业信息化所产生的巨大效应，弱化了服务业在信息化中的地位，也不利于从理论上和实践操作上把握信息化和服务业的关系。从整体上看，服务业的信息化水平高于工业，信息化的规模也可能高于工业，因此不能因为中国没有完成工业化就避谈服务业信息化，也不能因为担心服务业信息化的速度和规模可能超过工业而人为压缩服务业信息化的空间。信息化应该因业制宜，宜高则高，宜快则快，宜慢则慢。

二、加大对服务业信息技术投资，提高服务业生产率

对于服务业生产率大多数人持消极看法，认为服务业劳动密集程度

① 王吉科、颜廷标：《河北服务业发展》，中国社会科学出版社2004年版，第31页。

高，资金技术密集程度低，生产率低下，服务业的发展会拖累经济增长。但本章的研究证实，在信息技术的作用下，服务业生产率可以得到一定程度的改善。在发达国家，虽然制造业生产率较高，但是其在国民经济中的比重较低，因而对经济增长的作用不是很大，服务业占据主导地位，服务业生产率的高低对经济增长起着关键性作用，服务业生产率的高低在很大程度上决定了国民经济整体的劳动生产率水平。2000～2003 年，对全球特别是发达国家生产率增长贡献最大的 5 个部门都在服务行业[①]。

改革开放以来，中国国民经济以 10% 左右的速度增长，工业功不可没。但是，不能否认的是，30 多年来服务业发展很快，其增长速度与工业十分接近。1979～2006 年，中国第三产业年均增长速度为 10.7%，与第二产业相差不到 1 个百分点，可见服务业发挥了重要作用。中国工业的发展长期以来依靠大上项目、高投资、高消耗、高出口来维系，在金融危机的冲击下，这一弊端暴露无遗。中国的产业结构与消费结构是不一致的，工业外向依存度高，服务业主要面向国内市场。在这种情况下，除了鼓励工业产品内销以外，还应该调整产业结构，大力扶持服务业发展，发挥服务业在国民经济增长中的巨大作用，使之成为经济增长的发动机。

中国正处于工业化过程中，人们很自然地将信息化和信息技术投资与工业联系起来，认为将信息技术投资于工业，既可以提高工业生产效率，又可以加速工业信息化进程，带动信息化。但是，本章的研究表明，信息技术更适合应用于服务业，信息技术对服务业产出增长的贡献率和劳动生产率增长的贡献率比制造业更大，而且还可以在一定程度上缓解服务业“成本病”的影响。服务业是信息化的一个重点领域，信息技术是服务业增长和劳动生产率的重要源泉，随着服务业在国民经济中比重的不断提高，信息技术对于服务业的重要性逐渐显现。在工业化过程中，生产服务业的作用将日益突出，这类服务业有一个共同特点，就是知识、技术密集度较高，专业化水平较高。其生产方式摆脱了对劳动力的过度依赖，可以利用信息技术集中分散资源，实现规模化、自动化生产。其

---

① 卢中原：《世界产业结构调整趋势和启示》，2007 年 8 月 15 日，国务院发展研究中心信息网，http：//www. drcnet. com. cn。

生产率相对于消费者服务业来说要高出许多，生产服务业效率的提高降低了制造业和服务业生产过程中的服务投入成本和市场交易成本，进而提高了制造业和服务业的生产率。信息技术已经成为一种通用技术，在服务业中的渗透不断加深，改变了服务的生产方式和服务业的发展范式。服务生产对信息技术的依赖程度也越来越高，信息技术将会处于未来服务业发展的核心位置，信息处理是许多服务活动的核心内容。因此，应该加大信息技术对服务业的投资力度，提高金融、保险、信息服务等现代服务业应用信息技术的水平。以信息技术引领现代服务业的发展方向，充分发挥信息技术的杠杆作用和倍增效应，以信息技术应用为切入点，进行业务流程再造，变革服务组织模式，带动相关人力资本投资，优化资源配置，提高信息技术对服务业的贡献度。加快信息技术对传统服务业改组、改造，积极推行连锁经营、物流配送、电子商务等多样化服务方式和组织形式，整合和提升传统服务业的业态，搭建信息平台，发挥信息技术的集聚作用和范围经济效益，突破时空限制，扩大服务半径，提高信息资源共享程度，提高服务质量，增加服务产品的技术含量和附加值，降低经营成本，提高劳动生产率。

三、依托信息技术发展新兴服务业，提高服务业从业人员的技能素质

如前面第六章所提到的，带动就业增长的主要因素是需求，信息技术在服务业中的扩散，对就业产生的效应与制造业一样是替代效应，在发达国家制造业需求增长相对缓慢，所占比重下降，信息技术对就业的替代效应与需求减少的效应叠加在一起，人们能够观察到制造业就业水平的下降现象，但是难以分辨这两种效应。对于服务业而言，由于其旺盛的需求，对就业增长的拉动作用很大，虽然信息技术对服务业就业产生一定的替代作用，但是这一替代效应往往最终被强大的需求效应掩盖了。

从总体上看，虽然信息技术对服务业的就业体现为替代效应，但是信息技术也可以通过创造需求带来补偿效应，补偿效应往往需要发展新兴产业尤其是信息产业来实现。据统计，经合组织成员国近年来所增加

的6500万个就业机会中，95%与信息和知识产业有关。信息产业成长性较好，对于就业增长带来巨大的推动作用。在信息产业内部，就业分布也不平衡，信息服务业创造的就业机会比信息技术制造业更多。但是，中国的信息化建设中一直存在着“重硬轻软”的问题，有些地方软硬件比例甚至达到1∶10。这在一定程度上制约了信息服务业的发展，没有发挥信息化应有的就业效应。信息服务业是从事信息资源开发和利用的重要产业部门，它主要包括内容服务、娱乐、游戏、商业信息和定位信息等服务。信息内容产业的劳动密集程度高，所创造的就业机会也多。来自欧盟的数据表明，内容产业在欧洲的经济和社会发展中已经占有极为重要的位置，据OECD2001年的报告，欧洲的内容产业有400万就业人员，总产值达4330亿欧元，占GDP的5%，领先于通信产业（2540亿欧元）和硬软件产业（2120亿欧元），并且连续3年增长率超过25%，远远高于其他领域。具体来讲，文化信息产业如游戏产业、动漫产业、3G内容产业对就业的拉动十分显著，游戏产业的发展绝不亚于汽车工业的规模，这已被日本和韩国的经验所证明。信息文化产业如娱乐文化业属于人力资本高度密集的产业，对高素质的人才具有很大的吸纳作用。信息服务产业如呼叫中心可以解决许多普通劳动力的就业。信息服务业的一项重要内容就是信息资源的开发和利用，中国有着悠久的历史和文化传统，文化资源丰富，有待于利用信息技术开发，提高其利用率，这样既可以传播中华文化，又为信息技术的应用开辟广阔的空间，这是一项巨大信息文化工程，需要投入大量的人力。

中国是一个人口众多的国家，劳动力素质普遍不高，解决就业是今后相当长一段时期内的一项艰巨任务。长期以来，中国许多发达地区所形成的出口导向型的经济发展模式从2008年开始爆发的金融危机中受到严重冲击，制造业对就业的吸纳能力逐渐下降，劳动密集型制造业释放出大量劳动力，一些地方提出产业结构转型升级，发展装备制造、重化等高端制造业和现代服务业。高端制造业属于资本密集型行业，对劳动力的吸收极为有限，现代服务业大多是知识密集型行业，信息化程度较高，就业门槛较高，就业容量也不会很大。因此，在进行产业结构调整时，必须考虑到产业结构与就业结构的适应性，产业结构调整也是一个渐进的过程，操之过急只能适得其反。在积极倡导发展现代服务业的同时，不能忽视传统服务业的发展。中国传统服务业如批发、零售、餐饮等行业的就业比重较大，也比较稳定，这些行业又与居民的生活息息相关，对从业人员的要求一般不高，就业岗位受信息技术的冲击较小，所以不能低估传统服务业对就业的积极作用。

随着信息技术在服务业中渗透的不断深入，服务业职业技能结构也在发生改变，出现“中间小、两头大”的两极分化趋势，对劳动力质量提出更高的要求，高层次、跨专业的复合型人才需求越来越强烈，这在金融、信息等行业尤为突出。同时，信息化对一线员工的技能也提出了相应的要求，对于掌握熟练技能的蓝领工人的需求日趋旺盛，而中间层次的管理人员，尤其是易于被信息技术替代的岗位相对较少。这一点，已被近几年中国就业市场发展状况所证实，“高学历不如高技能”就是一种集中体现。一方面，中国缺乏高层次的管理人才；另一方面，技能型人才供不应求。但是，由于受教育体制的影响，中国高等院校的专业设置滞后，与市场需求脱节，绝大多数的专业培养目标是面向中层岗位，管理类专业的设置更是如此，培养口径与职业要求错位。今后，应该加大力度，多渠道、多层次培养服务业管理人才，培养一批既掌握技术、又精通经营管理的复合型专业人才。在职业技术院校适时增设具有市场前景的服务技能型专业，加强职业技能培训，将教育的重心下移，面向基层，面向一线。为此，需要改变目前“重理论、轻实践”“重学历、轻技能”“重制造、轻服务”的观念，改革人才评价体系，建立与服务业发展相适应的人才培养机制。

第八章

信息化与服务全球化

目前，经济全球化已经进入了一个新的发展阶段，其中显著特征之一就是出现以美国等西方发达国家为代表的信息密集型和知识密集型服务业开始成规模地向发展中国家转移的趋势。随着国际分工协作由传统的制造环节向生产服务环节延伸，与制造业相关的生产服务业的地位日趋重要，服务业的国际化程度也越来越高，服务业成为经济全球化的重要载体，服务全球化发展成为经济全球化的重要组成部分。所谓服务全球化，是指“服务的生产、消费和相关生产要素的配置跨越国家边界，形成一体化的国际网络，各国服务业相互渗透、融合和依存，国际化的服务供给和消费不断增加。”① 服务全球化改变了世界服务业的发展模式，并且日益深刻地影响着世界各国经济、产业、技术的发展轨迹，成为决定各国国际竞争力的关键因素。服务全球化在近十几年蓬勃发展，原因是多方面的，既有上一轮经济全球化所奠定的良好的产业基础，国际市场对服务需求旺盛的原因，也有全球及区域服务贸易壁垒的降低，服务市场自由化的结果。但是，一个更为重要的原因是，信息通信技术的飞速发展使得服务业分工成为可能，信息化改变了许多服务业固有的特性；不仅如此，信息通信的成本不断下降，直接导致了服务的交易成本下降，许多服务特别是以信息为载体的服务能够以极低的成本在全球范围内实现贸易、配置资源，跨境配置资源成本的降低又反过来促进服务分工进一步细化，服务规模效应和专业化效应更加明显。

① 江小涓：《服务全球化的发展趋势和理论分析》，载于《经济研究》2008年第2期，第5页。

第一节　服务的可贸易革命

一、信息化改变了服务的特性

服务业占全球经济的比重超过70%，但是服务贸易占全球贸易的比重大约只有20%。其原因是，大多数服务具有无形性、非储存性和非移动性而被认为是“不可贸易的”。不过，随着信息通信技术对服务业的渗透，这一情形正在发生改变，越来越多的服务变得可贸易。

首先，从服务的无形性特点看，服务通常是没有空间形态的，它是无形的、不可视的。一方面，服务提供者通常无法向顾客介绍空间形态上的服务样品。另一方面，服务消费者在购买服务之前，往往不能感知服务，因为它还没有被生产出来；在购买之后，消费者也只能觉察到服务的结果而不是服务的本身。随着科学技术特别是信息技术的发展，有些无形的服务已经变得“有形化”了，比如物化服务（embodied service）。物化服务的概念是加拿大经济学家格鲁伯和沃克于1989年提出的①②。物化服务可以理解为服务的实物化，或者是“无形”的服务“有形”化。实物产品充当着服务产品的载体，实物产品本身的价值相对于其承载的服务价值来说微不足道，其价值主体就是服务，如光盘可以承载着音乐服务、计算机程序服务等，这就是“无形”的服务“有形”化，或者说是服务的实物化。严格来说，这种物化的服务并没有从根本上改变服务的“无形性”这一本质特征，服务并没有由于物化而具有像实物产品意义上的重量、体积等有形特征，物理介质只不过是一个外壳包装而已，要了解、观察服务的特性，往往只能通过其外壳包装的文字、图案等形式的说明来获得。当然，信息技术不是物化服务的唯一载体，服务可以物化在其他各种载体甚至是服务消费者当中，譬如机械修理服

① ［加］赫伯特·G·格鲁伯、迈克尔·A·沃克著，陈彪如译：《服务业的增长原因与原因》，上海三联书店1993年版，第38～39页。

② 李慧中、程大中：《国际服务贸易》，高等教育出版社2007年版，第32页。

务物化在被修理的汽车中，运输服务可以物化在被运输的原材料和消费品中，医疗服务可以物化在接受治疗的病人身上，等等。物化后的服务贸易过程和形式大大简化了，与实物产品贸易几乎没什么差别，服务贸易与承载着相应服务的物理介质的实物贸易同时发生，随着介质实物产品跨越国界，意味着物化服务交付完成，服务贸易也因此而产生了。

其次，从服务的非储存性看，服务不同于静止的实物，它是一种活动，服务产品的使用价值是活动形式的使用价值，它一旦被生产出来，事实上消费也同时开始了。服务不能储存，服务的生产环节和消费环节不可分离，生产一旦结束，服务也因消费完毕而不复独立存在。如果服务不被使用，也就没被生产。所以，服务产品没有生产过剩，过剩的不是服务产品的使用价值，闲置的只会是服务的供给条件或能力，如开着餐馆没人光顾，飞机或电影院虚位以待等等，即服务生产的固定资产能力出现闲置服务不会发生。总而言之，服务产品不能在原使用价值形态上贮存；反之，能贮存的就不是服务产品。在信息技术条件下，一些服务可以以实物形式贮存，即将运动着的服务产品的使用价值，实物化为某种带有服务内容的实物产品，并通过贮存这种实物产品的使用价值，保存与服务产品类似的使用价值。例如，通过录音、录像、摄影等方式，可以贮存文娱服务、导游服务、教育服务和技术服务等，一旦消费者需要，可以再现服务过程，使消费者享受服务。严格说来，这时的实物化的服务产品如歌曲录音带、电影拷贝、科教影片等，是一种实物产品，而非原来意义上的服务产品。这是服务产品向实物产品的转化①。服务的非贮存性的改变，突破了服务生产、交换和消费的同时性，使得服务的生产和消费在时间上和空间上可以实现分离，大大提高了服务的可贸易性。一方面，服务的生产在时间上不会受到服务消费的严格约束，与工业产品生产一样根据服务市场需求预测，服务组织可以提前安排生产形成服务产品库存，可以随时应对国际市场的服务需求变化；另一方面，服务生产在空间上不会受到消费者现场出现的严格约束，可以集中组织生产，满足分散在世界各地消费者的服务需求，降低人员的流动，实现规模化经营，还可以对服务生产环节进行分拆，依据比较优势条件在全

---

① 李江帆：《第三产业经济学》，广东人民出版社1990年版，第168页。

球范围内布局各生产环节，优化配置服务资源要素，合理组织服务生产，拓展服务贸易范畴。

最后，从服务的非移动性看，服务产品不可能从产地转移到消费地。实物产品的生产和消费在空间上存在着不一致的矛盾，需要通过运输使实物产品由生产地向消费地转移，克服地域空间对供需协调的限制。而服务产品的使用价值，其无形性决定了它具有生产、交换、消费的同一性，既不能通过贮存来克服供需双方在时间上不一致的矛盾，也不能通过转移来克服供需双方在空间上不一致的矛盾，只能通过服务生产者和消费者的相对位移来克服。这种位移大致有以下四种方式：（1）服务需求者定位，即通过服务产品使用价值的提供者向需求者运动，提供服务，如家电上门维修服务、家教服务等；（2）服务提供者定位服务，即通过服务产品使用价值的需求者向供应者运动，进而实现服务，如医院医疗服务、学校教育服务等；（3）供需运动服务，即产品使用价值的供应者和需求者通过各自运动保持相对接近，从而实现服务，如交通服务等；（4）供需定位服务，即服务产品使用价值的需求者和供应者均无须运动，而借助某种技术扩大服务产品使用价值的作用范围，使之覆盖需求者所处的地域，从而实现服务，如电视服务等①。在通信技术高度发达的情况下，服务的非转移性也在发生改变，有些服务的生产和消费可以不同时或同地发生，服务的提供者与使用者可以通过电子信息和其他通信手段传递服务，使服务发生转移。例如，银行异地结算、远程教育、远程医疗等都属于这种情况。信息技术使得服务具有可转移性，大大提高了服务在全球范围内的流动性，扩大了服务贸易的规模。

信息通信技术（ICT）解决了许多服务的非贮存性和非移动性的技术问题，消除了服务贸易的技术障碍。ICT 使得不同地区之间的信息交流更为容易，从而有助于协调分散在各地的生产活动。在过去相当长一段时间里，服务需要买卖双方出现在同一地点，服务一直被认为是不可贸易的，信息技术的介入而使其贸易性发生了根本变化，联合国贸发会将这一变化称为服务的“可贸易革命”（UNCTAD，2004），而 ICT 是这一革命的主要推动者。

---

① 李江帆：《第三产业经济学》，广东人民出版社 1990 年版，第 169－170 页。

信息密集型服务国际贸易的兴起是这场“可贸易革命”的集中体现，ICT 显著改变了以信息为中心的服务的可贸易性。一是信息可以通过数字化形式存储。信息一旦以数字化形式存储，几乎可以零成本传输和复制。十分廉价的成本和非常迅速的传输速度使得世界各地的人们可以实时地交流数字化信息和语音交流。过去只能通过直接接触才能获得的服务，现在可以运用电子媒体来获得。以前需要在企业内部进行的服务活动或由当地提供的服务，现在正在外部化，而服务提供商和客户之间的沟通可以远距离进行，面对面的交流已经不是完全必要的了。正如布林德（Blinder，2005，p. 13）所指出的，这些服务“不像个人服务，而与工业品有更多的共同之处”。一个典型例子是，通过呼叫中心的编程、数据输入、网页设计和软件，可以为世界各地的客户提供咨询或金融服务。二是 ICT 使信息服务得以编码化、标准化和数字化，意味着相应的服务生产过程可以被分解，或者“分割”成更小的部分。这些被分解的部分可以设在其他地点进行生产，利用世界各地在成本、质量、规模经济或其他因素上的优势。服务生产和服务消费在空间位置上可以分离，在一个地方生产而在另一个地方消费。这种服务生产过程与消费过程既可以同时进行（例如呼叫中心），也可以不同时进行（例如数据录入、软件开发）。服务生产的这种分解甚至超过了制造业。ICT 不仅使服务可以传输，还经常简化了相关的任务，因而可以更容易地进行重新定位选址[①]。ICT 对服务的这种可贸易性影响，产生了一种新型的国际贸易模式，这种模式不是建立在行业或企业之间分工的基础之上，而是以任务活动在全球范围内劳动分工为特征（Baldwin，2006；Grossman and Rossi - Hansberg，2006a）。用卡洛塔布斯佩雷斯（Carlota Pérez）的话说，就是“全球化不一定是整个行业或企业转移到其他国家，而是对行业或企业进行分解，对各个环节重新部署”（Peréz，2006，p. 43）。

二、服务的网络化传输

信息通信技术特别是互联网在服务贸易当中的作用类似于由蒸汽机

① 贸发会议，World Investment Report 2004：The Shift Towards Services，p. 149。

发明引起的交通运输革命在货物贸易当中的作用。信息通信技术使得信息密集型服务可以跨国界传递。

交通运输与国际货物贸易紧密相连，国际货物贸易是指货物在两个或两个以上国家（地区）之间的移动，它的发展要求运输业的规模和技术与其相适应，发达的交通运输网络体系是开展国际货物贸易的基础和必要条件。

现代交通运输体系发轫于英国工业革命，它经历了开凿运河、建造汽船和兴建铁路三个重要阶段。英国的交通运输业的变革是从大规模修建运河开始的，对交通运输业提出了迫切要求，仅仅依靠海港城市转运货物，远远不能满足贸易发展的需要，而陆路运输时间慢、费用高。于是，世界上第一条为工业服务的运河于 1761 年开凿成功了，尽管其长度只有 7 英里，但却带来了巨大的示范效应，这条运河的开通使得曼彻斯特煤价下跌了一半。至 18 世纪末，英国各个经济区域都开出了一条条运河，曼彻斯特、伯明翰成为了著名的运河枢纽。内河航运体系对英国的工业化和国际贸易起到了至关重要的作用，1776 年，亚当·斯密写道“由于水运的方便，对各种工业就开辟了一个比单靠陆运所能开辟的更为广大的市场……”

1807 年美国人富尔顿发明蒸汽汽船，他使用从英国进口的万能蒸汽机，驱动客轮在哈得孙河航行，揭开了蒸汽轮船时代的序幕。1812 年，英国人利用这项发明也很快造出了自己的汽船“彗星”号，并开辟了从格拉斯哥到海伦堡的航线，此后又开辟英国到法国、欧洲到美洲的多条定期航运线路，组建了轮船公司。至 1847 年，英国的商船队已经达到 300 万吨位，汽船基本上取代了帆船，开启了海上蒸汽时代。英国的远洋航运商船队成为国际航运的主力。远洋货轮把英国的消费商品运销到世界每个角落，又把英国所需要的各种工业原料、生活用品运回。

1800 年后，人们开始研究用蒸汽机作为牵引动力。1814 年，英国人史蒂芬森研制出的世界上第一台蒸汽机车试运行成功。1825 年，英国建成世界上第一条铁路，史蒂芬森的火车头拖着一长列客车和货车前进，时速达 25 公里。此举开拓了陆地交通运输的新纪元，人类进入了所谓的“铁路时代”。铁路运输完全采用了机械力，省时、省力、运量大，这是工业革命中又一崭新事物和全新的部门。就像上一世纪开凿运河的狂热一样，铁路运输的优越性一经确认，英国迅速掀起一股铁路建筑的狂热。不到30年的时间就修建了近万千米的铁路，把各个城市都连接起来。1840年以后，欧洲大陆和美国也相继开始了大力兴建铁路的时期。铁路时代的到来，对工业部门特别是煤炭和钢铁部门产生了巨大的推动力，使人和物的流动更加便利，也极大地扩大了世界贸易的范围和规模。

交通运输革命从根本上改变了地球上各地区彼此隔绝的状态，它迅速地扩大了人类的活动范围并加强各地之间的交往，为世界市场的形成提供了条件。工业革命中各国不断出现的运河热、公路热、铁路热以及交通工具的不断改进，不仅开始把国内市场联系了起来，而且把远隔重洋的世界各个角落变成近邻，在世界市场的形成过程中发挥重要作用。到19世纪末，铁路网已遍布全球。更为重要的是，交通运输的速度得到大幅度提高。在工业革命前，人类的行走速度每天不超过100公里，而铁路的修建使这种速度提高了10倍以上①，在水路和海运方面，由于轮船不断创新、航速不断提高，使世界各地的联系更加紧密和方便。欧美之间的航程由原来的几十天到19世纪末只需要4.5天。同时，运输成本也大幅度降低了，19世纪60年代到20世纪初，从纽约运往英国的小麦和从孟买运往英国的棉花等商品的运费降低了2/3以上②，从而大大降低了国际贸易成本。

随着科技的不断进步，在20世纪初形成的全球交通运输体系得到进一步完善和深化。轮船巨型化，大型轮船可达50万吨，世界商船队仅70年代就增加了2倍，承担着国际贸易总量80%和价值70%的运输。火车由蒸汽机转向内燃机、电力机车，飞机也由螺旋桨向超音速喷气式发展。遍布全球的海陆空立体交通运输网络体系已经形成。

运输革命之所以成功，其中一个关键就是蒸汽机动力技术与交通运输基础设施能够有效地结合起来，而且交通运输能把这种动力技术的效应成几何级数放大。19世纪，蒸汽机在铁路运输当中的广泛运用，使得铁路成为运量大、速度快、距离长的运输方式，成为这一时期以钢铁工业为代表的重工业迅速发展的重要支撑。信息通信技术对服务业的作用

① 刘笑盈：《推动历史进程的工业革命》，中国青年出版社1999年版，第190页。
② 刘笑盈：《推动历史进程的工业革命》，中国青年出版社1999年版，第190页。

也很类似，计算机技术与通信技术相结合的信息技术催生了大量的新兴服务业，这些服务业依赖信息技术网络设施实现远距离实时传输。

1937年，莫尔斯发明了电报，标志着现代电信时代的开始。1876年，贝尔发明了电话，很快电话占据了优势。“二战”结束后，长途电话逐渐转向自动，到20世纪70年代末80年代初，形成了全球自动电话网。随着电话容量的扩大，传输技术不断发展，传输媒介由架空明线、对称电缆、同轴电缆发展到光纤光缆，传输容量已从明线的几个、十几个话路发展到上万路（同轴电缆、光纤）以至数十万个话路（光纤）。同时，无线传输由短波发展到超短波一直到微波①。

在电话快速发展的同时，电报、传真、数字等通信手段也在发展，电报由单向公众电报发展为交互式拨号交换的用户电报。在发达国家，用户电报也逐渐由数字通信所替代，传真从公众传真向用户传真发展。数字通信主要是计算机之间的通信，其速度不断提高，方式不断更新，经历了从电话网上批号、专用数据线到公用分组交换再到帧中继交换的过程。传送活动图像的可视电话、电视会议也有了一定的发展。现在，这些通信的物理传输网基本上是与电话网公用的。

今天，以计算机技术、网络通信技术为基础，以光纤、数字卫星系统为主要传输载体的信息网络覆盖全球，以最快的速度传递和处理信息，使地球变得越来越小，对全球服务贸易产生了深刻的影响。

互联网在全球范围内的普及速度相当惊人，用户规模十分庞大。根据联合国国际电信联盟的估计，2010年全球互联网用户总数已经达到20亿人，手机用户数量也达到了50亿人。目前，全球总人口超过70亿，这意味着每3人中几乎就有1人是网民，全球网民中有57%来自发展中国家。

随着互联网的普及，互联网已经成为人们工作和生活的重要组成部分，是获取信息和服务的主要工具。在OECD国家中，使用互联网收发电子邮件、搜索产品和服务信息的频率最高，接下来比较常见的用途是浏览和下载新闻和网络杂志、玩游戏和在线下载音乐、金融服务、购买

① 赵儒煜：《产业革命论》，科学出版社2003年版，第95页。

产品和服务①。

电子邮件服务是目前最常见、应用最广泛的一种到联网服务。通过电子邮件，可以与 Internet 上的任何人交换信息。电子邮件以其快速、高效、方便以及价廉，赢得了人们的广泛认同和应用，几乎所有的网民都用过电子邮件这种服务。目前，全球平均每天约有几千万份电子邮件在网上传输，这是对服务贸易中的传统国际邮政服务的一种替代。

在互联网飞速发展的今天，如何在互联网上以最快的速度获得最多、最有价值的信息，是人们普遍关心的问题。搜索引擎便成为最有效的工具。搜索引擎是指根据一定的策略、运用特定的计算机程序从互联网上搜集信息，在对信息进行组织和处理后，为用户提供检索服务，将用户检索相关的信息展示给用户的系统。也就是说，搜索引擎能够从全球网站中大量的信息中找到用户所需要的信息。其实，搜索引擎也是一个网站，只不过这种网站是使用特有的程序把因特网上的所有信息进行归类，以帮助人们在浩如烟海的信息海洋中搜寻到自己所需要的信息，为用户提供信息检索服务。这种检索方式的效率和检索范围是传统人工检索无法比拟的，是互联网时代的一种新型服务模式。

互联网的兴起，对一些传统媒体如报纸、杂志造成了严重冲击。在美国，多家报纸包括具有 150 历史的《洛基山新闻》在互联网的冲击下出现倒闭或濒临倒闭的境地。现在，互联网已成为人们特别是年轻一代获取新闻的主要渠道。相对于传统的报纸、杂志，互联网至少具有两方面的优势：一是传播空间范围没有边界，在互联网上发布的新闻信息是面向全球所有网络使用者的，不像传统的大众媒体的传播范围一般只局限于一定的区域范围；二是时效性好，传播速度快，用户可以即时浏览互联网上的信息，具有更多的选择主动权，不像传统报纸要受到出版周期和递送时间的限制。如果仅从服务贸易角度看，互联网所提供的浏览服务就是对传统报业递送服务一种替代和革新。

娱乐是人追求快乐、缓解生存压力的一种天性。声音和图像是娱乐活动的基本要素，在互联网进入到声音和影像的时代，以互联网为平台

① 国务院发展研究中心技术经济研究部译校：《经济合作与发展组织信息技术展望 2004》，中国财政经济出版社 2006 年版，第 156 页。

娱乐活动就成为一种理想的选择，互联网也就成为娱乐的“高速公路”。互联网以其互动性好、覆盖面广、传播速度快等优势，迅速崛起为一种全新的娱乐平台，并颠覆了传统娱乐业的赢利模式。比如：以往歌手和唱片公司靠唱片的销量挣钱，电影靠卖电影票挣钱，这似乎是永恒的真理，但互联网时代的到来却在改变了这种传统的赢利模式。对很多唱片商来说，人们从网上下载付费歌曲所带来的收入已经大于销售唱片的收入。

互联网的发展打破传统金融业的发展模式，出现了网络金融，它是信息技术特别是互联网技术与现代金融相结合的产物。网络金融通过互联网可以为用户提供金融资讯、金融数据、信息交流、培训教育、分析工具、理财工具、交易工具等服务。仅从银行方面看，银行利用互联网技术，通过互联网向客户提供开户、销户、查询、对账、行内转账、跨行转账、信贷、网上证券、投资理财等传统服务项目，使客户可以足不出户就能够安全便捷地管理活期和定期存款、支票、信用卡及个人投资等。可以说，网上银行是在互联网上的虚拟银行柜台。互联网没有时间、空间的制约，网上银行可以 24 小时营业，不仅大大提高了银行的工作效率和服务质量，而且扩大了交易规模，也方便了用户。

以互联网为基础的电子商务作为一种新兴的商业模式，打破了传统上以实体店铺为特征的商业模式。首先，网络商店中的商品种类更多，没有商店营业面积限制。它可以包含国内外的各种产品，充分体现了网络无地域的优势。在传统商店中，无论其店铺空间有多大，它所能容纳的商品都是有限的，而对于网络来说，它是商品的展示平台，是一种虚拟的空间，只要有商品，就可以通过网络平台进行展示，可以把世界的各类知名品牌全部放在上面、展示在上面。消费者可以通过网络商店买到世界各地的商品，获得的商品信息服务和展示服务质量更高，而费用又低。其次，网络购物没有任何时间限制。作为网络商店，它可以 24 小时对客户开放，只要用户在需要的时间登录网站，就可以挑选自己需要的商品。免除顾客外出逛街之苦，享受居家购物送货上门的人性化服务，既节省了时间又增加了灵活性。而在传统商店中，消费者大多都要受到营业时间的限制。

三、服务自动化和规模化

以福特制为代表的生产方式曾给世界工业带来了一场翻天覆地的变化，机器替代了工人，工场变成了工厂，以生产机械化、自动化和标准化形成的流水线作业及其相应的组织，通过大规模生产极大地提高了标准化产品和劳动生产率。

同样，信息通信技术的应用，在服务业领域也引发了一场革命，其主要标志是服务的自动化和规模化。

信息是一种社会资源，也是服务业的生产要素之一，为发挥其最大效用，人们在信息的标准化方面做了不懈的努力，使得信息的表达方式以及信息的收集、传输、处理和存贮的各个环节的标准化程度不断提高，以实现服务自动化的目的。信息密集型服务生产过程与制造业完全可以类比，服务生产过程主要是信息的加工处理过程，信息加工过程和制造业加工流程一样，可以分解为多个环节，形成信息加工流水线。流水线上的信息可以标准化，按顺序进行排列、组合，也可以提取、贮存、传输，从而信息的加工实现了规模化和产业化，其生产效率大为提高，成本更低，自动化程度更高。至于信息加工过程中的传输和贮存成本几乎可以忽略不计，主要还是人力和知识成本。

服务业信息化的一个产物，就是我们周围越来越多的服务趋于自动化，过去很多面对面的服务，现在由机器替代变成了自助服务。譬如，以自动柜员机（ATM）普及为标志的金融自动化就是一个典型例子。银行的业务基本上与信息相关，信息量大，信息流程相当规范，银行工作人员的工作内容就是一个信息的处理，信息处理的速度和准确性就代表着银行服务的质量。随着自动柜员机的使用和普及，传统意义上的许多银行手工业务都可以交给自动柜员机来完成，完全取代传统银行出纳员所从事的大部分常规业务，而其成本仅为一名出纳员开销的很小一部分。在我国，自动柜员机一般具有提取现金、查询存款余额、转账、余额查询、现金存款、存折补登、密码修改等功能。在国外，如日本，柜员机除存取款、转账等银行传统业务之外，上至外币交易、融资贷款咨询业务等高级银行业务，下至各类票券的在线销售，甚至连手机响铃旋律、手机游戏、各类软件的下载业务，ATM 提供的服务种类繁多，包罗万象。

以信息通信技术为基础的自动化服务还有不少，如自助式加油、高速公路自动收费等。这些服务完全改变了传统的服务生产方式，不仅降低了成本，还大大提高了生产效率和服务质量，扩大了顾客群和服务市场，延伸了服务半径，延长了服务时间，突破传统服务对人员、空间、时间依赖的提供模式。

信息密集型服务业涉及信息采集、加工、传输和处理的环节，在信息技术日益普及的条件下，最容易发生裂变发展成为独立的机构或部门。这些机构和部门不受地理空间的约束，可以分布在全球各个角落，成为国际服务贸易的重要组成部分。就拿诊断影像来说，在 20 世纪 80 年代，CAT 扫描仪、放射线照相术、超声波、传真机开始广泛应用，大医院虽然可以做影像诊断，但是涉及同一家单位的很多环节，涉及不同的人。首先，医生把患者送到放射间，由专门的放射机器操作人员对其进行扫描；然后，把影像图片交给放射专家，检查图片，看有没有不正常的地方，放射专家把对影像的分析结果进行录音，而影像图片要送到专门的档案室保存起来；其次，影像诊断报告通过传真或邮件的形式送到医生那里。然而，随着技术的进步，整个影像诊断流程发生了很大变化。患者可以在任何一个比较方便的地方比如街头、汽车接受扫描，影像就可以采用电子手段传输给相距遥远的放射专家，或直接送给医生；然后，通过录音软件转录诊断分析，或者影像诊断报告交由国外的机构来完成。这样，采用电子技术和软件工具辅助诊断，或许将来放射专家在某些方面的工作可以由技术来替代。这个分工过程是一种双赢：一方面，患者获得了很大方便，也降低了费用；另一方面，独立出来的医学影像机构做到了专业化，获得了很大的规模效益。

像这样从信息密集型服务业中分离出来的环节而形成规模化的例子还有很多，如数据录入、信用卡处理等。它们之所以产生规模经济，主要原因有：首先，信息通信技术把原来分散的服务网点集中在少数几个中心位置，业务量可能成倍增长，由于空间范围缩小，人员调配更为方便，需要的操作人员相对较少。其次，由于采用了信息通信技术设备，其单位固定成本随着业务量的增加而降低，单位管理费用和交易成本也随之降低，其结果是信息技术设备的集中导致服务的集中和需求的合并；

再者，信息通信技术可以把服务的前台和后台分离，增加了服务网点布局的灵活性，可以把业务量较大的后台设置到其他低成本的地区，这些地区生活费用和地租相对较低，这样一来，可以从整体上降低信息处理成本，实现服务的规模化经营。

第二节　服务的分解和分散

随着全球化竞争的加剧，信息和通信技术的进步，以及全球新兴劳动力市场的出现，企业不得不重新审视、评估其在价值链上的绩效和成本。不管是制造业还是服务业，每个企业都在全球价值链分解的基础上，根据自己的能力和核心资源，找准自己在全球价值链中的定位，专注于价值链的某一个环节，对价值链进行重构，将价值链延伸到世界各地。

这种现象就是服务分解，也可以说是一种服务生产分工的加深。但是，这种服务分工与亚当·斯密所描述的手工作坊简单工序分工和威廉姆森所指的垂直一体化分工相比，有很大的不同。主要体现在两个方面：一是信息通信技术广泛运用于服务业，为服务的分散化奠定了技术基础，服务生产活动可以借助信息通信技术分割为相对独立而又相互联系的环节，把原来相对集中的服务活动转变为一种在空间分布上比较分散的服务活动；二是以全球价值链治理为主导的现代组织模式按照比较优势将服务活动单元化和模块化，形成全球价值链分工格局。在全球价值链分工体系之下，一国的比较优势不再体现为一个具体的产业或行业及特定的产品，而更多的是整个价值创造链条上的环节或工序上要素禀赋的投入，服务价值链上的各个环节应该与低成本相结合，布局到最具效率的地方。总而言之，服务分工的两个特征大大突破了传统生产方式的空间约束，原来在同一个地方、同一组织内部开展的服务活动，现在可以分散到组织外部和多个不同地区。

一、服务分解的类型

服务分解是服务价值链的一次重构，重构的过程就是对价值链各环节在空间和时间上的重新布局和安排，有些活动需要集中，有些活动则相反，需要分离出去。价值链包含一系列服务活动，在决定是否分离一项服务活动时，需要评估其可行性、成本和收益。被分离的业务可能包括金融、运输、专业技术等服务活动，也可能包括制造业中的一些服务如产品和流程设计、物流、管理信息系统、金融、会计、营销等。

服务分解大体上可以分为两大类型：一种是在组织内部进行的服务活动，称为内包；另一种是在组织外部完成的服务活动，即外包。无论是内包还是外包，每一种形式按地域范围大小不同又可以进一步分为三种情形：一项服务活动可以在同一地点进行，也在国内或国外多个地点进行。这样一来，服务分解可以分为六种类型。

服务内包包括三种服务方式：一是集中服务，这是人们最为熟悉、最为普遍的服务组织形式，无须进一步讨论；二是远程服务，从广义上看，远程服务包括“远程”和“服务”两部分内容，它是指通过计算机和通信技术，突破时间和空间障碍，在同一组织内部实现本国非本地服务，在家办公、异地办公、移动办公等都是远程服务模式；三是跨国公司全球内包，服务业跨国公司，特别是大型跨国公司，与制造业跨国公司一样，在东道国设立办事处，建立海外附属企业，采取股权合作形式、非股权形式（如特许经营、管理合同等），提供跨国服务（见表 8－1）。

表 8－1　服务分解类型

地　域	内　包	外　包
同一地点	集中服务	共同外包
国内多个地点	远程服务	在岸外包
全球多个地点	跨国公司分支机构	离岸外包

服务外包也有三种形式，一是共同外包，由多家企业共同向某一家企业提供外包服务业务。20 世纪 90 年代起美国许多大的公司开始将部分信息中心的功能实行外包，柯达公司将其数据中心和通信网络外包给 IBM、DEC 和 Businessland 来运作，开创了巨额 IT 外包的先河。二是境内

外包，它是指外包商与其外包供应商来自同一个国家，外包工作在国内完成。三是离岸外包，它是指外包商与其供应商来自不同国家，外包工作需跨国完成。

这里重点关注全球化分解，即设立国外分支机构和国际服务外包。

二、全球化分解的优缺点

服务之所以分解、分散到世界各地，经济方面的因素如成本、利益和风险固然是很重要的原因，但是更为重要的是信息通信技术。与实物产品不同，信息密集型服务可以借助现代通信和计算机技术进行拆分，实现快速、可靠和低成本传输，形成全球分散化生产模式。

服务全球化分解有以下几大优点：

第一，降低成本。发达国家与发展中国家之间在工资薪水方面存在着巨大差异，这是全球化分散的一个重要原因。服务业是人力资本密集型行业，与制造业相比，节约服务业人力成本更具现实意义。发展中国家人力资源价格低廉，将部分服务环节分散到发展中国家，可以大幅度降低人力成本，从而降低服务成本。

第二，利用丰富的专业技术人才资源。发达国家面临着专业技术人员短缺日益严重的局面，而发展中国家人力资源丰富，由于服务业发展滞后，专业技术人才的利用率较低。服务分散化，可以突破发达国家服务业发展的人力资源“瓶颈”，使服务业资源在全球范围内得到合理配置。

第三，缩短服务周期。利用时差，将服务分解为相互独立的几个环节，分布到不同时区，使服务在全球形成各时区空间上独立运作、时间上前后无缝衔接的服务链，呈现“接力跑”的格局。这样可以大大加快服务进度，缩短服务周期。例如，美国与印度班加罗相差 12 小时，美国进入夜晚时，印度刚好是白天，印度员工将美国医生当天记录、实验室记录和医生诊断的内容进行整理。第二天美国医生一上班，这些整理好的记录就已经存在他们的电脑里了。同样的情况也出现在美国的银行业，一些银行的数据结算都在班加罗尔完成。巧妙借助时差，将服务分散，比传统的服务模式至少节省了一半时间。

第四，进入巨大的新兴市场。相对一些发展中国家，发达国家的服务业市场相对成熟，增长潜力较小。因此，及早进入发展中国家是实现长期增长的一项重要战略选择。通过建立全球化的分支机构或战略联盟，不仅有力地推动了发展中国家市场的发展，而且为发达国家服务业增长找到一个新的增长点，开辟了服务业发展的新通道。

服务全球化分散可以带来巨大的经济利益，但是也存在不少缺陷。

第一，存在交流和协调上的困难。要成功实现服务全球化分散，关键取决于价值链中扮演不同角色的组织之间保持正常的沟通与协调。对于欠发达国家来说，通信设施薄弱，对于沟通来说是一大障碍，语言上的差异也可能造成沟通上的障碍。

第二，存在侵犯知识产权的可能性。许多第三世界国家对尊重知识产权的制度和法律不健全，全球分散特别是外包容易遭受知识产权被侵犯的风险，对于重要的战略性服务活动，如果企业不能承担这类风险，通常只能建立全资子公司。

第三，对服务质量和项目进度难以控制。由于缺乏规范，或者服务标准不断发生变化，服务分散以后，远程机构所提供的服务难以完全满足预先设定的质量标准和时间进度要求，空间上的现实距离使得对项目的监督和控制比较困难。

第四，政府对待跨国信息流和服务贸易的态度不明确。服务全球化分散需要通过信息流的跨境流动来实现，欠发达国家已经逐渐认识到跨境信息流可以带来潜在的国民收入，但是实际上各国政府对其效果的信心态度远远不明确。

第五，应付文化多样性的困难。全球分散不可避免地涉及不同文化背景和不同习俗的人，处理这种文化差异性非常困难，对于能否成功分解也是相当重要的。

第六，经济、政治和社会环境不稳定。许多第三世界的经济、政治和社会环境不稳定，在分解、定位服务活动之前，应对这些风险进行合理的评估。

三、服务活动的分解

服务全球化分解既有优势，也存在缺陷和风险，要规避或降低其风险，需要建立一个科学的决策框架，解决服务全球分散所面临的四大问题:（1）选择可以而且应该全球分散的服务环节；（2）选择合适的分散目的地；（3）设计一个合适分散化的组织结构；（4）处理分散化带来的文化差异性。这里主要讨论第一个问题。

我们从服务活动的价值链构成开始讨论。

要合理评价一项服务活动分解的可行性和必要性，必须回答三个基本问题：一项服务活动由哪些动作组成？这些动作花费多长时间？服务活动是如何实现增值的？要解决这些问题，首先要对服务活动的动作进行分类。一般情况下，服务行为动作可以分为四个主要部分。

（1）实体行为。这类行为动作包括对物体的操作，其主要目的是移动、运输或创造实物，如烹饪、递送包裹、修理汽车等。

（2）信息行为。这类行为动作包括对符号的操作，也就是对符号、数据的收集、加工和传输，如计算机编程、化学过程设计就是这一类型。这些行为动作是当今信息经济的基本组成部分。

（3）人际关系行为动作。这涉及顾客和其他相关人员，这里所指的顾客既包括作为服务最终受益人的外部顾客，也包括作为价值链上下游服务接受者的内部顾客，如理发、医疗、解说服务就是这一类。

（4）其他非附加值行为动作。这类动作不属于以上任何一类，如不必要的文书处理，过长的休息。

显然，以上几类动作并不是相互排斥的，在一项服务活动中，一个人在处理信息的同时也在与顾客交流，在研究服务分类动作的时候，应该把这些动作放在整体服务活动中来理解。

假定服务的价值大小与所消耗的时间长短成正比，因而对价值的计量就简化为对服务动作所花费时间的计量。

如图 8－1 所示，矩阵代表服务活动的总时间，每个圆圈表示相应动作的时间消耗，矩阵内但不在圆圈里的面积表示非附加值动作的时间消耗。三个圆圈的相对大小表示不同类型动作在服务活动中的相对重要地位。例如，数据录入活动中的符号操作圆圈符号很大，而顾客接触和实体动作圆圈都很小，这些活动因此被称为高“信息密集型”、低“顾客接触”、低“实体现场需要”服务。毫无疑问，这类活动可以运用信息通信技术安排在世界任何角落。因此，数据录入全球分散化的潜力很大。

以上所提出的服务行为动作的概念不仅可以用来分析服务活动构成，评估服务价值链环节分散的可能性，它还可以用来解决更为普遍的问题，如采用信息技术降低成本，提升顾客价值，实现再造。远程医学影像诊断就是一个例子，它利用现代网络技术、计算机技术、多媒体技术，实现远距离的医学影像采集、传输、存储、分析和处理。医学影像专家可以在千里之外的放射医学影像中心、办公室，甚至家中观看通过通信网络传来的影像资料，从而为遍布全球的医院、诊所提供诊断服务。这里，医学诊断被分割为两项工作，一项是与患者接触的放射技师工作，另一项是千里之外的放射科专家的符号操作。大多数流程再造的方法主要是重新配置实体、顾客接触元素，对服务活动进行重新设计，减少非附加值动作。

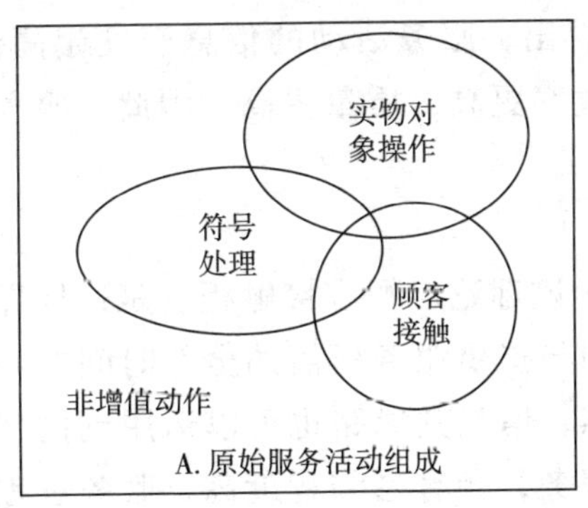

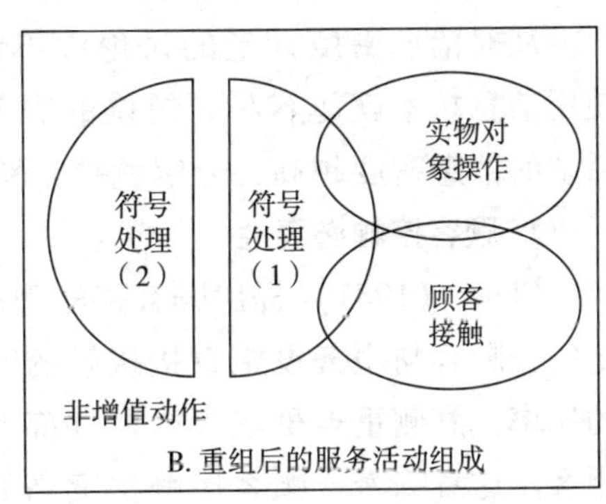

注：面积表示相应动作所花费的时间。

图8－1　服务活动构成

不同的服务活动，实体行为、信息行为和人际关系行为在其中的重要程度不同，进而决定了其是否可分解以及可分解的程度高低。下面从信息密度、顾客接触必要性和实物在场必要性三个维度分析服务活动分解的可能性，并建立服务分解的模型。

1. 信息密度

迈克尔·波特（MichaelE. Porter）和维克多·米勒（Victor E. Millar）（1985）提出信息密度的概念，以识别利用信息技术竞争优势的机会，他们所提出的信息密度是站在组织整个价值链的层面界定的，把它看做是产品或服务的信息含量，信息密度反映了价值链活动对信息处理的需求。他们所研究的大多数产品和服务都包含实物和信息内容，但是并没有把顾客接触活动从中分离出来，信息相对实物的重要性已经在“产品和服务的信息含量”和“价值链活动的信息处理需求”两个维度上得到反映。

从表面上看，信息密度是一个很吸引人的概念，但是在实践中面临不少挑战。在信息相对实物的重要性的计量上，如果要准确估算各组成部分的增值比率是一件非常困难的事情。正如前面提到的数据录入的例子，一项活动的信息密度被定义为该项活动所花费的信息处理时间与整个活动所耗费时间之间的比率。这种计量方法是建立在时间与信息增加值成正比的假定基础之上。这种假设存在不少争议，但是这是一个合理的假定，使得人们可以在很多情况下比较容易、精确地计量信息密度。而且，这种计量方法简单、实用。

从对信息密度计量的讨论中不难看出，服务活动的信息密度越高，使用信息技术就越容易，提供的服务效率更高，质量更高。因此，服务活动的信息密度越高，分解就越容易。

2. 顾客接触必要性

Chase（1981）提出顾客接触理论，该理论对顾客接触程度是这样界定的：顾客与服务设施直接接触的时间与提供服务所需的全部时间之间的比率。其侧重点虽然集中在外部顾客，但是其思路也可以运用到内部顾客。这意味着，顾客接触程度高的服务，顾客参与程度高，服务过程具有多变性和不确定性，提高效率的空间很小。

顾客接触由两部分组成，一部分是顾客与服务提供者之间的人员接触，这里涉及服务的创造、获得或消费；另一部分是符号的接触，顾客到场的主要目的是在服务创造和消费过程中所必需的信息交流。虽然顾客接触包含人员接触和信息符号接触，但是不同的服务活动，这两部分在其中的重要程度不一样，具有很大的差异性。这就为服务的分解提供了参考依据。

符号接触的主要目的就是进行信息交流，信息技术当然在符号接触中起着重要作用，这意味着信息技术可用于服务活动再造。随着信息技术用于符号接触对人员接触的替代，服务过程获得了更大的服务再造的自由度，服务可以在一定的时间和空间条件下获得最佳的表现。这是因为信息技术的使用，可以大幅度降低成本，进入范围更大的劳动力市场，获取专业技能和知识。

按照人员接触对服务的重要性可以将服务划分为三种水平的服务。

（1）高度接触的服务（high - contact services）。它是指顾客亲自到服务场地，并且在服务传递的整个过程中积极地配合服务组织和它的工作人员工作。所有针对人的服务（不包括那些在家里传递的服务）都属于此类；此外，在原本属于其他类型的一些服务中，由于传统、偏好的因素或是因为没有其他选择，顾客只得亲自去服务现场，一直等到服务传递结束，这种情况也可以被归为高度接触的服务。这类服务包括护理、理发、旅行、教育、咨询等。

（2）中度接触的服务（medium - contact services）。这种服务中顾客同服务提供者接触的程度相对较低，顾客到服务提供者的场地（或者服务提供者到顾客家里或双方都到一个第三方的场地），但是在服务传递的整个过程中他们不必一直在场，或者他们同服务人员接触很少，接触的目的也通常是限于建立关系、面对面确定问题、送来或带走需要服务的实物，或者仅仅是为了付款。简单的自助服务也属于此类，在这种情况下，顾客必须亲自操作一台属于或由供应商提供的机器。这类服务包括干洗、旅店、快餐、电影院、公共运输、电话银行、零售等。

（3）低度接触的服务（low - contact services）。它不涉及顾客和服务供应者之间的身体接触。相反，接触是通过电子媒体或有形的分销渠道相隔一定距离实现的，这是当今以便利为导向的社会中一个迅速发展的趋势。信息处理（如保险）都属于这一类。此外，某些物体处理的服务也可归为此类，在这些服务的过程中，作为服务对象的物体可以被运送到服务现场，也可以通过电子渠道从一个遥远的地方传递到顾客所在地，进行“远程修理”（remote fixes）（这是解决软件问题越来越常用的服务）。最后，随着顾客在家购物、通过电话完成同银行之间的交易以及和通过因特网进行各种各样的交易活动，许多先前属于高度接触的服务正在向低度接触的服务转变。

一般来讲，低顾客接触程度的服务，特别是不需要太多人员接触的服务，其分解的可能性更大，远程提供也更容易。

3. 实物在场的必要性

实物到场主要出于对实物对象操作的需要，即要对实物对象进行移动、转换和创造。这些实物操作是在特定的时间和空间条件下发生的，而且对于没有生命的对象，在某种程度上讲，相对于信息处理和人员接触，实物操作的度量要容易。实物客体操作在制造业和工程领域的研究较多，时间和动作是改进实物操作流程的主要手段和方法。因此，我们将实物到场必要程度界定为实物操作时间与整个服务活动时间的比率。

对实物操作不同于顾客接触，其操作对象是物而不是人，这个实物可能是一幢房子或是一辆车、一部电脑、一件衣服或是一条狗。大多数实物操作是半制造性的，要在非常有限的时间内将物品恢复到良好的使用状态，这种工作可能包括清洗、维护、储存、改进、修理或照看顾客的东西（有生命的和无生命的都有），这些工作的目的都是为了延长它们的使用寿命。实物操作还包括交通、仓储、批发和零售分销、安装、搬运和清除，简而言之，就是在所针对的物体的寿命期内发生的完整的活动链。如果实物是轻便的，那么顾客可以自己或委托他人将实物送到服务地点，便于服务提供商统一进行实物操作处理，处理完毕以后再送交给顾客。相反，如果被处理的物体难以移动，比如空调设备、建筑物等，那么服务人员必须亲自上门，带着必要的工具和材料到现场完成工作。

四、服务的全球化分散

根据以上对服务动作行为的分析，可以看出，符合下面条件的服务可以分解、分散到世界各地。

（1）服务活动是信息密集型的。人员到场进行实物操作的必要性较低，顾客接触也较低，而且在顾客接触过程中，符号接触的时间相对人员接触的时间较高。

（2）符号处理活动可以分离。信息符号处理与顾客接触和实物操作之间可以分离（见图 8 - 2B）。更具体点，要满足：相关符号可以采用可移动的介质“打包”；接收者可以打开这个包装，能够解释、理解符号的含义；接收者具有积极性；不存在技术、法律和政治上的因素阻碍介质的移动（Badaracco，1991）。

（3）符号操作（即符号收集、加工、传播）的信息技术高效。活动结构化越好，越明确，信息技术越容易处理。

（4）顾客及公司高级管理人员从心理上愿意接受服务分散的选择，而且这种分散在文化和法律上是可行的。

（5）所分散的活动在企业中的战略地位较低，一般不属于公司所要求的核心能力的保护范畴。

（6）这些活动在公司内部开展的相对效率（包括成本、利益和风险）较低，也就是说，其他企业在这方面更具潜在优势。

现在，采用上面第（1）条标准建立服务分解的三维模型（如图 8－2 所示）。图中列出了几种服务职业，容易分解的服务活动一般信息密度高、顾客接触程度和实物现场需要程度低。当信息密度、顾客接触程度和实物现场需要程度这三个指标值处于高、中、低，或者高、低、中，或者中、低、低，其分解的可能性为中等水平，在其余指标值组合的情况下，分解可能性低。

正如贝尔（Bell，1979）在《后工业社会的来临》中所提到的，信息密集型工作岗位的数量和重要性在全球范围内与日俱增，因此在未来一段时间里，全球分散的工作岗位数量预计进一步增加。

全球分散大大改善了顾客服务绩效和质量，随着价值链活动的分离，不同活动之间的沟通和协调的管控能力显得非常重要。保持良好沟通的最简单的办法就是只分离那些结构化较好、内容明确的活动，因此正如实践所表明的那样，数据录入和计算机编程的全球分离成功的机会要大得多；相反，结构化不好、内容不明确，战略规划的分离面临很多困难。

除了以上讨论的标准之外，我们还应该考虑诸如法律和文化方面的因素，企业管理人员和顾客接受全球分离的意愿。服务的全球化分离是一个逐渐发展的过程，其潜力要全部释放出来也许需要很长一段时间。

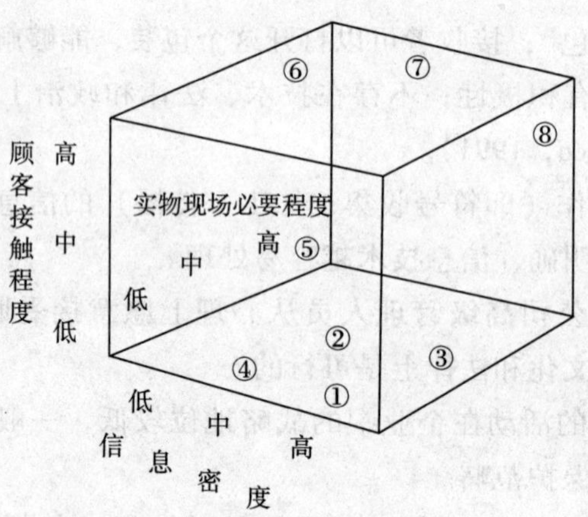

图例说明	职业	信息密度	顾客接触需要	实体现场需要	分解可能性
①	精算师	高	低	低	高
②	销售经理	高	中	低	中
③	土木工程师	高	低	中	中
④	设备操作员	中	低	低	中
⑤	清洁员	低	低	高	低
⑥	食品管理员	低	高	高	低
⑦	秘书	中	高	高	低
⑧	护士	高	高	高	低

图 8－2　服务职业分解的可能性

资料来源：Uday M. Apte and Richard O. Mason，"Global Disaggregation of Information－Intensive Services"，*Management Science*，Vol. 41，No. 7（Jul.，1995），p. 1257.

全球化分散可以采取两种形式：内包和外包。在概念层面，可以采用交易成本理论对服务分散进行决策分析，外包是介于市场与企业之间的一种中间组织，只有当外包所产生的成本之和小于自己生产的成本时才应当进行外包，否则应当实行资源管理职能的内部化即内包。在实践层面，内包还是外包取决于两个因素：一是服务活动对于企业的重要程度；二是企业的服务相对效率（Walker，1988）。一般来说，一项服务活动在战略上越重要，内部服务活动相对效率越高，越有可能内包；相反，一项服务活动在这两个指标上数值越低，一般情况下外包的可能性越大。在这两个因素不同组合情况下的可能采取的行动措施如图 8－3 所示（Walker，1988）。

在选择服务活动分离的地点上，应通盘考虑技术、经济、政治和文化方面的因素。要达到一个合理的组织安排，管理人员还必须考虑两个重要因素：对服务活动的控制程度以及知识产权保护的需要。为保证这两个目标的实现，通常采取设立分支机构的方式更可取。

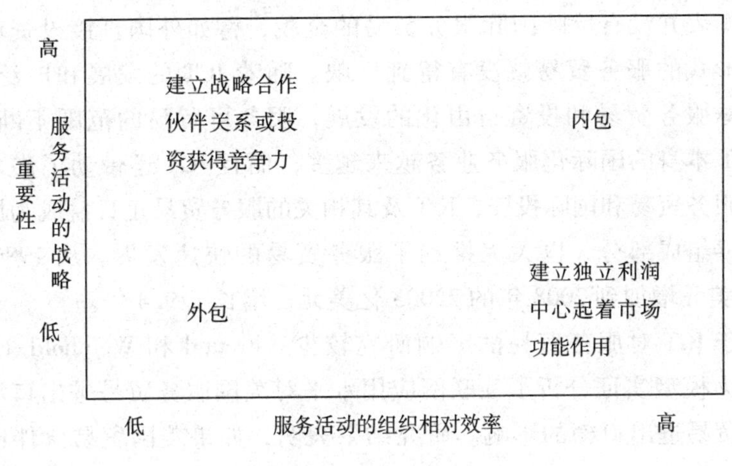

图 8－3　内包与外包

在当今全球经济日益加深的情况下，服务全球化分散的趋势面临巨大的挑战和机遇。面对纷繁复杂的环境，这里给出了 6 种标准，以评判可以而且应该分离的服务活动的选择方案和组织。首先，要判别服务活动在信息密集度、顾客接触需要、实物现场需要方面的特征。若在这三个指标上等级数值表现为高、低、低，表示相应的服务活动全球分散的潜力巨大。其次，为进一步评估服务活动全球分散的可行性和必要性，还要考虑另外三个因素：符号操作的可分离性、结构性和明确性、法律和文化方面的合理性。最后，内包还是外包主要取决于战略重要性，以及企业从事服务活动的相对效率。

第三节　信息化推动服务全球化

一、ICT与服务贸易

在大多数发达国家，服务业产值和外国直接投资在国民经济部门的比重达到2/3，而服务贸易只占全部贸易的20%～25%。长期以来，服务贸易的地位并不突出，主要是因为许多服务缺乏可贸易性；同时，国际收支平衡表并没有反映国际服务贸易的全貌，譬如外国直接投资和自然人流动形式的服务贸易就没有得到反映。随着ICT的发展和广泛应用，以及全球服务贸易和投资自由化的发展，服务可贸易的范围不断扩大，不仅ICT本身的国际化服务业务越来越多，而且ICT还带动了许多相关的国际服务贸易和国际投资，ICT及其相关的服务贸易正日益成为服务贸易的重要组成部分，也大大推动了服务贸易的快速发展。从1980年的7674亿美元增加到2008年的72003亿美元，增长了9.4倍。

关于ICT对服务贸易的影响研究较少。Freund和Weinhold（2000）利用引力模型实证分析了互联网应用水平对美国服务贸易进出口增长率和服务贸易进出口额的影响。研究结果表明，如果美国贸易伙伴国的互联网应用水平提高10个百分点，则带来服务进口增长率上升1.1%，出口增长率上升1.7%，服务贸易进口额增长0.5%，出口额增长0.2%。黄建锋、陈宪（2005）实证考察了信息通信技术对服务贸易的促进作用，他们认为，信息通信技术不仅促进了跨进服务贸易的发展，而且推动了"商业存在"服务贸易的发展，ICT对"商业存在"服务贸易的促进作用要大于跨境服务贸易的促进作用；无论是跨境服务贸易还是商业存在服务贸易，ICT对服务出口的促进作用大于对进口的促进作用。

ICT不仅改变了服务贸易的方式和内容，拓展了服务贸易的领域和范围，提高了服务的可贸易性，而且ICT加深了服务业全球化分工，促进了服务业的专业化发展。此外，ICT大大简化了服务交易过程，降低了交易成本。ICT使用成本的不断下降，直接降低了交易成本，加速了服务贸易的发展。比如，根据德国银行分行24小时银行（Bank 24）的估算，通过电话交易每笔业务的成本为1.12美元，而通过Internet交易的成本仅为0.01美元。

服务活动的全球化及它们可贸易程度的提高，可以通过服务贸易统计部分地进行衡量。ICT服务贸易范围可以通过IMF支付平衡表中的“计算机和信息服务”、“其他商务服务”两个类别来估算（见表8-2）。现选取OECD国家作为对象，考察ICT服务贸易。在ICT服务出口方面，德国、爱尔兰、荷兰、英国和美国等国的绝对数量规模较大，在2008年它们的ICT服务出口额分别达到204.56亿美元、348.76亿美元、111.95亿美元、214.77和220.64亿美元。这表明，发达国家是ICT服务的主要出口国。在可以获取数据的国家中，除了日本，其他国家都在2000年的基础上出现大幅度增长，其中捷克、芬兰和匈牙利等国比较突出，其年均增长率分别达到30.91%、46.64%、30.95%（见表8-3）。

在ICT服务出口方面，爱尔兰独占鳌头。这主要得益于其庞大的软件产业，爱尔兰是世界大型软件公司进入欧洲市场的门户和集散地，也是全球最大的软件本地化供应基地，其软件在欧洲市场占有率超过60%，全球排名前10位的软件企业在爱尔兰都设有分支机构。20世纪80年代后期，爱尔兰凭借与其他欧洲国家文化联系紧密的优势，抓住了美国软件产业向欧洲转移的机遇，走出了一条外向型需求的软件产业之路，形成了爱尔兰式的“本地化”软件产业模式。自1991年以来，爱尔兰软件产业出口额大幅度攀升，年均软件出口比重超过90%。目前，爱尔兰软件出口主要集中在欧洲和美国，其中欧洲主要集中在英国、德国和荷兰等国。

爱尔兰在信息技术相关服务出口中扮演着主要角色，是与政府的极力推动分不开的。爱尔兰是较早意识到互联网将给全球带来挑战的国家之一。早在1998年就成立了信息联合委员会，政府于1999年出台了第一个信息联合实施计划，该计划的宗旨是使全体国民从互联网的使用中得益，同时努力使爱尔兰成为国际信息产业这一激烈竞赛场上的成员之一。与此同时，爱政府还致力于发展电子通讯的基础设施、加强环境建设、寻找开发电子商务的机遇、力争使公共服务领域电子化，大力倡导全社会使用互联网。政府还设立了信息产业基金以配合上述计划的落实。为确保爱尔兰在国际信息产业取得领先地位，爱政府于2002年3月改进了第一个信息联合实施计划——“新的连接”。为进一步提高效率，重组了信息联合委。2004 年 10 月又进行了第二次改进，针对电子通信基础设施、环保法律法规、电子政务、电子商务、研发及电子内含等方面提出了一些系列指导性的计划。

日本出现 4.91% 的负增长，这是由日本重“硬”轻“软”的信息产业结构造成的，日本从 20 世纪 80 年代起信息技术发展的重心向计算机的大型化、高速化和半导体芯片的大容量化、微型化等硬件技术等方面倾斜，可是对于软件业和信息服务业缺乏足够的重视。

在 ICT 进口方面，2008 年德国、英国和美国等国的 ICT 服务进口分别达到 206.38 亿美元、131.98 亿美元和 239.27 亿美元。这表明，发达国家同样也是 ICT 服务的主要进口国。对比 2000 年，大多数国家都呈现较快的增长，其中冰岛、捷克和卢森堡等国的表现尤为突出。从以上分析可以看出，ICT 服务贸易主要发生在发达国家之间，而不是发达国家与发展中国家之间，发达国家是 ICT 服务贸易的主导者。同时，大国的 ICT 服务贸易发展速度一般比小国更慢。

表 8－2　国际货币基金组织支付平衡分类

7	计算机和信息服务
7.1	计算机服务
7.2	信息服务
7.2.1	新闻机构服务
7.2.2	其他提供信息的服务
9	其他商务服务
9.1	批发及其他与贸易有关的服务
9.1.1	批发
9.1.2	其他与贸易有关的服务
9.2	业务租界服务
9.3	混业、专业和技术服务
9.3.1	法律、会计、管理咨询及公共关系
9.3.1.1	法律服务
9.3.1.2	会计、审计、簿记以及税收咨询服务
9.3.1.3	业务及管理咨询、公共关系

续表

9.3.2	广告、市场研究、民意调查
9.3.3	研究开发
9.3.4	建筑的、工程的以及其他技术类服务
9.3.5	农业、采矿及现场处理服务
9.3.5.1	废物处理及房屋
9.3.5.2	农业、开矿及其他现场处理服务
9.3.6	其他业务服务
9.3.7	相关公司之间的服务

资料来源：OECD（2002b）。

表 8-3　　2000 年和 2008 年 ICT 服务贸易　　单位：百万美元，当期价格

国家	ICT 服务出口			ICT 服务进口		
	2000 年	2008 年	年均增长%	2000 年	2008 年	年均增长%
澳大利亚	1384	2179	5.83	1635	2269	4.18
奥地利	777	3918	22.42	806	3076	18.22
比利时	3493①	7496	13.57	2693①	5670	13.22
加拿大	3804	6908	7.74	2279	4126	7.70
捷克	219	1885	30.91	129	1528	36.19
丹麦	1806②	2424	10.32	1920②	2917	14.95
芬兰	412	8805	46.64	605	2490	19.34
法国	2136	6006	13.80	1891	5109	13.23
德国	5246	20456	18.54	8094	20638	12.41
希腊	348	854	11.89	444	1123	12.31
匈牙利	191	1649	30.95	204	1349	26.66
冰岛	41	88	10.18	4	45	37.43
爱尔兰	5826	34876	25.07	620	2272	17.62
意大利	1724	3535	9.39	2847	4884	6.98
日本	2390	1598	-4.91	4218	5035	2.24

续表

国家	ICT 服务出口			ICT 服务进口		
	2000 年	2008 年	年均增长%	2000 年	2008 年	年均增长%
韩国	398	1004	12.26	714	1702	11.46
卢森堡	997①	4205	27.11	375①	2184	34.14
荷兰	2583	11195	20.12	2605	9725	17.90
新西兰	275	441	6.10	302	553	7.85
挪威	949	2300	11.70	406	2376	24.73
波兰	295	1584	23.37	639	1790	13.75
葡萄牙	249	1305	23.02	319	1310	19.31
斯洛伐克	104	613	24.81	83	563	27.13
西班牙	2720	8326	15.01	1970	6060	15.08
瑞典	1847	9996	23.50	1870	5417	14.22
土耳其	…	738	…	…	330	…
英国	7155	21477	14.73	4092	13198	15.76
美国	11077	22064	9.00	12156	23927	8.83
欧盟 27 国	85751③	154880	15.93	55701③	95527	14.44

注："…"表示数据无法得到。ICT 服务包括通信服务、计算机和信息服务。以下同。①、②、③分别代表 2002 年、2005 年和 2004 年的数据。

资料来源：OECD/EUROSTAT 有关服务贸易数据库。

与 ICT 实物产品出口相比，大多数国家的 ICT 服务出口增长速度高于 ICT 产品出口增长速度，只有捷克、冰岛、日本、新西兰、波兰、斯洛伐克的 ICT 服务出口增长速度低于 ICT 产品出口增长速度；多数国家的 ICT 服务进口增长速度也高于 ICT 产品进口增长速度，只有澳大利亚、日本、波兰、斯洛伐克等少数国家的 ICT 服务进口增长速度低于 ICT 产品进口增长速度（见表 8 -4）。ICT 服务贸易的规模普遍低于 ICT 实物产品贸易，发达国家如美国、英国、德国、法国、日本等国的 ICT 服务贸易水平低于 ICT 实物贸易，ICT 服务出口额和进口额不到 ICT 实物产品出口和进口的三成。从出口方面看，澳大利亚、希腊、爱尔兰、卢森堡、新西兰、挪威和西班牙等国的ICT服务出口低于ICT实物产品出口，小型国家的ICT服务出口与ICT实物出口更接近，表明小型国家更偏重于ICT服务出口。在进口方面，仅有卢森堡的ICT服务进口低于ICT实物产品进口（见表8－5），几乎所有国家偏重于ICT实物进口而不愿意称为服务进口国。

表8－4　　2000年和2008年ICT产品贸易　　单位：百万美元，当期价格

国家	ICT服务出口			ICT服务进口		
	2000年	2008年	年均增长%	2000年	2008年	年均增长%
澳大利亚	1727	2076	2.32	10488	17500	6.61
奥地利	3941	7494	8.37	6339	9978	5.83
比利时	10825	12388	1.70	11752	16557	4.38
加拿大	20967	14129	-4.81	31412	32467	0.41
捷克	1334	20614	40.81	3118	20119	26.24
丹麦	3654	3936	0.93	5505	7932	4.67
芬兰	10781	14419	3.70	5671	10180	7.59
法国	31939	25360	-2.84	36020	45480	2.96
德国	48717	74643	5.48	61880	94718	5.47
希腊	466	667	4.58	2216	4613	9.60
匈牙利	7231	24522	16.49	6482	19002	14.39
冰岛	2	9	21.28	234	244	0.50
爱尔兰	27697	19989	-3.99	16625	14229	-1.93
意大利	10675	10340	-0.40	20898	27948	3.70
日本	108795	92513	-2.01	61478	73841	2.32
韩国	59426	90337	5.37	34644	49953	4.68
卢森堡	889	524	-6.38	1226	1128	-1.04
墨西哥	34771	56897	6.35	31218	49720	5.99
荷兰	38160	63156	6.50	40774	64351	5.87

续表

国家	ICT 服务出口			ICT 服务进口		
	2000 年	2008 年	年均增长%	2000 年	2008 年	年均增长%
新西兰	158	402	12. 38	1644	2661	6. 21
挪威	1104	2245	9. 27	3388	6796	9. 09
波兰	1290	11949	32. 09	4535	17137	18. 08
葡萄牙	1492	3843	12. 56	3087	6738	10. 25
斯洛伐克	388	11823	53. 27	758	9888	37. 86
西班牙	5355	6820	3. 07	12957	33124	12. 45
瑞典	15487	15734	0. 20	10521	15198	4. 70
瑞士	3080	3368	1. 13	8128	10365	3. 09
土耳其	1024	2407	11. 27	5534	7898	4. 55
英国	50419	27856	-7. 15	62676	59450	-0. 66
美国	156670	138001	-1. 57	218859	256235	1. 99

资料来源：OECD 有关 ICT 贸易数据库。

表 8-5　2000 年和 2008 年 ICT 产品贸易和 ICT 服务贸易规模比较　单位：%

国家	ICT 服务出口/ICT 产品出口		ICT 服务进口/ICT 产品进口	
	2000 年	2008 年	2000 年	2008 年
澳大利亚	0. 80	1. 05	0. 16	0. 13
奥地利	0. 20	0. 52	0. 13	0. 31
比利时	0. 36①	0. 61	0. 02①	0. 34
加拿大	0. 18	0. 49	0. 07	0. 13
捷克	0. 16	0. 09	0. 04	0. 08
丹麦	0. 31②	0. 62	0. 20②	0. 37
芬兰	0. 04	0. 61	0. 11	0. 24
法国	0. 07	0. 24	0. 05	0. 11
德国	0. 11	0. 27	0. 13	0. 22
希腊	0. 75	1. 28	0. 20	0. 24

续表

国家	ICT 服务出口/ICT 产品出口		ICT 服务进口/ICT 产品进口	
	2000 年	2008 年	2000 年	2008 年
匈牙利	0.03	0.07	0.03	0.07
冰岛	20.11	9.33	0.02	0.18
爱尔兰	0.21	1.74	0.04	0.16
意大利	0.16	0.34	0.14	0.17
日本	0.02	0.02	0.07	0.07
韩国	0.01	0.01	0.02	0.03
卢森堡	1.05①	8.02	0.03①	1.94
荷兰	0.07	0.18	0.06	0.15
新西兰	1.74	1.10	0.18	0.21
挪威	0.86	1.02	0.12	0.35
波兰	0.23	0.13	0.14	0.10
葡萄牙	0.17	0.34	0.10	0.19
斯洛伐克	0.27	0.05	0.11	0.06
西班牙	0.51	1.22	0.15	0.18
瑞典	0.12	0.64	0.18	0.36
土耳其	…	0.31	…	0.04
英国	0.14	0.77	0.07	0.22
美国	0.07	0.16	0.06	0.09

注：①、②分别代表 2002 年和 2005 年的数据。

资料来源：根据 OECD 有关 ICT 贸易数据库计算得到。

ICT 服务贸易出口占服务出口的份额普遍较低，只有爱尔兰的比重较高达到 35%，加拿大、芬兰、瑞典的这一比例虽然比其他国家稍高，但数值并不高。2008 年与 2000 年相比，大部分国家的 ICT 服务出口比重有所上升，其中捷克、芬兰、瑞典上升明显，只有澳大利亚、比利时、日本和新西兰等国出现下降。从 ICT 服务进口方面来看，ICT 服务进口占服务进口的比重较低，几乎都低于10%。2008年与2000年相比，大部分国家的ICT服务进口比重也有所上升，其中捷克、荷兰较为显著，也有些国家如澳大利亚、比利时、加拿大、丹麦、意大利、日本、新西兰和波兰出现下降（见表8-6）。因此，从总体上可以判断，ICT服务的贸易化程度不高，但仍在继续深化。

表8-6　　2000年和2008年ICT服务贸易占服务贸易比重　　单位:%

国家	ICT服务出口比重			ICT服务进口比重		
	2000年	2008年	增减	2000年	2008年	增减
澳大利亚	0.07	0.05	-0.02	0.09	0.05	-0.04
奥地利	0.03	0.06	0.03	0.05	0.07	0.02
比利时	0.09①	0.09	-0.01	0.08①	0.07	-0.01
加拿大	0.10	0.11	0.01	0.05	0.05	-0.01
捷克	0.03	0.09	0.05	0.02	0.09	0.06
丹麦	0.04②	0.03	-0.01	0.05②	0.05	-0.01
芬兰	0.07	0.28	0.21	0.07	0.09	0.01
法国	0.03	0.04	0.01	0.03	0.04	0.00
德国	0.06	0.08	0.02	0.06	0.07	0.02
希腊	0.02	0.02	0.00	0.04	0.05	0.01
匈牙利	0.03	0.08	0.05	0.04	0.07	0.03
冰岛	0.04	0.04	0.00	0.00	0.02	0.02
爱尔兰	0.35	0.34	0.00	0.02	0.02	0.00
意大利	0.03	0.03	0.00	0.05	0.04	-0.01
日本	0.03	0.01	-0.02	0.04	0.03	-0.01
韩国	0.01	0.01	0.00	0.02	0.02	0.00
卢森堡	0.05①	0.06	0.01	0.03①	0.05	0.02
荷兰	0.05	0.09	0.04	0.05	0.09	0.04
新西兰	0.06	0.05	-0.01	0.07	0.06	-0.01
挪威	0.05	0.05	0.00	0.03	0.05	0.03

续表

国家	ICT 服务出口比重			ICT 服务进口比重		
	2000 年	2008 年	增减	2000 年	2008 年	增减
波兰	0.03	0.04	0.02	0.07	0.06	-0.01
葡萄牙	0.03	0.05	0.02	0.05	0.08	0.03
斯洛伐克	0.05	0.07	0.03	0.04	0.06	0.02
西班牙	0.05	0.06	0.01	0.06	0.06	0.00
瑞典	0.09	0.14	0.05	0.08	0.10	0.02
土耳其	…	0.02	…	…	0.02	…
英国	0.06	0.08	0.02	0.04	0.07	0.02
美国	0.04	0.04	0.00	0.05	0.06	0.00

注：①、②分别代表 2002 年和 2005 的数据。

资料来源：根据 OECD 有关 ICT 贸易数据库计算得到。

从 ICT 实物产品贸易来看，情况就不一样。从 2008 年数据看，ICT 产品贸易占货物贸易的比重较高的国家不少，除了美国、日本等发达国家，也有像爱尔兰、墨西哥、匈牙利、韩国、捷克、斯洛伐克等发展中国家。这说明 ICT 产品贸易在货物贸易当中扮演着重要的角色（见表 8－7）。一个有趣的现象是，无论是 ICT 出口比重，还是进口比重，绝大部分国家都出现不同程度的下降，上升的国家只有捷克、斯洛伐克、波兰、葡萄牙等国。这意味着，ICT 产品贸易在货物贸易中的地位正在下滑。这与 ICT 服务贸易的发展趋势存在很大差异。这暗示 ICT 贸易结构朝着服务化方向发展。

现在来考察由 ICT 引发的“其他商务服务业”的服务贸易。对于许多国家来说，“其他商务服务业”是一个剩余项，它的组成比较复杂。其中，一些知识密集型如法律、会计、管理咨询、建筑和研发等专业技术服务是我们关注的重点，这些服务受 ICT 的影响较大。不同的国家对于它的界定存在差异，因此以此为基础计算的服务出口在不同国家之间差别很大。例如，印度将“计算机和信息服务”列在“其他商务服务业”类别下。从考察 ICT 带动离岸服务的角度看，与印度的服务贸易近年来引起了特别的关注。从一个国家（原产地）到另一个国家（提供服务的国家）的离岸服务活动应导致向原产国的服务回流，这一点应在服务贸易平衡表中得到反映。有人曾对印度出口数据表示怀疑，尤其是对这些数据存在巨大的统计差异，印度的商务服务出口数据是其相应的进口国（美国、欧盟日本和加拿大）所报告服务进口数据的 10 倍以上（OECD，2004）。

表 8－7　　2000 年和 2008 年 ICT 产品贸易占货物贸易比重　　单位：%

国家	ICT 服务出口比重			ICT 服务进口比重		
	2000 年	2008 年	增减	2000 年	2008 年	增减
澳大利亚	0.03	0.01	－0.02	0.15	0.09	－0.06
奥地利	0.06	0.04	－0.02	0.09	0.06	－0.04
比利时	0.07	0.04	－0.03	0.08	0.05	－0.03
加拿大	0.07	0.03	－0.04	0.13	0.08	－0.05
捷克	0.05	0.14	0.10	0.10	0.14	0.05
丹麦	0.07	0.03	－0.04	0.13	0.07	－0.06
芬兰	0.24	0.15	－0.09	0.18	0.12	－0.06
法国	0.11	0.04	－0.07	0.12	0.07	－0.05
德国	0.09	0.05	－0.04	0.13	0.08	－0.05
希腊	0.04	0.02	－0.02	0.07	0.05	－0.02
匈牙利	0.25	0.23	－0.02	0.20	0.18	－0.02
冰岛	0.00	0.00	0.00	0.10	0.05	－0.05
爱尔兰	0.38	0.17	－0.21	0.34	0.17	－0.17
意大利	0.04	0.02	－0.03	0.09	0.05	－0.04
日本	0.24	0.12	－0.11	0.18	0.10	－0.08
韩国	0.34	0.21	－0.13	0.22	0.12	－0.10
卢森堡	0.10	0.02	－0.08	0.11	0.04	－0.07
墨西哥	0.21	0.20	－0.01	0.18	0.16	－0.02
荷兰	0.19	0.12	－0.07	0.22	0.14	－0.08

续表

国家	ICT 服务出口比重			ICT 服务进口比重		
	2000 年	2008 年	增减	2000 年	2008 年	增减
新西兰	0.01	0.01	0.00	0.13	0.08	-0.05
挪威	0.02	0.01	-0.01	0.10	0.08	-0.02
波兰	0.04	0.07	0.03	0.09	0.08	-0.01
葡萄牙	0.06	0.07	0.01	0.08	0.07	0.00
斯洛伐克	0.03	0.17	0.14	0.06	0.14	0.08
西班牙	0.05	0.02	-0.02	0.08	0.08	0.00
瑞典	0.18	0.09	-0.09	0.14	0.09	-0.05
瑞士	0.04	0.02	-0.02	0.10	0.06	-0.04
土耳其	0.03	0.02	-0.02	0.10	0.04	-0.06
英国	0.18	0.06	-0.12	0.19	0.09	-0.09
美国	0.20	0.11	-0.09	0.18	0.12	-0.06

资料来源：根据 OECD 有关 ICT 贸易数据库计算得到。

从 2008 年的出口数据看，美国、英国、德国、荷兰和日本等国的商务服务出口规模较大，分别达到 922.02 亿美元、821.96 亿美元、801.79 亿美元、416.99 亿美元和 410.80 亿美元（见表 8－8）；2000～2008 年爱尔兰、芬兰和卢森堡的商务服务出口增长较快，其年增长率分别为 34.01%、32.34% 和 29.88%，但土耳其出现 38.85% 的负增长。在进口方面，美国、德国、意大利、爱尔兰、英国和日本等国的进口规模较大，2008 年它们的进口额分别为 584.19 亿美元、672.03 亿美元、498.23 亿美元、476.42 亿美元、448.78 亿美元和 404.35 亿美元，从 2000 年至 2008 年，瑞士、卢森堡、芬兰和丹麦等国的商务服务进口较快，其年增长速度分别为 35.49%、28.50%、22.06% 和 20.08%。从欧盟 27 过来看，无论在规模上还是速度上，商务服务贸易大体保持平衡，出口略大于进口。从以上分析可以看出，几乎所有国家的商务服务贸易都保持较快的发展态势，发达国家的商务服务贸易规模一般较大，而发展中国家特别是中小国家在商务服务贸易的发展速度上表现出色。

表 8-8　2000 年和 2008 年其他商务服务贸易　单位：百万美元，当期价格

国家	其他商务服务出口			其他商务服务进口		
	2000 年	2008 年	年均增长%	2000 年	2008 年	年均增长%
澳大利亚	2005	6421	15.66	1694	6184	17.57
奥地利	5404	16692	15.14	3438	8651	12.23
比利时	12227①	27338	14.35	10048①	22686	14.54
加拿大	10395	17877	7.01	9634	13808	4.60
捷克	1365	5398	18.75	2388	4476	8.17
丹麦	3130	11193	17.27	2573	11123	20.08
芬兰	1329	12501	32.34	2574	12683	22.06
法国	19343	38403	8.95	15474	35961	11.12
德国	26977	80179	14.59	34984	67203	8.50
希腊	925	2535	13.42	751	2421	15.75
匈牙利	1260	5549	20.36	1792	5667	15.48
冰岛	137	461	16.35	211	458	10.19
爱尔兰	3015	31347	34.01	12183	47642	18.59
意大利	13725	39512	14.13	17714	49823	13.80
日本	17713	41080	11.09	24295	40435	6.57
韩国	7200	13157	7.83	10328	27667	13.11
卢森堡	1763①	8463	29.88	1517①	6828	28.50
墨西哥	520	…	…	1007	…	…
荷兰	15642	41699	13.04	16714	37249	10.54
新西兰	362	945	12.73	776	1735	10.58
挪威	3947	13643	16.77	3103	8495	13.42

续表

国家	其他商务服务出口			其他商务服务进口		
	2000 年	2008 年	年均增长%	2000 年	2008 年	年均增长%
波兰	1289	8014	25.66	1821	6419	17.06
葡萄牙	1331	4980	17.93	1373	3715	13.25
斯洛伐克	467	1408	14.80	644	1763	13.41
西班牙	8026	32890	19.28	10100	35819	17.14
瑞典	7212	27003	17.94	8029	19791	11.94
瑞士	2476	16807	27.05	114	1290	35.49
土耳其	4652	91	-38.85	572	1378	11.62
英国	33955	82196	11.68	16712	44878	13.14
美国	40206	92202	10.93	23732	58419	11.92
欧盟 27 国	276310②	488158	15.29	261223②	441536	14.02

注：ICT 服务包括通信服务、计算机和信息服务。以下同。①、②分别代表 2002 年和 2004 年的数据。

资料来源：OECD/EUROSTAT 有关服务贸易数据库。

从商务服务贸易在服务贸易中的地位观察，绝大部分国家的商务服务出口比重较高，其中，芬兰、瑞典、荷兰、意大利、德国、比利时、爱尔兰、挪威等国的出口占比超过了三成（见表 8 -9），而且 2000 ~ 2008 年大部分国家的出口比重有所提高，芬兰、瑞士、爱尔兰、波兰 4 国的占比提高了 10 个百分点，只有土耳其、韩国、斯洛伐克、比利时和法国的占比有所下降。在进口方面，2008 年占比超过三成的有爱尔兰、芬兰、意大利、瑞典、西班牙、荷兰、匈牙利等国，在 2000 年至 2008 年期间，有 10 个国家出现了负增长。出口占比高的国家其进口占比也往往较高，说明商务服务贸易的进出口可以双向相互促进。因此，商务服务贸易在服务贸易中起着十分重要的作用，这一作用还在进一步加强，特别是在出口方面更是如此。

表 8-9 2000 年和 2008 年其他商务服务贸易占服务贸易比重 单位:%

国家	其他商务服务出口比重			其他商务服务进口比重		
	2000 年	2008 年	增减	2000 年	2008 年	增减
澳大利亚	10.09	14.39	4.30	8.95	13.71	4.76
奥地利	23.50	26.94	3.44	20.86	20.28	-0.58
比利时	32.44①	31.70	-0.74	28.16①	27.63	-0.54
加拿大	26.73	27.95	1.22	22.63	16.24	-6.40
捷克	19.99	24.41	4.42	44.11	25.86	-18.25
丹麦	13.06	15.40	2.34	12.20	17.77	5.57
芬兰	21.53	39.13	17.61	30.57	43.36	12.79
法国	24.00	23.48	-0.52	25.45	25.26	-0.19
德国	31.18	32.58	1.41	24.74	23.70	-1.03
希腊	4.79	5.08	0.29	6.65	9.76	3.11
匈牙利	20.70	27.88	7.18	36.21	30.30	-5.91
冰岛	13.46	22.17	8.71	18.05	18.98	0.93
爱尔兰	17.85	30.92	13.07	42.12	43.61	1.49
意大利	24.31	33.12	8.81	31.98	38.30	6.33
日本	25.58	27.62	2.04	21.11	23.87	2.76
韩国	23.58	17.31	-6.27	30.94	29.84	-1.10
卢森堡	8.70①	11.93	3.23	12.41①	16.61	4.20
墨西哥	3.78	…	…	5.80	…	…
荷兰	29.85	33.13	3.27	31.38	33.25	1.87
新西兰	8.27	10.55	2.29	17.25	18.09	0.85
挪威	22.82	30.07	7.24	21.42	19.32	-2.10
波兰	12.36	22.70	10.34	20.21	21.29	1.08
葡萄牙	14.71	18.96	4.25	19.48	22.28	2.80
斯洛伐克	20.29	16.63	-3.65	34.61	19.26	-15.34
西班牙	15.26	23.03	7.76	30.42	34.32	3.90
瑞典	33.35	37.28	3.93	33.49	36.30	2.81

续表

国家	其他商务服务出口比重			其他商务服务进口比重		
	2000 年	2008 年	增减	2000 年	2008 年	增减
瑞士	8.07	21.55	13.49	0.89	4.04	3.16
土耳其	23.82	0.26	-23.56	7.02	7.75	0.74
英国	28.26	28.75	0.49	16.82	22.49	5.68
美国	13.58	16.90	3.31	10.61	14.42	3.81
欧盟 27 国	25.27②	27.08	1.81	26.13②	27.55	1.42

注：①、②分别代表 2002 年和 2004 年的数据。

资料来源：根据 OECD 有关 ICT 贸易数据库计算得到。

欧洲国家特别是小国家如芬兰、爱尔兰等国的商务服务贸易在服务贸易中起着举足轻重的作用，其占比高达 40% 左右（见表 8-10），而且与 2000 年相比，2008 年大多数国家这一比重还在提高，芬兰和意大利的提高幅度非常显著。将商务服务贸易占服务贸易的比重与商务服务业占服务业增加值比重进行对比可以发现，商务服务贸易占比要远高于商务服务业增加值占比，表明其他商务服务业的贸易化程度远高于整体服务业的贸易水平。

表 8-10　　2000 年和 2008 年其他商务服务贸易与服务业比较

国家	其他商务服务贸易占服务贸易比重（%）			其他商务服务业占服务业增加值比重（%）		
	2000 年	2008 年	增减	2000 年	2008 年	增减
澳大利亚	9.53	14.05	4.51	18.72	12.38③	-6.33
奥地利	22.40	24.22	1.82	7.72	9.62	1.90
比利时	30.36①	29.71	-0.65	13.70	15.07	1.37
加拿大	24.59	21.26	-3.33	9.77	10.47③	0.70
捷克	30.66	25.04	-5.61	8.65	10.36	1.70
丹麦	12.66	16.50	3.84	7.96	8.60	0.64
芬兰	26.74	41.15	14.41	6.50	9.26	2.76

续表

国家	其他商务服务贸易占服务贸易比重（%）			其他商务服务业占服务业增加值比重（%）		
	2000 年	2008 年	增减	2000 年	2008 年	增减
法国	24.62	24.31	-0.31	12.48	13.92	1.45
德国	27.18	27.83	0.65	12.28	13.59	1.31
希腊	5.47	6.63	1.16	4.77	2.97	-1.80
匈牙利	27.66	29.06	1.40	10.06	11.23	1.17
冰岛	15.91	20.46	4.55	6.63	9.25	2.62
爱尔兰	33.18	37.51	4.33	9.02	10.02②	1.00
意大利	28.11	35.82	7.71	9.23	9.25	0.02
日本	22.79	25.62	2.83	7.31	8.05④	0.74
韩国	27.42	24.20	-3.23	6.89	8.11	1.22
卢森堡	10.10①	13.65	3.55	6.63	9.98	3.35
墨西哥	4.91	…	…	8.94	9.54	0.60
荷兰	30.62	33.19	2.56	12.94	14.22	1.28
新西兰	12.82	14.45	1.64	11.66	12.56③	0.90
挪威	22.18	24.78	2.60	7.72	9.97④	2.26
波兰	16.00	22.05	6.05	8.83	8.18②	-0.65
葡萄牙	16.80	20.25	3.45	7.51	7.01③	-0.50
斯洛伐克	26.69	18.00	-8.69	8.25	10.53	2.28
西班牙	21.13	27.79	6.67	7.31	8.95	1.64
瑞典	33.42	36.86	3.44	10.68	12.13	1.45
瑞士	5.95	16.47	10.52	10.21	10.51	0.30
土耳其	18.87	2.78	-16.09	…	…	…
英国	23.08	26.18	3.10	12.57	12.84	0.27
美国	12.30	15.84	3.54	12.87	13.90	1.03

注：①、②、③、④分别代表 2002 年、2005 年、2006 年、2007 年的数据。澳大利亚其他商务服务业增加值包括机器设备租赁、计算机相关信息和研发活动，加拿大、新西兰的其他商务服务业增加值包括计算机相关信息和研发活动。

资料来源：根据 OECD 有关 ICT 贸易数据库计算得到。

二、信息化与服务业 FDI

服务业的外国直接投资是服务业全球化的另一个重要方面。由于服务具有不可储存的特征，要求生产与消费同时同地进行，传统的观点认为大多数服务是不可贸易的。在某些场合，消费者或服务提供商暂时移动可以克服这种不可贸易性，但是对于大多数服务来讲，要进入外国服务市场，唯一的方式是通过外国直接投资或非股权安排（如许可证交易）在当地建立营业机构提供服务。据 WTO 估计，通过商业存在模式的服务贸易大约是跨境交付模式的服务贸易的 1.5 倍（见表 8 - 11）。

表 8 - 11　　全球服务贸易提供方式构成

提供方式	比重
跨境交付	35%
境外消费	10% ~15%
商业存在	50%
自然人流动	1% ~2%

资料来源：WTO，International Trade Statistics（2005），p. 8.

服务业外国直接投资增长迅速，20 世纪 80 年代初期，全球服务业外国直接投资存量仅占全世界外国直接投资存量的 1/4，而 20 世纪 90 年代以来，FDI 总额的一半以上流向了服务业。1990 年，服务业 FDI 流入存量占全世界 FDI 流入量的 49. 27%，流出存量占 46. 59%，到了 2006 年，服务业 FDI 流入存量上升到 62. 18%，流出存量上升到 64. 07%（见表 8 - 12）。从国际投资流量来看，1989 ~1991 年，服务业对外直接投资流入量超过第一、第二产业的总和，比重达到 50. 40%，流出流量占 50. 36%；2004 ~2006 年服务业对外直接投资流入量占世界对外直接投资总量的比重进一步上升，约为 55. 78%，流出流量为 53. 89%①。

① 陈宪、殷凤、程大中：《中国服务经济报告 2009》，上海大学出版社 2010 年版，第 40 ~41 页。

表 8－12　　外国直接投资存量的部门分布　　单位：%

分类		FDI 流入存量		FDI 流出存量	
		1990 年	2006 年	1990 年	2006 年
全世界	初级产业	9.26	7.96	8.81	7.43
	制造业	41.47	28.36	44.59	26.39
	服务业	49.27	62.18	46.59	64.07
发达国家	初级产业	9.68	7.63	9.03	7.93
	制造业	40.65	29.15	44.33	28.48
	服务业	49.67	62.08	46.64	61.66
发展中国家	初级产业	7.42	8.20	1.87	3.40
	制造业	45.16	25.67	53.19	9.43
	服务业	47.42	63.76	44.94	83.67

资料来源：根据 UNCTAD，World Investment Report 2008，pp. 207－208 数据计算。

服务业占外国直接投资总量的比重在各国之间差别较大。例如，在 2000 年孟加拉国、瑞典和委内瑞拉的服务业在 FDI 流入总量中所占的比重不到 30%，丹麦、卢森堡、瑞士、中国香港和拉脱维亚的这一数值超过 80%；从服务业在 FDI 流出总量的比重来看，澳大利亚、克罗地亚和瑞典都低于 40%，奥地利、哥伦比亚、丹麦和其他一些发达国家和中东欧国家高于 70%①。

服务业外国直接投资存量的增长是与其产业结构变动同步发生的。直到 1990 年以前，服务业外国直接投资仍集中于贸易和金融两大部门，这两个部门分别占服务业外国直接投资流入存量的 25% 和 40%（见表 8－13）。至 2002 年，贸易占 18%，金融业占 29%，这些行业对于企业的国际扩张以及经济发展，都起着至关重要的作用。但是，自 20 世纪 90 年代以后，其他服务业外国直接投资增长迅猛，其中最为突出的是电力、通信以及商务服务业。从世界整体情况看，电力、燃气和供水行业的外

① 联合国贸易与发展会议：《2004 年世界投资报告：转向服务业》，中国财政经济出版社 2006 年版，第 92 页。

国直接投资流入存量的比重由1990年的1%上升到2002年的3%，运输、仓储和通信服务业的外国直接投资流出存量的比占比上升了6个百分点；商务服务业是一个内容多样化的行业，其范围涉及从不动产到专业服务业，乃至信息技术带动的相关服务，1990～2002年，全世界商务服务业外国直接投资的流入存量和流出存量占比分别由13%和7%提升到26%和36%。

表8－13　　1990年和2002年服务业FDI存量的行业结构　　单位:%

部门/行业	1990年			2002年			
	发达国家	发展中经济体	世界	发达国家	发展中经济体	中东欧	世界
A. 外国直接投资流入存量							
服务业总计	100	100	100	100	100	100	100
电力、燃气和供水	1	2	1	3	4	6	3
建筑	2	3	2	1	3	5	2
贸易	27	15	25	20	14	21	18
餐饮与酒店	3	2	3	2	2	2	2
运输、仓储和通信	2	8	3	11	10	24	11
金融	37	57	40	31	22	29	29
商务活动	15	5	13	23	40	10	26
公共管理和国防	—	—	—	—	—	—	—
教育	—	—	—	—	—	—	—
保健和社会服务	—	—	—	—	—	—	—
社区、社会和个人服务活动	2	—	2	2	1	1	2
其他服务	10	8	9	2	4	2	2
未指明行业	2	1	2	6	2	—	5

续表

部门/行业	1990 年			2002 年			
	发达国家	发展中经济体	世界	发达国家	发展中经济体	中东欧	世界
B. 外国直接投资流入存量							
服务业总计	100	100	100	100	100	100	100
电力、燃气和供水	1	—	1	2	—	2	2
建筑	2	2	2	1	2	2	1
贸易	17	16	17	10	12	17	10
餐饮与酒店	1	—	1	2	2	—	2
运输、仓储和通信	5	4	5	11	7	19	11
金融	48	62	48	35	22	39	34
商务活动	6	11	7	34	54	19	36
公共管理和国防	—	—	—	—	—	—	—
教育	—	—	—	—	—	—	—
保健和社会服务	—	—	—	—	—	—	—
社区、社会和个人服务活动	—	—	—	—	—	—	—
其他服务	13	5	13	2	2	2	3
未指明行业	6	—	6	3	—	—	3

资料来源：UNCTAD。转引自联合国贸易与发展会议《2004 年世界投资报告：转向服务业》，中国财政经济出版社 2006 年版，第 93 页。

在大多数国家，服务业外国直接投资所占比重 1995 ~ 2003 年一直在增加，现在大多数发达国家已经超过一半，在 2003 年，德国的服务业 FDI 流量比重更高达 88%，法国的服务业 FDI 流出存量比重也高达 81.8%（见表 8 - 14）。不过，这些外国直接投资不少流入那些不可贸易的服务业（即需要在当地开业或需要面对面接触的服务业），至少不是通常人们所说的由信息通信技术带动的服务业。商业服务业的外国直接投资只占相对较少的一部分。

为更深入地反映服务全球化，我们来对比分析各国的 FDI 占 GDP 的比重变化。在所有国家，不管是全部 FDI（包括总流入、总流出）占 GDP 的比重，还是服务业 FDI（包括总流入、总流出）占 GDP 的比重，在 1995～2003 年期间，都出现不同程度的上升（见表 8－15）。

然而，以上大多数服务业 FDI 并不需要借助信息化达到贸易的目的，在 OECD 直接投资统计数据库中的行业分类中，很难确定哪一个类别与信息化带动的服务贸易完全吻合。但是，一般认为，最有可能是的“商务服务业”类别比较接近，其数值通过“不动产和商务活动”扣除“不动产”部分后获得。遗憾的是，在不少国家并没有这种分类。

表 8－14　　1995 年和 2003 年服务业 FDI 占 FDI 的比重　　单位:%

国家	流入		流出	
	1995 年	2003 年	1995 年	2003 年
澳大利亚	47.0	52.7	35.1	34.2
奥地利	65.2	76.8	69.9	79.1
加拿大	30.7	29.2	40.0	55.1
丹麦	73.4	77.1	64.5	69.6
芬兰	39.5	64.9	9.7	13.2
法国	67.4	80.5	80.0	81.8
德国	76.1	88.1	67.6	81.1
意大利	55.8	54.5	63.6	59.1
荷兰	55.2	63.1	49.5	58.1
瑞典	33.0	38.8	31.7	42.5
英国	46.6	66.1	40.1	61.7
美国	51.0	62.6	55.2	74.1

资料来源：OECD 直接投资统计数据库。转引自《经济合作与发展组织信息技术展望》，中国财政经济出版社 2006 年版，第 113 页。

表8－15　　1995年和2003年服务业FDI占GDP的比重　　单位：%

国家	FDI总流入		服务业FDI流入		FDI总流出		服务业FDI流出	
	1995年	2003年	1995年	2003年	1995年	2003年	1995年	2003年
澳大利亚	25.8	37.9	12.1	20.0	14.2	28.6	5.0	9.8
奥地利	7.3	21.0	4.8	16.1	4.9	21.8	3.4	17.3
加拿大	21.2	32.1	6.5	9.4	20.3	36.5	8.1	20.1
丹麦	12.1	41.3	8.9	31.8	12.5	42.6	8.0	29.7
芬兰	6.5	31.0	2.6	20.1	11.5	46.9	1.1	6.2
法国	12.2	29.1	8.2	23.4	13.0	40.3	10.4	32.9
德国	7.6	27.5	5.8	24.2	10.2	30.4	6.9	24.7
意大利	5.8	12.3	3.2	6.7	8.8	16.3	5.6	9.6
荷兰	29.4	89.3	16.2	56.4	43.0	103.6	21.3	60.1
瑞典	12.3	39.9	4.1	15.5	29.0	53.3	9.2	22.7
英国	17.6	33.7	8.2	22.3	26.9	68.4	10.8	42.3
美国	7.3	12.9	3.7	8.1	9.5	16.4	5.3	12.2

资料来源：OECD直接投资统计数据库。转引自《经济合作与发展组织信息技术展望》，中国财政经济出版社2006年版，第113页。

在以往的研究当中，学者们考察了FDI的影响因素很多，但主要集中在以下几个因素：自然资源、市场规模、社会政治的稳定性、商业环境、工资差别等。

Addison和Heshmati（2002）提出，ICT是FDI的重要影响因素。世界正在朝信息经济发展，ICT应用越来越普遍，信息成为重要的经济资源和生产要素，信息化日益成为经济发展的重要推动力，也是各国经济竞争的焦点。仅从对FDI的作用来看，信息化消除了传统上的地理障碍因素，为经济全球化提供了新的契机，各国可以借助信息化在全球范围内提供与一国内部一样高效率的商品和服务。信息化从根本上改变了全球关系的特性，创造了竞争优势的来源，为经济和社会发展提供了新的机遇，互联网、个人电脑和手机使得个人、企业、政府之间的相互沟通渠道更加多样化，这个世界的联系更加紧密。信息化打破了对信息的限制，提高了信息的透明度，降低了市场交易成本，也降低了参与分工的成本，使得发展中国家可以提供低成本的基于信息技术的服务，从而促进了发展中国家的 FDI 流入。

对于发展中国家来说，先进的信息化设施不仅可以使国内经济增长，而且是吸引外资、参与国际经济竞争的先决条件。在信息化发达的欧美国家，电信普遍服务已经渗透到社会的每一个部门，这些国家的经济政策把电信作为经济基础设施中的一个日益重要的组成部分，这主要出于竞争而导致产业对信息化设施的需要。对于欠发达国家来讲，它们已经认识到电信服务的缺乏成为吸引投资的一大障碍，进而使得现有产业处于不利的竞争地位。

邓宁（Dunning）在 20 世纪 80 年代初提出了投资发展周期理论，该理论认为，一国的 FDI 与其经济发展水平密切相关。FDI 具有动态的周期性的动态演变规律，按照经济发展水平的高低可以将 FDI 的演进发展过程划分为 5 个不同的阶段（见图 8－4），每一个阶段呈现不同的特点。信息化所发挥的作用是与 FDI 的发展过程分不开的，FDI 处在不同阶段，信息化的作用有所不同（见表 8－16）。

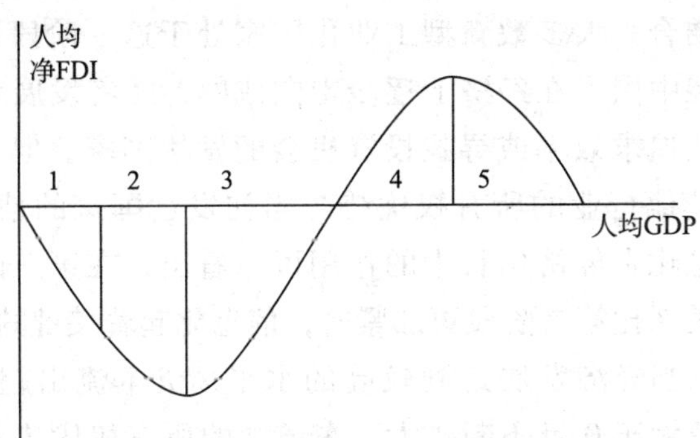

图 8－4　投资发展周期

第一阶段，这一阶段接受 FDI 较少，而且这些投资通常属于资源导向型的投资，投资的主要目的是利用自然资源，这时净 FDI 存量表现为负数。因此，劳动密集型产业占有优势地位。最不发达国家就是这一阶段的代表，其基础设施和技术落后。信息化在这一阶段并没有发挥显著作用。

第二阶段，在这一阶段尽管接受的净 FDI 为负值，外资投资规模不断扩大，投资仍集中于普通商品和自然资源上，但是开始投向一些资本密集型和低技术行业。这一阶段的国家还处在向外投资的起始阶段，这些国家为提升竞争优势，把注意力放在发展教育、公共卫生、交通运输行业上，内在优势和投资的增加为国家向出口导向型转型奠定了良好的基础。此外，政策和制度不断完善，以满足国家经济发展战略的需要。这意味着，在此阶段，国家的信息化能力得到了提升，并成为国际化的重要手段。多数发展中国家处于这一阶段。

第三阶段，随着经济发展水平进一步提高，资本流出逐渐快于资本流入，净对外直接投资额仍为负数，但数额日渐缩小。在此阶段，本国企业的所有权优势和内部化优势不断上升，竞争力大为增强，作为东道国，劳动密集型产业的竞争优势开始下降，在教育、工人培训和研发上的支出逐步增加，并开始对外投资，而外国子公司的所有权优势开始下降。发达国家的对外投资目的主要是利用东道国的自然资源和廉价劳动力，而发展中国家的对外投资目的则是获取母国的先进技术。无论是发达国家还是发展中国家的对外投资，都反映了东道国的比较优势和母国的比较优势的结合。大多数新型工业化国家处于这一阶段；同时，处于这一阶段的发展中国家在经济上逐步走向成熟，经济发展水平和产业结构开始接近那些追求效率或寻找投资机会的发达国家。但是，除了技术密集型行业，其他行业的所有权优势与当初发达国家的情况十分类似。以此来考察信息化在经济增长中的作用可以看出，在第三阶段，信息化与 FDI 之间的关系比第二阶段更加紧密，信息化起着关键的作用。

第四阶段，当经济发展达到较高的水平，资本流出超过资本流入，净对外直接投资大于 0 且不断扩大，东道国的所有权优势和内部化优势较强。这一阶段的海外投资着眼于在发达国家进行战略投资，也有开拓新兴市场和利用廉价劳动力的意图，不少企业为了开发新产品和技术创新而支出的研发费用很可能占据领先地位。信息化在提高生产效率和促进技术创新方面发挥着巨大作用，政府为了提高市场运作效率，在技术能力上进行大量投资，以降低市场的非效率。

第五阶段，这一阶段的 FDI 流出和 FDI 流入相互抵销，两者之间的平衡很不稳定，这种趋势发展的结果就是今天的工业化国家。此阶段的净对外投资仍然大于0，但绝对值已经开始下降。与上一阶段很相似，企业的国际化趋势十分显著，国家之间的界限越来越模糊。与前四个阶段相比，这一阶段受经济发展水平的影响程度大大减弱，而更多地取决于发达国家之间的交叉投资。处在这一阶段的发达国家技术能力很强，也是服务型国家，信息化与FDI的关系十分紧密。企业的全球化程度越高，其对信息化的依赖程度也越高。此外，为吸引FDI，持续提高像技术能力之类的本地优势，政府起着非常重要的作用。

表8－16　　FDI与信息化的周期性关系

IDP（投资发展路径）阶段	投资特征	国家的信息化能力	国家类型	信息化能力与FDI之间的关系类型
第一阶段	自然资源型	很低	最不发达国家、发展中国家	无显著关系
第二阶段	投资驱动型	中低	发展中国家	正相关
第三阶段	创新驱动型	中等水平	发展中国家	规模效应正相关
第四五阶段	知识和服务密集型	高	发达国家	显著正相关

信息化的迅速发展，为服务业跨国公司的全球扩张战略的实施提供了重要的技术条件，促进了服务业FDI的增长，从而推动了商业存在模式的服务贸易发展。服务业跨国公司服务贸易的重要助推器，服务业FDI成为服务贸易的主要载体。由于信息网络基础设施和平台的建立和不断完善，服务业跨国公司得以利用信息化在全球范围内获得规模经济效应和范围经济效应，从技术上保证了其国际化战略的顺利实施，进而推动了服务业FDI的增长。

第九章

总结与展望

第一节 主要结论

本书以服务经济学、信息经济学、产业经济学和技术创新学等为理论基石，以信息化所引起的服务产品变化——服务业变化——服务经济理论变化为研究主线，以规范研究和实证分析相结合、归纳和演绎相结合为主要方法，对当今世界服务业发展的主要趋势——信息化及其影响，尤其是发达国家的服务业信息化，从产业层面进行深入剖析和抽象提炼，总结了不同于工业信息化的特征和发展模式，着重探讨了信息化对服务业的作用机制和范式、服务业信息化水平、信息化对服务业产出和劳动生产率的影响、信息化对服务业就业的影响、信息化对中国服务业的作用、信息化与全球化的关系等问题，形成一些基本观点和结论。

（1）ICT 是一个 IT 和 CT 技术结合的概念，是一种新的技术—经济范式。作为一种通用目的技术，ICT 具有通用目的技术的一般特性，即普遍性、技术改进潜在性、创新互补性，ICT 的通用性就是“二进制逻辑（计算）”功能。ICT 通过提高服务业生产率、促进业态融合、提高服务质量、提高分工水平等机制作用于服务业，改变了服务业的生产方式、组织方式和管理方式，从而形成现代服务业发展的新的技术—经济范式，即信息技术范式。

（2）服务业的信息化水平高于工业和农业。发达国家的服务业资本有机构成不断提高，出现资本深化趋势，服务业的 ICT 资本形成比例高于工业和农业。服务业与信息化的契合度更高，服务业信息化的潜力和空间也更大，服务业是信息化的主战场。

(3) 服务业与制造业之间在劳动生产率增长上形成强烈的反差，服务业劳动生产率的提高主要通过资本积累尤其是 ICT 资本加深来实现，而制造业劳动生产率的提高主要依靠 TFP 或科技进步获得。服务业劳动生产率增长速度低于制造业，TFP 增长率差别是造成这种差距的最主要的原因。信息化可以缩小服务业与制造业之间的劳动生产率增长的差距，减轻“成本病”，但是仅仅依靠信息化根治不了“成本病”。

(4) 在 ICT 与劳动力的关系上，服务业与制造业并无明显的差别，无论是服务业还是制造业，ICT 对劳动力起着同样的作用，即替代效应。服务业职业结构变迁规律不完全遵循“两极分化”论，服务业中一些高技能职业如管理职业在信息技术的作用下，其比重不是上升而是下降，而且下降幅度远高于其他类别的职业。

(5) 中国三次产业的信息化程度都随着时间的推移不断提高，第三产业的信息化程度最高，第二产业其次，第一产业最低。我国服务业增加值增长率、劳动生产率水平与信息化程度存在正相关关系，高度信息化服务部门劳动生产率增长幅度比低度信息化服务部门要快得多，信息化对劳动生产率具有促进作用。中国服务业职业结构层次与信息化程度大体上呈正相关关系。信息化程度高的行业，职业也相对集中于高层职业；反之，职业集中于低层次职业。

(6)“以信息化带动工业化、以工业化促进信息化、走新型工业化道路”的提法欠妥，原因有三：一是这种提法过分强调信息化与工业化的关系，忽视了服务业在信息化中的巨大推动作用；二是将信息化局限于工业领域，那么很可能延缓服务业信息化进程，造成与发达国家之间的新的差距，我国始终处于被动追赶状态；三是把公共服务部门排除在服务业信息化之外，低估了服务业信息化所产生的巨大效应，弱化了服务业在信息化中的地位，不利于从理论上和实践操作上把握信息化和服务业的关系。

(7) 信息化导致服务贸易革命，信息化不仅改变了一些服务的传统特性，而且使得服务网络化传输成为可能，进而为服务的自动化和规模化提供创造了条件。本书所建立的服务分解模型，从信息密度、顾客接触必要性和实物在场必要性三个维度对服务活动进行分解，对服务活动分门别类，判别服务分解的可能性，为服务全球化分散或外包决策提供了参考依据。信息化扩大了服务可贸易的范围，不仅ICT本身的国际化服务业务越来越多，而且ICT还带动了许多相关的国际服务贸易和国际投资，ICT及其相关的服务贸易正日益成为服务贸易的重要组成部分。

第二节　对今后研究工作的展望

服务业信息化是一个较为复杂的课题，由于笔者的时间和能力有限，研究中还存在很多不足，不少问题需要进一步探讨。

由于格罗宁根增长与发展研究中心（GGDC）的产业增长核算数据库和60部门数据库仅提供了ICT资本投入的增长率和部门产出中的ICT份额数据，没有提供ICT绝对投入的基础数据。虽然可以从OECD数据库中近似计算出ICT投入的数据，但OECD和GGDC的数据所属时期不同，前者的数据跨度是20世纪70年代前后至90年代，而后者的数据跨度是1979～2003年。所以，难以将服务业的ICT贡献分析与以投入产出系数衡量的信息化水平完全联系起来，也不能研究服务业产出增长、劳动生产率增长的快慢与信息化程度之间的关系。虽然可以利用OECD投入产出数据库进行服务业信息化程度分析，但是投入产出表间隔时间较长，数据样本少，可利用的最新数据截至90年，不便于进行动态分析，更无法进行时间序列计量分析，反映不了90年代信息化高峰时期的情况。

在本书所考察的发达国家中，只有美国提供了较为详细的职业分类数据，第六章“服务业职业结构变迁不完全遵循两极分化的规律”的结论尚缺乏来自其他国家的证据支持。

中国没有建立行业层面的ICT投入数据库，难以进行服务业产出的ICT贡献分析和服务业劳动生产率的ICT贡献分析，不能与发达国家直接进行对比。

笔者认为，以下几个问题值得进一步研究。

（1）服务产品计量问题。服务业产出的计量一直是服务经济研究的一个难点和前沿问题，本书的研究虽然没有直接涉及服务业产出的计量问题，但是它仍是研究信息化对服务业效应的一个不容忽视的问题。信息化对服务产品的主要影响，可能不是在数量产出上，而是在质量改进方面。提高了服务的可得性和方便性，增加了消费者的福利，这些并没有在本书的产出指标和生产率指标中得到反映，相对于制造业来讲，很可能低估了信息化对服务业产出和服务生产率的影响。

（2）信息化对 MFP 的溢出效应问题。在本书研究中，虽然考虑了 ICT 与其他类型资本的不同之处，如价格下降速度快，采取不同于其他资本的缩减指数进行价格调整，但是 ICT 资本的其他许多特性没有进一步研究。造成服务业生产率落后于制造业的主要原因在于 MFP，也就是制造业 MFP 比服务业高许多，一般可以理解为制造业创新程度比服务业高。但是，越来越多的事实说明，随着 ICT 在服务业中的渗透，以 ICT 为平台和手段的创新活动频繁，在一些新兴的服务业和知识密集型领域，创新程度不亚于制造业。服务业创新带来了服务组织变革、服务模式的变化、从业人员技能和素质的提高，这些都可以归结为 ICT 对 MFP 的溢出效应。如果 MFP 保持长时间的增长，那么这种增长可以解释为 ICT 对 MFP 的溢出效应。但是，这仅仅是一种可能性，MFP 增长既不是 ICT 资本产生正向溢出效应的必要条件，也不是充分条件。因为 MFP 是一个“杂项”或者“剩余项”，包含的因素很多，其他因素的作用可能抵销 ICT 的正向溢出效应，也可能补偿、强化 ICT 的效应。如果 MFP 没有增长，那么，很容易误认为不存在 ICT 的正向效应；如果 MFP 提高了，也可能把其他因素的影响统统归入 ICT 的正效应。此外，ICT 既包括 ICT 制造业，也包括 ICT 服务业。ICT 服务业的发展壮大很可能从整体上提高了 MFP，但是这部分 MFP 增长不属于 ICT 的溢出效应，如何将它从 MFP 中分离出来，也是一个值得研究的问题。

（3）信息化对服务业劳动力特征和劳动方式的影响。在富克斯（Fuchs）看来，服务业劳动力与工业比较起来差别很大，服务业妇女就业比例大大高于男性，工资较低、年龄大的从业人员比例高，提供的非全日就业就多。但是，在信息化时代，在一些知识密集型服务行业如软件开发等行业，男性就业比重高于女性，工资水平甚至超过工业，在信息化相关的服务岗位，年轻人所占比重远超过年龄大的人。源于信息化的这些变化是否从整体上改变了服务业的劳动力特征分布状况，有待于详细研究。

（4）服务业就业的“两极分化”是否加剧了“数字鸿沟”？在信息化的作用下，服务业就业呈技术偏向型。一方面，应用信息技术较多的高技能人员日渐增多；另一方面，应用信息技术程度低的服务从业人员也在增加。信息化在服务业中发展不平衡，越来越多的服务业尤其是现代服务业对信息技术的依赖程度不断提高，很可能使得低技能人员很少有机会享受到信息化带来的好处，长期游离于现代服务业之外，由“信息贫困”走向“就业贫困”，最后走向“财富贫困”，这都需要加以验证。

参考文献

一、中文部分

1. 蔡荣海、罗晖：《服务业创新是未来经济增长的希望所在——对经合组织〈提高服务部门的绩效〉报告的述评》，载于《中国软科学》2006 年第 8 期。

2. 陈宪、殷凤、程大中：《中国服务经济报告 2009》，上海大学出版社 2010 年版。

3. 陈向东：《信息技术在产业领域中的扩散》，载于《中国工业经济》1998 年第 9 期。

4. 崔保国：《信息社会的理论与模式》，高等教育出版社 1999 年版。

5. [美] 丹尼尔·贝尔：《后工业社会的来临——对社会预测的一项探索》，商务印书馆 1984 年版。

6. 丁宁：《信息技术革命与企业组织创新》，经济管理出版社 2001 年版。

7. [美] R. 富克斯著，许微云、万慧芬、孙光德译：《服务经济学》，商务印书馆 1987 年版。

8. 葛坚松：《美国现代服务业发展经验及其启示》，载于《江南论坛》2007 年第 3 期。

9. 国务院发展研究中心技术经济研究部译校：《经济合作与发展组织信息技术展望》（2004），中国财政经济出版社 2006 年版。

10. 国务院发展研究中心技术经济研究部译校：《经济合作与发展组织信息技术展望（2006）》，中国财政经济出版社 2007 年版。

11. 胡广伟：《电子公共服务战略管理方法及其应用研究》，东南大学博士学位论文，2006 年。

12. 胡延平：《第二次现代化——信息技术与美国经济新秩序》，社会科学出版社 2002 年版。

13. 黄繁华、许世刚：《国际服务贸易流量决定因素：基于引力模型的研究》，载于《国际服务贸易评论（总第3辑）》，2009年。

14. 黄建锋、陈宪：《信息通讯技术对服务贸易发展的促进作用——基于贸易引力模型的经验研究》，载于《世界经济研究》，2005年第11期。

15. 黄奇、邵波、袁勤俭：《浮现中的数字经济Ⅱ》，南京大学出版社1999年版。

16. 黄少军：《服务业与经济增长》，经济科学出版社2000年版。

17. 雷小清：《信息化背景下的服务业发展》，载于《当代财经》2006年第6期。

18. 雷小清：《中国服务业增长因素分析——基于SDA的实证研究》，载于《财贸经济》，2007年6期。

19. 李继文：《工业化与信息化：中国的历史选择》，中共中央党校出版社2003年版。

20. 李江帆：《第三产业经济学》，广东人民出版社1990年版。

21. 李江帆：《三问垄断性服务行业》，引自《羊城晚报》2004年2月19日求是版。

22. 李江帆：《中国第三产业经济分析》，广东人民出版社2004年版。

23. 李江帆：《中国第三产业发展研究》，人民出版社2005年版。

24. 蔺雷、吴贵生：《服务创新》，清华大学出版社2003年版。

25. 刘丽文、张尔正：《工业信息化》，京华出版社1998年版。

26. 刘小军：《信息技术的“生产率之谜”与新技术—经济范式》，载于《天津商学院学报》2001年第5期。

27. 刘笑盈：《推动历史进程的工业革命》，中国青年出版社1999年版。

28. 柳卸林：《技术创新经济学》，中国经济出版社1993年版。

29. 刘芸：《国际数字鸿沟问题解决方案——基于经济学角度的研究》，经济管理出版2007年版。

30. 卢中原：《世界产业结构调整趋势和启示》，2007年8月15日，国务院发展研究中心信息网，http://www.drcnet.com.cn。

31. 吕新奎：《中国信息化》，电子工业出版社2002年版，

32. 姜建强、乔延清、孙烽：《信息技术革命与生产率悖论》，载于《中国工业经济》2002 年第 12 期。

33. 江小涓：《服务全球化的发展趋势和理论分析》，载于《经济研究》2008 年第 2 期。

34. 荆林波：《信息服务与经营模式》，经济科学出版社 2005 年版。

35. ［加］赫伯特·G·格鲁伯、迈克尔·A·沃克著，陈彪如译：《服务业的增长原因与原因》，上海三联书店 1993 年版。

36. ［美］马克·戴维斯、贾内尔·海内克：《服务管理——利用技术创造价值》，人民邮电出版社 2006 年版。

37. ［美］马克·尤里·波拉特：《信息经济》，中国展望出版社 1987 年版。

38. ［美］曼纽尔·卡斯泰尔著，崔保国等译：《信息化城市》，江苏人民出版社 2001 年版。

39. ［美］曼纽尔·卡斯特著，夏铸九、王志弘等译：《网络社会的崛起》，社会科学文献出版社 2003 年版。

40. 美国商务部经济与统计管理局，杨冰之、朱娟英译：《再度崛起的数字经济——美国数字经济白皮书 2002 ~ 2003 合辑》，企业管理出版社 2004 年版。

41. 孟杰：IT 外包：《背后的另类精彩》，载于《中国制造业信息化》2005 年第 9 期。

42. ［美］尼葛洛庞帝著，胡泳、范海燕译：《数字化生存》，海南出版社 1997 年版。

43. 齐佳音、刘二军、韩新民、李怀祖：《产业信息技术需求层次判断探索及实证》，载于《软科学》2001 年第 2 期。

44. ［美］D. W. 乔根森，F. M. 戈洛、B. M. 弗劳梅尼：《生产率与美国经济增长》，经济科学出版社 1989 年版。

45. 秦海、李红升、丁振寰：《信息通信技术与经济增长———项基于国际经验和中国实践的研究》，中国人民大学 2006 年版。

46. 苏惠香：《网络经济技术创新与扩散效应研究》，东北财经大学出版社 2008 年版。

47. 王春法：《新经济：一种新的技术洲经济范式》，载于《世界经济与政治》2001 年第 3 期。

48. 王吉科、颜廷标：《河北服务业发展》，中国社会科学出版社 2004 年版。

49. 王京安：《企业规模决定论——基于信息和知识的解释》，中国经济出版社 2006 年版。

50. 王倩、汪军：《金融网络化背景下我国银行业市场结构的思考》，载于《理论前沿》2005 年第 19 期。

51. 王雪苓：《当代技术创新的经济分析——基于信息及其技术视角的宏观分析》，西南财经大学出版社 2005 年版。

52. 汪莹：《企业信息化的效应理论与评价方法研究》，中国经济出版社 2006 年版。

53. 魏江，Mark Borden 等：《知识密集型服务业与创新》，科学出版社 2004 年版。

54. 吴忱：《论网络经济的形成、特点、表现及其影响》，载于《世界经济与政治》1999 年第 3 期。

55. 吴敬琏：《中国经济增长模式抉择》，上海远东出版社 2006 年版。

56. 肖文海：《新技术革命对就业的影响与我国就业政策的选择》，载于《经济社会体制比较》2006 年第 4 期。

57. 鄢显俊：《从技术经济范式到信息技术范式——论科技—产业革命在技术经济范式形成及转型中的作用》，载于《数量经济技术经济研究》2004 年第 12 期。

58. 余菁：《扁平化组织的信息视角》，载于《经济管理》2004 年第 5 期。

59. ［美］约翰·奈斯比特著，梅艳译、姚琮校：《大趋势——改变我们生活的十个新方向》，中国社会科学出版社 1984 年版。

60. 游五洋、陶青：《信息化与未来中国》，中国社会科学出版社 2003 年版。

61. 张军：《资本形成、投资效率与中国的经济增长——实证研究》，清华大学出版社 2005 年版。

62. 张小蒂、倪云虎：《网络经济概论》，浙江大学出版社 2002 年版。

63. 张正德：《美国信息技术的发展及其经济影响》，武汉大学出版社 1995 年版。

64. 赵儒煜：《产业革命论》，科学出版社 2003 年。

65. 周洛华：《信息时代的创新及其发展效应》，复旦大学出版社 2001 年版。

66. 周振华：《现代服务业发展研究》，上海社会科学院出版社 2005 年版。

二、外文部分

1. Autor, D., Levy, F., Murnane, R., "The Skill Content of Recent Technological Change: An Empirical Exploration". *Quarterly Journal of Economics*, 2003, 118(4)(November): 1279 – 1333.

2. Autor, D., Lawrence F. Katz, Melissa S. Kearney, "The Polarization of the U. S. Labor Market", *American Economic Review*, 2006, v96(2, May): 189 – 194.

3. Berman, E., Bound, J., Griliches, Z., "Changes in the demand for skilled labor within U. S. manufacturing: evidence from the Annual Survey of Manufacturers", *Quarterly Journal of Economics*, 1994, 109: 367 – 397.

4. Bosworth, B. P. and J. E. Triplett, "Baumol's Disease Has Been Cured: IT and Multifactor Productivity in U. S. Services Industries", Paper Prepared for Brookings Workshop on Services Industry Productivity, Brookings Institution, Washington, D. C. September, 2002.

5. Bresnahan, T., E. Brynjolfson, and L. Hitt, "Information technology, workplace organization and the demand for skilled labor: Firm level evidence", *Quarterly Journal of Economics*, 1999, 113: 1245 – 1279.

6. Caroli, E., Van Reenen, J., "Skilled Biased Technological Change? Evidence from a Pannel of British and French Establishments". *Quarterly Journal of Economics*, 2001, 116(4): 1449 – 1492.

7. Deepu Alexander, "The relationship between information and communication technologies and foreign investment at the different stages of investment development path". University of Pretoria, 2010: 27.

8. Desireé van Welsum & Xavier Reif, "e Can Work It Out: The Globalization of ICT-Enabled Services", NBER Chapters, in: International Trade in Serv-

ices and Intangibles in the Era of Globalization National Bureau of Economic Research, Inc. ,2009.

9. Dirk Pilat, Frank Lee and Bart van Ark, "Production and Use of ICT: a Sectoral Perspective on Productivity Growth in the OECD Area", OECD *Economic Studies*, 2002(35).

10. Freund, C. and D. Weinhold, "The Internet and International Trade in Services". *American Economic Review*, 2002, 92(2).

11. George van Leeuwen and Henry van der Wiel, "Spillover effects of ICT". cpb Report, March 2003.

12. Gerald Faulhaber, ELI NOAM, Roberta Tasley, *Services in Transition, The Impact of information Technology on the Service Sector*, Ballinger Publishing Company, 1986.

13. Goos, M. , Maning, A. , "Lousy and Lovely Jobs: the Rising Polarization of Work in Britain", 2003, *CEPR Discussion Paper*.

14. He Yijian and Subhash C. Sharma. "The Morishima Elasticity of Substitution for the profit function", November 1994. http://129. 3. 20. 41/econ-wp/mic/papers/9502/9502002. pdf.

15. Lorin M. Hitt, Eli M. Snir, "The Role of Information Technology in Modern Production: Complement or Substitute to Other Inputs?" *IT and Modern Production, February*, 1999:5.

16. Maarten Goos and Alan Manning, "Lousy and Lovely Jobs: the Rising Polarization of Work in Britain", *The Review of Economics and Statistics*, February 2007, 89(1): 118 – 133.

17. Machin, S. , Van Reenen, J. , "Technology and changes in skill structure: Evidence from seven OECD countries". *Quarterly Journal of Economics*, 1998, 113: 1215 – 44.

18. Maurin, E. , Thesmar, D. , "Changes in the Functional Structure and Demand for Skills". *Journal of Labor Economics*, 2005, 22(3): 639 – 664.

19. Michael J. Handel, "Implications of Information Technology for Employment, Skills, and Wages: A Review of Recent Research", 2006. http://www. sri. com/policy/csted/reports/sandt/it.

20. Nicholas Oulton, "Must the growth rate decline? Baumol's unbalanced growth revisited", Working papers, Bank of England, London, 1999. http://www. bankofengland. co. uk/wplist. htm.

21. Nicola Matteucci , Alessandro Sterlacchini, " ICT and employment growth in Italian industries", No 193, Working Papers, Universita Politecnica delle Marche (I), Dipartimento di Economia, 2003. http://dea. univpm. it/quaderni/pdf/193. pdf.

22. OECD, *The Economic Impact of ICT: Measurement, Evidence and Implications*, 2004, Paris.

23. OECD, *Measuring the Information Economy* 2002. www. oecd. org/sti/measuring-infoeconomy.

24. Orio Giarini , *The Emerging Service Economy*, Pergamon Press, 1987.

25. Oya Culpan, "Attitudes of end-users towards information technology in manufacturing and service industries", *Information & Management*, 1995, 28: 167 – 176.

26. Pal Schone, "The impact of new technology on the demand for skills: The role of organizational practices", 2002. http://www. samfunnsforskning. no/files/P_2002_9. pdf.

27. Rinaldo Evangelista, Maria Savona. "The impact of innovation on employment and skills in services: Evidence from Italy", 2001. http://www. informaworld. com/smpp/content ~ content = a713673136 ~ db = all.

28. Rinaldo Evangelista. Maria Savona, "Innovation, Employment and Skills in Services: Firm and sectoral evidence", Paper presented to the ECIS Conference, Eindhoven Center for Innovation Studies, The Netherlands, 2001, 9: 20 – 23.

29. Rinaldo Evangelista, Maria Savona, "Innovation, employment and skills in services: Firm and sectoral evidence", Structural Change and Economic Dynamics , 2003 , 14: 449 – /474.

30. Roghieh Gholami & Sang-Yong Tom Lee & Almas Heshmati, "The Causal Relationship between Information and Communication Technology and Foreign Direct Investment," Working Papers id: 3196, eSocialSciences. 2010.

31. Spitz-Oener, A. , "Technical Change, Job Tasks and Rising Educational Demands: Look-ing Outside the Wage Structure", *Journal of Labor Economics*, 2006, 24(2):235 – 270.

32. Stiroh, K. J. , "Are ICT spillovers driving the New Economy?" *Review of Income and Wealth*, 2002, 48(1).

33. T. Bresnahan and M. Trajtenberg, "General Purpose Technologies: Engines of Growth?", Journal of Econometrics 1995(65):83 – 108.

34. The Department of Communications, Information Technology and the Arts(DCITA), Australian Government, *Productivity growth in service industries*, Occasional Economic Paper, April 2005, Australia.

35. Thomas Hempell, "Does Experience Matter? Innovations and the Productivity of ICT in German Services", *Discussion Paper No.* 02 – 43, July 2002, Centre for European Economic Research(ZEW), Mannheim.

36. Thomas Hempell, Zentrum für Europ? ische Wirtschaftsforschung, "Impacts of ICT as a general purpose technology". Computers and productivity: how firms make a general purpose technology. Springer Science & Business, 2006:20.

37. Timothy F. Bresnahan Erik Brynjolfsson Lorin M. Hitt, "Information Technology, Workplace Organiztion, and the Demand for Skilled Labor: Firm-level Evidence", *The Quarterly Journal of Economics*, 2002, 2:344.

38. Tonya Boone, Ram Ganeshan, "The effect of information technology on learning in professional service organizations". *Journal of Operations Management*, 2001, 19:485 – 495.

39. Triplett Jack E. and Bosworth Barry P. , "Productivity Measurement Issues in Services Industries: 'Baumol's Disease' Has Been Cured", *FRBNY Economic Policy Review*, September 2003.

40. Triplett Jack E. and Bosworth Barry P. , "Productivity in the U. S. Services Sector: New Sources of Economic Growth", Washington, DC: Brookings Institution Press, 2004.

41. Uday M. Apte and Richard O. Mason, "Global Disaggregation of Information-Intensive Services", Management Science, Vol. 41, No. 7(Jul. , 1995):

1250 – 1262.

42. Van Ark, B. , Ewout Frankema and Hedwig Duteweerd, "Productivity and Employment Growth: An Empirical Review of Long and Medium Run Evidence", Groningen Growth and Development Centre, *Working Paper*, May 2004.

43. Wiel, H. P. van der, "Does ICT boost Dutch productivity growth?" *CPB Document no.* 016, 2001. http://ideas. repec. org/p/cpb/docmnt/16. html.

44. Wolfgang Ochel and Manfred Wegner, *Service Economies in Europe: Opportunities for Growth*, Pinter Publishers, Westview Press, 1987.

后记

本书是在我的博士论文基础上修改、扩充而成的。说实话，当年选择服务业信息化作为博士论文的研究方向，心里一直没底，总感觉漫无边际，不知从何入手，担心写不出来。但心有不甘，万一错过了"富矿区"，就是一大遗憾。好在导师不断的鼓励和点拨，使我的研究思路一步一步地清晰起来，信心也大为增强。虽然在研究过程中，遇到过不少困难，甚至偶尔萌发过放弃的念头，不知多少个不眠之夜持续考验我的意志。但是，想在回想起来，它就是我人生轨迹中的精彩部分。

在本书即将完成之际，我衷心地向帮助过我的老师、同学们和同事们表示诚挚的谢意！

首先，要感谢我的导师李江帆教授。读博期间，在导师的悉心指导下，我不仅系统地学习了第三产业经济学及相关理论，受到了学术研究的专门训练，更为重要的是导师严谨的学术作风、渊博的学识和正直的人格魅力，对我影响至深，也是我终身受用的宝贵精神财富。论文写作的每一个环节，从选题、开题到论文的修改，处处都凝结着导师的心血。感激之情，难以用语言来表达。师母待人和蔼，在生活、学习和工作上对我关照有加，令人难以忘怀。

感谢同窗张卿、张保华、谢林伟、陈凯、于丹，我们在同一个时间，怀揣同一个梦想。"山穷水尽"时，我们有过一样的迷茫；"柳暗花明"过后，我们有过一样的喜悦。这段美好时光将成为我心底记忆中的永久珍藏。感谢顾乃华、陈菲、魏作磊、刘继国等几位"过来人"为我提供了无私的帮助。

感谢我现在工作单位——广东外语外贸大学的领导和同事们的关心和帮助。

感谢教育部哲学社会科学研究重大课题攻关项目“加快发展我国生产性服务业研究”(11JZD023)对本书的资助。

感谢多年来家人一直对我默默地支持与奉献!

雷小清

2013年8月于广州白云山脚下